剑门之术集

从依法行政到
建设法治政府

应松年◎著

中国政法大学出版社

2019·北京

图书在版编目（CIP）数据

从依法行政到建设法治政府/应松年著. —北京:中国政法大学出版社，2019.2（2020.9重印）
ISBN 978-7-5620-8040-4

Ⅰ.①从… Ⅱ.①应… Ⅲ.①国家行政机关－行政管理－研究－中国
Ⅳ.①D630.1

中国版本图书馆CIP数据核字(2018)第301904号

书　名	从依法行政到建设法治政府
	CONG YIFA XINGZHENG DAO JIANSHE FAZHI ZHENGFU
出版者	中国政法大学出版社
地　址	北京市海淀区西土城路 25 号
邮　箱	fadapress@163.com
网　址	http://www.cuplpress.com (网络实名：中国政法大学出版社)
电　话	010-58908466(第七编辑部) 010-58908334(邮购部)
承　印	北京中科印刷有限公司
开　本	720mm×960mm　1/16
印　张	31.5
字　数	530 千字
版　次	2019 年 2 月第 1 版
印　次	2020 年 9 月第 2 次印刷
定　价	138.00 元

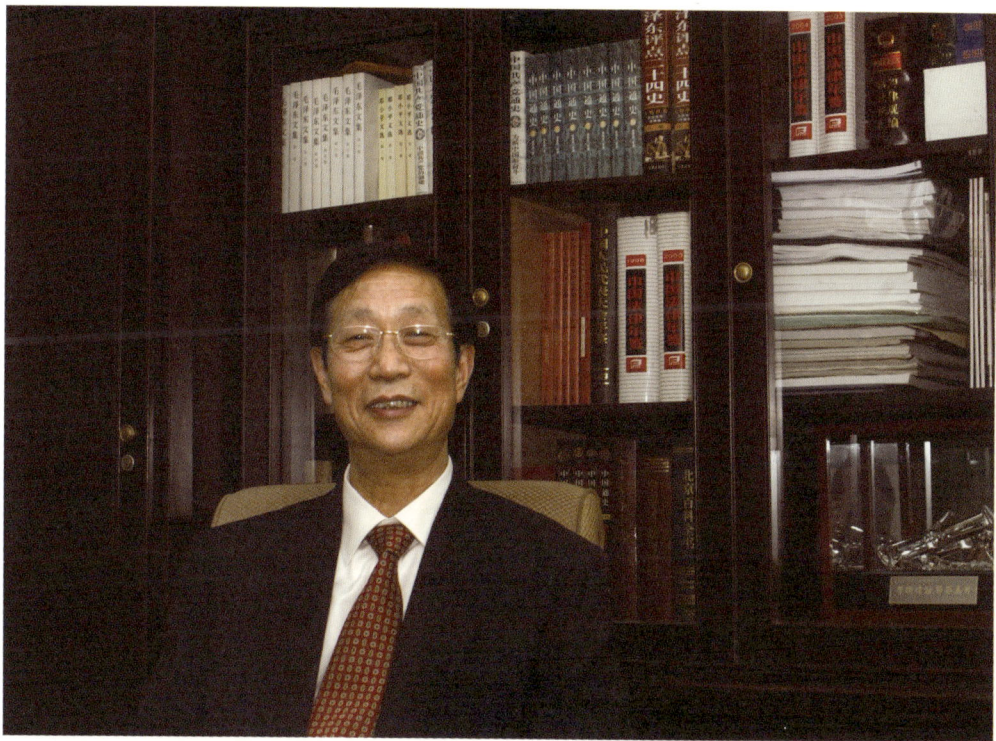

前　言

　　我已经把我的有关著述，收集于我的两套《应松年文集》中，共 4 册。但有友人对我说，要想检索有关行政立法、依法行政的文章，很不容易。文集卷帙浩繁，论文部分都按年代排，很难找。他建议可否把依法行政、建设法治政府的文章单出一本，按主题排列，这样查找起来就会方便些，便于检索和参考。我觉得这个建议很有道理，正好中国政法大学出版社要我出一本文集，于是就有了这本选集。

　　自我从事学术研究以来，推进依法行政，建设法治政府，一直是我的中国梦。历史也给了我这样的机会，让我一直亲身见证中国法治政府的建设。

　　中国建设法治政府的努力，始于 1978 年十一届三中全会，改革开放必然要求法治。行政法治建设的第一块里程碑则是 1990 年施行的《行政诉讼法》。1993 年，国务院就提出依法行政。此后，立法上，在完成了《行政诉讼法》后，又制定了《行政复议条例》和《国家赔偿法》，完成了行政救济法体系。在研究制定行政程序法时，由于客观条件的限制，就先从制定对市场经济影响较大的共同性的行政行为的规制法入手。当时确定了四部法律，即《行政处罚法》《行政许可法》《行政强制法》和《行政收费法》，既规范实体问题，又探索程序规范。前三部法都已陆续完成。与此同时，还制定了《立法法》。加上数量众多的涉及各部门行政的立法，我国的规制行政法治基本达到了有法可依。

　　随着立法的进展和法律执行的深入，依法行政的理论和实践也取得了长足的进展。1999 年国务院召开了全面推进依法行政工作会议，通过了《国务院关于推进依法行政的决定》。2004 年国务院颁布了《全面推进依法行政实施纲要》，正式提出要在中国建设法治政府。2012 年党的十八大明确，要在2020 年建成法治政府。2014 年十八大四中全会对法治政府建设提出了明确的要求。

在世界法制发展史上，由政府自己明确提出要求，并以极为坚强的决心和速度，推进法治政府的建设，是极为罕见的。我有幸亲历了这一伟大进程，从中也不时发表一点意见，本书大体即按此序列编纂，并将本书定名为《从依法行政到建设法治政府》。

我国的行政法治发展很快，文集中的论说，代表了当时的研究视野，这正反映了我国行政法学理论研究的进程，折射了我国行政法治建设的前进脚步，相信读者会以历史的眼光，从中把握理论和实践的发展脉搏。

应松年

2018 年 10 月

目　录

行政组织法

行政行为法

行政处罚法

立法法

行政许可法

行政强制法

行政合同

行政程序法

行政监督责任

行政救济法

行政诉讼

行政复议

行政赔偿

行政法学

其　他

从依法行政到建设法治政府[*]

全面小康社会的建成不仅仅是经济发展水平和物质生产能力达到一定标准，而是具有多方面的丰富内涵。其中，贯彻依法治国基本方略、建成法治政府是一项重要内容。党的十八大报告提出，到 2020 年依法治国基本方略全面落实，法治政府基本建成，司法公信力不断提高，人权得到切实尊重和保障。可见，法治政府基本建成是全面建成小康社会的内在要求。

我国在 20 世纪 90 年代提出依法治国、依法行政，并非偶然。当时正是我国改革开放深入推进、社会主义市场经济体制逐步建立和完善的关键时期，提出依法治国、依法行政是社会主义市场经济发展的内在要求，对建立和完善社会主义市场经济体制起到了重要作用。今天，继续推进依法治国、依法行政，并进一步提出坚持依法治国、依法执政、依法行政共同推进，坚持法治国家、法治政府、法治社会一体建设，表明我们党对社会主义法治建设的认识达到了新高度，必将对我国经济社会发展起到更大的促进和保障作用。可以说，建设法治政府是依法行政的深化和必然结果。

建设法治政府，就要把政府工作全面纳入法治轨道，让政府用法治思维和法治方式履行职责，确保行政权在法治框架内运行。这也是推进国家治理体系和治理能力现代化的必然要求，是实现社会管理向社会治理转变的必由之路。社会治理与社会管理不同，社会管理主要是行政机关单方面的行为，而社会治理需要党委领导、政府主导、社会协同、公众参与、法治保障，实现政府治理和社会调节、居民自治良性互动。这就要求恰当界定政府与其他社会主体的互动关系，依法规范政府与社会共治的内容、形式、程序，特别是治理权的授予和取得等都需要制度化、规范化。

建设法治政府，推进依法行政，需要坚持两个原则：一是职权法定，二是权责一致。这是指行政机关行使职权实行授予原则，法无授权不可为。依法授予行政机关职权，同时也是赋予其义务和责任。行政机关应坚持依法行

＊ 本文载于《人民日报》2016 年 8 月 31 日。

使公权力，坚决纠正不作为、乱作为现象。同时，坚持权责一致、权责相当，不能有权无责或有责无权。制度建设具有基础性作用，政府要做到依法全面履行职能，就要完善行政组织和程序方面的法律制度，推进机构、职能、权限、程序、责任法定化。行政组织法是规范依法行政主体的法律，直接关系能否建成一个结构合理、权力配置适当、运作协调、廉洁高效的行政组织体系。当前，一些地方政府正在制定权力清单，清单中权力的设定应依据行政组织法中关于职权的规定以及由此制定的单行法中关于具体职权的规定。

建设法治政府，要求政府依法全面履行职能，这就必须解决行政程序问题。程序是实体的保障，程序越规范科学，实体行为就越有章可循。例如，政府在履职过程中，为了确保重大决策不出错，就要严格遵循决策程序，包括公众参与、专家论证、风险评估、合法性审查、集体决策等，这是从我国长期决策实践经验中总结出的规律性认识。在行政程序制度建设方面，我国已经颁行了行政诉讼法，出台了多种行政行为程序制度，但尚未制定全国统一的、涵盖各个领域和层次的行政程序法，相关工作需要继续推进。严格按程序办事是坚持人民主体地位的重要体现，目的是保障人民群众的知情权、参与权、表达权、监督权，保证政府活动始终坚持为了人民、依靠人民。

建设法治政府，必须把权力关进制度的笼子里。加强对行政权力的制约和监督，需要建立健全制约和监督体系，让党内监督、人大监督、民主监督、行政监督、司法监督、审计监督、社会监督、舆论监督共同发挥作用。同时，要全面推进政务公开。公开透明应成为法治政府建设的一个重要原则，包括决策公开、执行公开、管理公开、服务公开、结果公开。要以公开为常态、不公开为例外，让群众看得见、监督得到，通过公开透明赢得人民群众的理解和信任。

总　述

从依法行政到建设法治政府

指导机构改革的纲领性文献[*]

——学习《邓小平文选》的体会

在党的领导下，对全国各方面的工作进行改革，以充分发挥社会主义制度的优越性，这是贯穿于《邓小平文选》中的一个重要思想。1975年，为清除"文化大革命"的动乱，邓小平同志提出了对各项工作进行全面整顿的主张。在一定意义上说，整顿是为了兴利除弊，也是改革的一种形式。1976年粉碎"四人帮"以后，根据我国的具体情况，以马克思主义为指导，实现工作重点的转移。为将我国建设成为一个强大的社会主义国家，邓小平同志又提出了对全国各方面工作进行全面、系统改革的主张。1982年4月10日在政治局会议的一次讲话中，以后又在党的十二大开幕词中强调指出，要将机构改革和经济体制改革列为今后一个长时期，至少到本世纪末的近20年内必须抓紧的四件工作之一，即四项保证的第一项。邓小平同志关于改革的重要思想，内容十分丰富。本文仅就改革的一个重要方面，即机构改革工作，谈一些学习中的粗浅体会。

一、机构改革的时机和条件已经成熟

1976年粉碎"四人帮"以后，特别是党的十三届三中全会以后，机构改革的"时机和条件都已成熟。"[1]《邓小平文选》中好几次提到早了不行，晚了也不行的问题。它反映了客观历史进程是否发展到了正是解决问题的火候。善于掌握时机，是善于运用马克思主义，透过纷繁复杂的历史现象，抓住本质，迅速解决历史提出的任务的标志之一，是避免出现"左"的或"右"的错误的重要因素。

三中全会以后，全国工作的着重点，按照历史发展的要求，转向社会主义现代化建设。社会主义现代化建设，要求有与之相适应的政治上层建筑，要求国家对政治、经济和社会生活的管理建立在科学的现代化的基础上，改

---

* 本文写于1983年10月，收于论文集《中国走向行政法治探索》，中国方正出版社1998年版。

[1]《邓小平文选》，人民出版社1983年版，第302页。

革那些旧的不相适应的部分。当前的机构改革，就是在这样的历史条件下提出的。

新中国成立以后，我国机构改革（精简机构也是机构改革的一种）已进行过多次。50 年代初期的一次改革，大体上适应了当时刚刚开始的以第一个五年计划为标志的社会主义经济建设，对生产力的发展起了促进作用。从这以后，虽然 1956 年党的第八次代表大会提出了要将全国工作的重点转向社会主义建设，但由于某些原因，这一转变始终没有实现。20 余年来，对于社会主义建设的不同发展阶段，以及如何使政治上层建筑与之相适应等问题，在理论与实践上都未完全解决，使政治上层建筑与社会主义建设的发展长期处于既相适应，又在某些方面严重不相适应的情况。今天，我国的社会主义建设，无论从规模或水平上看，都已发展到了一个全新的阶段，发展到了建设一个高度现代化的具有中国特色的社会主义强国的阶段，但是组织机构和各种制度，虽经多次变化，却大体保留着 50 年代形成的骨架，没有作出相应的变化。相反，在"左"的思想影响下，某些违背社会主义原则的不健康的因素还得到了膨胀和发展，对社会主义建设起着阻碍和干扰作用。这说明，为了顺利进行社会主义现代化建设，对政治上层建筑进行全面的系统的改革势在必行。

另一方面，十年动乱的结果，"左"倾错误、封建残余影响等造成的组织机构和各种制度中的弊端和缺陷恶性发展，已经到了难以为继、十分严重的程度。全党和全国人民痛感问题的严重，对此已经不能容忍。同时，正反两方面经验的长期教育，使全党和全国人民对改革的必要性和改革的内容，也都有了比较清醒的认识。"这场革命不搞，……不只是四个现代化没有希望，甚至要涉及亡党亡国的问题，可能要亡党亡国。"[1]

总之，"经过粉碎'四人帮'，又经过十一届三中全会一直到六中全会，创造了这个条件。我们现在可以把这个问题提到议事日程上来了"。[2]机构改革的主客观条件都已成熟。

二、机构改革的原因及必要性

从 1976 年粉碎"四人帮"以后，邓小平同志在多次讲话中，指出要对党和国家现行的一些具体制度中存在的弊端进行改革。1980 年和 1982 年，邓小

---

〔1〕《邓小平文选》，人民出版社 1983 年版，第 352 页。

〔2〕《邓小平文选》，人民出版社 1983 年版，第 351 页。

平同志在两次讲话中又分别集中指出了党和国家在领导制度和组织机构方面存在的许多严重弊端，并且指出要首先进行"党和国家领导制度的改革"和"精简机构"。全面、系统的机构改革包括的内容很多，"党和国家领导制度的改革"和"精简机构"是其中的两个主要环节。

邓小平同志对这些弊端的表现特点、形成原因和严重危害，都作了十分精辟的分析，并且提出了纠正这些弊端的切实可行的办法。这样透彻地剖析党和国家现行制度与组织机构中存在的各种弊端，无论是在国际或国内共产主义运动史上，都还是第一次，集中体现了中国共产党人的无产阶级伟大气魄！

邓小平同志尖锐地指出了党和国家领导制度方面存在的各种弊端，这些弊端的主要表现是：官僚主义现象、权力过分集中的现象、家长制现象、干部领导职务终身制现象和形形色色的特权现象。

在组织机构方面存在的严重问题是："机构臃肿重叠、职责不清，许多人不称职、不负责，工作缺乏精力、知识和效率。"[1]

邓小平同志精辟地分析了造成这些弊端的多方面的社会历史原因。概括起来，主要有：

第一，封建主义和资产阶级思想的影响。"我们进行了二十八年的新民主主义革命，推翻封建主义的反动统治和封建土地所有制，是成功的、彻底的。但是，肃清思想政治方面的封建主义残余影响这个任务，因为我们对它的重要性估计不足，以后很快转入社会主义革命，所以没有能够完成。"[2]同时，"我国经历百余年的半封建、半殖民地社会，封建主义思想有时也同资本主义思想、殖民地奴化思想互相渗透结合在一起。由于近年国际交往增多，受到外国资产阶级腐朽思想作风、生活方式影响而产生的崇洋媚外的现象，现在已经出现，今后还会增多"。[3]"旧思想，旧习惯本身具有相对独立性，不可能随着旧的政治经济制度的被推翻而立即消失。它们将通过各种渠道对人们的思想发生侵蚀和影响，并且在组织机构和具体制度中反映出来。"

第二，权力过分集中于个人或少数人手里等现象"同共产国际时期实行的各国党的工作中领导者个人高度集权的传统有关"。[4]同时，我们过去在加

---

〔1〕《邓小平文选》，人民出版社 1983 年版，第 351 页。

〔2〕《邓小平文选》，人民出版社 1983 年版，第 295 页。

〔3〕《邓小平文选》，人民出版社 1983 年版，第 296~297 页。

〔4〕《邓小平文选》，人民出版社 1983 年版，第 289 页。

强党的一元化领导的口号下，不适当地、不加分析地把一切权力集中于党委，党委的权力又往往集中于第一书记，什么事都要第一书记挂帅、拍板。党的一元化领导，往往因此而变成了个人领导，以致权力过分集中，党政不分，以党代政。[1]

第三，受外国模式的某些影响。50年代，由于我们缺乏社会主义建设的经验，曾在相当一个时期内受外国模式的某些影响。实践证明，这种模式在许多问题上是不成功的，更不适合我国的国情，有害于我们事业的发展。如计划方面和管理体制的过分集中，以行政管理代替一切等。邓小平同志认为，"社会主义制度和计划管理制度必须对经济、政治、文化、社会都实行中央高度集权的管理体制"的看法，是目前我们所特有的官僚主义的一个"总病根"。[2]

第四，"左"的思想的影响。50年代后期发展起来的"左"的思想，造成了一些离开我国生产力实际水平和社会主义发展规律、违反社会主义原则的东西。例如，"从1958年批评反冒进，1959年'反右倾'以来，党和国家的民主生活逐渐不正常，一言堂、个人决定重大问题、个人崇拜、个人凌驾于组织之上一类家长制现象，不断滋长。"[3]由于"左"的思想影响，造成民主生活的不正常，这是产生党和国家具体制度中许多弊端的重要原因。

第五，没有及时制定和健全各种必要的制度和法律。上述这些弊端和缺陷之所以能够形成并且没有迅速得到纠正，这与长时期没有注意制定和健全各种符合社会主义原则的制度和法律有关。譬如，在我们党政机构以及各种企业、事业领导机构中长期缺少严格的行政法规和个人负责制，以致无章可循，影响行政效率；干部管理中缺少正常的录用、奖惩等办法，工作好坏都是铁饭碗，以致影响干部队伍的素质，造成机构臃肿，促成官僚主义的发展；等等。因此邓小平同志指出："我们过去发生的各种错误，固然与某些领导人的思想、作风有关，但是组织制度、工作制度方面的问题更重要。"[4]"官僚主义还有思想作风问题的一面，但是制度问题不解决，思想作风问题也解决不了。"[5]

---

〔1〕《邓小平文选》，人民出版社1983年版，第288页。
〔2〕《邓小平文选》，人民出版社1983年版，第287页。
〔3〕《邓小平文选》，人民出版社1983年版，第290页。
〔4〕《邓小平文选》，人民出版社1983年版，第293页。
〔5〕《邓小平文选》，人民出版社1983年版，第288页。

研究和了解造成弊端的各种原因，有助于对症下药，从根本上克服这些弊端，按社会主义原则建立适合于生产力发展的新制度。

三、机构改革的性质

这次机构改革是我国正在进行的包括政治、经济、文化各方面内容的全面系统改革的一部分，是破除这一部分政治上层建筑中某些陈旧过时或不适当的环节，以解放生产力，推动社会更快地前进，从这个意义上说，机构改革也是一次革命。

而且，这次机构改革的特点是，它不是随着生产力的发展和其他条件的变化，对国家机构个别落后的环节随时加以调整的一种改革，而是一种对整个组织机构中长期形成的不符合经济和社会发展需要，不符合社会主义基本原则的弊端和缺陷，集中一段时间进行的一次比较全面系统的改革，以建立和健全新的领导制度和管理制度，因此，这次机构改革实际上还将是一次很艰巨、很深刻的革命。

但这与"一个阶级推翻另一个阶级"的革命不同，它不是社会制度的根本变革，不是要"打碎"一切"旧的"国家机器，在国家和社会政治生活中造成你死我活的激烈震荡，这是"转入和平发展时期的革命"[1]。其一，这一革命是在社会主义制度内部，依靠社会主义制度和社会主义国家机构本身力量进行的。其二，这一革命是在党和国家的领导下，在马克思列宁主义毛泽东思想的指引下，依靠亿万人民群众，包括依靠党和国家广大工作人员的实践，自觉地有计划地进行的。因此，这是一种社会主义制度的自我改造和自我完善，目的是要使社会主义的基本制度和国家机构更加巩固和完善，使各项具体制度更加健全和成熟，而决不能不利于，更不能有损于社会主义的根本制度。

正因如此，所以这一次机构改革，不能采取急风暴雨式的群众斗争，也不能再沿用过去搞大规模的政治运动的办法。不同质的矛盾要用不同的办法解决。"因为在社会主义社会中解决群众思想问题和具体的组织制度、工作制度问题，同革命时期对反革命分子的打击和对反动制度的破坏，本来是原则上根本不同的两回事。"[2]邓小平同志指出，在改革中"决不允许借反封建主义之名来反社会主义，也决不允许用'四人帮'所宣扬的那套假社会主义

---

〔1〕 中国共产党第十一届六中全会决议。

〔2〕 《邓小平文选》，人民出版社1983年版，第296页。

来搞封建主义。"[1]这段话虽然是针对反对封建主义思想残余影响时说的，但对整个机构改革也有指导意义。这就是说，在机构改革中必须反对两种错误倾向：一方面，不能因党和国家现行制度与组织机构中存在着某些弊端和缺陷，不能由于我们在社会主义革命和建设中有过失误，就对社会主义丧失信心，甚至趁机反对社会主义制度；另一方面，也不能对这些弊端和缺陷熟视无睹或掉以轻心，甚至把这些弊端和缺陷硬说成是社会主义。要像邓小平同志所说的那样，对各种弊端和缺陷"进行具体的、准确的、如实的分析"，并且"对这些弊端进行有计划、有步骤而又坚决彻底的改革"。只有这样，"人民才会信任我们的领导，才会信任党和社会主义，我们的事业才有无限的希望"。[2]

四、机构改革的内容和方法

精简机构，改革党和国家现行制度中存在的一些弊端和缺陷，"要解决思想问题，也要解决制度问题"。[3]

首先是要用"透彻说理、从容讨论的办法"解决思想问题。[4]因为党和国家现行制度与组织机构中存在的各种弊端和缺陷，大都与各种错误的思想观点有关。同时，机构改革又是牵涉千百万人切身利益的大事。思想问题只能用解决思想问题的办法去解决。在这方面，邓小平同志为我们作出了榜样。他在"党和国家领导制度的改革"一文中对五种弊端的分析和对封建主义思想残余与资产阶级思想侵蚀的分析，都十分精辟深刻，击中要害，用的都是透彻说理、从容讨论的办法。只有这样，才能使千百万群众对于机构改革有自觉的认识，才能充分发挥群众的积极性和创造性，使机构改革顺利进行。

其次是要解决制度问题。这里所说的"制度"，主要是指社会主义基本制度下的一些具体的组织制度、工作制度。具体制度绝不是一个无足轻重的小问题。邓小平同志指出了制度问题的极端重要性："制度好可以使坏人无法任意横行，制度不好可以使好人无法充分做好事，甚至会走向反面。即使像毛泽东同志这样伟大的人物，也受到一些不好的制度的严重影响，以致对党对国家对他个人都造成了很大的不幸。"邓小平同志认为，没有实际解决领导制度问题，是导致"文化大革命"十年浩劫的重要原因之一。"这个教训是极其

---

〔1〕《邓小平文选》，人民出版社 1983 年版，第 295 页。
〔2〕《邓小平文选》，人民出版社 1983 年版，第 293 页。
〔3〕《邓小平文选》，人民出版社 1983 年版，第 292 页。
〔4〕《邓小平文选》，人民出版社 1983 年版，第 296 页。

深刻的。不是说个人没有责任，而是说领导制度、组织制度问题更带有根本性、全局性、稳定性和长期性。"因此，邓小平同志把制度问题提到这样一个高度来看："这种制度问题，关系到党和国家是否改变颜色，必须引起全党的高度重视。"〔1〕

机构改革，从内容上说，就是要"坚决改革现行制度中的弊端"。〔2〕即要破除旧的不适当的制度，又要建立新的适合生产力发展的制度。"不能认为只要破字当头，立就在其中了。"而是"要认真调查研究，比较各国的经验，集思广益，提出切实可行的方案和措施"。〔3〕因此，邓小平同志在指出党和国家现行制度中的弊端的同时，又明确指出要从很多方面加强新制度的建立。在《邓小平文选》中指出在机构改革中，必须建立的制度主要有：

第一，要建立与健全民主制度。个人迷信、家长制或家长作风、特权现象，甚至包括干部职务终身制这些弊端，大都与封建主义残余影响有关，与缺乏民主制度有关。同时，"解放以后，我们也没有自觉地、系统地建立保障人民民主权利的各项制度"。〔4〕因此，必须制定和完善各种符合社会主义原则的制度和法律，"从制度上保证党和国家政治生活的民主化、经济管理的民主化、整个社会生活的民主化，促进现代化建设事业的顺利发展"。〔5〕

第二，要使民主集中制，特别是集体领导和个人责任制度化。"从遵义会议到社会主义改造时期，党中央和毛泽东同志一直比较注意实行集体领导，实行民主集中制，党内民主生活比较正常。可惜，这些好的传统没有坚持下来"，重要原因之一就是"没有形成严格的完善的制度。"〔6〕因此，必须建立必要的制度，使集体领导固定下来。

在强调集体领导的同时，"必须把分工负责的制度建立起来。集体领导解决重大问题。某一件事、某一方面的事归谁负责，必须由他承担责任，责任要专。"〔7〕"任何一项任务、一个建设项目，都要实行定任务、定人员、定数量、定质量、定时间等几定制度。"〔8〕也就是要建立岗位责任制。

---

〔1〕《邓小平文选》，人民出版社1983年版，第293页。
〔2〕《邓小平文选》，人民出版社1983年版，第293页。
〔3〕《邓小平文选》，人民出版社1983年版，第296页。
〔4〕《邓小平文选》，人民出版社1983年版，第292页。
〔5〕《邓小平文选》，人民出版社1983年版，第296页。
〔6〕《邓小平文选》，人民出版社1983年版，第290页。
〔7〕《邓小平文选》，人民出版社1983年版，第246页。
〔8〕《邓小平文选》，人民出版社1983年版，第141页。

第三，要建立和健全各项人事制度。这是《文选》中提及最多的问题，包括建立和"健全干部的选举、招考、任免、考核、弹劾、轮换制度"和退休离休制度，等等。[1]

建立选拔干部的制度。"选干部，要注意德才兼备。所谓德，最主要的，就是坚持社会主义道路和党的领导。在这个前提下，干部队伍要年轻化、知识化、专业化，并且要把对于这种干部的提拔使用制度化。"[2]"要建立这样一套制度，使那些有专业知识的、年富力强的人，被选拔到能够发挥他们才干的工作岗位上来。"[3]

建立考试制度。考试是一种比较客观的选拔人才的办法。"将来很多职务、职称，只要考试合格，就应当录用或者授予。"[4]特别是对公、检、法和司法行政人员，应该严格考试。"除了必须通晓各项法律、政策、条例、程序、案例和有关的社会知识以外，特别要求大公无私、作风正派。"[5]

实行考核制度。"考核必须是严格的、全面的，而且是经常的，各行各业都要这样做。"考核制度必须与晋升、奖惩相联系。"要有奖有罚，奖罚分明。"考核的结果如果不与晋升和奖惩相联系，就将失去意义。

建立培训制度。培训是一种能够收到很好效果的智力投资。"要使全体干部、工人充分理解这种培训的重大意义，逐步把这种培训变为适用于全体干部和工人的经常制度。"[6]

建立离休退休制度。离休退休制度是解决领导职务终身制问题的关键之一。"要按照不同情况，作出适当的、明确的规定。"[7]只有建立了离休退休制度，才有可能实现干部年轻化。"国家不建立退休制度会影响到整个国家的生气，军队不建立退休制度，也就不能保持自己的生气。"[8]

第四，编制也必须制度化。这是解决机构臃肿、人浮于事的重要环节。新中国成立以来的历史证明，我国国家机构多次精简，但机构越简越大，人员越简越多，其中重要原因之一是没有一个严格的稳定的编制。

---

〔1〕《邓小平文选》，人民出版社 1983 年版，第 291 页。
〔2〕《邓小平文选》，人民出版社 1983 年版，第 286 页。
〔3〕《邓小平文选》，人民出版社 1983 年版，第 197 页。
〔4〕《邓小平文选》，人民出版社 1983 年版，第 284 页。
〔5〕《邓小平文选》，人民出版社 1983 年版，第 250 页。
〔6〕《邓小平文选》，人民出版社 1983 年版，第 321 页。
〔7〕《邓小平文选》，人民出版社 1983 年版，第 291 页。
〔8〕《邓小平文选》，人民出版社 1983 年版，第 252 页。

第五，制定和完善纪律。纪律是保证制度实现的重要条件，同时纪律本身也必须制度化。由于十年动乱和无政府主义思想的影响，纪律松弛，使许多制度失去约束力。因此，"在党政机关、军队、企业、学校和全体人民中，都必须加强纪律教育和法制教育。没有规定纪律或规定得不完善不合理的，要迅速规定和改善"。[1]与此同时，还必须健全和严格执行奖惩制度，将执行纪律与奖惩联系起来，这才能使纪律得到自觉的遵守。

第六，建立监督制度。监督的渠道和方面很多，《文选》中特别提出了两点。一是"要有群众监督制度，让群众和党员监督干部，特别是领导干部"。人民"有权依法进行检举、控告、弹劾、撤换、罢免"。[2]群众监督是社会主义民主的组成部分，是多种监督制度中最有力量的一种。群众监督是通过各种制度实现的，如人民代表大会的质询、弹劾、撤换和罢免等制度，信访制度，报刊舆论的批评制度，等等。为使群众监督真正做到方便、迅速、切实、有效，仍有在调查研究的基础上对有关制度进行系统的全面的分析和研究的必要，改革那些形式主义的、无效的、不合适的部分，制定出更完善的新制度。二是"要有专门的机构进行铁面无私的监督检查"。[3]没有专门的执行机构，再好的制度也起不了作用。三中全会以后建立的党的纪律检查委员会在实践中所起的作用，已经充分证明了建立专门监督机构的必要。正在健全的国家审计机关，是专门的财政监督机构，将来似还有建立对国家行政干部进行监督的专门机构的必要。

《邓小平文选》中论述具体制度的地方还很多，以上所举，仅是有关组织机构和人事制度方面的一小部分。

在《邓小平文选》中，经常将制度化、法律化联系在一起。从制度与法律都是规范人们行为，而且都有一定的强制力作为保证来说，两者的作用是相同的。很多制度，特别是重大的，与广大群众的利益有关，规范范围很广的制度，由法定的国家机构经过一定的法律程序，形成法规，这就是制度法律化。制度常是法律的内容，很多法律，也常以确立和巩固制度为目的，将制度化法律化并用，意味着制度建设也是法制建设的一部分。当然，有些制度由于规范的范围较小，仅在特定的单位内适用，不需经过国家机构按一定的法律程序通过，它只是某一单位的具体制度。在这里制度与法律是有区

---

〔1〕《邓小平文选》，人民出版社 1983 年版，第 319 页。
〔2〕《邓小平文选》，人民出版社 1983 年版，第 292 页。
〔3〕《邓小平文选》，人民出版社 1983 年版，第 292 页。

别的。

在革除现行制度和组织机构中各种弊端和缺陷的同时，建立和完善适合于生产力发展要求的，符合社会主义原则的各种制度，并且将各种重大的制度法律化，使机构改革的成果用制度化法律化的办法长期地稳定地巩固下来，这是机构改革能否取得成功，机构改革的成果是否会流失的关系到全局性的根本大事之一。

五、检验机构改革的标准

邓小平同志指出，"党和国家的各种制度究竟好不好，完善不完善"，也就是机构改革得如何，要有一个检验的标准。他提出了三条检验标准："（一）经济上，迅速发展社会生产力，逐步改善人民的物质文化生活；（二）政治上，充分发扬人民民主，保证全体人民真正享有通过各种有效形式管理国家，特别是管理基层地方政权和各项企业事业的权利，享有各项公民权利，健全革命法制，正确处理人民内部矛盾，打击一切敌对力量和犯罪活动，调动人民群众的积极性，巩固和发展安定团结、生动活泼的政治局面；（三）为了实现以上两方面的要求，组织上，迫切需要大量培养、发现、提拔、使用坚持四项基本原则的、比较年轻的、有专业知识的社会主义现代化建设人才。"[1]邓小平同志关于检验制度和工作必须有一个标准，并且明确指出检验的三条标准，这是一个十分重要的思想，他指出了机构改革的目标和方向，这是保证机构改革取得成功的关键之一。

当前，机构改革工作正在进一步展开，这是一个长期的艰巨的任务。正如邓小平同志所说："我们这一代人也许不能全部完成，但是，至少我们有责任为它的完成奠定巩固的基础，确立正确的方向。"[2]《邓小平文选》就是一部为机构改革"奠定巩固的基础，确立正确的方向"的伟大著作！

---

〔1〕《邓小平文选》，人民出版社 1983 年版，第 282 页。

〔2〕《邓小平文选》，人民出版社 1983 年版，第 302 页。

学习《邓小平文选》
提高对制度改革问题的认识[*]

一、制度概说

制度是一种社会规范，是调整某一集体成员相互关系，为这一集体成员所共同遵守的行为规则。制度是伴随着人类摆脱愚昧状态，结合成一定的社会集体的时候产生的。在原始社会时，调整某一集体成员相互关系的规则十分简单，制度随着社会的发展日益多样和完备。人类的社会性决定人类社会必须有一定的制度，否则人们将不能结合成一集体，甚至无法在一起生活。因此，制度在人类进入阶级社会前已经存在，其古老的程度远超过法律。

在进入阶级社会以后，很多重大制度上升为法律，成为统治阶级意志的集中表现，由国家强制力保证执行。一般制度也大多与阶级利益相联系。这样，制度就不仅具有社会性，而且具有了阶级性。

制度是一个含义十分广泛、复杂的概念。在适用范围、效力等级和内涵方面有很大区别。大而至于社会制度，反映某一社会历史形态，在相当长的时间内规范着一个国家内人们的生产关系和上层建筑；小而至于某一集体内的某一项工作的规则。从等级和层次上说，社会制度是最高一级，形成一个大系统。其次是经济制度、政治制度，等等。相对于社会制度，它们是子系统，是社会制度这一大系统的构成部分。但对于所有制制度、分配制度、法律制度、民主制度等来说，它们又是高一级的系统。高一级的制度系统的性质、内容和作用，决定和制约其组成部分的各种制度的性质、内容和作用；同时，构成同一系统内的各个组成部分的同级同类制度间，也相互联系、相互作用，并对整个系统产生影响。因此制度又有明确的层次性。

总之，制度既有调整生产关系的，受制于生产力发展水平的各种经济制度，也包括为经济基础制约的上层建筑中的各种政治、法律制度。当然，政治、法律等上层建筑中的各种制度，反过来也对经济的发展起促进或阻碍作

---

* 本文写于 1984 年 1 月，收于论文集《中国走向行政法治探索》，中国方正出版社 1998 年版。

用。正因为如此，就有一个制度是好还是坏、完善或不完善的问题。好的完善的制度，必须是能够适合并且促进生产力发展的，必须能在本系统各种制度的相互作用和影响中，对整个系统起积极的促进作用的，否则，就是不好或不完善的制度，需要进行改革和健全。

本文所说制度，是《邓小平文选》中所论述的有关政治上层建筑方面的制度，是在社会主义制度内的具体的但也是比较重大的一些"组织制度和工作制度"[1]，大都是关于党和国家在领导工作方面的一些带有全局性重大制度，属于第二、第三或第四层系统内的制度，不是指社会制度、经济制度，也不是指某一集体内的较小的制度。这些制度也同样存在好与坏、完善或不完善的问题。邓小平同志提出的检验制度的三条标准："（一）经济上，迅速发展社会生产力，逐步改善人民的物质文化生活；（二）政治上，充分发扬人民民主，保证全体人民真正享有通过各种有效形式管理国家，特别是管理基层地方政权和各项企业事业的权力，享有各项公民权利，健全革命法制，正确处理人民内部矛盾，打击一切敌对力量和犯罪活动，调动人民群众的积极性，巩固和发展安定团结、生动活泼的政治局面；（三）为了实现以上两方面的要求，组织上，迫切需要大量培养、发现、提拔、使用坚持四项基本原则的、比较年轻的、有专业知识的社会主义现代化建设人才。"[2]这对所有的制度都是适用的，为全面衡量我国各种政治制度的好与坏、完善与不完善提供了客观标准，为现行制度的改革和新制度的建立奠定了基础，指明了目标和方向。

二、制度的重要性

邓小平同志十分深刻地论述了制度问题的极端重要性："我们过去发生的各种错误，固然与某些领导人的思想、作风有关，但是组织制度、工作制度方面的问题更重要。……不是说个人没有责任，而是说领导制度、组织制度问题更带有根本性、全局性、稳定性和长期性。"[3]制度比某些领导人的思想、作风更重要，或者说，力量更强、作用更大，因而更应该引起我们的注意。其原因在于，制度有其固有的一些本质特性，这就是邓小平同志所揭示的制度的根本性、全局性、稳定性和长期性。邓小平同志这段话虽然是针对领导制度和组织制度说的，但实际上对整个政治上层建筑的各种制度都有普

---

[1]《邓小平文选》，人民出版社 1983 年版，第 296 页。

[2]《邓小平文选》，人民出版社 1983 年版，第 282 页。

[3]《邓小平文选》，人民出版社 1983 年版，第 293 页。

遍意义。

在阶级社会里，制度是统治阶级意志的表现，这就是说，其一，这种意志不是个别人的意志，而是整个阶级或某一阶层的意志；其二，这种意志也不是无所制约的绝对自由的意志，归根结底，它取决于社会发展的水平，因此，从根本上说，制度是客观的。同时，在现代社会里，制度的形成一般都要经过特定的程序，常常需要相当的时间。而制度一经形成，就成为规范人们行为的客观规则，也是人们据以评定个人工作、生活的标准之一，包括制定这些制度的人在内。这就使制度本身成为凌驾于个人的意志之上的一种客观力量，不再为个别人的意志所左右。很明显，制度如果是朝令夕改、任意废立的，人们就将无法遵守，制度也就失去了规范的力量，不成其为制度。制度的稳定性和长期性，正是事物发展的相对稳定性和阶段性的反映，是制度的本质特征之一。当前我国正进入一个安定团结的新的历史时期，要保持这一来之不易的政治局面，避免"文化大革命"这种大动乱再次发生，重要的措施之一，就要像邓小平同志所指出的那样，"要从改革制度着手"，"从制度方面解决问题"，[1]要在政治上层建筑领域里建立和健全各种制度，以制度的稳定性和长期性来保证政治上安定团结。

制度的根本性和全局性指的是，任何单位或集体，如果没有一定的制度，就将无法活动或生存。制度的不完善、不健全，就会损害或严重损害这一单位或集体的活力与作用。在有了制度以后，还有一个在其性质和内容上是否适合产生这些制度的基础的问题。特别是在多层次的各种制度中，其中某些重大的要害的制度，甚至会对这一单位或集体的存在和发展，产生兴衰存亡的作用和影响。"局"有大局小局，《邓小平文选》中所说的制度是指对党和国家的大局有影响的制度，是党和国家的领导制度和组织制度。我国已经建立起许多适合社会主义经济基础的政治制度，但有些制度尚不够完善，有些制度则存在不少弊端，"妨碍甚至严重妨碍社会主义优越性的发挥"，这就必须认真进行改革，否则，"就很难适应现代化建设的迫切需要，我们就要严重地脱离人民"。[2]总之，邓小平同志认为，"这种制度问题，关系到党和国家是否会改变颜色"。[3]精简机构"是一场革命……。当然，这不是对人的革命，而是对体制的革命"。体制也是制度。"这场革命不搞，……不只是四个

---

〔1〕《邓小平文选》，人民出版社1983年版，第307页。

〔2〕《邓小平文选》，人民出版社1983年版，第287页。

〔3〕《邓小平文选》，人民出版社1983年版，第293页。

现代化没有希望，甚至会涉及亡党亡国的问题。"〔1〕这就最尖锐地指出了制度的根本性和全局性。邓小平同志的这些论述都是极其重要的，我们应认真领会，提高对制度重要性的认识。

三、正确认识制度改革

邓小平同志指出，"今后一个长时期，至少是到本世纪末的近 20 年内，我们要抓紧四件工作"，其中第一件就是"进行机构改革和经济体制改革，实现干部队伍的革命化、年轻化、知识化、专业化"。〔2〕制度问题是机构改革的出发点和落脚点，因而邓小平同志曾多次强调改革制度的必要性。如在"党和国家领导制度的改革"一文中，邓小平同志指出了领导制度方面存在的五种弊端，在分析每一种弊端产生的原因时，都提及与制度的关系。比如，官僚主义作风，"它同我们长期认为社会主义制度和计划管理制度必须对经济、政治、文化、社会都实行中央高度集权的管理体制有密切关系"；与"我们的党政机构以及各种企业、事业领导机构中，长期缺少严格的从上而下的行政法规和个人负责制"有关。又如，革命队伍内的家长制作风，与没有把"实行集体领导，实行民主集中制"这些好的传统坚持下来，并"形成严格的完善的制度"有关。再如，干部领导职务终身制现象的形成，同没有"健全干部的选举、招考、任免、考核、弹劾、轮换制度"有关。形形色色的特权现象，本身就是"在法律和制度之外"的权利，与新中国成立以后"没有自觉地、系统地建立保障人民民主权利的各项制度……"有关，等等。总之，要解决好党和国家领导制度方面存在的问题，首先必须从改革制度着手，"要解决思想问题，也要解决制度问题"。只有解决了思想问题，人们才会自觉地去坚持执行好的制度，改革不好的制度；但另一方面，又必须十分重视制度的改革和完善，因为"制度问题不解决，思想作风问题也解决不了"。单纯强调思想作风，忽视制度的改革和完善，实际上会无所作为。在改革旧的不符合社会主义原则和要求的制度的基础上，同时要建立新的制度。"不能认为只要破字当头，立就在其中了"。〔3〕

那么，怎样才能搞好制度改革呢？邓小平同志强调指出：在"现行制度的改革和新制度的建立问题"上，决不能再用"大搞群众运动的办法"。因为

---

〔1〕 《邓小平文选》，人民出版社 1983 年版，第 252 页。
〔2〕 《邓小平文选》，人民出版社 1983 年版，第 372 页。
〔3〕 《邓小平文选》，人民出版社 1983 年版，第 287~296 页。

这里解决的是社会主义制度内具体的组织制度和工作制度问题。机构改革也是一次革命，而且是很深刻的革命，但这是从破除政治上层建筑中某些陈旧过时或不适当的环节，从解放生产力、推动社会更快前进的意义上说的，并不是一个阶级推翻另一个阶级的革命。不是要"打碎"一切"旧的"国家机器，在国家和社会政治生活中造成你死我活的激烈震荡。我国的机构改革是在党的领导下，依靠社会主义制度本身的力量进行的。"在社会主义社会中解决……具体的组织制度、工作制度问题，同革命时期对反革命分子的打击和对反动制度的破坏，本来是原则上根本不同的两回事。"不同质的矛盾只能用不同的方法去解决；同时，新中国成立以来的"历史经验证明，用大搞群众运动的办法，……而不是用扎扎实实、稳步前进的办法，去解决现行制度的改革和新制度的建立问题，从来都是不成功的"。[1]

邓小平同志的这些论述，对于我们认识制度改革的必要性，以及正确地进行制度改革，都具有指导意义。

四、制度改革的具体内容

《邓小平文选》中谈到急需建立的许多具体制度，其中关于组织制度、工作制度方面的，主要有：

保障人民民主权利的制度。"要切实保障工人、农民个人的民主权利，包括民主选举、民主管理和民主监督。"[2]"建立保障人民民主权利的各项制度。"[3]

干部制度。"我们选干部，要注意德才兼备。所谓德，最主要的，就是坚持社会主义道路和党的领导。在这个前提下，干部队伍要年轻化、知识化、专业化，并且要把对于这种干部的提拔使用制度化。"[4]"要在坚持社会主义道路的前提下，使我们的干部队伍革命化、年轻化、知识化、专业化，并且要逐步制定完善的干部制度来加以保证。"[5]干部制度包括一系列具体制度，如选拔、考核、职权和待遇、培训、考试、退休、编制、工资等。

选拔"要建立一套制度，使那些有专业知识的，年富力强的人，被选拔

---

〔1〕《邓小平文选》，人民出版社1983年版，第296页。
〔2〕《邓小平文选》，人民出版社1983年版，第269页。
〔3〕《邓小平文选》，人民出版社1983年版，第292页。
〔4〕《邓小平文选》，人民出版社1983年版，第286页。
〔5〕《邓小平文选》，人民出版社1983年版，第320页。

到能够发挥他们才干的工作岗位上来。"[1]

考核 "要实行考核制度。考核必须是严格的、全面的，而且是经常的。"[2]

职权和待遇 "对各级干部的职权范围和政治、生活待遇，要制定各种条例。"[3]

培训 "要使全体干部、工人充分理解这种培训的重大意义，逐步把培训变成为适用于全体干部和工人的经常制度。"[4]

考试 "将来很多职务、职称，只要考试合格，就应当采用或者授予。"[5]特别要对 "法官和警察" 严格实行考试。[6]

退休 "国家不建立退休制度会影响到整个国家的生气，军队不建立退休制度，也就不能保持自己的生气。"[7]已经建立的顾问委员会制度，"应该说是我们干部领导职务从终身制走向退休制的一种过渡。"[8]

编制 "制度化以后，编制就不会臃肿。"[9]

工资 "在一个研究所里，好的研究员的工资可以比所长高。在一个学校里，好的教授的工资可以比校长高，这样才能鼓励上进，才能出人才。"要 "建立这样一套制度。"[10]

民主集中制 "在党内生活和国家政治生活中，要真正实行民主集中制……。"[11]一方面要 "强调集体领导"，要 "形成严格的完善制度"。同时必须把分工负责的制度建立起来。在管理制度上，当前要特别加强责任制。

群众监督制度 "要有群众监督制度，让群众和党员监督干部，特别是领导干部。"[12]

《邓小平文选》中提到的制度还很多。上述制度，邓小平同志都从原则上作了指示。如何使这些制度在符合社会主义原则的基础上，能更加适合我国

---

〔1〕《邓小平文选》，人民出版社 1983 年版，第 197 页。

〔2〕《邓小平文选》，人民出版社 1983 年版，第 99 页。

〔3〕《邓小平文选》，人民出版社 1983 年版，第 292 页。

〔4〕《邓小平文选》，人民出版社 1983 年版，第 384 页。

〔5〕《邓小平文选》，人民出版社 1983 年版，第 284 页。

〔6〕《邓小平文选》，人民出版社 1983 年版，第 251 页。

〔7〕《邓小平文选》，人民出版社 1983 年版，第 252 页。

〔8〕《邓小平文选》，人民出版社 1983 年版，第 369 页。

〔9〕《邓小平文选》，人民出版社 1983 年版，第 252 页。

〔10〕《邓小平文选》，人民出版社 1983 年版，第 196~197 页。

〔11〕《邓小平文选》，人民出版社 1983 年版，第 197 页。

〔12〕《邓小平文选》，人民出版社 1983 年版，第 292 页。

的实际情况，能更加完备并发挥作用，按照系统的要求，这就有一个选择最佳方案的问题。最佳的制度不仅应该是最符合本系统的性质，适合本系统的要求，也应该是能与左邻右舍各部分制度互相协调，在系统中起积极的促进的作用。有些制度，也许初看起来，对本部门的具体利益很起作用，但违背全局的根本利益，因而从长远看来，实际上也违背本部门的利益，这种制度就不是好制度。因此，必须经常用邓小平同志指出的检验制度的三条标准，对各种制度进行全面的衡量。

五、制度改革与法制建设

《邓小平文选》中几次将制度化、法律化连用，说明制度与法律有密切的内在联系。两者都是社会规范，都是人们行为的规则，并且都具有强制性；同时，在进入阶级社会以后，重大制度与法律一样，都是统治阶级利益和意志的体现，都为经济基础的性质所决定，反映基础的要求，对基础起反作用。也就是说，政治制度与法律在性质与社会作用方面根本上是一致的。

制度与法律的密切联系还在于，重大的、关系全国和广大人民利益的、规范范围很广的制度常常上升为法律。或者说，很多法律规范的内容就是以规定、确立或巩固某些制度为目的，这就是制度的法律化。从这一意义上说，将制度与法律连用，意味着制度建设也是法制建设的一部分。

但制度与法律仍有不同。法律必须由国家机关按法定权限制定，并通过一定的法律程序才能形成。法律一经公布，就由国家强制力予以保障。制度并不一定如此。国家机关以外的一切组织或团体，都可以根据自身的性质和任务，制定其内部成员必须遵守的制度，并且在其职权范围内强制执行。当然，这种强制力与国家机关的强制力是不同的。此外，国家机关本身，也有一些内部的制度，并不全部通过法定程序上升为法律。

将重大的制度上升为法律，用法律的形式来肯定和巩固重大制度，就会使这些制度更加稳定和更有力量。因此，在当前改革中，抓住制度的改革和建设，在改革现行制度的同时，建立和完善新的适合于我国国情和生产力发展的要求，符合社会主义原则的各方面制度，使国家的重要工作制度化，并且将这些制度法律化，把改革的成果用制度化法律化的办法长期地稳定地巩固下来，这是改革能否成功，改革的成果不致得而复失的关系全局的根本性大事之一。

六、结　语

邓小平同志有关制度的重要性以及制度改革问题的论述，是在总结我国长期革命实践，特别是社会主义革命和建设的丰富历史经验的基础上提出的，将对我国政治上层建筑的巩固和发展起重大的指导作用，是对马克思列宁主义、毛泽东思想的发展和贡献。我们应该认真学习领会，以胜利完成历史赋予我们的伟大使命，尽快实现四化建设的宏伟目标，为子孙后代的长远幸福奠定基础。

我国法制建设的任务[*]

中国共产党第十三次代表大会工作报告的一个引人注目的特点，是对加强和健全我国社会主义法制建设的重视。像十三大报告这样全面地从各个方面对我国法制建设的任务提出要求，是以前党的历次代表大会所未见的。报告的每一部分几乎都涉及法制建设，加强法制建设的思想是贯穿于整个报告的基本思想之一。这反映了我们党对新时期法制建设的高度重视，是党在总结长期历史经验的基础上对法制建设认识的新发展。

一、社会主义初级阶段要建立完备的法制

我们正处在社会主义初级阶段。十三大报告分析了初级阶段在上层建筑方面的缺陷，法制的不完备是其中的重要方面。因此，报告在论述我国社会主义初级阶段应当确立的具有深远意义的指导方针时，其第五点就是："必须以安定团结为前提，努力建设民主政治。社会主义应当有高度的民主、完备的法制和安定的社会环境。"建立完备的法制，是党在初级阶段的主要任务之一。社会主义初级阶段将经历上百年时间，这整个过程，将是国家的政治、经济、民主生活全面实行法制化，逐步从人治向法治过渡的过程。

什么是完备的法制？与我们对法制建设的一般认识相比，报告不仅指出它的基本要求是"有法可依、有法必依、执法必严、违法必究"，而且进一步明确指出，这样的要求必须贯穿于"国家政治生活、经济生活和社会生活的各个方面，民主和专政的各个环节"。按照这一要求，就需要有对法制建设认识的两个重要转变。其一，从内容上说，不能把法制建设理解为仅仅是有关专政、刑罚等法律制度。专政、刑罚无疑是法制建设的重要内容。在无产阶级国家建立初期，它们还是法制建设的主要内容。但是，"我们在现阶段所面临的主要矛盾，是人民日益增长的物质文化需要同落后的社会生产之间的矛盾。阶级斗争在一定范围内还会长期存在，但已经不是主要矛盾。"在全党全国的工作重点转向社会主义建设的同时，法制建设的主要任务也要从专政和

＊ 本文写于 1987 年 11 月，收于论文集《中国走向行政法治探索》，中国方正出版社 1998 年版。

刑罚转向保障和促进社会主义建设和民主政治的建立。法制建设就是要为国家的政治、经济和社会生活的各个方面，民主和专政的各个环节，提供规范和制度，法制建设的视野必须扩大。其二，从法制建设的实际工作看，不能把法制建设单纯或主要理解为只是立法工作。十三大报告明确指出，法制建设包括了"加强立法工作，改善执法活动，保障司法机关依法独立行使职权，提高公民的法律意识"等四个方面。毫无疑问，立法是法制建设的基础。无法可依，就谈不上执法、司法，也就无所谓法制。在一个阶段里，特别是在无法可依比较严重的情况下，立法工作是法制建设的重点所在。但是，现在已经可以越来越清楚地看出，在立法工作已经取得初步成就，"以宪法为基础的社会主义法律体系初步形成"的情况下，如何使法律规范充分贯彻落实，使执法和司法工作有一个较大的改进，已经成为法制建设不可忽视的任务。立法、执法、司法有其内在的统一性。法不执行，等于无法；社会生活中存在矛盾和纠纷，是不可避免的，执法的结果也将引起某些争议和纠纷，需要司法活动予以解决。缺少或削弱其中的任何一个环节，法制建设就将是片面的、不完整的。十三大报告将执法与司法工作分别论述，还意味着我们必须认清执法与司法两者的联系与区别。长期以来，我们经常把执法与司法混在一起。有时把公、检、法称为执法机关；有时又将公、检、法称为司法机关，而将工商行政、税务等称为执法机关。这些理解的共同点是将执法理解得非常狭隘，从而影响了行政机关对自身性质的认识。根据《宪法》规定，我国国家行政机关是权力机关的执行机关。权力机关的主要任务是立法，因此，行政机关也就是执行法律的机关。在法律比较健全的情况下，行政机关就是执法机关。行政机关也要制定规范性文件，也要立法，但那是执行性的立法或授权立法。把某一部分行政机关称为执法机关，某一部分则不是，这是很多行政机关轻视法制或不严格依法办事的重要原因之一，是不利于全面加强法制建设的。至于司法机关，当然是指参与或主持诉讼活动的法院和检察院。公安机关在刑事方面与法院、检察院有一定关系，但它主要属于行政机关，主要任务是执法。把立法、执法、司法三项法制工作联系起来，看成是一个完整的整体，在十三大报告中两次提及，应该引起我们的重视。

值得注意的是，十三大报告将提高公民的法律意识作为法制建设的重要内容之一。这是因为，法律意识是一切法律活动的基础，目前我国立法、执法和司法活动中的一切不足与缺陷，几乎都与法律意识的淡薄有关。我国经历了几千年的封建社会，造成普遍地无视或轻视法制的传统。不善于运用法律武器来治理国家，也不会利用法律来保护自己的合法权益。因此，努力提高公民的法律意识，使全体公民和国家工作人员都重视法制，是社会主义初级阶段全面加强法制的重要内容之一。在公民的法律意识问题没有得到根本解决之前，要完成法制建设的任务将是不可能的。十三大报告将提高公民法律意识作为法制建设的重要任务之一，是完全正确的。它向我国正在进行的普法工作提出了更高的要求。总之，十三大报告关于建设完备法制的论述，将对我国法制建设实践起重大的指导作用。

二、法制建设必须贯穿于改革的全过程

党的十三次代表大会的中心任务是加快和深化改革，很自然，十三大报告也集中论述了法制建设在改革中的任务。

十三大报告指出："法制建设必须贯穿于改革的全过程。"报告对全过程作了两方面的论述。一方面，全过程指的是"加强立法工作，改善执法活动，保障司法机关依法行使职权，提高公民的法律意识"。法制建设要贯穿于上述四个方面，这也正是对建设完备法制的要求。同时，立法、执法、司法和提高法律意识，本身也是改革的组成部分。必须通过改革，在改革中逐步健全和完善。另一方面，全过程指的是：其一，在改革开始时，"应兴应革的事情，要尽可能用法律或制度的形式加以明确"，为全体公民和国家工作人员指明行动方向，提供行动规范。这才能万众一心，形成统一的意志和力量，充分发挥群众的积极性，尽量减少改革中的盲目性。其二，在改革过程中，"法制建设必须保障建设和改革的秩序"。改革将引起新旧体制的冲撞和交替。但这种交替必须在国家的严格控制之下，按预定的方向和规则顺利进行。改革绝不是不要秩序。秩序混乱，各种干扰力量横行，改革就有被破坏甚至走向失败的危险。排除各种阻力和干扰，正是法制建设的重要任务，事实已经证明，社会秩序只有是法律秩序，依靠法律来规范和保障，对一切破坏秩序的行为给以法律制裁时，这种秩序才能是巩固的和强有力的。这正是当前体制改革中必须引起注意的问题之一。其三，在改革告一段落时，要运用法律形式，"使改革的成果得以巩固"。这也是我国历史经验的总结。例如，我们曾多次进行过机构改革，各次改革都有一定成果，可惜改革以后都没有用法律形式固定下来，以致经过巨大努力所取得的胜利成果，不久又付诸东流。改革的成果只有通过法律巩固下来，才有可能长期稳定。不管是阶段性成果或中长期改革取得的成果都是如此，这才能使我们的事业一步一步扎扎实实地往前发展。总之，不能把法制在改革中的作用仅仅看成是保障作用，而是要更积极地从规划改革、指明改革方向到巩固改革成果等各方面去努力，这才能将法制建设贯穿于改革的全过程。

十三大报告分别对经济体制改革和政治体制改革提出具体要求。关于经济体制改革：其一，经济体制改革要建立的"新的经济运行体制，总体上来说应当是，'国家调节市场，市场引导企业'的机制。国家主要运用经济手段和法律手段，调节市场供求关系，创造适宜的经济和社会环境，以此引导企业正确地进行经营决策。"法律手段是建立新的经济运行体制十分重要的手段。从一定的意义上说，所谓经济手段，多数最后也是要用法律的形式来表达和运用。例如，作为经济杠杆的信贷、税收等经济手段，只有通过法律才能发挥作用。否则，税收和信贷的管理将趋于混乱；奖金是物质利益原则的重要手段，国家也只有通过奖金税等法律手段，才能从宏观上进行调节。应该说，至今为止，学会熟练地运用法律手段来调节和促进经济的发展，仍然是一个相当严重的课题。其二，在加快建立和培育社会主义市场体系方面，要"加强工商行政管理和物价管理，严格执行市场管理法规，形成正常的市场秩序"，一是工商行政管理，二是物价管理，这是当前"加快建立和培育社会主义市场体系"的两个主要环节。这方面的问题是多种多样的。有些是法律法规尚不完备；有些是执法不严，违法不究；也有一些则是缺乏必要的申诉和诉讼制度，国家利益或公民、企业利益得不到充分保障。由于市场问题涉及面很广，且与公民切身利益有关，迫切需要加强这方面的法制建设。其三，在逐步健全以间接管理为主的宏观经济调节体系方面，报告指出，要"抓紧建立完备的经济法规体系，并加强司法，严肃执法。"如上所述，宏观调节实际上就是最终运用法律手段进行调节。由于我们对宏观调节还缺乏经验，因此，这方面的任务还相当繁重。其四，在公有制为主体的前提下继续发展多种所有制。经济方面，当前法制建设的主要任务，一是"必须尽快制定有关私营经济的政策和法律"，既要"保护它们的合法利益"，又要"加强对它们的引导、监督和管理"。二是"切实保护国外投资者的合法利益，进一步改善投资环境"。其五，在实行以按劳分配为主体的多种分配方式和正确的分配政策方面，主要是如何正确对待非劳动收入。报告提出的唯一标准是，是否合法。只要是合法的收入，不管是劳动收入或非劳动收入，都应当允许。但对"过高的个人收入，要采取有效措施进行调节"。至于"以非法手段牟取暴利的，要依法严厉制裁"。既然唯一的标准是是否合法，这就要求有法律法规提供标准，并对何种情况是"过高的个人收入"，如何调节，何种情况是

"非法牟取暴利"，如何制裁等作出明确规定。总之，"经济体制改革的任务十分艰巨，我们既要革除或矫正生产关系中各种阻碍生产力发展的东西，又要培育和建立发展生产力所必需的新组织、新机制和新规范。"经济体制改革的过程，也就是建立新规范的过程。

关于政治体制改革，从总体上看，政治体制改革中法制建设的任务就更为繁重。

第一，政治体制改革的关键是党政分开。党政分开与法制建设的关系如何？十三大报告对此作了深刻的分析。其一，报告重申了十二大以来我们党多次确认的党与法制的关系："党领导人民制定了宪法和法律，党应当在宪法和法律的范围内活动。"宪法和法律是国家机关制定的，但它是党领导人民经过长期浴血奋战夺得政权，又领导人民经过艰苦努力，通过国家机关制定出来的。国家活动以宪法和法律为准则，社会秩序也依靠宪法和法律来维持，这是建设、改革、人民生活幸福的基础，党岂能抛弃或损害这样的基础？"文化大革命"的教训值得我们永远记取。一是党要领导人民制定宪法和法律，二是党必须在宪法和法律的范围内活动，这是党与法制之间最基本的准则。其二，报告更进一步论述了党政分开以后党与法制的关系。党政分开并不是说不要党的领导，而是要改变过去直接地具体地管理国家事务的做法，实行政治领导。什么是党对国家事务的政治领导？报告指出："党对国家事务实行政治领导的主要方式是：使党的主张经过法定程序变成国家意志，通过党组织的活动和党员的模范作用带领广大人民群众，实现党的路线、方针、政策。"一是要把党的主张变成国家意志。所谓国家意志，就是通过政权机关表达出来的意志。它的主要表现形式是以国家强制力为保障的宪法和法律。二是党的主张变成国家意志的转化过程，必须遵守"法定的程序"。包括草案的提出、讨论、通过和实施等程序，违反法定程序也是违法。三是党要通过党组织的活动和党员的模范作用，带动广大人民群众，实现党的路线、方针、政策，党将不再直接向群众发号施令。其三，党和国家政权机关应当根据各自的职能，各司其职。报告指出："党和国家政权机关的性质不同、职能不同、组织形式和工作方法不同，应当改革党的领导制度，划清党组织和国家政权的职能，理顺党组织与人民代表大会、政府、司法机关……之间的关系，做到各行其职，并且逐步走向制度化。"这就是说应把党的主张通过法定程序变成由国家政权机关表达的国家意志，在党的领导下，国家意志集中表现为宪法和法律。党又通过党组织的活动和党员的模范作用，带动人民群众执行和遵守宪法和法律。党的活动在宪法和法律的范围以内。这就是党政分开后，党和法制工作之间的关系。

第二，政治体制改革的主要内容之一，是要使"行政管理走上法制化的道路"，也就是要建立起具有我国特色的行政法制。十三大报告在这方面的论述是十分全面而深刻的。

（一）"为了巩固机构改革的成果并使行政管理走上法制化的道路，必须加强行政立法，为行政活动提供基本规范和程序。"长期以来，我们缺少行政活动的基本规范和程序。有些个别的带有基本性质的规范和程序，也散见于各单行法中，故而使行政管理长期处于各自为政、凭经验办事的状态。我国行政管理中存在的很多弊端，都与缺乏基本的规范和程序有关。基本规范，例如，关于行政机关活动应遵循的基本原则；行政首长负责制和行政岗位职责的基本要求；行政法律责任的内容和适用；关于行政管理的法律、法规、规章的分工与关系；行政执法的内容、手段和范围；行政司法的内容和准则；行政法制监督的体系和原则等，都迫切需要有最基本的规范，使行政机关得以依法办事，并接受公开监督。基本程序，例如，行政机关内部的基本工作程序；行政机关处理国家事务的程序；行政立法程序；行政执法程序；行政处罚和行政强制执行程序；行政监督程序；行政申诉、行政仲裁程序等。我们一般都比较轻视程序的作用，常常把它与文牍主义、形式主义相提并论，将程序与效率对立起来。实际上，必要的程序是保证行政机关依法办事、制止主观随意性、克服官僚主义和不正之风的有力武器。它不仅不会影响效率，相反，它将杜绝拖拉作风，提高行政效率。因此，很多国家制定有行政程序法，并将程序违法看成是行政违法的重要内容之一。通过一个或几个重要的行政法，规定行政活动的基本规范和程序，将是提高行政管理科学化和法制化程度的一件十分必要的工作。毫无疑问，这一工作的难度是很大的，很多规范还是外国所没有的。但是从我国的现实情况看，这样的规范又是不可缺少的。我们应该有决心和信心，用几年时间，来完成十三大提出的这项任务。

（二）为使国家行政机关能担负起领导和管理国家事务的责任，首先要加强行政机关的自身管理。这主要包括两方面的改革，一是要改革政府工作机构，二是要改革干部人事制度。

改革政府工作机构即机构改革的关键是转变职能。具体改革方案要根据法制建设必须贯穿于改革的全过程的要求，由国务院草拟后提请全国人大审查。待批准成为法律性文件后，再付诸实施。

　　加强对政府管理的法制建设，主要是通过两类行政法制建设，即行政机关组织法和行政机关编制法来实施。行政机关组织法是有关行政机关的成立、任务、职责、内部机构设置、活动方式、人员配备、法律责任以及批准、修改、废止的程序的法律法规的总称。它是行政机关得以成立并进行活动的法律依据。我国已有一些行政机关组织法，如国务院组织法和地方各级人民代表大会和地方各级人民政府组织法，但是不够完善。其一，还有一些重要的应该有组织法加以规范的行政机关，如国务院各部、委、局，50 年代时曾制定过一些组织法，现在已都无规范可循。地方人民政府组织法虽已有一个总的法律，但情况很不相同的省、直辖市、市、县、乡以及派出机构地、区等，都以一个简单的法来笼统地加以规定，就很难起到真正的规范作用。其二，不完善还表现在，已有的组织法的内容不够完善。例如，组织法中都没有法律责任的规定。法律责任是组织法也是一切法律得以真正实施的保障，是法律的基本特点和优点之一。不规定法律责任的法，就失去了法律的约束力，实际上就变成人们可以遵守也可以不遵守的一个普通文件。因此，十三大报告提出，要"要完善行政组织法"。

　　行政机关编制法是有关行政机关内部机构设置和人员定编的法律规范的总称。编制问题是长期困扰我们行政管理的一个大问题。几次精简机构，每次都以不久后的进一步膨胀告终。原因是多方面的，其中之一就是缺乏控制编制的机制。编制问题的关键在于机构设置和人员定编的科学化。因此，它的根本解决有待于机构职能的转变，但是强有力的控制编制的机制也同样需要。十三大报告指出，要从预算和法律两个方面来控制编制，要制定行政机关编制法，把编制纳入法制建设的轨道。我们曾经强调编制就是法，这是完全正确的。编制本身具有法律性质，超编应该受到法律制裁。但这样说还不够，编制是如何确定的，也就是说，这个"法"是如何制定的，它必须经过什么程序，诸如编制的提出、论证、草拟、审查、批准等程序，违反编制后应该受到什么制裁，由什么机关来监督和执行，等等。所有这些，都还必须有一个管理编制的法，即行政机关编制法来规定。制定编制法已是当务之急，应该随着机构改革的进行同时考虑。在当前预算机制不够健全或一时难以健全的情况下，制定编制法尤其重要。实践已经多次证明，机构改革取得了成果后，如果没有相应的组织法和编制法来确定和巩固，那么丢失成果的可能性仍然存在。

　　对我国的干部人事制度如何改革，十三大已作出了明确的回答。纵观我国人事管理中的缺陷，一是缺乏科学性，常常用旧的不适应现代人事管理的经验管理来代替科学管理；二是法制程度低，没有把许多科学管理的办法上升为法律，主观随意性严重。我们至今没有人事管理方面的基本法，没有组成人事管理主要制度的法规，如录用、考核、培训、晋升、奖惩、退休，等等。曾制定过的个别法规，也已陈旧过时。因此，人事制度的改革，从开始到完成，法制建设要贯穿于改革的全过程。十三大报告指出，要根据分类管理的原则，从制定公务员条例开始，再逐步制定各个环节的配套的管理办法与细则，形成一个以公务员条例为首的法规体系。根据公务员管理的经验，再制定其他各类人员的管理条例，把我国的人事管理牢固地建立在法制化的基础之上。

（三）在加强行政机关的自身管理的同时，还要建立行政法制监督体系。强调对行政机关的法制监督，是为行政机关自身的性质决定的。行政机关要直接组织和管理国家事务，机构庞大，人数众多，事务繁杂。它的行为与国家进步和人民生活密切关联。同时，我们还要求行政机关必须提高效率。为此，就要建立行政首长负责制，要明确职责权限。在党政分开以后，行政机关的责任和权力进一步增强了。所有这些，都要求必须加强对行政机关的监督，使行政机关沿着社会主义方向和为人民服务的道路前进。这是我们国家的社会主义性质所决定的。对行政机关的监督来自各个方面，包括党的组织、群众团体、企业事业单位、公民，等等。但能使这些监督直接发生效果的，即行政法制监督，仍然要通过权力机关、司法机关和行政机关自身。因此，建立这三方面监督的法律制度，形成完整的法制监督体系，是十分重要的。十三大报告对此作了全面的论述。首先是权力机关的监督，报告特别提出要加强人大及其常委会对行政机关的"法律监督"。所谓"法律监督"，就是行政机关是否按照法律的规定办事。行政机关依法办事包括两种形式：一种是通过制定规范性文件，如制定各种实施细则，依职权制定一些规范性文件等；另一种是采取具体措施，使法律的规定落实，如执行税法、执行治安管理的处罚等。对行政机关的这两方面行为是否符合宪法和法律的要求，权力机关都应监督。但笔者的理解是，"法律监督"应该着重于前者，即对行政机关所制定的规范性文件是否违反宪法和法律进行监督，至于行政机关的具体执法行为是否符合法律要求，应该主要由司法机关和行政机关内部进行监督。司法机关的监督也就是行政诉讼。十三大报告指出，"要制定行政诉讼法"，行政诉讼是由法院主持解决行政争议的司法活动。所谓行政争议，就是行政机关在具体执行公务时，相对一方，包括公民、组织或单位，对行政机关的处理决定不满或不服，认为损害了他的合法利益，因而与行政机关发生的争议。行政诉讼是与民事或刑事诉讼很不相同的一种诉讼。司法机关是否可以对行政机关进行监督，其监督的范围有多大，都要通过法律授权；由于诉讼中的被告一方是行政机关，它所执行的是公务，这就产生了如何处理诉讼中行政机关与被管理者原告之间的关系，以及同是国家机关的行政机关与法院之间的关系问题，由此产生了一系列行政诉讼不同于其他诉讼的特殊原则，必须通过特定的行政诉讼法加以规定。行政诉讼是很重要的一种司法监督形式，因为法院是通过接受行政机关管理的公民或单位的控告，来监督行政机关的具体执法行为是否合法或是否符合事实的。它的涉及面很宽，法院又具有法律授予的对行政处理决定作出维持或撤销的权力，因而这是一种很有效的监督手段。最后，就是行政机关内部的监督，包括上级对下级、下级对上级以及行政机关之间的监督。还有各种专业监督，特别是审计监督和监察部的监督。行政诉讼只限于行政机关的外部行为，即在管理国家事务时是否有损害公民或单位的合法权益的行为。但对行政机关内部，如人事处理方面的争议，以及行政机关并不直接损害公民或单位，但对国家利益造成损害的行为，在没有达到犯罪以前，司法机关无法监督。这就需要审计监督、行政监察和上下级之间的监督。其中监察机关的监察尤为重要。十三大报告指出，要"加强对行政工作和行政人员的监督，追究一切行政人员失职、渎职和其他违法违纪行为"。

（四）与行政监督相联系，还要在建立民主政治的同时，加强对公民民主权利和合法权益的保护，制止对群众利益的侵犯。只讲建设，不讲保护，只是做了事情的一半。保护公民的民主权利和合法权益的途径很多，最有效的途径和方式之一，就是建立申诉、诉讼和仲裁制度。十三大报告对此提出了要求。

申诉制度指的是在行政机关主持下解决公民或行政工作人员对行政机关的具体处理决定不满或不服，认为损害了他们的合法权益时提出的申诉。不同的是，公民的申诉一般是向作出决定的行政机关的上级机关申诉，称为复议。对复议不服的，可以再向法院提起行政诉讼。国家行政工作人员对行政机关在人事处理方面的决定不满或不服，认为损害了他们的权益时，可以向上级行政机关或监察部门申诉，但一般不能向法院提起诉讼。我国从民主革命时就建立了人民来信来访制度。人民来信来访也是申诉的一种，但是由于受理信访的机构一般都不直接处理案件，同时也没有法律对信访制度的程序作出明确规定，因此，还不能把信访制度等同于我们所说的申诉制度。申诉制度必须是法律制度，有严格的要求、原则和程序，其决定必须具有法律效力。我国已有一些单行法规规定了申诉制度，如《治安管理处罚条例》就规定了当事人不服处罚的，可以向上级公安部门提出申诉，要求复议；对复议不服的，可以向法院起诉。其他如《海关法》也有这类申诉复议制度，但尚无统一的申诉法对申诉制度作出全面统一的规定。国家行政人员因不服上级的人事处理决定提出申诉的，一般都由上级机关审查后作出裁判，不能向法院提起诉讼。我国新建立的监察部，也应该是可以接受这类申诉的机构。《国务院关于行政工作人员的奖惩暂行规定》（1957年）有一些有关这类申诉的规定，但不完整，也有重新明确和完善的必要。

诉讼制度从一定的意义上说，加强行政监督，也包含着对公民民主权利和合法权益的保护。行政诉讼制度同时也是保护公民权益的制度，而且由于这种诉讼是由被管理者直接提出的，法院又依法有着撤销违法的行政处理决定的权力，因此，行政诉讼制度是一种保护公民权益的很有效的制度。

仲裁制度一般是指由特定的机构来解决民事方面发生的争议。民事争议应由法院解决，但也可通过双方自愿，找仲裁机构作出仲裁。我国的仲裁制度尚未完善。十三大报告特别指出要"建立劳动仲裁制度"，因为劳动方面的争议，直接与经济体制改革和政治体制改革相联系，数量较多，影响劳动者或企业的利益。同时，劳动争议仲裁制度是一个新建立的仲裁制度，有必要予以强调。

第三，政治体制改革就是要在我国建立民主政治。社会主义民主政治的本质和核心，是人民当家做主，真正享有各项公民权利，享有管理国家和企业事业单位的权利。这就需要在人民代表大会制度、人民政协和爱国统一战线制度、包括工青妇在内的群众团体、选举制度以及基层民主生活制度等各个方面，致力于基本制度的建设。报告特别指出，一方面，要保护公民享有《宪法》规定的公民权利和自由，另一方面，又要依法制止某些滥用权利和自由的行为。这就必须"抓紧制定新闻出版、结社、集会、游行等法律"。

总之，政治体制改革的长远目标，就是要"建立高度民主、法制完备、富有效率、充满活力的社会主义政治体制"，就是要"形成政治、经济和社会生活的新规范，逐步做到：党、政权组织同其他社会组织的关系制度化，国家政权组织内部活动制度化，中央、地方、基层之间的关系制度化，人员的培养、选拔、使用和淘汰制度化，基层民主生活制度化，社会协商对话制度化。总之，应当通过改革，使我国社会主义民主政治一步一步走向制度化、法律化。这是防止文化大革命重演，实现国家长治久安的根本保证。"

从依法行政到建设法治政府

依法行政、法治政府

《行政诉讼法》实施与依法行政*

——访全国人大内务司法委员会特约研究员应松年

　　《中华人民共和国行政诉讼法》的实施是中国民主与法制发展进入新的历史阶段的重要标志。对于维护公民合法权益，树立审判机关公正严明的执法形象，提高行政机关办事效率和工作水平具有深远意义。民政部门是国家管理社会行政事务的重要部门，在整个社会关系中发挥着积极作用，《行政诉讼法》的实施将把民政工作纳入法制轨道，改变其传统的行政手段，以法律为准绳，依法行政。在此之际，记者孙罗健就有关问题采访了应松年副教授。

　　记　者：应教授，您曾经参与《行政诉讼法》的起草工作，请谈谈制定《行政诉讼法》的背景及其颁布实施的意义。

　　应松年：《行政诉讼法》首先是在改革开放条件下民主进程的一个步骤，是民主政治发展的产物。由于多种原因，我国长期"权"大于"法"，国家赋予政府机关以广泛的行政管理权，但缺少严格有效的法律制度，因此，以权代法，行政机关侵犯公民、组织权益的事情时有发生，随着改革开放，大量的法律法规开始涉及行政诉讼问题。1982年《民事诉讼法（试行）》第3条第2款的规定可以说是我国行政诉讼制度确立的起点，它规定人民法院将审理法律规定的行政案件，并依该法审判，成为我国公民、组织控告政府最早的基本法依据，这是中国行政诉讼制度的第一个里程碑。而1986年9月公布、1987年1月1日正式实施的新的《中华人民共和国治安管理处罚条例》中第39条的贯彻执行，开创了我国"民"可以依法告"官"的实施先例，《行政诉讼法》正是基于该条例经验制定的，这是民主政治的法律制度在中国正式确立的一个标志；其次，《行政诉讼法》的制定与实施是中国改革发展的需要，是经济体制改革和政治体制改革的必然结果。改革需要有稳定的法律制度作保障，随着经济体制的改革，企业与行政机关相对独立，诸如经营自主权和合法承包经营权不受行政机关和主管部门的非法干预，企业希望有完

　　* 本文载于《中国社会报》1990年10月5日。

备的法律制度保护其合法权益。随着政治体制改革，行政诉讼制度不仅关系到保护人民民主和加强对行政机关依法行政的有效监督，而且影响到行政机关的体制、权限、工作效率。因此，从这个意义上讲，颁布实施《行政诉讼法》推进了中国改革的进程。

记　者： 行政诉讼是当事人由于国家行政机关及其工作人员的职务行为，使其合法权益受到损害而向人民法院提起诉讼，请求撤销或者变更行政处罚决定的诉讼活动。那么，行政诉讼的主要特点是什么？

应松年： 行政诉讼与民事诉讼、刑事诉讼并列为国家三大诉讼系统，它与民事诉讼和刑事诉讼有许多不同。例如，行政诉讼法律关系的主体中必有一方是作为被告的行政机关，行政诉讼法律关系以行政法律关系为前提，而且，必然在提起行政诉讼之前就已经确定。行政机关作为被告参加行政诉讼是行政诉讼最主要的特点，其他特点都是从这里生发出来的。行政诉讼法律关系的客体是被告的具体行政行为。特别是法律关系由原来的双方关系即行政主体与行政相对人之间的关系转变为三方关系，即在人民法院主持下解决行政机关与公民法人或其他组织之间发生的行政争议。原来的行政主体——行政机关作为被告参加诉讼，并且通常要负主要举证责任。司法机关行使行政审判权、行政案件的受案范围也受到客观条件的限制，人民法院只审查具体行政行为是否合法，不对抽象行政行为进行审查。例如，人民法院不受理公民、法人或其他组织对行政法规规章或者行政机关制定发布的具有普遍约束力的决定、命令提起的诉讼。并且，人民法院原则上不审查具体行政行为的适当与否，除非行政处罚显失公正。此外，如行政诉讼不停止具体行政行为的执行，行政诉讼不适用调解等还有许多特点。

记　者： 国家行政机关及其工作人员在其工作中与各个方面发生极其广泛的社会关系，包括国家行政机关之间；国家行政机关与其他国家机关之间；国家行政机关与企业事业单位之间；国家行政机关与社会团体之间；国家行政机关与公民之间；等等。这些社会关系，只要是国家行政机关及其工作人员行使行政职能过程中发生的关系就构成行政关系。那么，您对行政机关违法的可能性怎么看？

应松年： 这个问题正是几天前法学会在人民大会堂召开的配合"十一"《行政诉讼法》实施大会上我的发言题目。这两年，治安、土地案件很多，并且呈现上升趋势。原因是政治体制及经济体制改革使人们经济自主和政治民主要求增强，这必然使行政机关与被管理的组织、个人之间产生行政争议的数量增加。从目前看，行政机关违法的可能性有三种。第一种，国家行政机关及行政工作人员在行使其行政职能过程中不按法律规定办事。这是由于我国长期"权"大于"法"，官僚主义、家长作风严重，这种旧作风的影响一时还难以彻底清除，加上法制观念淡薄，行政机关及行政工作人员缺乏依法行政的习惯。第二种，没有法律规定，行政机关及行政工作人员在工作中自作主张、主观随意。这主要是我国各方面法律制度还不完善，致使工作时出现无法可依的情况，这就需要尽快立法。第三种，国家行政机关工作人员在行使其职能过程中不是按法律法规而是按照与法律法规相抵触的其他规范性文件办事，这就是人们常说的规定错了，据此作出的具体行政行为当然也错了。如某些规章与法律不符的地方"土政策"，即构成违法。

记　者：民政部门是政府行政管理部门之一，业务庞杂，一些同志认为工作辛辛苦苦，本来有些工作就不易开展，难得人人满意，万一出点差错还当了被告，将来怎么工作，您能就此谈谈看法吗？

应松年：这种思想顾虑是不了解《行政诉讼法》造成的。我国实施《行政诉讼法》的目的是规范人民法院审理行政案件的司法程序，保护受行政违法行为侵害的公民、法人和其他组织的合法权益。同时也维护行政部门依法行使行政权力。合法的行政行为不仅会得到肯定，而且还能强化其效果，减少工作阻力，通过行政诉讼，将促进行政机关尽快完善行政法律制度，使行政工作确实能依法办事，对行政机关工作人员来说这无疑是件大好事。《行政诉讼法》的实施必将使我国的行政管理出现一个新的局面。当然，任何事物都有一个逐步发展的过程，由于依法行政的观念尚未完全形成，我们有些同志对此不解也是可以理解的。随着普法、用法观念的转变，人们对这个问题的认识会从不大接受到接受并转变为自觉行动。

记　者：您能否就民政部门如何贯彻《行政诉讼法》谈谈看法？

应松年：我认为依法行政的前提是立法，或者说是为自己的具体行政行为找到充分可靠的法律依据。目前需要按照《行政诉讼法》的有关规定，补充和完善各项民政工作法规，民政部门这方面的工作相当艰巨，需要对民政工作中的具体行政行为全面进行检查，看有哪些行为在可诉之列，明确民政行政工作人员职责，建立健全实施民政行政行为的程序和制度，以确保民政行政行为的合法性及其实施质量。此外，还要开展普法教育，提高民政行政工作人员法制观念和依法行政的能力及执法水平。当然，为了及时准确地处理民政行政案件，以及在必要时有专门人员出庭应诉，民政部门还需根据需要建立专门的复议应诉机构，等等。

记　者：非常感谢您对法制建设工作提出了这么多有益的建议。向您提出最后一个问题：对于我国这样一个受封建思想影响颇深的国家，长期习惯于行政命令，建立行政诉讼制度不能不说是一重大行动，请谈谈《行政诉讼法》实施的前景。

应松年：前景肯定是光明的。建立行政诉讼制度不仅在于保护公民权益或监督行政职权合法行使，更重要的是使人们树立法制观念，无论"官"还是"民"都必须遵守法律。公民、法人或其他组织还没有完全学会运用法律武器保护自己，某些行政工作人员怕当被告，搞搞小动作的情况也会有发生，《行政诉讼法》的实施将会走过它不平凡的发展历程。但我确信，行政诉讼制度的建立对我国民主和法制发展的重要意义，一定会被越来越多的人所认识，行政诉讼制度一定会在我国逐步完善和健全起来。

依法行政论纲[*]

一、依法行政的内涵

依法行政就是行政机关行使行政权力、管理公共事务必须由法律授权并依据法律规定。法律是行政机关据以活动和人们对该活动进行评判的标准。而法律，必须是人民通过人民代表大会制定的。

对行政机关提出依法行政的要求，植根于我国国家的性质和政治体制。我国是人民当家做主的社会主义国家，行政机关的权力来源于人民。行政机关由人民代表大会产生，对它负责，受它监督，行政机关是权力机关的执行机关。[1]人民代表大会表述意志的最基本的途径和形式是制定法律。行政机关也就是执行法律的机关。依法行政是人民民主国家题中应有之义。

（一）职权法定

行政机关的职权，在我国主要是指中央政府及其所属部门和地方各级政府的职权，必须由法律规定。行政机关必须在法律规定的职权范围内活动。非经法律授权，不可能具有并行使某项职权。这与公民的权利不同，从法律的范围说，公民的权利是，凡法律没有禁止的，公民皆可为之。当然，此外还有道德等约束。行政机关的职权是，凡法律没有授予的，行政机关就不得为之。法律禁止的当然更不得为之，否则就是超越职权。在内部，超越职权就是行政机关横向超越了某一行政机关的职权，或纵向超越了上下级行政机关之间的职权；在外部，超越职权就会侵犯公民的合法权益。职权法定，越权无效，是依法行政的主要原则之一。行政机关的法定职权，一般有两种形式，一是由《行政机关组织法》规定，大都以概括之语言，划定各机关的职责范围；二是由单行的实体法，规定某一具体事项由哪一行政机关管辖。1996 年 3 月通过的《行政处罚法》两次规定，实施行政处罚的行政机关，必须是"有行政处罚权"的行政机关，也即具有行政处罚法定职权的行政机关。

---

* 本文载于《中国法学》1997 年第 1 期。

〔1〕 参见《中华人民共和国宪法》第 85 条。

41

（二）法律保留

凡属宪法、法律规定只能由法律规定的事项，则只能由法律规定；或者必须在法律明确授权的情况下，行政机关才有权在其所制定的行政规范中作出规定。有些著作将此称为法律保留原则。我国宪法和法律对必须由法律规定的事项已作出某些规定。《宪法》第62条规定，全国人民代表大会"修改宪法"，"制定和修改民事、刑事、国家机构和其他的基本法律"，第67条规定全国人大常委会"制定和修改除应当由全国人民代表大会制定的法律以外的其他法律"。这里规定的法律保留事项是：修改宪法，制定和修改刑事、民事、国家机构和其他基本法律，还有"其他法律"。但哪些属于"其他基本法律"和"其他法律"尚未明确。最近公布的《行政处罚法》，则将行政处罚，也即剥夺和限制公民人身权和财产权的设定权明确规定为只有法律才能行使。其中属于人身自由罚的设定权，只能由法律行使。法律绝对保留，不予授权。对于财产权的处罚，则由法律授权。《行政处罚法》作出了这种授权：对行政法规授予财产权各方面处罚的设定权；对规章，则仅授予警告与一定数额的罚款的设定权。有规章制定权以外的行政机关，法律不授予任何行政处罚的设定权。这是迄今为止我国法律对法律保留原则的最明确的表述。值得注意的是，这一表述是否具有普遍意义？即法律保留原则，是否主要仅适用于限制、剥夺公民基本权利的规定，至于促进公民民主与福利的行为，是否只需符合法律的基本精神，只要在职权范围以内，行政机关自得为之。对此，学界尚有争议。

（三）法律优先，或称法律优位

法律规范在效力上是有位阶层次的。法律在效力上高于任何其他法律规范。法律优先包含下列含义：

第一，在已有法律规定的情况下，任何其他法律规范，包括行政法规、地方性法规和规章，都不得与法律相抵触，凡有抵触，都以法律为准。法律优于任何其他法律规范。《行政处罚法》表述为：在法律对行政处罚已有规定的情况下，法规、规章可使之具体化，但必须在法律关于行政处罚规定的行为、种类、幅度范围以内，不得抵触。

第二，在法律尚无规定，其他法律规范作了规定时，一旦法律就此事项作出规定，法律优先，其他法律规范的规定都必须服从法律。

值得注意的是，我国《宪法》规定，国务院根据宪法和法律，制定行政法规，〔1〕国务院各部、各委员会根据法律、行政法规制定规章，〔2〕省、自治区和直辖市人民政府和省、自治区人民政府所在地的市和国务院批准的较大的市的人民政府根据法律、行政法规和地方性法规制定规章。〔3〕宪法、法律对行政机关制定法律规范用的是"根据"原则。

《宪法》又规定，省、自治区和直辖市的人民代表大会及其常务委员会，在不同宪法、法律、行政法规相抵触的前提下，制定地方性法规。省、自治区人民政府所在地的市和国务院批准的较大的市的人民代表大会及其常委会，在不同法律、行政法规和本省、自治区地方性法规相抵触的前提下，制定地方性法规。〔4〕宪法和法律对地方权力机关制定法律规范用的是"不抵触"原则。

《宪法》对行政机关制定规范和地方人大制定地方性法规用了"根据"和"不抵触"两个不同的词，绝不是偶然的。"不抵触"是指地方性法规的规定不得与已对此问题有规定的法律、行政法规的有关规定相抵触，当然，如果法律、行政法规对此没有规定，地方性法规可以根据地方特点作出规定，因为在这种情况下不存在抵触问题。"根据"则不同。"根据"当然也意味着行政机关制定的规范不得与已对此问题有规定的法律（行政法规、地方性法规）相抵触；同时，也表明只有法律（行政法规和地方性法规）对某一问题已有规定的情况下，行政机关的规范才能据此作出规定。否则就是于法无据。对行政机关制定规范要求"根据"，就因为行政机关是权力机关的执行机关，必须根据权力机关的意志才能制定规范。在有些法律的规定比较原则的情况下，行政机关可以制定规范使之进一步具体化。这些具体化的行政法规和规章，当然不得与法律（地方性法规）相抵触。行政机关制定规范中的"不抵触"和地方权力机关制定地方性法规的"不抵触"，都说明法律优于其他法律规范。法律的效力高于其他规范，法律处于最高的效力位阶。

但是，由于我国法律的覆盖面还远远不够，而现实又迫切需要可供遵循的规范；也由于经验不足，某些领域尚难以立即形成法律，这就需要在法律没有规定的情况下，先由行政机关制定一些规范。但这些规范的制定，必须

---

〔1〕《中华人民共和国宪法》第89条。
〔2〕《中华人民共和国宪法》第90条。
〔3〕《中华人民共和国地方各级人民代表大会和地方各级人民政府组织法》第60条。
〔4〕《中华人民共和国宪法》第100条，《中华人民共和国地方各级人民代表大会和地方各级人民政府组织法》第7条、第43条。

由法律授权，尤其是涉及公民、法人或其他组织的人身权、财产权时，必须有法律授权。这就是"根据"原则的另一种表现。[1]显然，这些规范都是在法律"空缺"的情况下制定的，如果一旦法律填补空白，对同一问题作出规定时，则行政法规、地方性法规和规章的有关规定就要自动让位于法律，以法律的规定为准，或修改，或废除。这也同样是法律优先原则的含义。

（四）依据法律

行政机关的行为必须依据法律，或者说，必须有法律依据。

从广义上说，上述"根据"原则也属于依据法律，但主要是指行政机关的抽象行政行为，此处所说依据法律和有法律依据，主要是指行政机关的具体行政行为，尤其是影响公民基本权利和义务的具体行政行为，必须有法律依据，必须依据法律规定作出，这是依法行政的主要内容。

行政机关的行政行为，大别之无非就是两大类，即制定规范的抽象行政行为和作出处理决定的具体行政行为。依法行政不仅要求行政机关根据法律和法律的授权制定规范，还要求行政机关在作出具体行政行为时必须依据法律，否则虽然行政机关制定的规范都是根据法律或由法律授权，但在具体执行法律，作出具体行政行为时却并不依据法律，那么，依法行政就会成为一句空话。因为规范制定得再好，最终仍要看法律在现实生活中的落实。

依据法律的"法律"是指狭义的法律还是包括其他法律规范？从根本上说，一切具体行政行为都应该依据法律——狭义的法律，但根据法律和经法律授权制定的法规、规章当然也应该是依法行政的依据。因此，这里所说的"法律"，应该包括法规、规章在内。《行政处罚法》中规定的"处罚法定"原则，就是依据法律原则在处罚领域里的体现。

依据法律原则与行政机关的自由裁量权并不矛盾。自由裁量指的是在法律规定有一定范围的情况下，行政机关可以在此范围内作出选择。如治安管理处罚可以在法定的种类与幅度内，根据具体情况作出选择，这仍然是依据法律的一种形式。当然，所作选择必须合理，合理是依据法律原则的特殊表现。

---

〔1〕 我国已有三项授权立法。1983年全国人大常委会《关于授权国务院对职工退职退休办法进行部分修改和补充的规定》；1984年全国人大常委会《关于授权国务院改革工商税制发布有关税收条例草案试行的决定》；1985年全国人大《关于授权国务院在经济体制改革和对外开放方面可以制定暂行的规定或者条例的决定》。

（五）职权与职责统一，这是行政机关行使职权的一个重要原则

职权，就是宪法、法律授予行政机关管理经济和管理社会的权力，它与公民的权利不同。公民的权利可以行使也可以放弃；但行政机关的职权不仅是可以行使，而且是必须行使，不能放弃。法律授予行政机关的职权，实际上也就是赋予行政机关以义务和责任，行政机关必须尽一切力量去保证完成。因此，行政机关的职权从另一角度说，就是职责。职权与职责是统一的，是一件事情的两面。放弃职权，不依法行使职权，就是不履行义务，就是失职，应该追究法律责任。从我国的实际情况看，把职权等同于公民的权利，愿意行使时就行使，不愿行使时就随意搁置，是相当普遍的现象，可以说，这是我国行政管理中的大敌之一。依法行政应该包含着依法必须行政的含义在内。

从以上论述可以看出，依法行政，与依法治国不同。依法治国的主体是人民，人民通过权力机关制定法律，表达意志，治理国家。依法行政则是对行政机关提出的要求。主要解决的是以下关系：

第一，政府与人民的关系。其一，政府的权力来源于人民，来源于人民通过人民代表大会制定的法律，政府是执行人民意志的机关。其二，行政机关工作人员是人民的公仆，决不能凌驾于人民之上，做官当老爷。其三，政府的任务是进一步提高人民的物质和文化利益，保护公民的基本权利。未经授权，不能设定和实施任何剥夺或限制公民权利的行为。政府与人民的关系是依法行政立论的基本点，一切观点和制度都以此为出发点和归宿。

第二，权与法的关系。处理好权与法的关系，乃是依法行政能否成功的关键之一。权就是行政权，行政机关必须依法行使。"依法行政"非常明确地摆正了权与法的关系。行政权的行使，必须有法律授权，并有法定依据。一切违法行为都必须追究法律责任。

第三，行政机关与司法机关的关系。行政机关和司法机关都由人大产生，应互相支持，互相监督。司法机关不是行政机关的下属机关。人大与司法机关都有监督行政机关是否依法行政的权利和义务。

二、依法行政是依法治国的核心

依法治国，建立社会主义法治国家，是我国人民当家做主的本质所决定的，也是建立社会主义市场经济的内在必然要求。依法治国战略方针的确立，为实现依法行政开辟了道路，创造了前提条件，而依法行政又是依法治国的核心所在。

不奉行依法治国的方针，就不可能有依法行政。因为依法行政不是孤立

的，依法行政需要权力机关加强立法和必要的授权，需要司法机关的保障，需要全国人民有良好的法律素养，以及来自各方面的监督，等等。没有依法治国的大环境，就谈不上依法行政。而依法行政又是依法治国的核心、难点，以至终点所在。

法律的实施是所有国家机关的任务，但最重要的还是行政机关。大量的法律，包括涉及国家经济、科技、文化的发展，以及和人民切身利益有关的许多法律都要靠行政机关去落实。据统计，80%的法律都有赖行政机关执行。行政机关在依法治国中担负着最大量、最繁重的任务，可以说，没有行政机关，依法治国就失去了最主要的支柱。没有强有力的行政执法，立法方面的一切努力将变为徒劳。正因此，江泽民同志指出："干部依法决策、依法行政是依法治国的重要基础。"〔1〕

从与公民的关系上来说，虽然民事关系要比行政关系更广泛、更复杂，但民事权益的保障，离不开行政机关。很多人以为保障民事权益，制止民事侵权行为主要依靠法院，行政机关在此无能为力，这是一种误解。民事权益的保障和民事侵权行为的制止，首先关乎行政机关。这是因为，民事侵权行为具有双重性。例如，甲乙二人打架，甲将乙打伤，这是民事侵权，但同时甲也侵犯了治安管理秩序和公共利益。民事侵权行为，侵犯的不仅是公民权益，也侵犯了行政管理秩序。行政机关为了维护良好的行政管理秩序，就必须给破坏治安管理秩序的甲以行政处罚。行政机关的行政处罚行为，既是对违法行为的制裁，也是对民事侵权行为的制止；既是对社会秩序的维护，也是对公民权益的保护。由于行政机关工作人员数量多，程序简单，效率高，因而常常在处理了公民侵犯行政管理秩序的同时，也顺手将民事赔偿问题附带解决，这就是《治安管理处罚条例》所规定的情况。即使作为典型民事关系的婚姻关系，为维护良好的婚姻秩序，结婚时也必须先到行政机关去登记，如此等等。因此，对民事权益的保障和民事侵权行为的制止，常常首先由行政机关采取措施。这就必须强调依法行政。没有依法行政，难以维护良好的行政管理秩序，也将会影响民事关系的正常发展，使民事权利难以保护。当然，这并不等于说行政机关可以干预一切民事侵权和民事纠纷。在这里，最重要的界线是法律界定。

另外，在公民守法和行政机关依法行政方面，作为管理者与被管理者这

---

〔1〕 1996年2月8日江泽民总书记在中共中央举办的法制讲座上的讲话。

一对法律关系，行政机关的依法行政，常常是矛盾的主要方面。行政机关不依法办事，就无法要求被管理者"守法"，言教必须与身教并重，严格依法办事，才能要求和教育公民遵守法律，逐步提高公民的法律素质。公民的守法并不难，难点在于行政机关工作人员严格执法，严格依法办事。

依法行政也是依法治国的难点所在。行政机关行使权力时的特点之一是首长负责制，是权力的相对集中和命令与服从；行政事务的繁杂性和紧迫性，要求行政机关必须强调办事速度，强调行政效率，并给予行政机关在行使职权时以较大的自由裁量权，行政方式上的这些特点，使人们习惯于按个人意志办事，忽视依照法律规定行使行政权力。因此，依法行政将是依法治国最困难的部分。依法行政的困难，也就是依法治国的困难。实践已经充分证明了这一点。如果依法行政不能取得成效，则依法治国最终也难以实现。

依法行政是现代法治国家政府行使权力时所普遍奉行的基本准则。它反映了社会从人治向法治转变的历史进程。不奉行法治原则，谈不上依法行政。人治与主观随意性相联系，权力的行使由个人意志决定；依法行政与法治相联系，权力的行使以人民制定的法律为依据和评判标准。

三、依法行政的历史发展

依法行政是近代社会法治国家所普遍奉行的准则，但由于各国社会历史条件和法治传统的区别，对于依法行政内涵的概括，也因时代和国家的不同而相异。

资本主义初期，适应自由竞争的需要，提倡管得最少的政府是最好的政府，因此，依法行政之法，是指狭义的，即国会制定的法律。"无法律即无行政。"随着社会的发展，国家对经济和社会的干预扩大、深入，法治国逐步建立，依法行政之法，扩大至根据法律制定之法规等行政立法，这是国外依法行政理论的主要时代变化。[1] 就国家而言，德国行政法学的创始人 Otta Mayer 在《行政法》中认为，依权力分立原则，国家应"依法律而治"，即国家之司法及行政皆受法律之拘束。依法行政的重点为"（1）法律的规范创造力原则；[2]（2）法律优越原则；（3）法律保留原则"。[3] 印度行政法学者 M. P. 赛夫在其《德国行政法》一书中认为德国的"法治"观念包括两种意见，"实质上的法治要求实现公正的法律秩序。这一原则要求国家的权力应当服从

---

〔1〕 蔡志方：《行政法三十六讲》，第58页。
〔2〕 笔者注：意为只有狭义的法律才能创造法规，只有法律才能创造法规之效力。
〔3〕 陈新民：《行政法学总论》，修订二版，第51页。

于各种确定的、不可变更的宪法原则，服从于实质性的基本价值"。"形式的法治要求，国家的一切活动都应当以根据宪法制定的各种法律为依据。"[1]

英国法学家 A. V. 戴西将英国的法治原则归纳为三个原则："（1）正规法律的绝对优位及政府专断权力之排除；（2）法律之一律平等；（3）宪法的一般原则乃通常法律适用结果的浓缩"[2]。当代英国学者将法治原则概括为："（1）政府的一切活动必须遵守法律；（2）法治原则不局限于合法性原则，还要求法律必须符合一定标准，具备一定内容；（3）法治原则表示法律的保护平等；（4）法律在政府和公民之间无偏袒"[3]。

美国的法治原则包含下列因素：（1）法治原则承认法律的最高权威，要求政府依照法律行使权力。但法律必须符合一定标准，包含一定内容。否则，法律也可作为专制统治的工具。（2）正当的法律程序：为保护公民权益不受政府的官员不正当行为的侵犯，还必须在程序方面对政府权力的行使加以限制。（3）法律规定的权利和程序必须执行，为此，必须有保障法律权威的机构。[4]

日本关于依法行政的观点对我国的影响最大。早期的著名法学家美浓部达吉认为，法治主义建立于法律平等之思想和对人民权利自由之限制，须有法律之根据。非依法律，不得任意侵害依法限制思想的基础之上。其基本原则为"（1）行政权之作用，不得与法规相抵触；（2）非有法规根据，不得侵害人民权利，或使人民负担义务；（3）非有法律根据，不得为特定人设定权利，或为特定人免除法规所科之义务；（4）法规任行政权以自由判断之场合，其判断也须合于法规"[5]。其后，田中二郎将依法行政概括为"（1）行政为法规之执行；（2）行政须有法规之授权；（3）行政应受法规之限制"[6]。

近期来，日本和我国台湾地区学者常将依法行政归纳为法律优位原则与法律保留原则。将法律优位原则称为消极的依法行政，法律保留原则称为积极的依法行政。[7]

---

〔1〕　［印］M. P. 赛夫：《德国行政法》，周伟译，五南图书出版公司 1991 年版，第 15~16 页。

〔2〕　城仲模：《行政法之基础理论》，三民书局 1988 年版，第 6 页。笔者注：此处所说"法律结果的浓缩"是指，英国公民的权利是普通法院的判例形成的，英国的宪法建立在公民权利的基础上。

〔3〕　王名扬：《英国行政法》，中国政法大学出版社 1987 年版，第 10~11 页。

〔4〕　王名扬：《美国行政法》，中国法制出版社 1995 年版，第 10~11 页。

〔5〕　［日］美浓部达吉：《行政法撮要》（上），商务印书馆 1934 年版。

〔6〕　城仲模：《行政法之基础理论》，三民书局 1988 年版，第 7 页。

〔7〕　［日］南博方：《日本行政法》，杨建顺、周作彩译，中国人民大学出版社 1988 年版，第 10 页。翁岳生：《法治国家之行政法与司法》，台湾月旦出版公司 1994 年版，第 225~227 页。吴庚：《行政法之理论与实用》，三民书局 1990 年版，第 75~78 页。

依法行政作为政府行使权力的最基本的准则，是为我国社会主义国家的性质所决定的。依法行政，是人民当家做主的必然结论。

在我国，依法行政是历史发展到一定阶段的产物。我国到 80 年代末提出依法行政的原则，绝不是偶然的，这是政治经济发展的结果。

十一届三中全会以后，我国进入改革开放的新时期。伴随着改革开放发展起来的我国经济民主和政治民主，为行政管理必须依法行使权力奠定了基础。一手抓经济，一手抓法制，我国的社会主义法制得到迅速发展。社会主义市场经济的提出和建立，要求建立与之相应的社会主义法制。市场经济在一定意义上就是法制经济，因为，要建立健全和规范商品经济，舍法制别无他途。法制是健全的市场经济必有的内在要求。依法治国、依法行政，已成为我国政治经济形势发展的历史要求，同时也为我国确立依法治国、依法行政的原则提供了现实的可能性。

依法行政也是法制建设本身发展的结果。我国宪法对依法行政提出了基本要求，并作了许多原则规定，近几年来，社会主义法制迅速发展，在经济、社会的广阔领域里，为依法行政提供了法律依据。其中尤其是《行政诉讼法》和《国家赔偿法》的颁布实施，建立了对具体行政行为是否合法的司法监督机制。事实上，依法行政正是行政诉讼制度建立起来以后才提出的。这是提出依法行政原则的法律条件，是法制建设本身发展的规律性体现。1996 年 3 月通过的《行政处罚法》，充分体现了依法治国、依法行政的精神。在我国行政管理中影响极为巨大的行政处罚领域，从行政处罚的设定权、实施主体和处罚程序等几个方面，保证行政机关在行政管理中必须依法行政的方针，把我国依法行政实践提高到一个新的水平。

1995 年，江泽民同志提出依法治国的方针，作为依法治国极为重要的组成部分，依法行政已成为国家机关行使权力的基本准则。在中央和各级政府的文件中已屡次提到，李鹏同志更明确提出："以法治国，依法行政。"[1]

显然，我国提出依法行政的历史条件和法制传统，与诸如德国、日本等国相比，有着很大的不同。正因此，我国依法行政的内涵，不能仅限于法律优先和法律保留，而应广泛得多，必须将职权法定、依据法律和职权与职责统一等包括在内。

四、依法行政的内容

依法行政当然包含了行政管理的全过程和全面内容，依法行政的基本内

---

[1] 李鹏同志为《中国法学》和《中国行政管理》题词。

容，也就是国家行政管理的基本内容。

第一，依法行政的主体是行政机关及其公务员。行政机关的性质、任务、职权、组成活动方式以及成立、变更和撤销的程序，由行政机关组织法和行政机关编制法规定。公务员的录用、任命、晋升、奖惩、待遇等由公务员法规定。行政机关组织法和公务员法统称为行政组织法。行政机关、公务员的产生和活动，必须依据行政组织法。这是依法行政的重要内容。不能把行政主体本身的依法行政排除在外，否则依法行政将失去基础。

第二，行政机关及其公务员行使行政权力，即行政机关的行政行为，必须严格遵循依法行政的原则。行政行为是与公民、法人或其他组织发生各种关系的行为，极为广泛而复杂。它是依法行政的基本内容。

第三，行政机关行使行政权力时，必须依据法定程序。行政程序伴随着行政活动的全过程和一切方面。没有无程序的行政行为。行政程序法是依法行政的重要组成部分。

第四，在行政系统内部实施的监督，包括审计与行政监察，以及行政机关上下级之间的监督等，也都属于行政活动的范畴。行政监督的体制、标准、形式及程序，同样要遵循依法行政的原则。

第五，行政诉讼法、国家赔偿法等法律制度，是依法行政的司法保障，对行政机关依法行政的行为，法院将予以维护，必要时提供司法强制；对违反依法行政的行为，法院将予以撤销和纠正，由此保障行政机关必须依法行政。

五、依法行政的意义

依法行政原则的确立，对于像我国这样缺乏法制传统的国家，具有划时代的意义。

（一）保证行政管理为人民服务的目标

人民通过权力机关制定法律，表达意志，行政机关依法行政，就将保证行政管理遵循为人民服务的目标，使行政管理不致偏离航道。

但毋庸讳言，行政管理范围的宽阔和行政工作人员的众多，作出背离为人民服务宗旨的行为，甚至侵犯公民合法权益的事，也时常出现。要从根本上解决这些问题，只有依靠严格贯彻依法行政的原则。

（二）保证行政管理的统一性、连续性和稳定性

法治国的最重要的特点是这个国家一切活动的统一性、连续性和稳定性。这同时也是依法行政给行政管理带来的保障。依法行政能保证行政管理的统

一，有了统一性，才能有公平和公正。社会的不公正、不公平，是产生社会不满，甚至不稳定的重要因素。

连续性与稳定性，同样是社会稳定的重要条件。市场经济之所以必须是法治经济，就是由于法治所带来的统一性和连续性。要保持行政管理的连续性和稳定性，也只有依靠依法行政。

（三）保证提高行政效率

依法行政，在法律规定的范围内决策，依照法律规定执法，以保证行政管理符合国家和人民的要求，避免不公、错误和违法，减少纠纷和矛盾。同时，按法律规定的程序办事，遵守法定的操作规则，都将大大提高行政效率，这也一再为我国历史所证明。不能将行政效率和依法行政对立起来。

（四）保证对行政管理的监督有统一的标准和程序

要使监督取得成效，必须解决监督什么和如何监督的问题，也就是需要有监督的标准和程序。所谓监督的标准，就是对行政行为是否违法的评判标准。而能够提供是非评判的唯一标准，是法律；所谓监督程序，即进行监督要经历哪些步骤、方式和时限，程序就是操作规则。遵循法定程序进行监督，才能保障监督顺利、有效、正确地进行。

我国的行政法律制度[*]

一

党的十五大提出的依法治国的基本方略，已由第九届全国人大二次会议写入《宪法》："中华人民共和国实行依法治国，建立社会主义法治国家。"依法行政是依法治国最重要的组成部分，"在很大程度上对依法治国基本方略的实行具有决定性意义"。《宪法》规定，中华人民共和国的一切权力属于人民，人民行使国家权力的机关是全国人民代表大会和地方各级人民代表大会。国家行政机关由人民代表大会产生，对它负责，受它监督。《宪法》又规定，行政机关是权力机关的执行机关。权力机关的意志主要是通过制定法律表达出来的，因此，从根本上说，行政机关是执法机关。依法行政，是对行政机关提出的要求，要求行政机关行使行政权力，必须有法律授权，权力来源于人民，来源于法律，并依据法律。严格依照法律规定办事，法律是行政机关据以活动的根据，也是人们对这种活动进行评判和监督的标准。改革开放以来，我国加强了行政法制建设，从总体上看，是按照依法治国、依法行政的要求展开的依法行政，首先要为行政执法提供完善的行政法律制度，授权明确，制度民主、公正，便于操作，符合市场经济要求。其次是要政府依据法的授权和规定，严格执法。行政机关行使行政权力，执行法律，主要有两种方式，一是制定规范，又称抽象行政行为，即国务院根据宪法、法律，制定行政法规，国务院部委根据法律、行政法规，制定规章，地方政府还要根据法律、行政法规和地方性法规，制定规章。二是依法作出具体行政行为。这两者都要按照党的十五大的要求："一切政府机关必须依法行政，切实保障公民权利。"

规定行政法律制度的，统称为行政法。从性质上说，行政法是关于行政权的法，是关于行政权的授予、行政权的行使和运作以及对行政权的授予、

---

* 本文载于《吉林人大》2004 年第 2 期。

运作和行使进行监督的法律规范的总和。这里所说的法律规范的总和，是指行政法是由众多法律规范组成的。这与民法、刑法一般都有法典不同。因此，行政法就有一个调整范围的问题。行政法大致由三部分组成：

第一部分，关于行政权的授予和组织行政机关的法律。大致由行政组织法、行政编制法和公务员法等法律组成。

第二部分，关于行政权的行使和运作的法律。这部分法律数量最多，内容最为庞杂，称为行政行为法。

行政权的运作大致有两种情况，一种情况是按行政管理事项划分的行政权具体运作的法律。行政机关管理的事项有多少种类，这部分法律就可分为多少种类。其中有些部门还可自成体系，诸如公安、环保、税务，等等。这种法律为数众多，范围极广，一般称为部门行政法。另一种情况是与各级政府和各个部门都有关的法律和规则，各级政府和各个部门都必须遵循。如行政立法的规则；关于行政执法的法律，包括行政处罚、行政许可、行政强制、行政征收以及普遍有关的行政程序等法律。这里介绍的主要是和各级政府各个部门都有关的全国统一的一些行政法律制度。

第三部分，对行政机关的组织、行政权的行使和运作进行监督的法律，统称为行政监督法。如行政监察法、审计法、行政复议法、行政诉讼法、行政赔偿法等。

以上三个部分，就是行政法的范围。

二

下面根据依法治国、依法行政的基本精神，分别介绍上述三个方面的法律制度。

（一）关于行政组织法

行政组织法是规范行政机关的职能、组织、编制的法律。按照宪法，我国行政机关是权力机关的执行机关。因此，行政机关行使的行政权力是权力机关通过法律授予的。行政机关自己不能给自己授予权力，必须由法律授予。正因此，行政机关必须遵循职权法定原则。行政机关不能行使法律没有授予的权限。这部分内容在行政组织法中以性质、地位、职权、职能等形式表现出来。

权力的载体是行政组织。行政组织法还要对行政机关的机构设置和相互关系；行政机关的层次与幅度、编制与职数、活动方式；行政机关的成立、变更和撤销的程序等作出规定。这些都由行政组织法加以规范，以避免主观随意性。这就是党的十五大报告所提出的行政机构的组织、职能和编制必须法定化的要求，是依法行政的重要的不可缺少的组成部分。

我国目前已经有两部重要的行政组织法，即《国务院组织法》和《地方各级人民代表大会和地方各级人民政府组织法》中的地方政府部分。这两部法律对规范国务院和地方政府的职权和组织，起了重要作用。但多年来的实践也证明，长期以来，我国行政机关职权不清、相互交叉冲突的情况比较突出，有些部门甚至行使了一些自己不能或不该行使的权力；政府职能转变不能适应市场经济的需要；机构臃肿、人浮于事，编制不断扩充、膨胀的问题始终难以解决，等等。说明已有行政组织法没有完全起到应有的规范和控制作用，以致不得不多次求助于发动大规模的机构改革来解决。此次机构改革以后，成果是否能巩固并继续得到发展，是公众关心的焦点问题之一。要解决这个问题，唯一的办法是党的十五大指出的方向，即把机构的组织、职能、编制法定化。为此，加速制定、修改和完善行政组织法应该是当前立法的重要课题之一，这也是世界各国的实践所证明了的。首先是要完善已有的行政组织法，其中《国务院组织法》需要修改和充实，尤其是组织、编制部分地区；《地方政府组织法》线条过粗，缺乏可操作性，可以考虑仿照新中国成立初期的办法，分为省、自治区、直辖市、市、县、乡以及派出机关等各级组织法。目前在实践中问题最多的是各部门的组织简则。50年代中期曾制定过十几个部、委、局的组织简则，此后即付阙如。80年代后用三定方案来确定行政机关的职能、机构和编制，作为过渡，也是一种办法，但不能代替组织简则，通过制定各部门组织简则的办法来解决职权交叉冲突和机构设置的随意性等问题。

根据我国在编制方面长期存在的问题，是否可以考虑单独制定行政机关编制法，主要规范两项内容：

第一，行政机关人员的总定员。以改革后的编制为基础，每年由总理向全国人大报告总编制数后由全国人大决定发布，原则是总数逐年减少或持平，能增加，由全国人大控制总数。至于行政机关内部，由行政机关自行调节，可以全国定总数，也可分中央与地方，或地方再分省定数，但总数不能超过上一年。与此同时，属于国立的事业单位，也同样要控制总数。事业单位仍然会有发展，但所需编制要在总定员中调节，在若干年内不能增编。否则，只控制公务员总数就会失去意义。

第二，对编制的管理，主要规定行政机关在内部调整人数时，关于编制的提出、审查、论证和批准的程序，关键是论证程序。通过程序控制编制，并规定随意扩大编制的法律责任。

从广义上说，公务员也属于行政组织的范畴。各国对公务员的管理都是通过法律进行的。1993年国务院已制定了《国家公务员暂行条例》。我国公务员制度已试行数年，积累了比较丰富的经验，实践也迫切需要进一步完善公务员制度。将《国家公务员暂行条例》上升为《公务员法》的条件应该说已经成熟。

（二）关于行政行为法

行政机关依法行使权力，管理公共事务，直接或间接产生法律后果的行为，统称为行政行为。与所有行政机关都有关的共同性的行政行为，大致可分为行政立法行为、行政执法行为两大部分。

1. 行政立法行为是指国务院制定行政法规，国务院各部、各委员会制定部委规章，省、自治区、直辖市政府、省会市和经国务院批准的较大市政府制定地方规章的行为。规章是否可称为法，尚有争论。此外，有规章制定权以外的政府和部门，还要制定很多行政规范，统称为其他规范性文件。

改革开放以来，行政立法在数量和质量上都有很大发展和提高，对国家行政管理起了重大作用。但也存在一些问题。从我国实际情况看，行政立法需要解决的问题有三：一是行政法规和规章的权限，它们与法律和地方性法规权限的区别和关系；二是行政立法的程序；三是法律规范之间的冲突及其解决，也即对行政立法的监督。

目前我们正在制定立法法，上述行政立法中的三个主要问题，都是立法法中需要解决的。

第一，关于立法权限的划分。行政立法中有两项最基本最重要的原则，即法律优先原则和法律保留原则。法律优先原则或称法律优位原则，一是指其他国家机关制定的一切规范，都必须与全国人大制定的法律保持一致，不得抵触。这在我国《宪法》和有关组织法中有明确规定：国务院根据宪法、法律制定行政法规，国务院各部、委根据法律、行政法规制定规章，地方政府根据法律、行政法规和地方性法规制定规章。宪法规定的"根据"原则，至少应该是要求行政机关制定的规范，必须与法律保持一致，不得抵触。据此，《行政处罚法》也规定，在法律已设定行政处罚的情况下，行政法规可以再作具体化的规定，但必须在法律规定的违法行为、处罚种类和处罚幅度的范围以内，对规章作了更为严格的限制性规定。总之，下一位阶的规范要与上一位阶的规范保持一致，这是依法行政最重要的原则之一。法律保留原则，也就是《立法法》中所规定的"国家专属立法权"。即有些事项的立法权只属于法律。立法法草案对此作了明确的列举，其中，最为重要的应该是关于公民基本权利，包括人身权，财产权，言论、集会、结社、出版、游行、示威等政治权利，宗教信仰、受教育权等权利的保障。如果要对公民的上述基本权利作出限制或不利的设定，只能由法律进行，即该项立法权只能属于法律，是国家专属立法权。但在一定条件下，法律可以将其中某些本应由其设定的权力授权给行政法规或地方性法规、规章等行使。如1984年9月全国人大常委会通过的《关于授权国务院改革工商税制发布有关税收条例草案试行的决定》，《行政处罚法》规定，在法律没有设定行政处罚的情况下，将除人身自由处罚以外的处罚设定权授权于行政法规，这属于相对保留的情况，授予多少，其他法律规范就可以设定多少。没有授予的，就不能设定。例如不将处罚、收费的设定权授予其他规范性文件。还有一些立法设定权，如限制人身自由、行政强制执行权等则只能由法律设定，不能授权其他国家机关。这属于绝对保留的情况。这是依法行政又一最基本的原则。

第二，关于行政立法的程序。行政立法程序是使行政立法充分体现民意的重要保障，为此，必须完善行政立法程序，其中的关键在于设置听证程序。一切与公民权利、利益有关的立法，都必须听取利害关系人的意见和专家的论证意见。立法中的听证程序与一般座谈会不同。听证会是在法定机构主持下，听取利害相关人意见必经程序。对听证会上提出的意见或提供的证据，必须记录在案，并在作出决定时要表明已经注意和考虑了这些意见和证据。立法要听取和尊重人民群众的意见，这是社会主义民主最重要的表现形式之一，也是党的群众路线的法定化。

第三，关于行政立法的监督。广义的监督包括法律解释、纠正行政立法与法律不一致，以及解决行政立法特别是规章之间的冲突等问题。目前，行政立法与上位阶法律规范不一致，以及规章之间的冲突，都比较严重。立法解释跟不上实际需要，这就需要有监督和解决冲突的原则和机构。《宪法》对立法监督机构是有规定的，但实践中难于启动。比如，全国人大常委会的监督就难于启动。这里有两个问题需要认真研究：一是是否需要设立专门的解释法律和解决冲突的机构，二是如何启动监督的程序问题。

2. 行政执法行为，又称具体行政行为，涉及的范围更广，法律制度也更多。但从公民的角度说，无非就是权利性和义务性两大类。权利性行政行为包括赋予公民为某种行为的权利，如许可；或为某种行为的资格，如律师资格；也可能是在公民违法的情况下依法剥夺其某种权利，如吊销执照。义务性行政行为主要是依法使公民承担某项义务，如纳税；或依法免除某种义务，如免税。据此，下面介绍几种在市场经济条件下最常适用的法律制度。

（1）行政许可制度。

行政许可是行政机关根据公民、法人和其他组织的申请，以书面证照和其他方式允许其从事某种行为，确认某种权利，授予某种资格和能力的行为。

许可是一项极为重要的法律制度，是国家为维护经济秩序和社会秩序，保护资源和生态环境，促进经济发展，保障公民权利等而设立的具有多方面功能的制度，为世界各国所普遍重视和广泛运用。

许可的本意是禁止的解除。对一般人都限制或禁止，但对符合条件者解除限制或禁止。如对一般人都禁止驾驶汽车，但对取得驾驶执照者却允许开车，就是一种许可。驾驶汽车需经许可，其原因在于，驾驶汽车可以大大提高行动效率，因而给汽车驾驶者带来利益；但驾车有潜在的危险性。许可的目的就是控制其危险性。许可因其控制程度的不同而有特别许可，如佩枪许可；一般许可，如采矿许可；以及符合公开、法定条件即可登记的许可等，还有各种专业资格的设立和取得制度，等等。近年来还建立了一大批与许可相联系的各种年检等检查制度，我国已在广泛的领域里建立了许多许可制度。几乎所有的法律、法规、规章都无不规定各种批准和审批制度。很多许可制度在实践中发挥了重要的作用，但由于我国没有一部统一的行政许可法，因而各个领域许可制度的建立显得无序，甚至出现某些混乱。一些并不需要许可的事项，纷纷被规定必须经某些行政机关"批准"。其中特别值得注意的是许可与收费的联系，一项许可、批准、年检，就要收费若干，成为某些行政机关创收的手段之一，也许这正是出现乱设许可的关键原因。另一个重要问题是许可的设定与程序。一方面，许可没有设定权的限制，一些无设定权的政府或政府的各部门、部门内的各机构都纷纷自设许可制度，百姓办事有盖不完的章，走不完的程序，以致背离了效率与便民的原则，并且潜伏着许多引发腐败的危机。另一方面，诸如许可的听证制度、不得单方面接触的制度、时限制度、效力制度、许可标准和条件的公布制度等都尚未建立，因此，制定统一的行政许可法，健全和完善我国的许可制度，是十分必要的。制定《行政许可法》已经列入九届全国人大常委会立法规划，希望这一至关重要的法律能早日出台。

（2）行政处罚制度。

行政处罚是行政机关对违反行政管理秩序的公民、法人和其他组织依法予以制裁的制度。它在国家行政管理中占有很重要的地位，属于国家三大法律责任，即行政、刑事、民事法律责任中的行政法律责任。全国人大已于1996年通过了《行政处罚法》，它所建立的主要原则和制度是：

第一，《行政处罚法》确立了几项具有普遍意义的重要行政法原则。一是处罚法定原则。行政机关实施行政处罚，必须有明确的法律依据。法无明文规定不得处罚，它与《刑法》规定的罪刑法定原则一起，为建设社会主义法治国家作出了基础性的贡献。公民只有在实施为法律所明文禁止，并规定要给予惩罚的违法行为的情况下，才有可能受到惩罚。二是处罚适当原则。行政处罚应与公民违法的事实、情节和社会危害相适应，不能过重过轻。这也就是在处罚领域里的公正原则，这一原则在行政机关作出不利于公民的决定时，应该普遍适用。三是听取意见原则。《行政处罚法》规定，在作出处罚决定前，必须听取对方的陈述和申辩，否则，行政处罚无效。其后，在行政处罚的程序中又规定了听证程序，即当作出严重的处罚决定时，当事人可以要求听证的制度。所有这些都说明我国正在逐步完善一项重要的法律原则：在行政机关作出影响公民权利的决定时，必须充分听取对方的意见，不能不听。这是我国社会主义民主的固有含义。听证制度把这一民主原则法律化、制度化了。

第二，行政处罚的设定。设定或称创设，是指对何种行为可以给予处罚，以及给予何种处罚的法律确认。《行政处罚法》第一次将处罚的设定权与规定权分开。规定是指已有上位阶法律规范规定了行政处罚的情况下，下位阶规范就只能在上位阶规范所规定的行为、种类、幅度以内作具体化规定。行政处罚是对公民、法人和其他组织的人身权、财产权依法给予损害的制裁措施，而人身权、财产权又是公民诸多基本权利中最为重要的权利，因此，行政处罚的设定权只能属于法律，即国家专属立法权。但由于实际情况的需要，不可能由法律包揽一切行政处罚的设定，这就需通过法律将部分设定权授予其他国家机关。根据《行政处罚法》的规定，授予行政法规的设定权比较大，除人身自由处罚外，行政法规可以设定其他各种的处罚；授予地方性法规的设定权要小一些，除人身自由处罚外，吊销企业营业执照的处罚也不得设定；授予规章的设定权就更小，只有警告和罚款两项。其他规范性文件一律不得设定行政处罚。这是法律保留原则在行政处罚法中的具体体现，对其他涉及公民基本权利的立法有普遍借鉴意义。

第三，行政处罚的程序。《行政处罚法》关于处罚程序的规定，是我国法律首次对具体行政行为的行政程序作出最为完善的规定。行政处罚程序分为两大部分，即作出处罚决定的程序和执行程序两大部分。

（1）行政处罚的决定程序又分为简易程序和一般程序。简易程序即当场处罚程序；一般程序即需要调查取证的程序和听证程序。行政处罚法对行政机关作出处罚决定的程序作了比较全面的规定。这一规定对于规范行政处罚权的行使和保护公民合法权益都起了很好的作用。其中关于听证程序的规定，是我国法律第一次建立的制度。此后，听证制度又为价格法所吸收。立法法草案中关于立法程序的规定，也引进了听证制度，相信今后会有更多的法律规定听证制度。应该说明的是，行政处罚法所规定的听证，属于正式听证，即审讯式听证，在形式上近似于法院的开庭审理，但听证是在行政系统内进行的，程序也较庭审简单。在实践中用得更多的是非正式听证，虽也有听证官主持和听取意见，但程序较正式听证更为简便。

（2）行政处罚的执行程序有两点特别引人注意，一是建立了行政处罚的裁执分离制度，即作为处罚裁决的机关和收缴罚款的机关分离；二是建立行政处罚的收支两条线制度，即罚没所得必须全部上缴财政，与处罚单位的财政要完全脱钩。《行政处罚法》还对不执行裁执分离制度和收支两条线的机关和个人，规定了严厉的法律责任。国家权力的行使不能以赢利为目的。这是世界各国政府都严格遵守的一条原则，否则，必将增加人民负担和导致行政机关的腐败。

《行政处罚法》建立的这两项制度，也应该是其他行政行为法律中必须确立的制度。

（3）行政收费制度。

广义上说，行政收费是行政征收的一部分。行政征收是指行政机关根据法律法规的规定，以强制方式无偿取得相对人财产所有权的行为。行政征收包括税收和行政收费两部分。由于税收已是一项比较严格的法律制度，而乱收费问题尚未解决，因而人们把更多的注意力放在收费制度方面。行政征收具有强制性、无偿性的特点。由于征收涉及公民的财产权，因而还应具有先定性和固定性，即应按法律规定预先确定的标准收取。行政收费与税收的区别在于，税收是一般征收，用于国家的一般支出；收费则是由于特别支出的需要，因而要特别征收。例如，证照的收费。证照是发给某些人的，就不能用税收来支付制作证照的成本，而要由取得证照者支付成本费。排污企业的排污行为将造成国家的特别支出，因而有必要用收取排污费这种特别征收来增加排污企业的负担。我国的行政收费广泛存在于各个领域，名目繁多。有些是依法、必要的收费，有些则属于乱收费。解决乱收费的关键在于把收费纳入法制轨道。其一，收费涉及公民的财产权，因此，应该和税收一样，其设定权属于法律，经法律授权，法规、规章才能取得设定权，和行政处罚遵循的原则一样，规章以下的规范性文件一律不得设定收费；其二，必须按特别支出由特别收入予以满足的原则，划清收费与税收的界线，清查我国的收费项目，应该费改税的，加快改变进程；其三，收费必须由法定的有收费权的行政机关收取；其四，收费必须遵循严格的法定程序。公民、法人或其他组织对收费决定不服的，有权获得司法救济，要畅通申请复议和提起诉讼的渠道。党和政府正在花大力气整顿收费工作，根本的途径还是要依靠法治。

（4）行政强制制度。

行政强制包括三项制度：一是行政强制执行，即在公民、法人或其他组织不履行行政机关依法作出的行政决定中所科设的义务时，有关国家机关可以强制其履行义务，如拆迁房屋、拍卖财产等；二是行政强制措施，这是行政机关针对公民、法人或其他组织的人身或财产依法采取的预防或制止危害行为或危害后果发生的强制行为，如扣留、查封、扣押、冻结等；三是即时强制，这是指行政机关在遇有重大灾情或事故，以及其他严重影响国家、社会、集体或公民利益的紧急情况下，依照法定职权直接采取的强制措施，如对传染病患者的强制隔离等。这三项制度在性质、内容上有区别，但都采取强制手段，故可统称为行政强制。行政强制是行政机关为了维护良好的经济和社会秩序，保证行政决定的执行，纠正违法行为，保护公民合法权益和公共利益所必需的手段。但这些手段直接涉及公民的人身权、财产权和其他基本权利，因此，对这些权力的行使必须谨慎，加强控制，且严格遵循法定程序，防止滥用。

我国在行政实践中已形成一些制度，如：（1）在行政强制执行方面，根据已有的法律规定，可以概括为这样的原则，即申请人民法院强制执行为一般，行政机关自行强制执行为例外。例外是在法律授权的前提下，法律规定哪一行政机关在哪一方面具有行政强制执行权，该行政机关才有强制执行权，否则，都要申请人民法院强制执行。这一制度与国外很不相同。在英美法系国家，强制执行权是司法权的一部分，行政机关要强制执行，只能通过诉讼；在德奥等大陆法系国家，则认为强制执行权是行政权的一部分，但须有法律的授权。我国似介乎两者之间，既考虑行政效率，又注意保护公民权益，行政强制执行的设定权归于法律。（2）在行政强制措施方面，行政机关要取得行政强制措施权，一般也要有法律、法规的授权。实践中这方面的问题似乎更多。其中劳动教养制度最引人关注。按法律条文表述，劳动教养属强制教育措施。其实从性质上说，属于行政处罚。但行政处罚的处罚种类中没有列入劳动教养，因而目前仍按强制措施对待。由于劳动教养在实践中存在诸多问题，因而迫切需要全国人大常委会对这一涉及人身权的重大问题作出决定。这些制度共同存在的缺陷是法律几乎很少对这些权力的行使规定具体严格的程序，而程序正是正确运用这些手段的基本保障。制定《行政强制措施法》已经列入九届全国人大常委会立法规划，正在研究起草。

（5）行政裁决、裁判制度。

这是指行政机关充当解决纠纷和争议的中间人，对行政争议和民事纠纷作出裁决和裁判的制度。也有人将此称为行政司法制度，以示与一般具体行政行为的区别（关于行政机关解决行政争议的行政复议制度将放在行政监督部分介绍）。

解决民事纠纷，本应是法院的职责，但现代社会的发展，使解决纠纷的技术性、专业性增强，且纠纷的数量也大为增加，行政机关拥有各类专家，且人数众多，而法院的人数毕竟有限，因而需要行政机关先行裁决，不服的再进入司法程序。同时，行政裁决虽采用准司法程序，但毕竟带有很强的行政色彩，程序相对简略，且不收费，因而受到人们欢迎。由行政机关裁决与行政活动有关的民事纠纷，已成为世界性的发展趋势，英国有2000多个行政裁判所，美国的行政法官制度也类似于这种制度。

根据我国的法律规定，我国也设置了行政裁决与裁判制度。主要有：

（1）对自然资源的确权裁决，如对土地、矿藏、水流、森林、山岭、草原、荒地、滩涂、海域等自然资源的所有权、使用权的裁决；

（2）民事赔偿的裁决，如《治安管理处罚条例》中关于民事赔偿的裁决；

（3）根据《专利法》《商标法》的规定，由行政机关组织的专利复审委员会和商标评审委员会对专利和商标纠纷案件，包括行政争议和民事确权纠纷的裁判，等等，都属于行政裁决、裁判制度。

设立这些制度是完全必要的，但共同的缺点是缺乏对裁决、裁判程序的规定。

（6）行政程序制度。

世界很多国家都制定了行政程序法。我国的周边国家如日本、韩国也都制定了行政程序法，澳门特别行政区也有行政程序法典。将行政程序法典化，也许是 20 世纪行政法领域中最重大的事件之一。行政程序是行政机关作出行政行为的程序，是规范行政机关为达到行政目的而必须经历的步骤、采用的方式，以及实现这些步骤和方式的时间和顺序的法律规范的总称。实际上，程序就是操作规程。没有程序保障，实体权利义务是无法实现的。当然，没有实体规定，程序就是空洞的、无意义的。实践中常反映有些法律难以操作，主要原因之一就是缺乏具体的程序规定。行政程序是行政机关正确作出行政决定和实施行政决定，提高行政效率，保护公民权益的最基本的保障。行政程序法大致包括三个方面，一是行政立法的程序，二是行政机关作出具体行政行为的程序，三是对行政行为进行司法审查的程序。我们已经有了行政诉讼法，司法审查的程序已经解决；行政立法的程序将由立法法解决。因而我国的行政程序法将以规范行政机关作出具体行政行为的程序为主。1989 年《行政诉讼法》颁布后，全国人大常委会法工委曾组织一些专家研究行政程序立法问题。当时鉴于对行政程序的理论研究和实践情况的了解还不够深入，人们对行政程序的重要性的认识也不足，制定统一的行政程序法尚有一定困难。因此，决定先就市场经济条件下行政机关普通常用的几种手段，诸如行政处罚、行政许可、行政强制和行政收费等单独立法，待条件成熟时，再制定统一的行政程序法。据此，先制定了行政处罚法，使行政机关在作出对公民、法人或其他组织的人身权、财产权不利影响的决定时，有了明确的程序规范。正在研究起草的行政许可法，将就行政机关作出对公民、法人或其他组织有利、授益决定时的程序作出规范。

处罚程序和许可程序是两种很不相同的重要程序。虽然如此，它们毕竟只是范围广泛的行政程序中的两个方面。近几年来，行政程序问题开始引起人们的注意，因而在一些单行法中也规定了一些有关的程序，但比较简略，且不统一。因此，从长远看，仍然需要制定一部全面的行政程序法，使所有的行政行为都有最基本的程序可以遵循；也避免了单行法律中不断重复规定某些必经程序。制定行政程序法的时机正在日益成熟，希望能把行政程序立法列入下一个五年立法规划。

（三）关于行政监督法

行政监督是国家监督体系中最主要的组成部分之一。因为行政权力总是国家机关中权力最大、人数最多，对国家和社会的发展最为重要，和人民群众关系最为密切的权力。世界各国都有一套行政监督方面的法律制度。我国有关的制度也比较健全，关键是如何更充分地发挥这些制度的作用。除了人民代表大会及其常务委员会对政府的监督外，最主要的还有行政系统内部的监督和司法机关的监督。

行政系统内部的监督，主要有上级对下级的层级监督和行政系统内的专门监督。层级监督制度有些已形诸法律，有些为内部文件，主要制度有报告工作制度、执法检查制度、审查批准制度、备案检查制度、考核奖惩制度，等等，最近通过的行政复议法所建立的行政复议制度，也可认为是层级监督的一种，虽然是很特殊的一种。

行政复议制度是行政系统内的一种特殊监督形式，指公民、法人或其他组织认为行政机关的行政行为侵犯其合法权益，向上级行政机关申请复议，由复议机关作出复议决定的制度。

由于行政复议实际上是上级对下级的监督，因此，与行政诉讼不同。根据新通过的《行政复议法》的规定，行政复议的范围比行政诉讼要宽，用一句概括的话来说，一切侵犯公民权益的具体行政行为，除行政机关作出的行政处分或其他人事处理决定外，都可以申请复议。不仅如此，公民、法人或其他组织认为行政机关侵犯其权益的具体行政行为所依据的规章以下的其他规范性文件不合法时，也可以在申请复议时一并提出审查申请。这就使行政复议的范围远远超过原《行政复议条例》所规定的范围。同时，在行政复议中，公民、法人或其他组织不仅可以对具体行政行为是否合法，要求进行审查，也可以对该具体行政行为是否合理，要求进行审查。这也反映了行政复议的行政监督性，而行政诉讼中，人民法院对具体行政行为则只能进行合法性审查，除行政处罚外，原则上不作合理性、适当性审查。

行政复议不仅是上级行政机关对下级的监督，它又是公民、法人或其他组织不服下级行政机关的具体行政行为，因而向上级行政机关申请复议，要求复议机关作出一个公正裁判的救济行为。因此，行政复议制度的关键，在于复议机关能否作出一个公正的决定，以保障申请人的合法权益。法律规定，除了有些案件法定必须先申请复议外，大部分行政案件都由申请人自由选择，既可以先申请复议，再提起诉讼；也可以直接提起诉讼。如果行政复议不能做到公正复议，申请人就会放弃复议而去直接提起诉讼。

关于专职从事监督工作的审计机关和监察机关的监督，我国已经制定了《审计法》和《行政监察法》。根据《审计法》的规定，在政府内部监督范围内，审计主要是对本级政府各部门和下级政府预算的执行情况和决算、预算外资金的管理和使用情况；政府部门管理和社会团体受政府委托管理的社会保障基金、社会捐献资金及其他有关基金、资金的财务收支等进行审计监督。审计部门在行使职权时，拥有要求报送权、检查权、调查权、制止并采取措施权、通报权及处理权等多方面的权限。根据《行政监察法》的规定，行政监察是监察部门对行政机关及其公务员的行政效能和清正廉洁两方面进行的监督。监察部门在行使监督权时拥有检查权、调查权、建议处分权等比较广泛的权力。内部监督的主要问题是如何依法充分发挥它们的作用。

行政监督最强有力的法律制度是行政诉讼和国家赔偿制度。我国1989年制定了《行政诉讼法》，1994年制定了《国家赔偿法》，法律也已经完备。行政诉讼俗称民告官制度，是通过法院对行政机关的具体行政行为是否合法进行审查的制度。由于它拥有一套严密的程序，因而它在行政监督方面发挥了巨大的作用。行政案件已从每年几千件发展到1998年的近10万件。

行政诉讼是保护公民合法权益的强有力的制度，同时它在协调行政机关与公民的关系、维护社会稳定方面有着重要的作用。对行政机关来说，行政诉讼是从监督的角度促进依法行政的制度。《行政诉讼法》第一次确立了具体行政行为合法与违法的标准。只有证据确凿（以事实为根据）、适用法律法规正确（以法律为准绳）和符合法定程序的具体行政行为，才是合法的具体行政行为，人民法院才能判决维持。对主要证据不足、适用法律法规错误、违反法定程序、超越职权和滥用职权的具体行政行为，人民法院可以判决撤销或部分撤销，并可责令被告重新作出具体行政行为。正是在行政诉讼法的推动下，行政机关依法行政的自觉性有了很大提高。"依法行政"逐步进入政府工作报告，成为各级政府施政的基本方针。

根据《行政诉讼法》的规定，人民法院有权对具体行政行为是否合法进行审查。人民法院除行政处罚外，一般不作合理性、适当性审查。人民法院审理行政案件时，以法律法规为依据，参照规章。

《行政诉讼法》关于行政诉讼中被告承担举证责任的规定，是《行政诉讼法》最重要的规定之一。既然行政诉讼是对行政行为是否合法的审查，因此必然要求被告行政机关承担举证责任。如果被告不能以充分的证据证明其具体行政行为合法，那就要承担败诉的责任。

《国家赔偿法》是与《行政诉讼法》同一类型的法，都以监督行政机关的具体行政行为是否合法为主要任务。《国家赔偿法》所建立的行政赔偿责任制度是行政诉讼制度的继续和发展。应该说，赔偿制度的建立，加强了对行政机关依法行政的监督力度。

《行政诉讼法》和《国家赔偿法》所建立的相应制度，是适应我国民主法制和保护人权发展需要的现代行政法律制度。《行政诉讼法》所确立的被告承担举证责任、对不履行判决的强制执行制度等制度；《国家赔偿法》建立的以违法为赔偿前提的归责原则，事实行为造成损害的赔偿责任等制度，都是当代先进的行政法律制度。从实践情况看，行政诉讼和国家赔偿制度也还存在不少问题。对我们拥有 12 亿人口的国家来说，行政诉讼案件的数量实在太少了。公民、法人和其他组织很多都不懂、不会甚至不敢运用这一法律武器来保护自己的合法权益；行政诉讼受到的各种干预比其他任何诉讼都要严重。明年是《行政诉讼法》实施 10 周年，建议人大常委会对《行政诉讼法》的执行情况进行一次普遍检查。

我国的《国家赔偿法》与西方国家不同，包括了行政赔偿和刑事赔偿（冤狱赔偿）两部分。从执行实践看，刑事赔偿，尤其是刑事赔偿程序，存在较多问题。另外，国家赔偿在计算时不包括违法造成损害承担的违法责任，也是国家赔偿中的重大问题之一。《国家赔偿法》需要修改。

以上介绍的是我国行政法律制度方面的一些主要制度，可以看出，有些制度已经健全，有些则尚需一步建立和完善，全国人大和全国人大常委会在行政方面的立法任务还很重；至于如何监督行政机关，已经建立起的法律制度在实际生活中得到落实，使各级政府都能按照党的十五大提出的要求做到依法行政，切实保障人民权利，建设廉洁、勤政、务实、高效的政府，其任务将更为艰巨。

以上是我个人对于行政法基本内容的一些认识，向全国人大常委会作一汇报，不当之处，请批评指正。

WTO 与依法行政[*]

一、WTO 规则与依法行政原则的一致性

在有关中国加入世贸组织的讨论中，至少有两点达成共识：一是，中国入世，主要指的是政府入世。因为 WTO 的基本规则，都是对政府而不是对企业提出的要求。几百个多边双边协定中，只有几个涉及企业，还不是对企业提出的要求。下面我们将要谈到一些 WTO 的基本规则，也都是对政府的要求。二是，WTO 的基本规则都是法律问题。所谓要与 WTO 基本规则接轨，指的是我们国内一些法律原则和制度要与 WTO 的规则接轨，而不是一种临时性的应付。既然是政府问题、法律问题，也就是行政法的问题。事实上，WTO 的基本规则，都是行政法的一些原则，因此可以说，WTO 基本规则与依法行政是一致的。WTO 规则的基本精神是一个法治国家和法治政府所应该遵循的准则，也是依法行政必须遵循的一些基本原则。两者的差异在于：WTO 的基本规则是仅从外贸这一领域和角度提出的，而依法行政的原则当然要比 WTO 涉及的规则要更为广泛，它们是局部和全局的关系。例如，WTO 基本规则要求在外贸上实行国民待遇、不歧视原则，从依法行政上来说，这也就是公开、平等原则，就不仅是要求我们对外国经济主体应与我国国内的经济主体平等对待，对国内所有经济主体也要同等对待；进一步而言，在一切领域中都应该同等对待各种社会关系的主体，真正实现法律面前人人平等的宪法原则。

WTO 基本规则与依法行政、建设法治国家基本原则的一致性，要求我们不能把 WTO 基本规则看成是孤立的外加的东西，相反，应该把它视为我们正在加紧依法行政、建设法治政府所要努力达成的基本原则的一部分。贯彻 WTO 规则，将是我国推进依法行政的一个极好的机遇，不能把 WTO 基本规则看成是一种负担和束缚，而应是我们建设法治政府的自觉要求。也只有这样，才有可能使政府工作人员和企业家们自如地运用这些规则来为我们的建

---

[*] 本文载于应松年所著的《依法行政十讲》，中央文献出版社 2002 年版。

设事业和国家、人民的利益服务。

事实上，20 多年来，我们在法治建设和依法行政中作出了巨大的努力，WTO 所提出的一些基本规则，其实也是改革开放以来我们正在积极推进的依法行政、建设法治政府所要遵循和努力达到的一些基本原则。例如，国民待遇和不歧视原则，也就是法律上平等对待各方的原则，由此涉及的地方保护问题，也是依法行政中正在解决的问题；要求法律和政策的统一实施，涉及依法行政的法律优先和法律保留原则，也为我国《立法法》所确认并正在贯彻；行政行为的公开、透明原则更是近年来特别强调，并且在《立法法》《行政处罚法》等一系列法律中所建立的原则和制度；对行政行为的复查与复审，我国已经建立了行政复议和行政诉讼制度等。总之，这些原则在我国都已明确提出和确立，其中有些已经建立制度，有些正在贯彻，有些则正在研究和建立相关制度，有些则要进一步完善。由于我国建设法治国和法治政府的时间不长，一时还达不到成熟的法治政府的水平，因此有必要强调学习 WTO 的基本规则，加快我国法制建设的步伐，使之更快接轨，但其基本精神的一致性，则是毫无疑义的。

加入 WTO，意味着我们已经承担了遵循 WTO 规则这一国际义务，这是一项带有强制性的法律义务。当然，在与 WTO 规则完全接轨方面，我们还有一定的过渡期限，但是日程已经确定，或者说已经有了时间表，在此期间内必须把与 WTO 不接轨的一些法律制度加以修改，对尚未建立但为适应 WTO 规则必须建立的制度，则需加紧建立。总之，要充分意识到加入 WTO 后我国建设法治政府的紧迫性，我们必须迅速推进我国法制建设的步伐。

二、WTO 的基本规则

WTO 的规则很多都是涉及外贸方面的基本要求，但是根据《议定书》和《中国工作组报告》，从依法行政的角度加以总结，WTO 的基本规则可归纳为以下几项。

（一）非歧视原则，国民待遇、最惠国待遇原则，广而言之，也就是平等原则

非歧视原则要求的是"给予外国个人、企业和外商投资的待遇，不得低于给予其他个人和企业的待遇"。这是 WTO 的最重要的规则之一。这涉及几个层面上的问题：

第一，中央政府不能搞歧视性待遇和贸易保护主义，对此 WTO 有许多细致的要求。

第二，这涉及中央与地方的关系问题。首先，地方不能搞地方保护主义。

地方不能因本地区的利益而对中央的统一政策进行各种形式的抵制或"变通",运用政府权力损害外国企业的利益。其次,我国还有各种形式的享有经济优惠权益的"地方经济体",如经济特区、沿海开放城市、经济开发区等。适用某些特殊的经济政策的区域中常常有一些自己特殊的经济、财政、投资、进出口、税收等政策和制度。在 WTO 背景下,这些地区性经济政策上的差别对待与"国民待遇"原则显然是相抵触的。毫无疑问,在不与中央政策相抵触的条件下,地方或区域当然有必要根据本地区的需要制定一些管制性规范和政策,但 WTO 规则要求:(1) 这些规定必须按透明度原则的要求进行公开;(2) 中央政府应对某些被认为造成歧视的地方性政策进行及时有效的审查和纠正;(3) 在实施地方政策的区域内保证国民待遇原则的落实。

第三,行政管制机构的中立性问题。WTO 规则要求的非歧视和国民待遇原则,目的是为建立一个鼓励公开、公平和无扭曲竞争的多边贸易体制。从体制结构和组织角度看,就必然要求各成员政府在经济管制过程中保持"中立性"。就我国加入 WTO 情况而言,《中国议定书》和《工作组报告》都强调了管制机构的中立性。管制机构如果不能保持中立性,就无法保证达到 WTO 所要求的自由公平投资和贸易环境,也无法使外国投资者相信"国民待遇"的真正落实。

所谓管制机构的中立,既包括实质的利益无涉,也包括形式公正。就实质方面而言,必须废除不必要的行政垄断,政府必须和企业脱钩,成为市场的宏观监管者。国有企业、国家持股企业应当完全独立,成为市场的经济主体,与外商投资企业、私营企业平等竞争。这是一个经济体制改革过程,也是一个政府职能转变的过程。在这方面,我们不仅要防止政府在某些情况下对国有企业的偏袒,或以不同的方式损害外国投资者的利益,而且同样重要的是要防止给外国投资者以"超国民待遇"。在过去的对外开放和合作过程中,许多部门和地方政府为了吸引外资,采取了许多倾斜政策,但有时也往往给予不合理的甚至不合法的"优惠"、承诺和担保,损害了国家利益和其他经济主体的利益。就形式层面而言,管制机构的中立,要求:(1) 政府做到程序公开和信息公开;(2) 政府不能干预经济主体之间的利益竞争和合同纠纷;(3) 行政裁决程序应当更加具有中立性,以保障执法主体能够以中立和没有偏私的方式实施法律;(4) 应当改革我国的行政复议和行政诉讼制度,加大对行政管制机构监督的力度,通过有效的层级监督和外部监督来保证中立性。非歧视原则、平等原则是依法行政最基本的原则之一,它反映了市场经济的基本要求，也是社会主义国家经济和社会生活中的根本性准则。

在经济领域里，我们还远未建立起平等对待的原则。例如，就企业而言，对于国有企业与民营企业，无论是在市场准入、经济支持、财产权的保护，甚至税收等方面，很难说是完全平等对待的，这不利于市场经济的发展；推而广之，在社会领域里的不平等现象更常见，有些我们似乎已习以为常了。例如，就业方面的男女不平等、城乡不平等，甚至连身高也可以作为录用与否的条件，但这些却很少有人过问。行政机关要平等对待各方当事人，这应该是社会主义国家依法行政最基本的原则。

（二）法律与政策的统一实施

保证 WTO 协议在成员内的统一实施，是世贸组织对其成员政府的一项基本要求。由于 WTO 成员都是代表一国的中央政府，因此在很大程度上，WTO 协议所要求的统一实施问题，就是中央政府如何保障 WTO 在该国国内服务区域都得到统一的实施。

保障 WTO 协议统一实施的国内法律制度，至少包括以下三个方面的内容：

第一，法制统一和对地方立法的监督审查制度。WTO 协议需要通过中央层面上的立法来落实，地方立法应当与中央立法保持一致。我国《宪法》已经对法律、法规、规章之间的关系和效力等级作了一些原则性规定。《立法法》进一步规定：（1）在中央已经有立法的情况下，地方立法必须与中央立法保持一致；（2）在中央尚未制定法律的情况下，有些领域属于国家专属立法权，即实行法律保留，法规、规章都无权涉及，《立法法》共规定了十项国家专属立法权；（3）规定了地方立法与中央立法发生抵触时的有关冲突解决规则。但实践中地方立法与中央立法的冲突仍很常见。实际上，在多层级立法体制下，法律规范之间发生冲突是不可避免的。因此，对于确保法制统一而言，重要的是要加强事先审查和事后监督的法律机制。应当说，《立法法》在这两方面都作了一定的努力，建立了备案与违宪违法审查制度，但是实践中法律冲突问题仍严重存在，且有进一步发展的趋势，这说明这两项制度的实际效果并不理想。我们应该以加入 WTO 为契机，尽快完善对立法特别是地方立法的合法性审查机制，建立一套及时有效的可操作的法律监督审查制度。

第二，法律统一实施不仅指实体性规范应得到统一落实，而且也要求保障实施这些实体性规范的行政程序具有基本的统一性。不同地区之间法律与政策实施程序中的繁文缛节和某些程序规则上的"技术障碍"，完全有可能使法律统一实施徒有虚名。事实上，自 20 世纪 80 年代以来，执法程序中的这些问题已经被视为"非关税壁垒"的一种形式而受到关注。WTO 协议要求成员以"统一、公正、合理"的方式实施一切与贸易有关的法律、法规和行政措施。统一、公正、合理的行政程序，既是 WTO 多边贸易体制的要求，也是我国政府在《中国议定书》中所作的承诺。从我国现实看，虽然自《行政诉讼法》实施以来，我们对程序合法性和合理性提出了一定的要求，但行政过程中轻视程序的做法仍很突出。我国至今尚未制定统一的《行政程序法》，各地区、各部门所适用的执法程序差别很大，程序步骤的合理性问题非常突出。这种状况很不利于为 WTO 所要求的统一实施提供基本的程序保障。按照公平、公开、公正的原则制定统一的行政程序法已经成为我国行政法律制度改革中一个最关键的问题。

第三，法律统一实施，还要求司法统一。目前，司法过程中的地方保护主义仍然是一个比较突出的问题。"家乡的正义"（home town of justice）被一些地方政府认为是理所当然。从《行政诉讼法》实施以来的情况看，常常是外地人不敢告本地政府，涉外的行政诉讼案件更少。究其原因，外地人主要害怕的是政府的报复及其对司法的压力。现在人们常说的"将案件就地消化"，实际上就是违反诉讼管辖的规定，将案件的终审权控制在本行政区域内。行政诉讼制度改革中正在讨论的提升管辖级别的呼声，也正是针对行政干预司法和地方保护主义的。

（三）规章制定和法律实施中的透明度问题

透明度原则是 WTO 协议所要求的一项基本原则，其目的是鼓励和要求各成员政府，使商业环境更具有稳定性和可预测性。为了使商业环境更加透明和具有可预测性，一个基本方法就是要求各成员政府使与贸易有关的法规政策等规则尽可能明确。WTO 的许多协议要求成员政府在其国内公开法律法规和做法（administrative practices），或者将政策和做法通知 WTO。WTO 通过贸易政策审查机制对成员进行定期的监督，以确保成员切实履行公开义务和通知义务。《工作组报告》和《中国协议书》要求中国应当公布所有与贸易有关的法律文件和行政措施，并允许相关当事人发表评议。应当建立"联络点"（contact point）、"咨询点"，使其他成员方便地获取这些与贸易有关的法律文件和行政措施；应当经常性地将政策、法规和具体措施的改变情况向 WTO 进行"通知"（notification）。此外，WTO 通过其贸易政策审议机制监督各成员方对法规和政策透明度的落实。根据这些规定，我国相关的行政法制度中有以下几方面应当进行改革：

第一，行政立法过程的公开化。我国现在的行政立法虽然也有调查、研究、咨询、协商的做法，但这些程序基本上属于内部行政程序，而且程序操作的主动权完全掌握在行政机关手中，所以相对人能够了解的行政立法过程的信息是极为有限的，更谈不上公众广泛而有效地参与和评论。在这一方面，《立法法》取得了一定的进展，但是与 WTO 的相关要求还有一定的距离，有许多新的问题需要我们深入研究。例如，立法过程和行政决策过程是否需要对外国投资者公开？公开的具体内容是什么？公开的具体方式是什么？如何看待没有公开或者公开程度不够的法律文件和行政措施的效力？等等。

第二，法律文件和行政措施的公开。上面所说的是立法过程的公开，法律文件和行政措施的公开则侧重于结果的公开。这两方面的结合，是构建"阳光政府"的基本要求。目前，在行政过程中还存在很多"信息禁区"和"黑洞"，存在诸如内部指标、内部措施、内部批复、内部精神，这些所谓的"内部"往往冠之以"机密"，不得外传。这些做法与法治的基本精神是不相符的，也容易滋生腐败。在这一方面，我国《立法法》和《行政诉讼法》已经进行了一些令人鼓舞的努力，但还远远不够。需要修改我国有关的保密法规，建立政府信息公开的一系列制度。具体来说，法律文件，包括法律、行政法规、中央部委规章、地方性法规、地方性规章，应当在专门公报上公布，这一点我们已经基本做到了。问题比较突出的是行政规范性文件。一些政策性文件和其他规范性文件实际上具有外部约束力，但却没有公开，成了行政机关的"秘密武器"。这已经成为我国行政立法和执法中的一个突出问题。除了法律文件的公开之外，还应当设立相应机构负责提供有关的规章、规范性文件、行政措施的文本。

第三，行政执法程序的公开。透明度原则不仅仅要求规则的公开和通知，而且必然要求实施规则的程序也必须公开。如果缺乏公开的执法程序，透明度要求就很难得到真正落实。从行政法角度看，除了涉及国家安全、商业秘密、个人隐私等不能公开的情形外，执法活动应当体现公开原则。这种公开化的具体要求是：行政机关执法依据公开、事实公开、决定公开、行政机关对决定说明理由等。值得注意的是，我国《行政处罚法》在这方面已经迈出了一大步，该法设立的程序规则对其后的立法产生了重要的示范作用。但是，行政程序公开化的明确性和可操作性程度仍然不够。

适应透明度要求而进行的行政法制度改革，并不仅仅是为了保障我国政府对 WTO 所承担义务的落实。从根本上讲，保持国内法律政策和做法的透明度，有利于立法和行政活动更好地吸收外国有益的经验和做法，提高其他国家对我国法律体系的理解程度，更好地促进法制、经济和文化的交流。从国内角度看，透明度可以使公众对立法和行政过程有更清楚的理解，因此可以鼓励更加有效地参与，提高公众与政府部门之间对这些问题讨论的质量。

（四）对行政行为的复议和司法审查

在有关行政行为的司法审查问题上，WTO 的三个主要协定给予了特别的重视。这表明 WTO 所建立的多边贸易体制不仅是一种鼓励公平和自由竞争的经济活动体制，而且也是一种高度规则化的法律体制。除了 WTO 协议对司法审查的一般性要求之外，《中国议定书》和《工作组报告》对我国行政行为的司法复审制度作了进一步的要求。《中国议定书》要求我国设立"独立和公正的"复审机构，对"所有与贸易和投资活动有关的行政行为"进行审查。结合协议和《中国议定书》的规定，WTO 对行政行为司法复审制度的要求可以概括为以下几个主要方面：其一，设立机构和程序，对受到与贸易有关的行政行为影响的当事人应当及时提供复审；其二，对行政行为进行复审的机构应当是"独立和公正的"；其三，受到行政行为影响的当事人有提出进一步申诉的机会；其四，行政行为是由行政机关初步审查的，在任何情况下，当事人都有权向司法机关申诉；其五，对行政诉讼进行司法复审的程序必须具有客观性和公正性；其六，复审决定必须送达当事人，并书面说明理由，告知进一步申诉的途径。为了适应上述要求，我国对行政行为进行复审的制度，包括行政复议和行政诉讼制度，需要进行相应的改革。

第一，为了使受到与贸易和投资活动有关的行政行为的影响的当事人都具有申请司法复审的权利，需要进一步扩大可申请复议和可诉行政行为的范围。现行的《行政复议法》已经将可以申请复议的范围扩大到除行政机关的人事处理及民事调解等行为外的一切具体行政行为，以及具体行政行为所依据的其他规范性文件。最高人民法院 2000 年对《行政诉讼法》的司法解释，已将受案范围确定为除六项排除规定以外的所有具体行政行为。但是，《行政复议法》虽然规定对作为具体行政行为依据（其他规范性文件）的抽象行政行为可以一并申请审查，但没有规定相对人对抽象行政行为独立的复议申请权。《行政诉讼法》明确规定，抽象行政行为不属于人民法院的受案范围，这些规定显然与 WTO 的要求不符，需要修改。人民法院审理行政案件，依据行政法规，可以参照规章。上述法律的规定与 WTO 的要求明显有出入。如何应对？如何理解"与贸易投资有关"这一措词，如何理解这里的行政行为的范围，这不仅是非常紧迫的实际问题，而且也给我们提出了理论上的挑战。

第二，《行政诉讼法》规定，法律规定由行政机关最终裁决的具体行政行为，不属于人民法院的受案范围，这与 WTO 所要求的司法最终裁决原则不一致。为此，我国已经采取了一些措施。例如，修改后的《专利法》和《商标法》取消了原来一些属于"行政机关最终裁决"的行政决定。但是从根本上讲，需要在我国《行政诉讼法》中确立"司法最终解决"原则，行政行为不受司法审查的情形只能是例外。

第三，需要进一步加强对行政行为进行审查的机构的公正和独立性。需要注意的是，这里的审查机构不仅指司法审查机构，也包括行政复议机构。例如，WTO《服务贸易总协定》（GATS）第 6 条要求成员方应当保持或设立"司法的、仲裁的或者行政的裁判机构（tribunal）"和相应程序，对有关行政决定进行审查。对于行政行为的审查，我国已经建立了行政复议和行政诉讼两种机制，这两种机制中的审查机构及其运作程序是否符合 WTO 的要求呢？在实际运作中，这两种机制是否已经达到了"公正"的要求？如何才能确保"公正"裁判？人民法院的独立审判权虽然有法律的保障，但是实际情况又怎样呢？近年来关于司法改革讨论的一个焦点问题就是司法的独立性，但到目前为止并没有取得多少实质性的进展。我国的复议机构的独立性应如何评价？与美国的行政法官、英国的行政裁判所相比到底有多大的距离？行政复议机构是否也存在着需要改革的问题？应当如何进行改革？在面对 WTO 的压力下，这些问题是我们无法回避的了。

第四，需要按照 WTO 所规定的"客观和公正"原则，在此基础上尽快进行必要的改革。关于行政复议的程序，比较突出的问题可能集中表现在复议程序的开放性和参与性不够充分。例如，书面审理的方式是否能够使当事人辩论、质证等权利得到充分的保障和落实？复议机构的设置是否考虑其客观性和权威性？复议机关或机构与复议程序中被申请人的利益连带关系是否会影响复议程序的客观性和公正性？对于行政诉讼程序而言，影响客观、公正性的因素可能集中于以下几方面：（1）行政案件的管辖法院是否级别过低，从而可能使法院难以摆脱来自本地政府的影响？法院是否可能利用级别管辖上的自由裁量权，将案件"就地消化"？（2）行政诉讼程序的职权主义色彩是否仍然比较浓厚？这种职权主义化的程序是否容易引起当事人对法院客观公正性的怀疑？（3）诉讼过程中法官在法律解释和法律推理技术方面是否过于贫乏，以致难以唤起当事人对程序客观理性化的认同？（4）法院对行政强制执行的审查程序是否过于笼统和单薄？现行的法院执行体制是否将法院认作了行政机关的执行机构？等等。我们应当以上述几个方面的问题为基点，对我国行政诉讼程序进行合理化评估和重构。

严格依法行政建设法治政府[*]

依法行政，是依法治国的重要组成部分，也是我们党依法执政，建设社会主义政治文明的重要内容和必然要求。

一、依法行政的基本内涵

依法行政就是要行政机关依法行使行政权力。它的主要内涵是：各级行政机关必须依照法定权限和程序履行职责，既不失职，又不越权，目的在于"切实保障公民权利"。

（一）依法行政的核心是规范行政权力

依法行政的本质是：权力来源于人民，执行人民意志，"切实保障公民权利"。

《宪法》规定，我国的一切权力属于人民，但权力要通过国家机关来行使，人民行使权力的机关是人民代表大会。全国人民代表大会集中人民意志，制定法律；行政机关是权力机关的执行机关，行政权力由人民通过法律授予，用以执行集中人民意志的法律。依法行政，也就是依照人民意志行使行政权力。同时，"一切政府机关都必须依法行政，切实保障公民权利"。执行人民意志，保障公民权利，是依法行政的出发点和落脚点。这是由我们执政党的性质和国家的性质决定的。

行政机关作为管理者，必须依法管理各项社会事务，规范公民行为，对违法者进行治理，这是行政机关必须履行的职责，这是事情的一个方面。但依法行政是对管理者的要求，而不是对被管理者的要求。只有行政机关严格依法行政，使政府走上法治轨道，才有可能正确有效地行使行政权力，管理好各项社会事务。管理者首先要管理好自己。

依法行政是依法治国的重要内容，但依法行政与依法治国又有区别。依法治国是人民当家做主，是广大人民群众在党的领导下，依照宪法和法律治理国家。依法行政是要求行政机关及其工作人员要依照法律规定的权限和程

---

* 本文为国家行政学院省部级、司局级公务员培训课程讲义。

序行使行政权力，其主体是行政机关，核心是规范和约束行政权力。因此，依法行政的核心是依法治官，依法治权。

（二）依法行政的内容，包括行政机关行政权的取得、运作及其监督都要依法

规范行政权的取得，以及承受和行使行政职权的机构设置的法律，是行政组织法。规范行政职权运作规则的法律，是行政行为法。规范监督行政机关是否依法行政的主体、方式、程序的法律，是行政监督法。

依法行政，要求在依据这些法律行使行政权力时，其一，按照法定权限；其二，按照法定程序，认真履行职责。不履行法定职责，是失职；超越权限行使行政权力，是越权，都违反依法行政的基本要求。

（三）依法行政的"法"，从本源上说，是指法律

广而言之，在和上一位阶法律规范不抵触的情况下，行政法规、地方性法规和规章，也都是依法行政应该依据的"法"，如有抵触，则以法律为准。

二、实行依法行政是历史发展的客观必然

（一）依法行政发展的历史背景

最早提出依法行政是在资产阶级革命初期。从经济根源上说，市场经济的发展必然要求依法行政。从西方资产阶级革命初期的政治特点看，依法行政原则产生于资产阶级夺取政权的过程。英法资产阶级夺取政权都始于议会，以议会为依托与代表封建势力的国王行政权力相斗争。因此，英法等国都强调依法行政，强调"无法律即无行政"，行政权必须绝对服从和遵循议会制定的法律。

近代西方依法行政的发展经历了两个历史时期。在自由资本主义时期，自由竞争，不需政府过多干预。美国建国初的口号是"什么事情也不管的总统是最好的总统"。社会经济由看不见的手——市场来调节，社会生产取得巨大发展。

资本主义的自由竞争发展到20世纪帝国主义时期，资本主义内部矛盾激化，进入列宁所说腐朽垂死阶段，由此引发世界性经济危机和两次世界大战，革命浪潮风起云涌，人们称之为"市场失灵"。由此，政府开始从早期资本主义社会"守夜人"的角色，发展到积极干预经济和社会的发展，主动调节各种经济矛盾和社会矛盾。行政权力的扩大对西方国家的稳定和发展带来的积极影响是十分明显的。但行政权的扩张也带来许多负面影响，对经济的过度干预又引起了新的经济矛盾。因此，从20世纪七八十年代起，西方国家又进

一步反思，认为行政权不是万能的，由此提出了"政府失灵"的概念，寻求政府调控、规制与市场调节的最佳结合点。这些都影响着依法行政内涵与行政法律制度的发展。

（二）我国提出依法治国、依法行政，是在 20 世纪 90 年代，正是我国开始积极推进社会主义市场经济体系建设的时期

依法行政在这一时期提出，绝不是偶然的巧合，而是反映了市场经济发展的必然要求。提出依法治国、依法行政是市场经济发展的内在需要和历史必然，也是新中国成立 50 多年来政府行使权力基本经验的总结，反映了不以人们意志为转移的客观规律，势在必行。

从行政机关自身建设看，实践证明，只有严格依法行政，才能加强廉政建设，从严治政，保证行政机关及其工作人员不变质、不变色。

从行政机关履行职责看，为了提高行政效率，保证党和国家方针政策的统一性、连续性、稳定性，必须严格依法行政。

党的十六大确定的全面建设小康社会的奋斗目标，不仅是指物质生产所要达到的目标，还包括社会主义民主和法制更加完备，依法治国基本方略得到全面落实，人民的政治、经济和文化权益得到切实尊重和保障，等等。依法行政作为依法治国基本方略的关键和核心，无疑也是全面建设小康社会奋斗目标的内容；同时，严格依法行政，又是民主与法制建设，以及人民福利的基本保障。依法行政既是政治文明建设的组成部分，又是三个文明的保障条件。

（三）依法行政是当代各国政府普遍遵循的行政权力运行方式

西方国家经历了"市场失灵"和"政府失灵"，在逐步完善依法行政的基本要求的过程中，已经形成了一些共同的观念、要求和规则。我们提出依法行政的时间虽然不长，也同样积累了许多可贵的经验，所有这些都是人类文明、进步的共同财富。

这些观念、要求和规则大致从下列依法行政的基本原则体现出来。

三、依法行政的基本原则

（一）合法原则

1. 职权法定

行政机关的权力，即职权，并不是行政机关本身所固有的，而是经人民通过法律授予的。这与公民的权利不同。公民的权利是公民自己的权利。对公民的权利，实行的是"禁止"原则，这是依法治国、建立社会主义法治国

家的一条最基本的原则和标志。有了这一原则，公民才能预测自己行为的后果，才能享有最广泛的自由，在法律禁止以外的最广泛的领域内充分发挥积极性、创造性和主动性，从而使整个社会充满活力。对行政机关来说，实行的是"授予"原则，法律禁止的当然不得为之，凡法律没有授予的，行政机关也不得为之。否则就是超越职权。这在对公民权益造成不利影响方面，更是如此。即使是有利于公民的行为，也必须在该行政机关的职权范围以内。职权法定，越权无效。行政机关的法定职权，一般有两种取得形式，一是由行政机关组织法规定；二是由单行的实体法规定某一具体事项由哪一行政机关管辖。

2. 行政权力的行使要合法

行政机关行使行政权的主要方式，一是制定规范，包括行政立法；二是作出具体行政行为，这两者都必须依法进行。

第一，法制必须统一。法律规范在效力上是有位阶层次的。从狭义上说，法律在效力上高于任何其他法律规范。从广义上说，上位法优于下位法。各个层次的法律规范必须保持其内部的统一和谐，这样，国家的法制才能保持统一，而法制的统一是国家统一的基本条件。具体而言：

在已有法律规定的情况下，任何其他法律规范，包括行政法规、地方性法规和规章，都不得与法律相抵触，凡有抵触，都以法律为准。同样，凡是上一位阶的法律规范已经对某一事项有了规定，下一位阶的法律规范不得与之相抵触。

在法律尚无规定时，其他法律规范在法定范围内作了规定，一旦法律就此事项作出规定时，其他法律规范的规定都必须服从法律。同样，在上位阶法律规范尚无规定时，下位阶规范可以在法定权限和范围内作出规定，一旦上位阶规范就此事项有了规定，下位阶规范必须服从。这在国外称为法律优先原则。

第二，制定行政规范要依据法定权限。凡属宪法、法律规定只能由法律规定的事项，则或者只能由法律规定，或者要有法律的明确授权，行政机关才有权在其所制定的行政规范中作出规定。我国宪法和法律对必须由法律规定的事项已作出原则规定。在《立法法》中称为国家专属立法权，共 10 项。《立法法》还对行政法规、部门规章、地方规章的立法权限作出了规定，不能超越。这在国外称为法律保留原则。

第三，作出具体行政行为要于法有据。依法行政不仅要求行政机关根据法律和法律的授权制定规范；还要求行政机关在作出具体行政行为时必须于法有据。作出具体行政行为的主体、内容、方式、程序等都要有法律依据。从根本上说，一切具体行政行为应该依据法律——狭义的法律，但根据法律并经法律授权所制定的与法律保持一致的法规、规章，当然也应该是依法行政的依据。

第四，行政行为要符合法定程序。为达到行政目的，就必须有相应的程序，否则，再美好的目的也只能停留在纸面上。行政立法的程序必须依据立法法、行政法规制定程序条例和规章制定程序条例等法律法规的规定。同样，具体行政行为也要遵循有关法律法规的规定，程序是否正当、简便，直接影响行政效率。程序是否公开，直接关系廉政建设，而且程序并不仅仅是操作问题。程序有其自身价值，只有程序正义才是真正看得见的正义。

制定统一的行政程序法，是西方当代法治国行政法治实践中最重要的事件之一。行政程序法制化，在很大程度上保证了依法行政原则的落实。程序立法已在我国引起重视，制定一部全面的行政程序法典势在必行，我国正在加强这方面的工作。

（二）效率原则

履行行政职责，必须将提高行政效率放在重要位置，以最少的投入，耗费最少的资源取得最大的行政管理效果，这是行政管理较之立法、司法工作的重要区别和特色。这是由行政管理本身特点决定的。行政机关每天都需要直接、迅速地处理各种事务，只有提高效率，才能确保行政管理的效益，才能保障公民的切身利益。向拖拉作风和官僚主义作斗争，是世界各国行政机关共有的课题。依法行政与提高行政效率并不矛盾，相反，依法行政有利于提高行政效率。在法律规定的范围和权限内决策，保证法制统一和政令畅通，依照法律规定执法，以保证行政管理符合国家和人民的要求，避免不公、错误和违法，减少纠纷和矛盾。同时，依法律规定的程序办事，遵守法定的操作规则和时限，都将大大提高行政效率。

（三）合理原则

第一，适当原则。由于现代行政的广泛性和复杂性，虽然我们要求法律对一切情况都作出明确、具体的规定，行政机关只要遵照执行即可，但实际情况却要复杂得多。在很多场合下，法律不能不作出较为原则的规定，允许行政机关有一定的自由裁量权。

自由裁量权为现代行政所必需，但自由裁量权的存在，又产生了滥用自由裁量的可能。因此，如何使行政机关能合理地运用自由裁量权，就成为现代各国依法行政理论所关注的重大问题之一。

自由裁量权并不意味着无所拘束。它是指在法律规定的一定范围内，行政机关可以在此范围内作出选择。这在对公民权利作出不利决定时更是如此。

对于自由裁量权的运用，必须强调合理与必要，也即对公民权利的限制或不利影响，不能过分。如《行政处罚法》规定的过罚相当原则，就属此类。处罚过重，同样会造成对公民权利的侵害，这在德国称为比例原则。

第二，诚实信用、信赖保护原则。诚信原则原为市场经济条件下民事法律关系中最普遍、最基本的原则。法律必须对遵守该原则者加以保护；当然也要对不遵守，甚至破坏该原则者予以惩罚。与民事法律关系不同的是，在行政法律关系中，行政机关与公民之间的权利义务是不对等的。行政机关作为有权的一方，严格要求相对一方遵循诚实信用原则，否则，行政机关将给予惩罚；但作为公民一方，当行政机关一方不遵守诚实信用原则而使自己利益受到损害时，就常处于无能为力的地位。从这一意义上说，行政法上的诚实信用原则，就主要是对行政机关提出的要求。因而也就更有必要将诚实信用与信赖保护相连。行政法上的诚信原则是指人们信赖行政机关，按行政机关的批准意见和决定，处理自己的财产事务，或从事某种活动，或按行政合同履行义务，如果行政机关由于公共利益的需要，因而中途变更其原来的批准决定，或改变合同内容时，其一，必须对公共利益和应保护的利益作比较、衡量，只有在公共利益确实超过应保护利益时，才可进行变更。其二，在变更中，如果使相对一方的利益受到损害，有关机关就应该依法以信赖保护为原则，保护相对一方的合法权益，予以补偿或赔偿。从根本上说，是否遵循诚实信用、信赖保护原则，将涉及行政机关在人民群众中的威望与形象。目前，我们十分强调要在民事关系中遵循诚信原则，更需要强调行政机关遵循诚信原则，因为只有行政机关首先遵守了诚信原则，才有可能要求并促使公民遵守诚信原则，许可法草案对此已有规定。

（四）权责一致原则

行政机关的职权与公民权利的另一不同是，公民权利是私权利，私权利可以自由处分，可以行使，也可以放弃。而行政机关的职权是公权力。公权力，不仅是可以行使，而且是必须行使，不能放弃。法律授予行政机关的职权，实际上也就赋予行政机关以义务和责任，行政机关的职权从另一角度说，就是职责。职权与职责是统一的，是一件事情的两面。放弃职权，不依法行使职权，就是不履行义务，就是失职，应该担负法律责任。当然，权责一致同样要求，行政机关在行使权力时，如有违法或过错，就要承担法律责任，对公民造成损害的，还要赔偿。有错不纠，有责不追，纪律松弛，是目前我国行政管理中比较突出的问题。

（五）监督原则

加强对行政机关是否依法行使行政权力的监督，是依法行政最重要的命题之一。行政权力是人民赋予的，当然应该接受人民的监督，世界各国都有许多具体的做法，但大致都包括议会监督、司法监督、行政内部监督、舆论监督等。

首先是加强权力机关的监督。我国宪法和法律已经就权力机关对行政的监督作出了许多规定，且已形成制度。

司法监督始终是各国十分注意的最强有力的监督之一。我国的行政诉讼制度建立于1989年，在监督行政机关是否依法行政方面发挥了巨大作用。

战后世界各国政府也都重视加强行政系统的内部监督。我国在行政机关内部监督方面的法制建设也有较大发展，已陆续制定了《行政监察法》《审计法》《行政复议法》等，现在的问题是如何使这些法律的规定都能切实落实。

四、推进依法行政的几点思考

（一）已经取得的进展

政府自觉要求所有工作人员要依法行政，这在世界上可以说是绝无仅有的。几年来，依法治国、依法行政已深入人心，行政机关工作人员都已接受依法行政的要求。近两年来，中组部、国务院法制办和国家行政学院已连续举办三期省部级干部依法行政专题研究班，从领导干部着手专题研究依法行政问题，这些都为继续推进依法行政提供了重要的思想条件。

同时，在立法、执法、监督方面也都作了许多努力，在制度建设方面也取得了一定成绩。正在进行的审批制度改革和许可法的审议就是一例，继续推进依法行政已有一定基础。

（二）存在的问题与困难

要全面推进依法行政，还有许多困难。从总体上说，我国还处在转型时期，市场经济尚未充分成熟，行政管理中旧的体制和旧的运作方式还都程度不等地存在，政府常常需要以多种身份在市场经济中出现，等等。说明充分实现依法行政，建立法治政府绝不是一蹴而就的事情。具体而言，目前依法行政工作中存在的问题主要有：

第一，实践中还有一些工作人员的法制观念比较淡薄，依法行政，说起来重要，做起来忘掉；对依法行政还缺乏深入、完整的理解，常常把法治看作仅仅是管理百姓的工具，而不是正确理解依法行政是对行政机关的要求。

第二，从制度层面上看，还有一些对依法行政有重大影响的法律尚未制定，如《行政程序法》；政府职能转变和与此相联系的机构改革尚需进一步推进，组织机构与编制的法定化也有待完成；行政管理体制尚需进一步改革，特别是决策的民主化、科学化，需要进一步完善并使之法定化。

第三，阻碍依法行政的重大因素是，有些部门和地方，从局部利益出发，不顾大局，自行其是，阻碍法律的统一实施。有令不行，有禁不止，甚至为追求局部、地方利益而违法行政，损害公民权益。不履行法定职责，有法不依，违法不纠，有些甚至成为黑恶势力或破坏市场经济秩序行为的保护伞，等等。

构建和谐社会与依法行政*

　　实现社会和谐，虽然始终是人类追求的社会理想，但在不同历史时期和谐社会的本质和内涵存在着重大差异。党的十六届四中全会提出，我们所构建的社会主义和谐社会是要"形成全体人民各尽所能、各得其所而又和谐相处的社会"，这是一个很美好的理想。2005年2月19日，胡锦涛同志在省部级主要领导干部提高构建社会主义和谐社会能力研讨班上的讲话中，对社会主义和谐社会的内涵作出了更加明确、清晰的界定，指出它"应该是民主法治、公平正义、诚信友爱、充满活力、安定有序、人与自然和谐相处的社会"。在这六要素中，民主法治无疑是构建和谐社会最基础的条件。民主法治可以通过有效的机制整合社会资源，合理分配社会利益，使社会结构获得平衡，实现公平正义，增进社会的诚信友爱，激发社会的发展活力，并通过调节、矫治作用，维护和谐社会的安定有序，更好地促进人与自然和谐相处。一个社会只有以健全的民主法治为根基，和谐社会才有实现的可能。而在当今中国法治建设中，依法行政、建设法治政府无疑居于核心地位，因此依法行政对于和谐社会的构建至关重要。

　　一、依法行政既是和谐社会的基本要求，也是促进社会和谐运作的关键因素之一

　　依法行政对构建和谐社会的意义，不仅需要从依法行政在法治国家建设中的特殊地位来理解，而且需要从政府在现代社会中的地位来认识。

　　和谐社会首先是一个法治社会，法治国家是构建和谐社会的前提和保障。严格按照法律规定的途径和方式从事活动，管理国家事务，管理经济、社会事务，保证国家各项工作依法进行，逐步实现社会主义民主的制度化、法治化，这是构建和谐社会的必然要求。没有健全的法律制度，没有公民法治素质的提高，没有依法办事的落实，就不可能保证社会主义市场经济的顺利发展，就不可能维护正常的社会秩序，人民群众就不可能安居乐业，和谐社会

---

　　* 本文载于《国家行政学院学报》2005年第6期。

建设就无从谈起。而政府守法，政府严格依法行政，是法治国家的核心和关键。政府在构建社会主义和谐社会的进程中责任重大，能否依法行政关系着社会主义和谐社会能否顺利建立。

现代法治是私法之治，更是公法之治。事实上，在走向法治进程中，要求公民或者百姓守法总是相对容易的，而要求官员和政府守法却相对要难，因为当权者手中本身就有权力，要对其进行限制，追究他的责任必须付出更大的努力。综观世界法律发展史，整个行政法在20世纪尤其是二次世界大战后才有比较迅猛的发展，恰恰说明了治权治官，特别是控制行政权的艰难性。一位法国学者将这一现象概括为"公法的脆弱性"，恰如其分。不过，正因为其艰难才更显示了其意义的重大。一个国家、一个社会能不能走向法治，能不能实现全社会奉法、守法，能不能达到和谐，固然要看公民能不能守法，但更重要的是，或者其前提是政府首先守法。普通百姓必须守法，政府和官员可以不守法，造成了官民不平等，破坏了法律的平等性，这本身就是对法治的背离；执法者不守法，不严格执法，纵容某些违法，这必然造成了普通百姓之间的不平等，降低了法律在公民中的尊严和权威，破坏了法治的统一性。因而，政府不守法损坏的不仅仅是行政法治，而是整个法治。

在现代社会中，政府是公共管理和公共服务的提供者，其权力涉及经济、政治、文化等各个领域，行政机关能否正确行使行政权直接关系到人民群众的合法权益能否得到依法保护，直接关系到社会关系是否和谐。实践证明，政府依法行政，则政令畅通、社会和谐；行政机关违法行政，任意所为，则不仅容易损害公民的合法权益，引发社会矛盾，甚至滋生腐败。

二、和谐社会中依法行政的根本宗旨在于保障公民的权益

和谐社会的基础与核心是人，人的权利得到尊重，人的全面发展，是和谐社会的内在要求。社会主义和谐社会，应当是以人为本、把人民的利益作为一切工作的出发点和落脚点，不断满足人的多方面需求和促进人的全面发展的社会。公民的合法权益得到保护，不受非法侵害，公民意识得以张扬，是"和谐"的基础。

从内在性质看，保障公民的权益既是现代政府的生存基础，也是法治和依法行政的基本价值诉求。现代政府，尤其是人民政府，是以民主为基础的，其权力源于人民的委托和授予，政府的合法目的在于从事社会公众需要政府做的事情，为社会公众谋利益。接受人民的委托，忠诚履行人民授予的职责，是政府存在的唯一根据。因此，捍卫和保障公民的权益是政府的内在属性，政府只有保证人民当家做主、尊重和保障人权，才能充分调动人民群众的积极性、主动性和创造性，为建设社会主义和谐社会提供政治动力与保障。政府管理和行政执法不为人民服务，不以保障公民权益和促进社会福祉为宗旨，政府即会丧失存的基础。

法治从来就不仅仅是一个纯粹的、机械的法律制定和实施活动的技术性和操作性问题，更是一个具有目标性的价值判断问题。现代法治以尊重人的权利、保障人的权利为根本宗旨。现代法治正是依靠这一宗旨及体现这一精神的制度设计和实践，对整个社会的价值观念产生巨大的辐射作用，从而为社会和谐注入强大动力的。

我国过去长期实行计划经济，造成公民权利与义务、政府权力与责任严重脱节、错位和失衡，强调政府意志多于保护人民群众的合法权益。政府在管理过程中要求公民履行义务多，保护公民权利少；行使行政权力多，承担行政责任少。许多政府部门"争权于朝，争利于市"，争权推责，滥用权力，"权力部门化、部门利益化、利益法制化"现象严重。这不仅背离了政府存在的基础和依法行政的根本宗旨，而且在相当大的程度上造成了干群关系的紧张，影响了社会和谐。江苏省南京市曾就推进依法治市、依法行政重点应是什么问题做过一次网络调查，结果"公民权益得到切实尊重和保障"高居榜首。由此可见，解决依法行政领域的突出问题，切实尊重和保障公民合法权益，是人民群众的强烈愿望。立足中国法治的现实，影响法治进程的最主要矛盾是行政权力与公民权利的矛盾，我国行政权力一度过度膨胀，公民权利在与行政权力的对抗中处于弱势地位，未能形成以权利制约权力的局面，反而造成了行政权力对公民权利的侵犯，不利于公民权利与行政权力的良性互动，这是引发各种冲突、诱发各种矛盾的最主要、最常见的因素，在一定程度上影响了和谐社会的建立。

保障公民的权益要求行政机关切实履行公仆职责，任何决策和管理措施都必须从人民的利益出发，做到既不失职，也不越权；保障公民的权益，要求政府在立法和执法工作中，应当体现国家意志与人民意志的一致性。只有将人民利益始终放在第一位，而不是将地方利益和部门利益放在第一位，才能在政府与公民之间建立良好的关系，政府才能赢得人民的信任。

具体而言，保障公民的权益，对行政机关的管理至少有三个层次的要求：最基本的也是首要的要求是，行政机关应当切实按照法律规定的权限、程序和要求行使行政职权，做到不侵犯公民的合法权益，这是依法行政的最低要求；从更为积极的角度看，要求行政机关和公务员应当为公民和社会积极创造条件，为公众提供福祉；而从宏观层面看，政府管理必须担负起营造良好的经济秩序和社会秩序的职责。因公民、组织的行为所导致的经济秩序和社会秩序的破坏，同样是社会不和谐的表现，消除引起经济秩序和社会秩序破坏的因素，是政府管理不可或缺的组成部分。在现代社会中，政府不仅是守法者，也是执法者；既是社会福祉的提供者，同样也是社会秩序、社会和谐和社会公正的守护者。

三、以政府职能转变为核心推进依法行政

当前，政府职能定位的偏差和行政管理体制不顺是制约我国依法行政深入的重要因素。前者制约了市民社会的成长、社会自治的发展和公民积极性的激发，从而阻滞了社会、公众给行政机关实践依法行政输入强大推动力量；后者则一定程度上抑制了行政机关和公务员的积极性。因此，尽快实现政府从计划经济下旧模式向现代市场经济下的新模式的转变，建立政府与社会、政府与公民、政府内部的新型关系，消解影响我国依法行政向纵深发展的体制性障碍，是提高构建社会主义和谐社会能力的关键。

注重通过政府职能转变来培育市场和社会力量，重构政府与市场、社会的关系，既是推进依法行政需要解决的重点问题，也是推进依法行政的难题。从20世纪西方国家发展看，政府与市场和社会关系的变化呈现出明显的阶段性。与市场失灵和政府失灵相适应，前半世纪的总趋势和结果，是政府职能的膨胀和扩张，而后半世纪，尤其是自70年代末以来的行政改革的突出特点，是政府职能的退缩和市场价值的回归。当前及今后一个时期内，我国所面临的问题，既有市场失灵问题，也有政府失灵问题，因而迫切需要解决政府"越位""缺位"和"错位"问题，构建或回归市场的作用。国务院提出的政府职能十六字"经济调节、市场监管、社会管理、公共服务"概括了政府职能的基本方面和要求，其中任何一个方面的缺位都将影响和谐社会的建立。当前，我们仍然对依法行政与政府职能转变之间的关系缺乏深刻和透彻的认识，无法实现依法行政和政府与市场、社会关系调整的有效结合，既导致职能转变无法在政府工作中得到具体体现，也造成依法行政无法深入。因此，必须努力在职能转变、政府日常工作与依法行政之间构建起有效的纽带，从而把职能调整的导向性、软约束性与法律规则的明确性、强制性有机结合在一起，增强职能调整的操作性和可监督性，也有利于保证其实效性和长久性。

这里还应该强调的是，切实落实政府为人民服务的精神，营造政府与公民之间的和谐关系，是提高构建社会主义和谐社会能力的必然要求。在现代社会中，政府与公民之间不是对立关系，而是协作、互动关系。政府管理不是行政机关单方面的活动，实际上是一个政府权力和公民权利的持续协调全面的互动的过程，政府要通过与公民平等沟通、共同协商、建立伙伴关系、确立共同目标等方式实现对公共事务的管理。政府应积极建立、健全公民参与、监督机制，并不断增强公民的参与、监督能力，通过沟通、协商、合作、伙伴关系等方式形成一个行政权力与公民权利互动的合作机制。没有一个健全和发达的公民社会，没有一个良好的政府与公民关系，依法行政就无法真正推进，社会和谐就难以实现。

行政机关和公务员是依法行政的主体和具体实施者，推进依法行政同样需要构建良好的行政系统内的关系。我们必须解决行政机关之间权限不清、过分强调行政机关和公务员依法行政义务的做法，理顺行政系统内的关系，合理划分和规范行政机关职责和权限，从权责一致角度完善依法行政的保障机制，建立集中统一的公共财政体制，并统一公务员的待遇，激发行政系统内的依法行政动力和活力。

四、和谐社会要求必须完善纠纷解决机制

和谐社会绝不是一个没有纠纷、没有矛盾的社会，而是一个拥有有效合理的纠纷解决机制、有能力解决和化解各类冲突，并由此实现公平正义的社会。在任何国家、任何时代，社会纠纷是普遍存在的。存在纠纷并不可怕，重要的是如何使这些纠纷能够得到及时、公正的解决。如果社会纠纷得不到及时、公正的解决，将使受害者丧失对社会公正的期待，甚至演化为恶性事件，最终影响社会的和谐稳定。因此，国家的职责之一，就是要建立各种解决社会纠纷的渠道。制度化的、有效的纠纷解决机制是法治国家的重要内容，是构筑和谐社会的必要条件。我国当前处在社会转轨时期，社会矛盾更加复杂，更加突出，国家完善各种纠纷的解决机制就更加迫切。

当前我国的社会纠纷呈现出明显的时代特点，如纠纷类型多，涉及面广；纠纷解决难，往往"讼了事不了"等。而值得注意的一个现象是，绝大多数久拖不决的纠纷，都涉及行政机关或者司法机关的行为。那些因政府直接处理的纠纷，相当一部分与违法执法有关。即使劳动纠纷、土地征用补偿纠纷等民事纠纷，最后纠纷事实上极易转化为对处理纠纷的政府和法院的不满，本来是消除民怨的机关却成了积累民怨的机关。而由于执法、司法违法而引发的纠纷，往往解决的难度更大，更具长期性。应该清醒地看到，纠纷不能得到及时疏导、解决，已经成为当前社会的一个突出矛盾，成为影响社会和谐稳定的一个严重隐患。

从根本上看，当前的社会纠纷要靠继续发展经济、提高整体社会福利来解决，要靠完善相关政策和法律、理顺利益分配机制、公平分配社会资源来解决。平衡利益分配格局，保障基本社会公正，是建立和谐社会的根本要求，也是减少社会纠纷的治本之策。但当前相当数量纠纷的久拖不决和申诉上访的巨大规模，也反映出现行的纠纷解决机制（特别是法定的纠纷解决渠道）在很大程度上的失灵。在形式上，我国已经建立了从调解、仲裁、复议、诉讼到信访、上访等一整套的纠纷解决渠道。但是，现有的纠纷解决机制还存在渠道不畅通、公正无保障、效力未确定的问题。渠道不畅通，就是相当数量的纠纷进入不了法定渠道，屡屡出现有状无处告、有冤无处伸的现象。公正无保障，就是纠纷解决机关的独立性、中立性和程序的公正性缺乏保证，裁决的结果不能令人心服口服。效力未确定，就是法定解决机关的"终局裁决"不终了，随时可能"打翻版"。从纠纷解决的角度看，最重要的是化解纠纷。如果说"不了了之"也算一种解决，那么，"了犹未了"就是没有得到解决。我国目前大量存在的就是这种情况，这些情况说明完善我国的纠纷解决机制，及时、有效化解社会纠纷，至今仍是我国法制建设的重要任务。

就行政纠纷解决机制而言，十几年来我们已建立了行政复议、行政诉讼与国家赔偿制度，发展迅速，目前行政复议和行政诉讼已成为解决行政纠纷的主渠道。但我国的行政纠纷解决机制仍有很大的完善要求和完善空间，近年来信访数量的大量增加，显然与行政纠纷解决的主渠道不畅通密切相关。我国的行政复议制度还远远没有达到其应有的作用，行政复议利用率不高，不少人怀疑行政复议的公正性；行政诉讼虽是化解行政纠纷的"最后一道防线"，但远没有达到其应起的作用。当前，行政诉讼面临的两个突出问题，在相当大的程度上制约了行政诉讼在化解行政纠纷中的功能：一是受案范围太窄，相当一部分行政案件得不到救济；二是法外干预严重，获得公正裁判困难。我国虽已建立了国家赔偿制度，但很难达到救济受害人的目的，由于我国现行国家赔偿法立法的缺陷实际导致受害人赔偿概率低、赔偿之路艰辛、获赔数额少。因此，修订我国《行政复议法》《行政诉讼法》和《国家赔偿法》，尽快完善我国行政纠纷解决机制，对和谐社会的建立至关重要。

在我国，解决民事纠纷的机制已基本建立，但尚需进一步完善。需要强调的是，在完善民事纠纷解决机制中，我们必须注意发挥行政机关的作用，尤其是行政裁决的作用。行政裁决是由行政机关的特设机构对相关的民事纠纷作出裁决，加强行政机关解决民事纠纷的作用，强化行政裁决，是世界潮流。英国的行政裁制所，美国的行政法官，都是典型例证。世界不少国家强化行政裁决原因有：一是专业性、技术性很强的民事案件越来越多，而行政机关拥有专业优势；二是由行政机关解决这类纠纷效率高，成本低；三是法官人数有限，以此减轻法院负担。我国曾建立了不少行政裁决制度，如专利、商标、土地、治安、交通、环保，等等。但立法对行政裁决制度缺乏明确规定，影响了其作用的发挥，而近一二年忽然大步后退，交通纠纷已通过立法改为调解，如果不服，向法院起诉；最近通过的《治安管理处罚法》也废除公安机关对违反治安管理造成的损失或者伤害进行裁决的制度。这是一个很不明智的选择，它将增加社会纠纷，增大法院负担，并给当事人带来不便。因此，需要我们从全局的角度来考虑我国解决社会矛盾和纠纷的机制完善和制度安排。

论依法行政的基本条件[*]

十七大报告明确指出，"健全组织法制和程序规则，保证国家机关按照法定权限和程序行使权力、履行职责"。这句话有前后递进的两层意思："国家机关按照法定权限和程序行使权力、履行职责"，是对依法行政最明确的表述，是这句话的结论；"健全组织法制和程序规则"，是依法行政的"保证"，是这句话的条件。也就是说，健全组织法制和程序规则是依法行政的两个基本条件。

第一，健全组织法制，保证行政机关按照法定权限行使权力、履行职责。行政机关行使职权与公民行使权利不同。公民行使权利遵循"禁止原则"，只有法律禁止的行为，公民方不得为之。行政机关行使职权遵循"授予原则"，也就是职权法定，行政机关作出凡是影响公民权利的行为，都必须有法律授权，法律没有授权的，就不得行使，这是人民主权原则的体现。要"减少行政层次，降低行政成本，解决机构重叠、职责交叉、政出多门问题"，"形成权职责一致、分工合理、决策科学、执行顺畅、监督有力的行政管理体制"，保证行政机关按照法定权限行使权力、履行职责，就必须健全组织法制。这是依法行政的第一个基本条件。

第二，健全程序规则，保证行政机关按照程序行使权力、履行职责。一旦行政机关的权限确定，关键就是行使权力的程序，也就是经过哪些步骤，运用何种方式，在多长时间内，按何种顺序达到目标。没有不经过程序就达到目标的可能。实际上，能否"让权力在阳光下运行"，"提高政府工作透明度和公信力"，"保证人民赋予的权力始终用来为人民谋利益"，都取决于行政程序的设置和遵循。健全程序规则，是依法行政的第二个基本条件。

一、健全行政组织立法

（一）我国行政组织立法存在的问题

从总体上说，我国现有的行政组织立法很不健全，无法满足依法行政对

＊ 本文载于《国家行政学院学报》2008 年第 4 期。

行政机关的职权法定的基本要求。

第一，行政组织立法数量少，尚未形成体系。在法律层面上，涉及行政组织的只有《国务院组织法》[1]和《地方各级人民代表大会和地方各级人民政府组织法》[2]。《第七届全国人民代表大会第七次会议关于国务院机构改革方案的决定》《第八届全国人民代表大会第一次会议关于国务院机构改革方案的决定》《第九届全国人民代表大会第一次会议关于国务院机构改革方案的决定》《国务院机构改革方案（1998）》《第十届全国人民代表大会第一次会议关于国务院机构改革方案的决定》《第十一届全国人民代表大会第一次会议关于国务院机构改革方案的决定》是历次国务院机构改革的依据，也是行政组织立法的重要渊源。当然，《宪法》和《立法法》以及其他单行法律中关于行政权与行政组织的规定，也是广义上的行政组织法律渊源。其余的行政组织立法渊源多是以国务院条例、规定的形式出现，比较重要的包括国务院1997年颁布的《国务院行政机构设置和编制管理条例》，1998年颁布的《关于议事机构和临时机构的通知》，2008年颁布的《国务院工作规则》等。从1988年政府机构改革开始实行的"三定方案"属于行政机关的内部规定，应为规范性文件。从上述立法情况看，我国行政组织法中还缺乏行政组织基本法、中央各部门组织法、地方的分级地方组织法、中央与地方关系法以及行政机关编制法，等等，使得大量的行政组织法律问题游离于法律规范之外，不符合依法行政的基本要求。

第二，行政组织立法内容过于原则。从1982年至今，随着经济和社会的飞速发展，我国的政府职能不断调整，并相应地进行了六次大规模的政府机构改革，然而，中央的行政组织法只有《国务院组织法》，而且自1982年制定以来尚未进行任何修改，已经不能充分反映现代市场经济的要求和政府机构改革的运作框架。《国务院组织法》的内容也比较原则，共11条，十分精简，但许多应该规范的问题没有说清。例如，国务院应设哪些部委？部、委、局的区分是什么？首长负责和会议"讨论决定"的关系是什么？有无法律责任问题？等等。《地方各级人民代表大会和地方各级人民政府组织法》囊括了省、自治区、直辖市、自治州、市、市辖区、县、自治县、乡、民族乡、镇

---

[1]《中华人民共和国国务院组织法》1982年12月10日第五届全国人民代表大会第五次会议通过。

[2]《中华人民共和国地方各级人民代表大会和地方各级人民政府组织法》于1979年7月1日第五届全国人民代表大会第二次会议通过，并于1982年、1986年、1995年和2004年四次修订。

各级行政区划，地方各级政府的所有组织法问题，立法太过庞杂，内容当然粗疏。立法的目的在于提前立规则，过于粗疏就缺少可操作性，不能起到规范的作用。

行政组织立法上的缺陷，反映到实践中，必然导致行政组织的随意性，具体表现为"行政组织过程的无序"和"行政组织结果的非理性"。"行政组织过程的无序"主要表现为：行政组织权由立法机关或行政机关行使的归属不明确；组织的程序规范匮乏；没有公开、参与程序。有关行政组织的决定，甚至是重大的行政组织制度，如中央与地方财权的划分，行政机构改革等，在多数情况下都是由行政机关自行作出的，既缺乏立法机关的审查，专家的论证，民众也没有参与。"行政组织结果的非理性"主要表现为：行政组织的设置混乱，忽略或漠视政府管理的规律，行政职权的界定不清、职能交叉、争权夺利或扯皮推诿的现象比比皆是，行政机构林立、规模失控，难以走出"精简——膨胀——再精简——再膨胀"的怪圈。行政组织的混乱又必然导致行政管理的混乱，最明显也是危害最大的就是，由于行政机关的权限划分不清，有利益的行政事务抢着管，没利益的行政事务互相推。可以说，目前我国依法行政深化改革的主要问题之一，是对作为改革主导和推动者行政组织本身缺乏规范。

（二）健全行政组织法必须明确的三个问题

健全行政组织法，必须明确三个问题。

第一，什么是行政组织法？行政组织法是规范行政的组织过程和控制行政组织的法。如何组织行政，哪些事务应当纳入行政管理的范畴，设置什么样的行政组织进行管理，行政组织的设置标准是什么，行政组织的设置、修改和撤销应当遵循什么样的程序，如何保障组织过程的民主、理性和公正，如何根据经济和社会发展的需要适时改革政府机构，这些都必须由行政组织法加以明确。行政组织经有权机关设定后，要受到法律的严格制约，行政组织的规模不得随意增长，行政组织的结构不得随意改变，行政组织的职能不能随意增减，这些也是行政组织法对行政组织的法律控制。行政组织法是规范行政组织自身的法。其实，任何一个社会组织，都需要一个规范其自身组织和活动的规则。但是一个完全独立的自负盈亏的经济组织对其自身组织和活动规范，有一种反应及时的自律作用，即自我调节和控制的作用，使之符合市场经济的需求。否则它就无法生存下去。行政组织则不同，它行使的是公权力，经费由财政支付，因而常常有一种自我扩张的倾向。机构臃肿、效率低下、官僚主义盛行是常见的通病，较之经济组织，行政组织缺乏强有力的自律作用。正因此，需要用"他律"，即法治进行规范。行政组织法就是保证行政组织能依照人民的意愿，符合经济与社会发展的规律进行组织和活动的基本条件。

第二，什么是行政组织法的核心问题？合理设定行政权力是行政组织法的核心问题。行政权力来自人民通过法律的授权，也就是说，行政权力的设定是法律问题，而绝不是事实问题。设定行政权力的法律，最基本的当然是宪法，比如我国《宪法》第 89 条规定了国务院的行政职权。但是，《宪法》的规定往往非常原则和抽象，需要行政组织法加以具体化。在这个问题上，行政组织法必须处理两个关系：中央和地方的关系，部门之间的关系。

关于中央与地方的关系，《宪法》第 89 条规定，国务院有权"统一领导全国地方各级国家行政机关的工作，规定中央和省、自治区、直辖市的国家行政机关的职权的具体划分"。《地方各级人民代表大会和地方各级人民政府组织法》第 54 条规定，"地方各级人民政府是地方各级人民代表大会的执行机关，是地方各级国家行政机关"。第 55 条规定，"全国地方各级人民政府都是国务院统一领导下的国家行政机关，都服从国务院"。这说明，我国地方各级人民政府具有双重性质，既是中央在地方的代表，又是地方利益的代言人。二者在很多情况下可能是统一的，但也可能有差异，有矛盾。那么，地方行政机关究竟在什么情况下代表中央，什么情况下代表地方，法律没有规定。地方行政机关如何处理"对本级人民代表大会负责并报告工作"与"服从"国务院的关系，法律也没有规定。在统一时当然好办，在不统一或有矛盾时，如何解决？《宪法》第 3 条规定："中央和地方的国家机构职权的划分，遵循在中央的统一领导下，充分发挥地方的主动性、积极性的原则。"这可以看作是解决上述问题的基本原则。但光有原则还不够，还需要在这一原则指导下具体划分中央和地方的事权、财权等各方面权力的法律，使中央和地方在处理它们的关系时随法可依！

关于部门之间的关系，《宪法》第 89 条规定，国务院有权"规定各部和各委员会的任务和职责，统一领导各部和各委员会的工作"。党的十七届二中全会通过的《关于深化行政管理体制改革的意见》明确，"要处理好部门之间的关系，就必须依法明确、合理界定部门职能，部门责任，确保权责一致。要理顺部门职责分工，坚持一件事情原则上由一个部门负责，确需多个部门管理的事项，要明确牵头部门，分清主次责任，健全部门间协调配合机制。"

这些观点在《第十一届全国人民代表大会第一次会议关于国务院机构改革方案的决定》中得到体现，探索实行职能有机统一的大部门体制，对一些职能相近的部门进行整合，实行综合设置，其出发点就在于，理顺部门职责关系。但是，大部制只是解决部门间关系的一方面，要使部门间协调配合，还有许多制度需要通过法律建立起来。

中央与地方的关系和部门之间的关系，还有一个交叉的问题："条"与"块"的问题。实践中这一问题也相当复杂。是双重领导，以谁为主，还是指导，或者是垂直领导，包括全国垂直与省以下垂直，等等。对此，《国务院组织法》和《地方各级人民代表大会和地方各级人民政府组织法》都没有规定。十七大报告中特别提到了处理好垂直管理的国务院部门在地方的工作机构与同级人民政府的关系的协调。对此，党的十七届中央全会通过的《关于深化行政管理体制改革的意见》明确，"根据各层级政府的职责重点，合理调整地方政府机构设置。在中央确定的限额内，需要统一设置的机构应当上下对口，其他机构因地制宜设置。调整和完善垂直管理体制，进一步理顺和明确权责关系"。这些观点只有通过立法才能真正落到实处。

第三，什么是行政组织法的最基本原则？依法组织是行政组织法的最基本原则。依法组织原则，在不同国家有不同的表现形式。其实，很多法治的基本原则，在不同国家都体现为不同的制度设计和安排，但是，其深处所蕴涵的人类理性和法治精神是一致的。依法组织原则的最深处的理性基础就在于，人民主权原则。也就是说，国家的一切权力属于人民，人民有权创造和选择基本的行政组织形式，有权设定行政权力。非经人民以法律的方式同意，行政机关不得自行设置，不得自行授予或享有行政职权。

依法组织原则要求，重要的行政组织问题属于法律保留的事项必须由宪法和法律加以规范。

《立法法》第8条规定："下列事项只能制定法律：……（二）各级人民代表大会、人民政府、人民法院和人民检察院的产生、组织和职权；……"至于各部门组织法，学者意见有很大分歧。一种意见认为，各部门对外都是代表国家的，应该由法律规范；另一种意见认为，根据《宪法》第89条的授权，可以由国务院制定行政法规。我们认为，在目前制定部门行政组织法尚缺乏经验的情况下，还是先制定行政法规为宜。

（三）健全行政组织法的设想

健全的行政组织法体系，应当是坚持依法组织原则，规范行政的组织过程和控制行政组织，合理设定行政权力的多层次的法律体系。具体来说，应当包含以下四个方面：

第一方面，修改《国务院组织法》。制定《行政组织法》基本法，就国务院各部门组织法中应该规范的一些共性问题作出规定，包括行政组织法的基本原则、行政组织形态、行政主体制度、违反组织法的法律责任等。

第二方面，分别制定国务院各部门组织法。如上所述，部门组织法可先由国务院制定行政法规。

第三方面，修改《地方各级人民代表大会和地方各级人民政府组织法》。将该法中地方各级人民政府组织法部分改为《地方人民政府组织基本法》。对地方各级人民政府中应该规范的一些共性问题以及中央和地方关系的一些基本问题作出规定，也可考虑中央与地方关系。

第四方面，分别制定省、自治区、直辖市、自治州、市、市辖区、县、自治县、乡、民族乡、镇各级人民政府组织通则。

根据《宪法》第 95 条和《立法法》第 8 条的规定，各级人民政府组织通则应由法律规定。

需要明确的是：国务院各部门的职责权限需要由部门组织法规定。但组织法规定的是该部门有哪几个方面职权，具体落实，还需要有相关单行法的规定。例如，公安部有维护社会治安的职责，但如何使这一职责落实，还要通过《治安管理处罚法》《户籍法》等法律作出具体规定。这二者是相互照应和互动的。单行法中规定的执法主体，就是组织法规定的某部门的职权。某部门的职权常常要通过单行法来落实。

二、健全程序规则

我国对行政程序法的重视始于 20 世纪 80 年代中期。1989 年制定的《行政诉讼法》最明确地体现了这种重视，该法第 54 条规定，行政机关在作出具体行政行为时违反法定程序的，人民法院有权判决撤销、部分撤销，或者判决被告重新作出具体行政行为。这一规定的重要意义在于，使行政程序法获得了与实体法平起平坐的地位。

随着依法行政理论和实践的不断推进，行政程序的地位和价值日益得到重视。程序不仅是实现实体目标的基本保障，而且程序本身体现了法治社会的主要价值。公开、参与，是所有行政程序都必须贯彻的原则。正当程序是行使行政权力尤其是可能对相对一方造成不利影响时，必须遵循的程序的底线，这些理念都已经成为理论界和实务界的共识，获得全社会的共同关注。

与此相对应的是，行政程序立法也在不断推进。《行政诉讼法》之后的重要的行政立法都对行政程序作出了比较细致的规定，如《行政处罚法》《行政复议法》《立法法》《行政许可法》《治安管理处罚法》等，以实体法和程序法相结合的方式，实现了行政处罚、抽象行政行为、行政许可等主要行政行为类型的程序的规范化和法律化。同时，地方的行政程序立法也蓬勃发展。

实践证明，以类型化行政行为的专门程序规则和地方先行的行政程序立法为基础，逐步积累立法和运行经验，最终制定统一的行政程序法典，是符合我国行政法治的实际和发展需要的健全程序规则的现实路径。

（一）类型化行政行为的专门程序规则

在行政程序立法之初，在制定统一行政程序法典尚不可能的情况下，先将那些亟需的、已经成熟的行政行为程序加以法律化，这不是"退而求其次"的无奈之举，而是与当时的行政法治状况相适应的明智之举，是我国行政程序立法的第一步。在这方面，以1996年颁布的《行政处罚法》为突破。

《行政处罚法》把处罚程序分为行政处罚的决定程序和执行程序，分别以第五章和第六章专门规定。在行政处罚的决定程序中，《行政处罚法》分别规定了简易程序和一般程序，一般程序的基本内容就是正当程序，并且首次规定了听证程序。在行政处罚的执行程序中，《行政处罚法》中体现了两个十分重要的原则：一是裁执分离原则，第46条规定，"作出罚款决定的行政机关应当与收缴罚款的机构分离"。二是收支两条线原则，第53条规定，"罚款、没收违法所得或者没收非法财物拍卖的款项，必须全部上缴国库，任何行政机关或者个人不得以任何形式截留、私分或者变相私分；财政部门不得以任何形式向作出行政处罚决定的行政机关返还罚款、没收的违法所得或者返还没收非法财物的拍卖款项"。《行政处罚法》是我国当时在行政程序立法方面所做的最为全面的探索和建树，为我国类型化行政行为的程序立法树立了一个标杆。

在《行政处罚法》之后，《立法法》《行政许可法》《治安管理处罚法》等都对程序作了细致的规定。现在可以说，我国类型化行政行为的专门程序规则已经相当成熟和丰富了。

但是，仅仅类型化行政行为的专门程序规则是很不够的。其中的原因，一是行政行为的多样性和复杂性，无法穷尽行政行为的类型，也就无法为每一类型的行政行为专门立法。二是随着服务型政府的建设，行政合同、行政指导等"柔"性的行政行为，以其突出的民主性、参与性和服务性，引起越来越多的重视，在政府管理过程中发挥越来越大的作用。相应地，这些"柔"性行政行为的程序以及它们与权力性行政行为的选择和顺序也迫切需要法律明确。三是公开和参与这两项最基本的程序原则的价值和地位在理论界和实务领域得到普遍的承认和重视，在十七大报告中也多处提到要提高政府工作的透明度和公信力，增强决策透明度和公众参与度，"确保权力正确行使，必须让权力在阳光下运行"。这是建设社会主义民主政治的关键之一，但恰恰又是行政程序中的薄弱环节。所有这些都说明，类型化行政行为的专门程序规则只是行政程序立法的必要基础，制定统一的行政程序法典，将行政程序的基本原则和具有共通性的重要程序制度法律化，为所有的行政行为提供基本的程序规则，是健全程序法制的迫切要求。

（二）地方先行的行政程序立法

我国对立法难度较大的项目，有一个重要的经验：先地方后中央，由地方为全国立法探索和积累经验。从国外的行政程序法的发展来看，地方先行也是一个重要的经验。德国行政程序立法的第一个阶段就是地方立法阶段，以 1883 年普鲁士邦的《普鲁士邦一般行政法》为最早，之后，巴登州、图林根州、符腾堡州等陆续制定了适用于本州的行政程序法，为最终制定适用于联邦行政机关的联邦行政程序法奠定了基础。从中外立法经验看，我国行政程序立法的第二步，是在地方先行推进，为国家的统一程序立法积累立法和运行经验。这也是在法治的框架内，发挥地方在制度创新上的主动性和积极性的好方式。

湖南省制定行政程序规定就是地方在行政程序立法上的率先之举。近年来，湖南省已经制定了多个有关行政程序的单项地方立法，比如《湖南省行政执法条例》《湖南省行政处罚听证程序规定》《湖南省行政许可听证程序规定》等。可以说，在湖南省制定统一的行政程序规定，时机已经成熟。《湖南省行政程序规定》就是在这样的条件下，在现有的法律框架和制度背景下，针对湖南省的行政权力运行状况制定的。

《湖南省行政程序规定》共 10 章 178 条。十七大的一些基本精神，比如"保障人民的知情权、参与权、表达权、监督权"；"加快行政管理体制改革，建设服务型政府"；"坚持用制度管权、管事、管人，建立健全决策权、执行权、监督权既相互制约又相互协调的权力结构和运行机制"等，都在草案中有充分的体现。公开原则和公众参与贯彻草案始终。草案建立健全重大行政决策规则，规定了哪些事项适用决策程序，确定调查研究、专家论证、公众参与、合法性审查和集体研究等必经程序。针对"红头文件"过多、过滥等问题，草案规定了规范性文件统一登记、自动失效、网上检索和申请审查四大制度。草案设立了教示条款，行政执法直接影响当事人利益的，行政机关应当先采用教育、劝诫、疏导等手段，促使当事人自觉履行法定义务、纠正错误，不能直接采用"强硬"的行政执法手段。草案落实了高效便民原则，行政机关实施行政管理，应当遵守法定时限。草案还涉及行政合同、行政指导、行政裁决等特别行为程序。

湖南省制定行政程序规定，对于规范行政权力运行，深化行政管理体制改革，扩大公众参与，推进行政公开，提高行政效率具有重大的意义。更重要的是，湖南行政程序规定开创了我国统一行政程序立法的先河，对于行政程序法治建设具有突破性意义和辐射、推动功能。

（三）统一的行政程序法典

行政程序法典是行政程序法系统化的结果，制定全国统一的行政程序法典，需要丰富的行政程序立法实践，需要成熟的法典化立法技术，需要先进的行政法学理论，需要依法行政理论和实践的支持和推动。现在我国已经具备了这些条件，应该说，我国已经到了制定统一的行政程序法典的时候。以类型化行政行为的专门程序规则和地方先行的行政程序立法为基础，我国行政程序立法的第三步就是，制定统一的行政程序法典。

制定统一的行政程序法典涉及几个基本问题，一是行政程序法典的目标模式是什么，也就是，以何种立法目的为基础来构建行政程序法；二是行政程序法典的结构如何安排；三是行政程序法典是否应当规定内部程序；四是行政程序法典是否应当包含实体性规定。

关于行政程序法典的目标模式，从世界行政程序立法史看，主要有三类：一类是以提高行政效率为目的的"效率模式"，如早期欧洲一些国家的行政程序法；一类是以保障公民程序性权利为目的的"权利模式"，如美国的行政程序法；一类是保护权利与提高效率并重的"权利效率并重模式"，20世纪50年代以后各国制定或修订的行政程序法大多如此。我国行政程序法典应采取"权利效率并重模式"，在设计各种程序制度时，既要有利于保障公民程序性权利，又要有利于提高行政效率。

关于行政程序法典的结构，应当以行政行为为线索，采用总分式结构，即先以总则规定各类行政行为必须普遍遵循的基本程序，以保证程序的统一；再对几类在社会主义市场经济中地位极为重要，一般又不可能单独立法的行政行为，有行政规范性文件、行政指导、行政合同等以分则一一规定。同时，已有的类型化行政行为的专门程序规则作为特别法，与行政程序法典并存。

关于行政程序法典是否应当规定内部程序，应当处理好行政程序法与行政组织法的关系，既要避免把行政组织法的内容规定到行政程序法中来，也要避免以内部程序为理由妨碍公民程序性权利的实现。

关于行政程序法典是否应当包含实体性规定，应当根据实体性规定的限制和范围，行政程序法典完全不规定针对相对人行为的实体性规定，只规定关于行政行为本身构成要件的实体性规定。

健全组织法制和程序规则是依法行政的两个基本条件，这两个条件不具备，依法行政就不可能顺利推进，法治政府也无从谈起。而这两个法律体系目前正是我国行政法律体系中的薄弱环节。现在，十七大已经为我们指明了方向，我们必须从建设法治政府、落实依法治国方略的高度认识这个问题，不断推动这两个基本条件的实现。

参考文献

［1］应松年、薛刚凌：《行政组织法研究》，法律出版社 2002 年版。

［2］应松年：《当代中国行政法》，中国方正出版社 2005 年版。

简政放权的法治之路*

法治是治国理政的基本方式，简政放权同样须走法治之路。十七大、十八大以及十八届四中全会决定都强调，完善组织法制和程序规则，按照法定权限和程序，行使权力、履行职责。完善组织法、行政程序法，这是实现简政放权的根本。

一

组织法最主要的作用之一，就是实现职权法定原则。

权力来源于人民，人民通过法律将权力授予行政机关。对行政机关来说，法无授权不可为，这就是职权法定。人民通过人民代表大会，制定《国务院组织法》，将行政权力授予国务院。国务院各部委的职权由国务院通过立法授予各部门，再报人大批准。地方各级政府的权力，由全国人大制定《地方各级人民代表大会和地方各级人民政府组织法》授予地方各级政府。

目前，中央部委的职权，是由国务院制定的"三定"规定授予。当然我们希望能够制定正式的各部门的组织法。中央编办为此作过几次努力，但尚未完成。职权是"三定"规定的主要内容之一。从我国的体制特点而言，组织法关于职权的设定，重点是在中央各部门的职权。地方各级政府可能略有不同，但还是以中央各部门的职权为根据和基础。而中央各部门的职权的设定，又受到很多因素的影响。一是部门设置的影响。我国中央政府各部门设置，改革开放前是从苏联学来的一事一部模式。能源，有煤炭、石油、水利，等等，各成一部；交通，有航空、水路、公路、铁路，等等，也各成一部。或者说实际上是一事数部。这样，职权就非常分散且交叉或重复。改革开放后不断变革，所谓大部制就是把一事数部合并为一部。但大部制改革尚未完成，已合并的在职权上有时也是各行其是。一件事情由几个部门管理的情况也还没有完全解决。职权分散、交叉、重复的现象仍然存在。二是职权设置

---

* 本文载于《行政管理改革》2016 年第 1 期。

尚未跟上经济和社会发展的要求，也就是上层建筑不能完全适应经济基础的要求。最重要的是不能适应市场经济的发展和要求，有些部门还在行使阻碍市场经济发展的权力。三是职权设置没有适应建立国家治理体系的要求，缺乏社会协同和公众参与，行政机关什么都管。社会组织、行业组织、中介机构等大都是行政机关的一部分或是变相的一部分，没有行使自律的权力。四是将许多不该管、管不好的事情，把公民、法人或其他组织自己可以决定的事情也都纳入管理范围。

这样看来，简政放权首先涉及的是组织法关于职权的设定，而职权设定又与机构设置相连。这一改革的影响就很大。建议是否可从调查研究着手，进行国内和国际的调查、比较研究，根据我国特点，能大致划出应然的职权需要和机构设置，制定国务院各部门组织简则，再根据实际情况，确定改革进程，需要有一个总体设计和进程表。

地方各级人民政府组织法关于地方各级政府的职权规定都相当简略，且没有各层级政府职权的区分。随着经济社会的发展，当前的重点是中央和地方政府事权的划分，制定中央和地方关系法。

二

组织法对职权的规定一般比较原则，都是规定几个方面，具体职权还要通过单行的法律法规来规定。各部门、各级政府都按照不同层级法规范的规定行使其权力。单行法律法规在规定部门的具体职权时，不同层级的法规范在作出规定时是否有区别、有限制，是否具有同样的效力，这是在规范政府职权方面首先要解决的也是目前现实存在的重大问题之一。

对此，法律已经作出许多规范。《立法法》首先对全国人大及其常委会的专属立法权即法律保留事项作了规定，共 11 项，属于法律保留的事项，未经授权，行政法规、地方性法规和规章都不能作出规定。且其中有 3 项为绝对保留，不能授权。这在实践中已经起了作用，但还不彻底。2015 年《立法法》修改时，单独列出了税收法定一项，但没有规定同样涉及公民财产权的收费该怎么办。2015 年修改，还增加了一些重要规定。对设区的市制定的地方性法规，在与法律法规不抵触的前提下，只能就城乡建设与管理、环境保护及历史文化保护三方面作出规定。对规章，部门规章规定的事项，必须是属于执行法律、行政法规、决定、命令的事项，没有法律、行政法规的依据不得设定减损公民、法人和其他组织的权利或增加其义务，不得增加本部门权力或者减少本部门的法定职责。地方政府规章要根据法律、法规制定，一是执行法律法规，二是属于本行政区域的具体行政管理事项。设区的市的规章，限于城乡建设与管理、环境保护及历史文化保护等事项。特殊情况下，因制定地方性法规条件尚不成熟，而行政管理又迫切需要，可以先制定规章，满两年如仍需要，应制定地方性法规。同样，地方规章，没有法律法规依据不能设定减损公民、法人和其他组织权利或增加其义务的规范。

《立法法》的这些规定，对各层级的法律规范，在具体规定政府权限时是必须严格遵守的。就实践看，还存在很多问题需要各部门严格监督检查，这是简政放权的一个重要方面。

至于规章以外的其他规范性文件，当然就只能对法律、法规和规章规定的事项，就具体执行作出规定，更不能减损公民权利或增加公民义务。这是在实践中最常发生的，必须建立严格的监督检查制度。

我国法律体系的重要的富有中国特色的特点，是一些对公民、法人的权利有重大影响的属于行政机关都要行使的共同行政行为，特别制定了法律。这就是行政处罚法、行政强制法和行政许可法。这三个法律的重要内容之一就是规定了哪一层级的法律规范，可以规定把哪一种行为即职权，授予行政机关。例如处罚法规定，除法律外，行政法规无权规定授权哪一部门可以有限制人身自由的强制措施和处罚。地方性法规则无权规定吊销企业营业执照的处罚，规章只能规定警告和一定数额的罚款。规章以外的其他规范性文件则一律不能规定。《行政处罚法》生效后，对纠正处罚乱象产生了良好的作用。但实践中还时有超出上述规定的情况出现。

对简政放权影响很大的是行政许可。由于我国特殊社会历史条件，行政许可遍及各行各业，有些有法律规定，有些是自行规定，给经济社会发展和公民法人权益带来巨大影响。为此，2003 年制定了世界各国都没有的《行政许可法》。根据《行政许可法》的规定，除法律、法规外，部门规章无权设定行政许可。地方性法规只能有设定某种地方事宜的许可权，地方规章则只有设定临时许可权，其他规范性文件一律不得设定行政许可。由于我国的行政许可大部分都是规章设定的，而部门规章又不得设定许可，这就需要对部门规章设定的许可进行清理。对应该保留或废除的许可，逐批进行审查鉴定，用国务院决定的方式保留需要设定的部分，废除了几千项，虽然如此，仍有不少问题。应该说审批制度改革还远未彻底，有些应废除的仍旧保留；有些则改称为"非行政许可审批"；有些自称并非许可，如核准不是许可；还有些没有许可设定权的，仍在增设新的许可；等等。目前，推进审批制度的改革还在努力，将对简政放权起重大影响。

《行政许可法》中提出了不设行政许可的四条原则：一是公民、法人或其他组织能够自主决定的；二是市场竞争机制能够有效调节的；三是行业组织或者中介机构能够自律管理的；四是行政机关采用事后监督等其他行政管理方式能够解决的。这四条说得非常到位，以此来检查一下目前仍在用的许可制度，恐不少都在此四条以内。改革任务还相当艰巨。

三

值得注意的是，简政放权，一是要简政，政府只管自己应该管和必须管的事；二是要放权，放权不能单纯理解为把权下放到下级、基层。放权还包括，把公民、组织自己可以决定的权力放还个人、组织；把基层自治组织和社会组织，包括行业组织、中介组织等能够自律的权力放给基层自治组织和社会组织，这才是更重要的。这就是中央提出的要建设国家治理体系，党委领导、政府负责、社会协同、公众参与、法治保障。把许多原来由政府行使的权力，但完全可以社会协同，由基层自治组织和社会组织通过自治自律来完成的，交给基层自治组织和社会组织。基层自治组织和社会组织都能够把各自的内部事务管理好，这将大大促进简政放权。由于我们长期以来形成的政府包办一切的理念和习惯，要建立治理体系还有一定难度。基层自治组织，特别是村民委员会和居民委员会，村民委员会虽已有法律规定，但仍存在诸多问题，关键是如何使村民委员会能做到自治自律。城市中的基层自治组织，原有居民委员会曾有法律规定，现在又有社区之名，这二者是什么关系。修改居民委员会组织法应该提上议事日程。

建立国家治理体系中的重要问题之一，是健全社会组织、行业组织。例如，多数人都在某一行业中工作，如果行政机关把各行业内人员的权力放给行业组织，让行业组织承担自治自律的作用和责任，简政放权就会收到很大的成效。行政机关就能把更多精力用于服务行政。其实，行业组织的自律要比行政机关的管理更为精细和强有力，因为这是内行在管理，更清楚行业自律的重点和途径。十八届四中全会以后，国家正在启动社会组织的改革，逐步建立社会治理体系，在适当时候，就需要用立法来巩固已取得的成果，依法继续推进改革。

四

简政放权从程序方面要求，首先是公开，权限公开、条件公开、流程公开。公开才能明确显示是否简政，才能接受公众监督。其次是简化程序，高效便民。如，一个机构，只能一个窗口对外，不能在机构内再设几道批准程序。属于不同部门的，本级政府可以确定一个部门受理，统一办理，或者组织有关部门联合办理、集中办理。现在很多地方都设置行政大厅，联合办理、集中办理，并运用网上办理等，使程序大为简化，方便公众。应该说，《行政许可法》实施后，在许可领域，各地采用了许多办法，简化程序，取得了很好的效果。但是，实践中还存在很多问题。一件事情，需经过很多审批程序，没有按许可法的要求，由一个行政机关行使有关行政机关的行政许可权；或者确定一个机构统一受理行政许可申请，统一送达行政许可等情况，仍然需要若干行政机关审批的，办一件事，仍需盖若干个章的，还仍有存在。更多的是在一项审批程序前，行政机关自行设定一些前置程序，例如，丢失老年证去民政部门补办，被要求先到当地派出所开丢失证明；公民买房，要先去派出所开无犯罪前科证明；等等。此类事情极多，这中间也存在行政机关信息不共享的问题。当然也有懒政，不愿查资料的问题。这些事情虽非大事，但却增添公民许多麻烦。办事难是基层普遍存在的情况，纠正起来很不容易。当然，程序问题有时涉及部门的实体职权。反之，程序上的改变也有利于促进部门职权的简化。

总之，简政放权也是一个系统工程，造成政繁权多的原因是多方面的，需要我们在调查研究的基础上，设定目标，以法治手段逐一解决，并使简政放权的成果得以巩固。

从依法行政到建设法治政府

行政组织法

试论行政机关组织法[*]

国家通过行政组织对国家事务实施管理，国家行政组织是行政管理的主体。行政组织包括国家行政机关和行政工作人员两部分，行政组织法就是关于行政机关和行政工作人员的法律规范的总称，它在行政法体系中具有极为重要的地位。

国家组织是最重要的社会组织之一，而在国家组织中，最庞大的是国家行政组织。国家行政组织是国家按一定目的，依法将若干部门有系统地组织起来的，对国家事务进行组织和管理的整体。

规范行政组织的法就是行政组织法。它是规定行政机关的任务、地位、职责、组成、编制和行政工作人员权利、义务、任用、调配、考核、培训、奖惩、晋升、监察等法律规范的总称。从大的范围来划分，行政组织法可分为行政机关组织法和行政工作人员法两大类。本文仅就行政机关组织法的作用、基本内容，试作一些论述。

一、行政机关组织法的作用

国家管理的基本特点是法律管理，这种特点不仅表现在管理的主体在实施管理时要依据和依靠法律规范，而且要求对管理者的管理，同样也必须依据和依靠法律规范。

行政机关的成立及其职责，必须以行政机关组织法为根据。这是因为：其一，行政机关是在全国和全国人民中行使职权的，它直接关系着国家的利益，关系到人民的权利和义务，因此，对于行政机关的配置、成立和运转，必须依据宪法和法律的规定，经有权机关制定行政机关组织法，依法实施；其二，行政机关的一切活动，理应取得广大人民群众和各级机关、单位、团体的监督，这种监督的重要依据之一就是行政机关组织法；其三，行政管理是由国家赋予行政工作人员以一定权力的活动。行政领导的个人意志具有很大作用，为使这种意志符合客观规律的要求，不致变为主观随意性，就不仅

＊ 本文载于《政法论坛》（《中国政法大学学报》）1986 年第 1 期。

要靠领导者个人的素质修养，更需要法律的拘束和制约，另一方面，行政组织不是某一个体，而是由不同层次和级别组织起来的机关和人员的极为庞大的整体。不依靠法律，国家就无法对这一整体实行有效的统一管理，就无法获得这一组织的整体效应。行政机关组织法的制定和执行，在当前行政改革中具有更为重要的意义和作用。我国正在进行的行政改革，就是要使国家行政机关的配置、成立和运转，能适应经济改革的要求，克服行政管理中存在的各种弊端和缺陷，其中，国家行政机关的精简是重要的一环。过去对国家机关曾多次实行精简，但都收效甚微，事后又复膨胀。主要原因有二：一是对精简的科学基础缺乏深入的理论研究和探索。对国家行政机关究竟应设置多少为宜，职责如何，有哪些活动原则和方式等，心中无数以致精简工作很难搞得彻底，搞出成效。在国家行政机关中，经济管理机关竟占了 2/3 以上。二是对行之有效的科学的行政管理原则和改革的成果，没有及时用法律的形式巩固下来。历次精简的成果，始终没有形成一个编制法，使之具有普遍持久的约束力。因此，制定和执行行政机关组织法，乃是当前改革的需要，是提高行政效率的需要。

二、行政机关组织法的基本内容

考察各国的情况，总结我国的实践经验，行政机关组织法大体包括以下基本内容：

（一）法律依据

行政机关组织法的法律依据是行政机关组织法规产生的合法性和具有法律效力的重要因素，因此，一般都列为《行政组织法》的第 1 条。例如，1982 年《中华人民共和国国务院组织法》第 1 条规定："根据中华人民共和国宪法有关国务院的规定，制定本组织法。"另外，行政机关组织法还往往规定制定和批准该法的机关。例如，国务院组织法要由全国人民代表大会批准。

（二）隶属关系

隶属关系是指行政机关之间的关系。在业务上关系紧密，上下级行政部门之间必须直接组织和指挥的，就需要采取垂直的隶属关系，如海关、民航、铁路等部门。业务上独立性较大，基本上按地方特点进行，不必直接组织和指挥的，可以地方领导为主，上级行政业务部门仅在业务上作某些指导，采用业务指导关系，如国家体委、国家科委。介于这两者之间的，业务上需要领导，但必须符合本地区特点的，就实行双重领导，如省、自治区、直辖市人民政府的各工作部门，既受人民政府统一领导，又受国务院主管部门的领导或者业务指导。究竟采用哪种隶属形式，取决于各行政部门管理对象的自身运动规律。实践表明，运用哪种隶属形式，并非无关紧要。其一，与精简机构、提高行政效率有关。例如，我国双重领导的行政机关大都采用"对口"领导的办法，即某一机关中央有，地方也都有。这是造成地方机构庞大、层次繁多的原因之一。处理好"对口"这一隶属关系，将有助于地方行政机关的精简，提高行政效率。其二，直接影响经济发展。过去，我国管理经济的行政部门，直接间接管理着许多经济组织，造成条块分割，影响经济发展，使原隶属行政管理体制的问题，又和经济体制纠缠在一起。通过改革，使政企职能分离，同时，改变条块分割，实行行业管理，等等，将有利于促进我国经济的发展，科学地处理好行政机关的隶属关系，并把对不同行政机关的行之有效的各种不同隶属关系用行政机关组织法的形式固定下来，是改革的重要内容之一。

（三）机构性质

长期以来，我们按行政机关所处地位和工作性质，常常将国家行政机关划分为领导机关、职能部门、直属机关和办事机构四种。领导机关带有"决策"的意思，是全国或地区的首脑机构，如国务院、省政府、市政府，等等。职能部门有时也称工作部门，是负责领导和管理某一方面国家事务的，如国务院所属各部、委、直属机关是主管某项专门业务的。办公机构是协助首长办理专门事项的。

我国国家机关一般注意于决策和执行两个部门。领导机关是决策机关，职能部门、办事机构都是执行机关。但是，现代经济、科技与社会发展，要求行政管理从这种比较单一的管理，发展为多功能协调的管理。它大体上由决策、执行、咨询、信息和监督五个部分组成。

1. 决策

就是决定方针政策。决策是一个相对的概念，一般来说，上级领导机关是决策机关，下属机关，则是执行这些方针政策的执行机关。但是在执行过程中，也需要决策，一个机关只能有一个决策中心，而不能政出多门。

2. 执行

执行部门的任务是执行决策中心的各项决定，它必须果断有力，做到令行禁止。一般来说，在一个系统内，可以按业务需要分成若干部门，分别执行决策中心的方针政策，这就要求分清职责。当前正在我国推行的岗位责任制，是一种有助于加强执行的办法，需要总结经验，使之制度化、法律化。

3. 咨询

咨询部门是为决策服务的，是决策中心的参谋部。十一届三中全会以后，我国开始建立咨询机构。目前的任务是认真总结各种咨询机构的作用和经验，通过行政组织立法将咨询机构的任务、作用和活动方式固定下来，促进咨询工作的开展。

4. 信息

信息就是通过调查、情报、统计等办法，及时反映决策的执行情况和后果，反映现实生活提出的各种要求。它贯穿于决策和执行过程的始终，对决策和执行具有决定性的意义。

5. 监督

行政监督是指行政机关及其工作人员的行为是否符合社会主义法制的要求，同时，监督本身也必须按照法律规定的程序和制度进行。行政监督必须制度化、法律化。决策、执行、信息、咨询和监督，是健全的现代行政管理所不可缺少的。一个较大的完整的行政机关，都必须配置这样的机构，并使这些部门协调地发挥作用。这是我国行政改革中需要解决的重要问题之一。

（四）机构设置

机构设置是指行政机关内部各机构如何配备和安置。我国行政组织法对机构设置的规定，一般采用两种办法。一是列举各机构的名称。如 1954 年通过的《中华人民共和国国务院组织法》第 2 条，对国务院下设各部和各委员会，全部列举名称。列举的好处是有利于稳定机构设置、控制机构膨胀。但由于我们正处于改革时期，机构增减频繁，暂不宜采用列举的形式，所以新的国务院组织法对机构设置采用第二类办法，就是对机构设置仅作概括规定。如 1982 年通过的《中华人民共和国国务院组织法》笼统规定："国务院由总理、副总理、国务委员、各部部长、各委员会主任、审计长、秘书长组成。"笼统规定的好处是便于更改，但从法律应该具体、明确，机构必须稳定精简来看，笼统规定应视为权宜之计。无论采取哪种办法，行政机构的设置必须遵循以下原则：

1. 根据经济和社会发展需要的原则

行政机构是上层建筑，它必须与经济基础和生产的发展相适应。随着经济和社会的发展，行政机构必然有增有减。从总体说，事业总是越发展越大，因而增是主要的趋势，例如，由于生产的发展，国家必须设立环境保护的专管机构。另一方面，由于长期政企不分，使许多原属企业自己管理或应由城市管理、行业管理的经济事务都集中于行政机构，因而管理经济的部门越来越多。随着政企职能分离和经济体制的改革，权力退还或下放，必将有相当大的精简，从而使机构设置能进一步符合经济和社会发展规律的要求，解决长期以来的"机构臃肿"问题。

2. 坚持精简的原则

精兵简政是党的优良传统，现代经济和社会管理，更加严格要求用最少的人办最好最多的事。冗员充斥不但会干扰工作的进行，而且必然滋长官僚主义。我国行政机构在精简方面的成功，主要将依靠经济体制改革的成功。精简原则与根据经济和社会发展的原则是相辅相成、互相促进又互相制约的。在正常情况下，社会主义经济的发展使管理机构和人员有不断增加的趋势，但现代经济和社会发展又要求机构尽其职，人员尽其能，裁去已经过时的机构和不称职的人员。

3. 分工明确并紧密合作的原则

行政组织是一个系统，与其他系统一样，它的最重要的特点是目的性。对国家行政机关来说，目的就是各机关的任务和根据任务确定的职责范围。明确与其他单位不同的任务和职责，是行政机构设置的基本原则之一。

现代高效率的管理不仅需要分工，还需要强有力的组织、协调与综合，要有整体效应。离开了整体的目的和任务，或者为了本单位的利益而损害整体的利益，即使本单位搞得再好，它也不是整体的一部分，或者只是整体的不协调部分，必须修正或改造。

（五）职责权限

明确划分职责权限，是行政管理不可违背的最基本的原则之一。职责不清，或者职责交叉，必然会导致行政机关管理混乱，机构臃肿，不能独立有效地进行工作。因此，一般说，行政机关组织法对机关职责权限划分的规定，大都采用逐条列举的办法。例如，《宪法》对国务院职权的规定，共列举18条。总结我国行政管理的历史经验，可以说，职责不清或职责交叉，是我国行政管理机构臃肿、效率不高的主要原因之一。造成职责不清的重要的因素之一，是由于我国行政机关组织法很不健全，建立机构时常常只是有一个笼统的设想，没有按组织法的要求，逐条列出职责，使之与其他行政机关，特别是相近、相邻的行政机关在职责上完全区分开来。

（六）任职期限

组织法必须对任职期限作出明确规定。任期过短或过长，都不利于行政效率的提高。过短，对其所管的事务和工作环境尚未充分熟悉，纵有抱负也无法施展，行政管理将缺乏稳定性和一贯性；过长，则易于产生暮气，缺乏生气勃勃的进取和改革精神。因此，在行政机关组织法中规定合适的任期，是完全必要的。十一届三中全会以前，我国的行政组织法对领导干部的任职时间很少作过规定，实际上存在着领导职务的终身制。这种终身制是现行制度中的弊端。为了改变领导干部职务的终身制，《宪法》第 87 条规定："国务院每届任期同全国人民代表大会每届任期相同。总理、副总理、国务委员连续任职不得超过两届。"这是我国法律第一次规定行政领导的任职期限。它在我国以后制定行政机关组织法有关任职期限的条款时，将产生深远影响。

（七）工作原则

行政机关按照什么原则进行工作，是行政机关组织法必须作出明确规定的事项之一。

我国国家政权机关的活动实行民主集中制，1949 年制定的《共同纲领》第 15 条就规定："各行政机关一律实行民主集中制。"以后的几部宪法也都作了相同的规定。1982 年《宪法》从两方面对行政机关实行民主集中制作了原则规定：一是国家行政机关与权力机关的关系，是"由人民代表大会产生，对它负责，受它监督"，行政机关与权力机关的关系是从属关系；二是中央行政机关和地方行政机关的关系，是"在中央统一领导下，充分发挥地方的主动性、积极性"。可以看出，《宪法》这一条是从行政机关的外部关系，即行政机关与权力机关以及行政机关之间的关系作出规定的。关于行政机关内部在活动时应如何贯彻民主集中制原则，《宪法》第 87 条和《国务院组织法》都作了规定。

《宪法》第 87 条规定："总理领导国务院工作。副总理、国务委员协助总理工作。……总理召集和主持国务院常务会议和国务院全体会议。"这一规定与 1954 年《宪法》的有关规定基本相同，不同之处主要是在国务院组织法中，1954 年《国务院组织法》第 5 条规定："国务院发布的决议和命令，必须经国务院全体会议或者国务院常务会议通过。"可以理解为，当时的国务院实行委员会制的集体领导。总理主要在处理日常工作中有决定权。而 1982 年《国务院组织法》则明确规定："国务院实行总理负责制。总理领导国务院的工作，副总理、国务委员协助总理工作"（第 2 条）。第 5 条还规定："国务院发布的决定、命令和行政法规，向全国人民代表大会或者全国人民代表大会常务委员会提出的议案，任免人员，由总理签署。"第 6 条规定："国务委员受总理委托，负责某些方面的工作或者专项任务，并且可以代表国务院进行外事活动。"这两条进一步明确了国务院实行总理负责制。同时，组织法对国务院所属各部、各委员会的领导制度的规定，也体现了首长负责制。

行政机关实行首长负责制，这是为行政机关的性质决定的。从总体上说，我国行政机关是国家权力机关的执行机关。执行的特点在于果断、迅速，通过各种手段，将权力机关的决策，尽快见诸行动。执行的这种特性，要求在组织形式和活动原则上和决策机构相区分。决策机构一般常用委员会制，从容计议和讨论，博采众长，决定大计。执行机构则一般都用首长负责制，以便迅速将决策化为行动。规定国务院实行总理负责制，是符合行政管理客观要求的。

但是，决策和执行是相对的，执行本身又包含着决策，特别是高层次的行政机关。因此，《国务院组织法》第 4 条又规定："国务院工作中的重大问题，必须经国务院常务会议或者国务院全体会议讨论决定。"

可见，根据《国务院组织法》的规定，国务院实行的是集体领导与个人负责相结合的工作原则。重大问题，或者说决策的问题，由常务会议或全体会议集体讨论决定，总理对全国人民代表大会决议的执行，对国务院会议的决定和执行，全面负责。1982 年《国务院组织法》第一次明确规定实行总理负责制，这是我国长期以来行政管理经验的总结，是民主集中制在行政管理上具体运用的发展，其对我国行政体制的影响将是深远的。

（八）副职设置

行政机关组织法一般都要对该机关的领导人，主要是副职的人数作出明确的规定和严格的限制（至于一般行政工作人员的定额和结构比例，则由独立的编制法规予以规定）。因为行政机关是实施具体组织、指挥和管理的执行机关，它必须实行首长负责制而不能是委员会制，或变相的委员会制。人数多了，易于产生互相扯皮或政出多门等弊端，影响行政效率。

民主革命时期，解放区的行政机关组织法一般对副职设置，甚至包括科、处的成员数，都有明确规定。新中国成立以后，行政机关组织法对此大都转为"若干人"，这实际上等于没有限制，以致有些部副职竟达 20 人之多，比一个委员会还庞大。妥善而又严格地解决副职过多的问题，是这次机构改革的重大成绩之一。1982 年的行政机关组织法将这一成就巩固下来。《国务院组织法》第 9 条规定："各部设部长一人，副部长二至四人。各委员会设主任一人，副主任二至四人，委员五至十人。"对副总理的人数，虽未作具体规定，但实际人数控制在 4 人以内。这一规定，为各级地方政府和部、委以下机构副职的配置作出了榜样，同样将产生深远影响。

（九）生效要件

作为法律规范，行政机关组织法也必须具备必要的法律要件，才能正式生效。这些要件包括：（1）遵守行政机关组织法规定的通过与批准的正式程序，由有权制定、通过、变更和撤销的机关在其职权范围内制定、通过、变更和撤销，否则就无效。（2）履行公布手续。如写明公布的年、月、日，由有权签署的首长签署等。

三、建立我国的行政机关组织法体系

行政机关是由不同层次、级别的机构组织而成的，形成一个大系统。不同层次和级别的行政机关本身又由若干层次和级别的行政机关组织而成，形成若干系统。与行政机关这种层次性和级别性相适应，行政机关组织法也应该由不同层次和级别的机关组织法所组成，形成一个行政机关组织法的系统。不但要有国务院组织法，还要有各部、各委员会和各直属机构的组织法，也要有省、市、自治区、地区、自治州、市、县、自治县等组织法。

在 50 年代，除《国务院组织法》外，还制定了许多部、委和直属机构的组织法。50 年代初，大区、省、市、县、乡等都有组织通则。但从 60 年代以来，组织变动很大，却很少制定过组织法。机构改革期间，国务院曾决定对各部、各委员会的职责权限作一规定，这是制定组织法的第一步，目前，这个工作尚未完成。地方组织法已合成一个法规，它的缺点是过于精简笼统。

改革的浪潮正方兴未艾，我们应当也有可能在改革过程中，逐步建立起行政机关组织法的法规体系。

非政府组织的若干法律问题[*]

非政府组织（NGO，即 Non-Governmental Organization），意指政府以外的社会组织，一般并不包括企业。与其大体相同的称谓还有非营利组织（NPO，即 Non-Profitable Organization）。"非政府组织"和"非营利组织"虽然界定的角度不相同，前者强调同具有强制力的政府的区别，后者侧重于同非公益企业的区别，但是范围大体相同。此外，如果将政府组织认为是第一部门（公共部门），企业是第二部门（私人部门），非政府组织或非营利组织其实也就是近年来比较热门的所谓"第三部门"，还有的将其称为"民间组织"。根据通用的标准，一般认为非政府组织有六个特性，即正规性、民间性、非营利性、自治性、志愿性和公益性。非政府组织在治安管理、环境卫生、社会福利、计划生育、慈善事业、信息提供、社区服务、特殊人群的教育、老年人照顾、学术研究、文化发展等多项社会管理职能方面起着极其重要的作用。

根据我国民政部的统计，"截至 2002 年底，全国经民政部门登记的社会团体已达 13.3 万个，基金会 1268 个，民办非企业单位 11.1 万个，涉及教育、卫生、体育、社会福利等多个领域"。[1]另外，中国还有一些非政府组织因找不到业务主管单位，或不愿受业务主管单位的管理而采取了工商注册的形式，名义上是公司、企业，实质上是非政府组织，如果将这些"草根组织"也计算在内的话，我国非政府组织的数量是相当庞大的。

在大陆法系中，将私法人分为社团法人和财团法人两类，其中非营利性社团法人和财团法人也就是我们所讲的非政府组织。而在英美法系没有公法人与私法人的划分，非政府组织可以是非营利公司，也可以是协会，还可能是公益信托（Trust）。相比较而言，我国对非政府组织的分类和界定非常不统一，缺乏明确一致的标准，因而存在诸多争议，笔者认为，我国非政府组织

---

* 本文载于《北京联合大学学报》（人文社会科学版）2003 年第 1 期。

〔1〕 覃爱玲："访民政部民间组织管理局副局长李勇"，载《21 世纪经济报道》2003 年 6 月 14 日，第 8 版。

可考虑分为以下几类：

第一类，社会团体。是指中国公民自愿组成，为实现会员共同意愿，按照其章程开展活动的非营利性社会组织。[1]包括经国务院民政部门和县级以上地方各级人民政府民政部门登记注册或备案，领取《社会团体法人登记证书》的各类社会团体；以及依法不需要办理法人登记的群众团体。社会团体包括：(1) 学术性社团：各类学会、研究会等；(2) 专业性社团：各类从事专业业务的促进会等；(3) 联合性社团：各类联合会、联谊会（同学会、校友会）等；(4) 其他群众团体：工会、共青团等。

第二类，行业组织。包括行业协会、专业协会、商会等。行业协会是由同一行业生产或经营的企业组成的团体，如橡胶业协会和彩电业协会等。专业协会或称职业协会，是从事同一职业的人员组成的团体，目前有律师协会、医师协会、会计师协会和足球协会，等等。商会则没有具体的行业或职业划分，一般以地域为范围，包括不同规模、不同行业的企业代表或是企业家行业组织。行业协会在影响国家立法和决策；加强行业自律，协调利益关系；推进社会的民主化进程；促进信息交流；培训和咨询服务；保护国内企业，促进国际经济交往[2]等方面都有突出表现。

第三类，民办非企业单位。指企业事业单位、社会团体和其他社会力量以及公民个人利用非国有资产举办的、从事非营利性社会服务活动的社会组织。[3]经国务院民政部门和县级以上地方各级人民政府民政部门核准登记，领取《民办非企业单位（法人）登记证书》的民办非企业单位，包括民办学校、民办医院、民办福利院、民办社区服务中心（站）、民办职业（介绍）培训中心、民办研究所（院）、民办文化馆（所）、民办体育机构等。[4]根据北京民间组织登记管理信息网数据，截至 2002 年 1 月 31 日，北京已发民办非企业单位登记证书的就有 96 家。

非政府组织的具体范围在各国有不同的理解，我国一般将三类组织，即社会团体、行业组织和民办非企业单位列为非政府组织，而事业单位是否是

---

〔1〕 参见《社会团体登记管理条例》第 2 条，1998 年 10 月 25 日。

〔2〕 王毅平："国外行业社团"，载 WTO 与法治论坛网，http://www.wtolaw.gov.cn，2002 年 8 月 6 日。

〔3〕 参见《民办非企业单位登记管理暂行条例》第 2 条，1998 年 10 月。

〔4〕 郭丽华、尤京文："关于研究非政府组织的方法论问题"，载《北京行政学院学报》2003 年第 2 期。

非政府组织则存在分歧。事业单位是指国家为了社会公益目的，由国家机关举办或者其他组织利用国有资产举办的，从事教育、科技、文化、卫生等活动的社会服务组织。事业单位依法举办的营利性经营组织，必须实行独立核算，依照国家有关公司、企业等经营组织的法律、法规登记管理，主要包括公立学校、公立医院、研究院（所）等。[1]如果将非政府组织等同于民间组织，由于事业单位从政府机构剥离，同政府有着紧密联系，往往不被认定为非政府组织；如果是从政府、非政府组织和企业的角度对主体进行定位的话，事业单位无疑又属于非政府组织。事业单位势必根据其组织设置和功能界定而出现分化，部分事业单位市场化而转化为企业，其余部分将成为社会团体，而这些具有公益性质的社会团体，就可归入到非政府组织的范畴。就现状来讲，很难说事业单位是非政府组织还是企业，但是可以肯定的是，事业单位与政府有着泾渭分明的界限，其改革和分化势在必行。

非政府组织并非新生事物，但其成为现代社会重要的组织群体，与政府和企业并行存在，并对整个经济、社会生活格局产生深远影响，是近几十年来的事情。非政府组织的出现和发展来自两个方面的动力，一是公民参与社会管理的愿望和能力的需要。在利益多元化背景下，公民参与公共事务的管理不仅是力所能及的，而且演化为强烈愿望。另一则是社会事务管理的需要，政府需要将部分社会事务的管理让渡给非政府组织。

非政府组织与两个失灵有密切关系，一个是市场失灵，一个是政府失灵。资本主义自由竞争时期，自由经济学家鼓吹市场万能，人们也信奉"管得最少的政府是最好的政府"，政府主要在国防、征税、治安等有限范围内发挥作用。但是随着通货膨胀、大面积失业、垄断以及严重经济危机的出现，才逐渐意识到市场在调配社会资源、优化市场结构、保持企业竞争力等方面有效，但是在提供公平竞争、维护弱者权益、促进社会协调发展、完善市场环境等方面无能为力，由此发现所谓"市场失灵"难题。而苏联和计划经济体制下的中国则走了另一个极端，即政府包揽一切，不分微观、宏观，掌控社会资源分配、企业生产任务安排、公民日常生活等方方面面，虽然在实行初期取得了相当成果，但随着时间的推移，企业丧失自主性、个体缺乏独立性、资源未能有效利用、整个社会欠缺协调发展等问题暴露无遗；与此同时，西方资本主义国家过分倚重政府的做法也产生了许多新问题，由此，"政府失灵"

---

[1] 参见《事业单位登记管理暂行条例》第2条，1998年10月。

逐渐被人们所认同。市场失灵和政府失灵是各国非政府组织求得生存和发展的重要背景。人们向市场和政府之外寻求出路从而使非政府组织的发展获得新契机。非政府组织不仅是公民表达意见主张、实现结社权的基本形式，也是政府与社会的中介，是政府与企业的协调者。一些政府管不了或者管不好的事情由非政府组织来做取得了良好效果，所以也就出现了近年来我们经常听到的关于政府"还权"于社会以及"小政府，大社会"的提法。非政府组织代表了市民社会或者说公民社会的生成与发展，代表了现代社会格局变迁的新动向，为法律制度和法学研究提出了崭新的课题。

非政府组织正在进入公共事务管理的视野，在诸多方面发挥着作用，从行政法学角度看，有以下几个问题需要关注：

第一，行政法学的研究范围问题。从行政法的角度观察，传统行政法学一直将国家行政作为主要的甚至全部的研究对象，对非政府组织的出现以及对社会公共事务进行管理方面的研究是比较少的。我国政府改革的中心也曾一度集中在机构改革上，往返在"精简——膨胀——再精简——再膨胀"的循环中，上级机关对下级机关的放权和收权，根据权力下放的阶段性效果来决定；与此同时，行政机关运行的成本居高不下，而执法的效果却令人担忧。行政法学的研究则主要围绕限制行政机关权力、规范行政组织、严格行政程序和完善司法审查等展开。非政府组织的问题提醒我们："现代行政权呈现出多元化的发展趋势，国家行政机关已不是唯一行使行政权的主体，其行政权部分地归还于社会主体。"[1]行政机关以外的主体行使行政权问题的研究，需要引起足够的重视。

对非政府组织的研究大大拓展了行政法学的视野，如何更好地理解行政、行政权和行政法，非政府组织提供了一个比较好的视角。比如，以往对行政权的探讨和理解能否将非政府组织概括进来？非政府组织对公共事务进行管理的权力是来自政府机关的授权，还是来自章程、规约等成员内部的约定？一直使用的授权、委托等概念能否完全解决非政府组织对公共事务管理的合法性问题？非政府组织对公共事务管理如果出现不作为，依据什么来追究其责任？非政府组织对公共事务管理需要遵循什么样的程序，是否与行政机关的程序相同？上述问题都应纳入到行政法的研究范畴，以期对国家事务和公共事务的管理获得全面的把握和了解，最终更好地保护公民、法人和其他组

---

〔1〕 郭道晖："法治行政与行政权的发展"，载《现代法学》1999年第1期。

织的合法权益。

第二，政府和非政府组织公共事务管理职能的划分。与政府机构经常受到机构庞杂、手续繁琐、文牍主义、效率低下的指责形成鲜明对比，非政府组织在公共事务管理方面被认为具有多样性、灵活性、创新性和参与性等优点。以扶贫为例，根据扶贫专家的研究表明，扶贫"八七计划"期间，参与中国扶贫的 NGO 与准 NGO 扶贫贡献率在 20%～35% 之间，并且与政府主导扶贫项目的低效率和高失败率相比，"NGO 投资的扶贫项目往往是政府达不到或顾不了的偏远山区，瞄准的是最穷的贫困人口，尽管当地社会的发育程度低，群众执行项目的能力差，但由于 NGO 监督管理机制是完善的，挪用、贪污资金发生的概率很小，项目成功率、资金回收率基本上在 90% 以上或者更高"。[1]

尽管如此，并不能得出将扶贫事业完全交由非政府组织来进行的结论，因为试图将行政管理中哪些事务应由政府负责，哪些事务应由非政府组织负责作完全清晰的划分，是不现实的。关键是要破除按照条条框框规划公共事务管理的思维定势，解放思想，从公共事务管理的效率和效果来衡量具体职能的划分。总的思路是以强制力为基础的行政职权不宜交由非政府组织行使，而属于公共事务的事项，特别是公共物品的提供和公共服务的供给，可以交给而且也应该交给非政府组织。参考世界各国的经验，并根据具体效果来确定公共管理具体事项的分工，政府做得好就留给政府做，非政府组织做得好就由非政府组织来做，如果企业做得更好也可以由企业来做。

从非政府组织对公共事务进行管理的职能来讲，一方面，那些本应由非政府组织行使的权力，有一个由政府到非政府组织让渡的过程，把以前由政府行使的权力逐渐转移到非政府组织；另一方面还有部分社会事务，政府的管理一直处于缺位状态，非政府组织渐次进入到这些领域，起到拾遗补缺的作用。非政府组织和政府并非彼此替代、互相冲突的关系，而是相互配合、相得益彰的关系。

第三，政府对非政府组织的依法、适度监管。首先，需要对非政府组织在数量和功能上进行综合评定，在此基础上考察非政府组织在提高社会管理水平、提高人民生活水平、保障公民权益、增加社会福利等诸多方面发挥的

---

〔1〕 曲天军："非政府组织对中国扶贫成果的贡献分析及其发展建议"，载《农业经济问题》2002年第9期。

实际作用，防止盲目夸大非政府组织的功能。目前我国 NGO 的现状是质量参差不齐、鱼龙混杂，甚至有的 NGO 非法集资、非法牟利，触犯了国家的法律；有的争名夺利、内耗严重；有的财务混乱、贪污腐败；有的进行愚昧迷信活动，诈骗钱财；有的甚至进行反政府、反人类、反科学的活动，[1]因此，完全放任非政府组织的发展是危险的，政府对其进行监管的合理性毋庸置疑。

我国的现代化进程属于典型的政府主导型，政府的推进和引导在整个改革开放和建设现代化国家过程中都起到核心作用，而且由于历史上非政府组织不发达，社会自发力量并不成熟，非政府组织和政府的关系更有着我国的国情特色。非政府组织有的脱胎于政府机构，有的由政府组建，有的由政府出资，非政府组织和政府之间的关系非常密切。因此，更加需要注意的是，尽管非政府组织保持与政府的沟通合作、接受政府资助等在世界各国都客观存在，但是我国的情况尤为特殊，我国的非政府组织无论在组织设置和活动方式上都保留了"官气"或者官僚机构作风，欠缺应有的独立性和自主性，所以保持非政府组织的"非政府性"，扶持非政府组织独立发展是当务之急。

政府必须监管非政府组织的设立和相关活动，避免非政府组织的消极作用，更要支持和引导非政府组织实现独立性，保证非政府组织名副其实，其中的关键是在防止非政府组织失控和保持非政府组织独立性之间寻求平衡，探索监管的科学途径，实现依法适度监管。

第四，非政府组织的法律规制问题。对非政府组织适度的、合法的监管是政府的职责所在，非政府组织的设立在各国都有登记或者备案规定，尽管各国规制的方法和程度有所不同，例如德国的非政府组织和企业都在警署登记，有的国家则设有单独的登记机关，但是，对非政府组织的数量和活动有所掌握，则在各国都是共通的。目前我国对非政府组织采取严格的注册登记制度，并且实行双重管理，即登记主管部门和业务主管部门双重领导。在三个登记管理条例（即《社团登记管理条例》《民办非企业单位登记管理暂行条例》和《事业单位登记管理暂行条例》）出台之前，登记注册制度不很规范的情况下，非政府组织的登记管理没有一个统一的口径，有的在民政部门登记，有的在业务主管部门登记。三个登记管理条例进行修订后，全国对非政府组织进行了重新登记，对非政府组织情况的掌握有所增强。另一个现象

---

〔1〕 邓国胜："中国非政府组织发展的新环境"，载 WTO 与法治论坛网，http://www.wtolaw.gov.cn，2002 年 8 月 6 日。

也值得引起深思，近年来登记在册的新增非政府组织并不像人们想象的多，登记的比实有的要少，可以说，这和严格的登记制度有直接的关系。部分非政府组织由于规模小、活动范围有限，不去进行登记；部分非政府组织由于找不到主管部门而无法登记，被迫处于未登记状况；部分非政府组织则作为企业登记，无法享受应得的税收优惠；等等。具体的情况也比较复杂，比如以基金会为例，基金会一直被认为是准金融组织，没有划入非政府组织范围，所以由中国人民银行掌握批准权。从性质上讲，基金会当属公益性组织，其设立的目的不是营利，因此需要还原其本来面目，其登记管理事宜，应归属民政部门为宜，当然，对其监管力度并不能因此而放松，要从财务会计等方面加强监管。[1]再比如行业组织与其他社团有着明显差别，其与政府的关系更加密切，其运行方式和功能也比较独特，应以单独立法为宜。以上问题都需要通过完善非政府组织法律制度来解决。

因此，对非政府组织加强引导，加强非政府组织的独立性和规范性，要靠非政府组织自己的努力，使组织机构和运行方式更加适应发展的需要，增加可信度和创造性；还要有健全的法律制度，为非政府组织的发展创造一个健康、积极和稳定的制度环境。

---

〔1〕 覃爱玲："访民政部民间组织管理局副局长李勇"，载《21世纪经济报道》2003年6月14日，第8版。

完善行政组织法制探索[*]

　　组织法制与程序规则，是一国最基本的法律制度之一。组织法制确定国家机关成立缘由、权力来源、法定权限，进而规定该国家机关的机构设置与人员配备。程序规则则明确国家机关设立、变动或撤销的程序以及国家机关行使权力的内部运行规则和对外行使权力的运行规则。组织法制和程序规则解决的是国家机关得以成立和进行活动的科学性和合法性问题，是对国家权力主体的规范，因而无疑是法治国中最带有根本性的制度之一。

　　本文仅探索行政组织法制问题。

一、历史回顾

　　新中国最早的组织法是《中央人民政府组织法》（1949 年 9 月 27 日中国人民政治协商会议第一届全体会议通过），其中第三章政务院，是专门规定最高行政机关——政务院的组成、职责权限、机构设置（并一一列举）和活动原则的行政机关组织法规范。随后，中央人民政府制定了一系列地方政府的组织通则，如《大行政区人民政府委员会组织通则》《省人民政府组织通则》《市人民政府组织通则》《县人民政府组织通则》《大城市区人民政府组织通则》《区人民政府及区公所组织通则》《乡（行政村）人民政府组织通则》[1]等。1954 年，根据《宪法》，通过了《国务院组织法》与《地方各级人民代表大会和地方各级人民委员会组织法》。由于体制的改变，原在《中央人民政府组织法》中规定的政务院组织，现需单独制定《国务院组织法》。后者则是在综合 1949 年制定的各级人民政府的单行的组织法的基础上合并为一个地方人民委员会（即地方人民政府）组织法，并发布了《国务院关于各省人民委员会设置工作部门和办公机构的决定》。[2]1955 年，根据《宪法》规定，国务院陆续制定了部门行政机关组织法。现在看到的有：1955 年 10 月《国家计划委员会暂行工作条例》，11 月《监察部组织简则》，以及秘书厅、计量局、

---

　　* 本文载于《中国法学》2013 年第 2 期。

〔1〕 参见《中央人民政府法令汇编》（1949~1950 年），法律出版社 1982 年版。

〔2〕 参见《中华人民共和国法规汇编》（1954 年 9 月~1955 年 6 月），法律出版社 1956 年版。

法制局、人事局、档案局、专家工作局、机关事务管理局等七个组织简则。[1]
此后,《国务院组织法》和《地方各级人民代表大会和地方各级人民政府组织
法》曾几次作过修改。

改革开放以来,我国的机构改革开始从单纯缩减机构和人员,转向建立
一个结构合理、权力配置适当、运作协调、廉价高效的行政组织体系,先后
进行了多次行政机构改革,包括 1982、1988、1993、1998、2003 和 2008 年的
六次大的行政机构改革,这是一个持续的、不断深入的改革过程。改革紧紧
围绕着建立和发展社会主义市场经济进行,使中国行政管理体制和机构改革
始终能和经济发展以及社会主义市场经济的不断推进结合起来。机构改革与
政府职能转变同步进行。机构是职能的载体,如果政府职能不转变或转变不
到位,单纯地对机构分分合合,效果是有限的,机构和人员将难以精简;即
使精简了,随着时间的推移,工作"需要",机构和人员就始终只能在数量增
减上兜圈子,无法跳出"精简——膨胀——再精简——再膨胀"的怪圈。从
1988 年的机构改革开始,就十分强调政府职能转变与机构改革相结合,以后
的改革都是从转变职能入手,因而取得了不小的成效。但是,在依靠法治来
推进、规范和保障改革方面,似着力较少。1988 年改革时,《国务院组织法》
继续有效,但 20 世纪 50 年代制定的几个部门组织简则,早已失效,也未制
定新的组织简则,因此,虽然当时已认识到国务院各部门的成立、性质、职
能、机构设置等需要制定部门组织法来规范,但由于经济体制改革和行政体
制改革等正在进行之中,部门设置尚不稳定,且时间匆促,故创造了一种
"三定"方式,即定职能、定机构、定人员,使得行政机关的职能界定、内部
机构设置和编制规模,都有一个大致的规范可以遵循并沿用至今。在制定部
门组织法方面,中央编办也曾作过几次努力,提出过几个部门的组织法草案,
但尚未定稿。编制方面,曾举行过全国性的讨论会,1997 年国务院颁布了
《国务院机构设置和编制管理条例》,2007 年又颁布了《地方各级人民政府机
构设置和编制管理条例》,为今后的编制立法打下了基础。

二、完善我国行政组织法探索

从现有行政组织法的情况看,存在着许多不适应经济社会发展和建设法
治国家需要的问题。

---

[1] 参见《中华人民共和国法规汇编》(1955 年 7 月~12 月),法律出版社 1956 年版。

（一）行政组织法在依法行政中的地位和作用

党的十七大、十八大都指出要确保国家机关依照法定权限和程序行使权力。对行政机关而言，就是按照法定的行政组织法和行政程序法的规定行使权力、履行职责。这一要求十分重要，因为这涉及行政机关得以成立、取得行政权力和依法运行权力的科学性和合法性问题。行政组织法是行政管理科学性和合法性的集中反映和基本保障。行政机关必须遵循法定程序成立，必须按照组织法授予的职权和行政程序法规定的程序行使权力、承担责任。

依法行政，首先就是行政主体的依法设立，即成立和取得职权的合法性。机构成立之后，就要按照法定权限和程序行使权力。这是依法行政的前提和基础。多年来，我们的行政组织法一直很不完善，影响行政管理水平的提高，这和我们对行政组织法在依法行政中的意义和作用认识不足有关。在强调建设法治国家和法治政府的今天，完善行政组织法应该提上议事日程了。

（二）行政组织要与经济社会发展相适应

改革开放以来，我国从计划经济向市场经济转变。在计划经济条件下，行政权力的特点是无所不管，政府包揽了社会的一切事务；同时，政府部门的设置，以产品为依据，如能源产品有煤、电、水、核能等，交通运输有公路、铁路、水路、航空等，于是行政机关就要设置相应的部门，因而，必然造成机构林立、职权交叉、人员臃肿。进入市场经济体制以后，原有的经济管理体制和行政管理体制就必须适应经济社会的变化。在市场经济条件下，凡是应该由市场、企业和社会管理的事，就要放手让市场、企业和社会去管。应该说，我们在这方面已经取得了相当的成功。在机构设置、职权配置方面，都有较大进展，这也是我们取得经济发展重大进展的重要原因之一。但是，这一改革还没有彻底完成。计划经济的影响尚未完全消除，加上利益驱动，政府还是管了一些不该管、管不好的事情，行政审批制度改革的艰难就反映了这一特点。需要从体制机制上最大限度地给各类市场主体松绑，充分发挥市场在资源配置中的基础性作用。同时，当前经济社会新发展所带来的一些需要列入政府职责的新问题，或者说，是市场经济体制所解决不了的问题，如众多的民生问题，我们还没有来得及在政府职能中充分、全面地作出反映，这说明，在现阶段，政府失灵和市场失灵在我国同时存在，职能越位、缺位问题依然突出，科学的机构改革，政府职能转变还有相当的空间，还需要很好的研究。

近几年来，有两件事与组织法制有关，一是大部制改革，这无疑是解决职权交叉和减少同类机构的重要对策，这需要我们重新梳理政府的全部职能，按照政府、社会、市场三者之间的科学关系，配置权力，推进机构改革。二是社会管理创新，笔者理解，社会管理创新，是要求我们改变政府包揽一切的社会管理的旧的模式，树立公共行政和公共治理的新观念。当代，社会管理已经不能单纯归为政府管理，社会组织同样要通过他们的自律、自治，管理好他们的自身事务。这是一种更广泛的公共行政，这就要求充分发挥社会组织的作用，形成新的公共治理的格局，要做到这一点，就需要加强对社会组织的培育，使其能够担负起自律和自治的公共行政职能，逐步清理、界分政府和社会组织在社会管理中的治理功能。加快形成政社分开、权责明确、依法自治的现代社会组织体制。这也许会有更多的困难，需要更长的时间，同样要求深入研究。

上层建筑要与经济基础相适应，当上层建筑适应于经济基础时，上层建筑将成为推动经济基础发展的强大力量；上层建筑如果不适应经济基础的要求，就会成为经济基础发展的阻力。在又适应又有部分不适应的情况下，就可能既推动经济基础发展，又存在某些阻力。改革就是要消除这些不相适应的阻力。

（三）关于职权法定

职权法定是依法行政的首要原则。职权法定指明了行政机关的职权是由宪法和组织法规定并授予的。首先是关于权力的规定，在国家层面上，行政机关与其他国家机关之间的权力是如何划分的，是按什么原则划分的，行政机关具有哪些基本职权，这由《宪法》规定。行政系统内部，横向的各行政机关职权如何分配，纵向的各层级行政机关的职权如何配置，这些都由宪法和组织法来划定。由于行政权力的行使直接影响社会发展，影响公共利益和公民权益，因此，对权力行使的"边界"的界定是十分重要的。行政组织法的重要作用之一，就是既要授予权力，又要通过划清行政权的"边界"来防止行政权的滥用，"授予"与"界定""控制"并存。

职权法定的另一层意思是，由法律明确界定的职权，通过法定程序"授予"行政机关。对一个具体的行政机关而言，获得"授予"，才拥有某项行政权力，实行的是"授予原则"，法无明文授予不得为。这与公民权利实行的"禁止原则"不同。"禁止原则"指的是法无明文禁止皆可为，这可以从法律责任的追究上明显看出。对公民追究法律责任，包括刑事和行政责任，刑法规定的是"罪刑法定"，《行政处罚法》规定的是"处罚法定"，只有公民从事了刑法或行政法中明确禁止的行为，才能追究刑事或行政责任。没有明文禁止的就不得罚。但是，行政机关行使职权不能实行"禁止"原则。如果对行政机关实行只要法律没有禁止皆可为，那就可能"超越职权"，引起行政和社会秩序的混乱，损害公共利益和公民权益。从我国实际情况看，此类超越职权的行为还时有发生，是我国行政管理中存在的重大问题之一。行政组织法正是关住权力的重要笼子之一。

（四）关于中央行政机关组织法

中央行政机关组织法包括国务院组织法和国务院部门组织法。

1. 《国务院组织法》的完善

《国务院组织法》于 1954 年制定，1982 年修改。与 1954 年《国务院组织法》相比较，最明显的区别是不再一一列出国务院组成部门的名单。在组织法中列举组成部门的名单，在实践中如需变动，必须通过修改《国务院组织法》，程序比较麻烦。但笔者认为，法治正需要这个麻烦，因为这是法律对于行政机构变动的程序控制功能，《国务院组织法》应该恢复 1954 年的模式，即列举国务院全部组成部门的名单。从《国务院组织法》看，国务院内的机构设置，分为部、委和直属机构、办事机构等。[1]部、委属国务院组成部门，其设置、撤销或者合并，以及部长和委员会主任的任免，必须由总理提名经全国人大批准；而直属机构和办事机构不属于国务院组成部门，其设置、撤销或者合并，以及领导的任免，由国务院决定。需要讨论的是，作为国务院组成部门的"部"和"委"，有何区别？是在职权范围上有区别还是工作方式上有区别？据说，部、委的区别在于部所管理的事务比较单一，委则是管理综合性事务。但此前的教育部后改为教委，又改为教育部；体委则改为体育总局，这和综合与单一有关吗？从理论上说，部、委在组织和领导方式方面应该有所区别：部实行部长负责制；委实行委员会制，少数服从多数。根据《国务院组织法》的规定，我国无此区别，都实行部长或主任负责制。又，部、委与直属机构、办事机构的区别是，前者需通过全国人大任免；后者则可由国务院自行决定。但如此规定的依据为何？为什么直属机构和办事机构可以由国务院自行决定？根据《国务院行政机构设置和编制管理条例》的解释，国务院组成部门依法分别履行国务院基本的行政管理职能。……国务院

---

〔1〕 根据《国务院行政机构设置和编制管理条例》细分为国务院办公厅、国务院组成部门、国务院直属机构、国务院办事机构、国务院组成部门管理的国家行政机构和国务院议事协调机构。

直属机构主管国务院某项专门业务，具有独立的行政管理职能。国务院办事机构协助国务院总理办理专门事项，不具有独立的行政管理职能。国务院组成部门管理的国家行政机构由国务院组成部门管理，主管特定业务，行使行政管理职能。但令人费解的是，部的职能和办理专门事项、具有独立的行政管理职能的直属机构有什么区别？从实践看，原体委是国务院组成部门，但后来却成为直属局，而职权范围并未改变。又如国家工商局、技术监督局等，其行使的职权范围与部、委有何区别？此外，据说部、委和直属机构、办事机构的区别是在级别上，前者为正部级，后者为副部级，但现在很多局和办都已成为正部级，并无区别。但二者在是否需要全国人大决定上，区别又是如此巨大。毕竟，由人大任命，增强人大对行政机关的监督，有利于法治行政建设。还有很特殊的称之为"特设机构"以及规定为事业单位的行政部门，这些在《国务院组织法》中都没有明确规定，缺乏法律依据。以上情况说明，国务院的机构设置，由于法律规定不明确，因而存在一定的随意性，不符合法治的要求。

另一种情况是，《国务院组织法》已有明确规定的，如第9条规定了副部长为2~4人，副主任为2~4人。《国务院组织法》特别对部委的副职人数配置明确加以规定，其立法目的显然是加强法律控制，但实践中有些部的副部长远不止4人，明显违反组织法的规定。

《国务院组织法》是否应该规定法律责任？这是一个有争论的问题。法律责任的设定和追究，是使法律具有刚性，使法律规定能在实践中得以充分实施的重要特点和优点。一切由法律设定的义务，必须落实，否则将追究法律责任，这样才能使法律不会成为一纸空文。从上述违法增加副部长人数看，规定法律责任似有必要。

2. 国务院所属各行政机构的组织法

在有了国务院组织法后，还需要有国务院所属各行政机构的组织法，因为国务院所属各行政机构很多，对内，代表国务院在全国对某一领域的经济、社会、文化事务进行管理；对外，代表国家行使行政权力，因此，必须通过法律授予权力，职权法定。这是国务院行政机构得以成立并行使权力的法律基础。

国务院所属行政机构数目众多，管理范围广泛，我们以什么原则来划分和设置机构，这是《国务院组织法》应该解决的问题，但具体职责权限的设置，还是需要部门组织法加以规定。此外，还有一些各行政机构需要确定的特殊问题，如机构性质、内部机构设置、工作原则、领导体制（属于垂直领导关系、一般领导关系还是指导关系），以及部领导的独立局和本行政机构设立、撤销和合并的程序，等等，都需要部门组织法来规定。还有一个各行政机构的人员定额和领导职数问题，也是各行政机构组织法应该规定清楚的。实际上，我国于1982年以后实行的定职权、定机构、定人员的"三定"，抓住了部门组织法所需要规定的核心问题。我们已经有了长期经验，制定部门组织法应该并不十分困难。需要讨论的是，部门组织法应该制定为法律还是法规。笔者个人认为，考虑到行政机构在实践中的地位和对行政机构的约束作用，以制定法律为好。

当然，国务院部门行政组织法对职责权限的规定，一般还是比较原则的，还需要通过制定单行法律使之具体化。例如，公安部有维持社会治安的职责，但是要落实这一职责，还要制定诸如《治安管理处罚法》使之具体化。我国目前在行政管理方面存在的突出问题之一是职权交叉，一项具体的职权，常涉及数个行政机关都有管理权，像上述治安的职权当然不会引起争议，但有些管理权，例如，对水的管理，就涉及好几个部门，而单行法中的规定并不明确，以致造成有利的都争着管、没利的都不管的局面，损害行政管理秩序。要解决这一难题，一是依靠大部制改革，最大限度地整合分散在国务院不同部门的相同或相似的职责和资源，归于一个部门；二是要对部门组织法中有关职责权限的规定，与单行法中的有关规定进行一次全面的对接梳理，查清职权交叉的法律源头，然后修改法律，务求一项职权只由一个部门行使，这是我国组织法治中的一个重大问题。

3. 关于中央行政机关组织通则

国务院所属各行政机构在性质、职责权限、机构设置等方面是各不相同的，需要制定国务院所属各行政机构组织法来规范。但各行政机构还有一些共同性的问题，如果一再在行政机构组织法中规定，就会重复太多；如果在《国务院组织法》中规定，又会使《国务院组织法》显得过于琐碎，因此，似以另行制定中央行政机关组织通则为宜。

通则需要解决的重要问题有二：一是关于编制；二是机构组织中需要规范的一些共同性事项。

行政机关人员不断膨胀，是个世界性问题。这是因为，行政机关的编制和企业的编制不同。企业作为经济组织，为了提高经济效益，总是追求用最少的机构和人员来办最多的事，也就是说，企业的投入和产出之间存在着自我约束机制，也就是自律机制。否则，企业就会效益低下，甚至导致亏本以致破产。但国家机关不是营业组织，国家机关是为公共利益服务的，其经费由国家财政开支，用的是纳税人的钱。国家机关对其内部的规模和人员配置并没有自律意向。实践证明，人多好办事，国家机关反而有增加编制的自发倾向，需要他律，因此，对国家机关的编制只能求助于法律约束。编制管理就是对国家机关人员和机构设置的一种控制，通过法律形成硬约束，以促进国家机关减少冗员、高效运作。对此，各国在控制编制方面都有许多经验可资借鉴。

《国务院组织法》对国务院的职责权限和机构设置已作了规定，也对各行政机构的领导职数作了规定，但对人员总额和行政机构内部各层次的领导职数并没有规定。国务院工作人员的总人数是否要有定额并在《国务院组织法》或单独的中央行政机关组织通则中规定，存有争议，笔者意见是，国务院工作人员总数应该有定额，以写入中央行政机关组织通则为宜。同时，在《国务院组织法》中规定一条，国务院人数总额，由总理每年向人大作政府工作报告时说明，可以变动，但只能减少，不得增加。如因客观需要有变动，就要修改法条规定的总数，这时，修改组织通则就比较方便。有了总数，再由国务院分配给各行政机构。这样，一方面，可以把国务院工作人员的总数控制住，不至膨胀，同时又使国务院在调整编制上有一定的灵活性。

编制中还有一些各部门都需要规范的共同性问题，但不适合写入《国务院组织法》或部门组织法的，如国务院行政机构的层次、结构、领导职数、人员比例、管理幅度和国务院行政机构的设立、变更、撤销的程序；编制管理的监督检查、法律责任以及编制管理机构，等等，可能需要另行制定中央行政机关组织通则更为可取。针对目前行政机构存在的诸多编制方面的问题，例如，一个处常常有3位处长、1位科员，不知是谁领导谁？显然是分处过多；一个五六千人的部，设司局长上千人，官多兵少，在所常见，其他如层次与结构的比例失调，等等，这些都需要法律作出硬性规定。

（五）关于地方政府组织法

地方政府组织法首要解决的是中央与地方的权力划分，其次是各地方层级政府的组织和职责权限。

我国在中央和地方的关系上，《宪法》第3条规定："中央和地方的国家机构职权的划分，遵循在中央的统一领导下，充分发挥地方的主动性、积极性的原则。"这个原则写得很好，但以后一直没有法律来把这一原则具体化。我国已经制定了《地方各级人民代表大会和地方各级人民政府组织法》，但没有规范中央和地方关系的法律。几十年改革，在中央和地方权力的划分上，主要在经济领域有很大进展，但还没有达到完全理清。要调动两个积极性，重点是如何推进向地方放权，发挥地方政府贴近基层就近管理的优势，同时要着力解决国务院部门管得过多过细的问题。从实践需要看，用法治方式规范中央与地方的关系，减少随意性，已经是非常紧迫的任务。中央与地方的关系，实际上直接影响经济的发展和民生问题的顺利解决，当前的任务是要加强加快这方面的研究工作，早日制定中央和地方关系法。

关于地方各级政府组织法，1949年曾制定了大区、省、市、县、区、乡等组织通则，1954年合并统一为《地方各级人民代表大会和地方各级人民政府组织法》。经几次修改，沿用至今。将各个不同层级的政府组织合并在半个法律中规范，虽然简洁，但肯定非常原则，线条很粗。法律的生命在于实施，要实施，就必须规定明确，过于原则的规范，甚至很多方面都没有规定，自由裁量权过大，就很难起到规范政府组织和行为的作用。就各层级而言，省一级的，有直辖市、省、自治区之别，自治区政府都有单行立法，直辖市与省显然差别很大，但对于什么条件下设直辖市，省和直辖市在职责权限和机构设置方面有何区别，并无明确规定。听说重庆改为直辖市后，经济发展很快。有些大城市的人就说，为什么我们不改成直辖市呢？市一级则更加复杂，光名称就有副省级市、计划单列市、省会市、较大市、省辖市、地级市、县级市、设区的市，等等。我国现在的地方体制，在省内是省、市（县）、乡三级，还是省、市、县、乡四级？对县以上政府的职责权限只有简略的描述，通称为"县以上人民政府"，至于机构设置、人员数额、比例等均未涉及。领导职数，包括副省长、副市长的职数都没有规定，实践中也相当混乱，有的市的副市长多达12人或10人。可以说，地方政府组织法过于简略，很难起到规范的作用。

鉴于目前地方人民政府组织法的这种状况，建议将综合性的地方政府组织法拆分为省、直辖市、市、县、乡等人民政府组织通则，可以保留地方政府组织法，将各级政府中一些共同性问题作出规定，然后总结我国几十年来地方工作的经验，各层级地方政府单独制定组织通则。

城市街道办事处是一级政府还是派出机构，在职能和权限方面区别何在？直辖市内的街道办事处和一般市内的街道办事处有否区别？这些问题在法律上都不明确，对基层工作影响很大。城市基层自治组织居民委员会，现在很多则称为社区，它们的性质、地位、作用等也都缺乏法律规范，亟需立法。

综上，笔者认为，我国组织法的体系应该包括：国务院组织法；中央行政机关组织通则；国务院各行政机构组织简则（包括各部、各委员会、各直属机构、各办事机构等组织简则）；中央与地方关系法；省、市、县、街道办事处、乡组织通则以及基层自治组织通则等。以期健全组织法制，形成一个完整的行政组织法法律体系，以适应建立法治国和法治政府的要求。

从依法行政到建设法治政府

行政行为法

《行政行为法》* 前言

我国行政法的重新崛起，是从 80 年代初伴随着民主法制建设的加强开始的。在这短短的 10 年中，行政法以其独特的调整领域和对实际生活的巨大作用，成为部门法中引人注目的一颗新星。应该承认，行政法的这一发展过程是以理论与实践的相互促进为原动力的。我国行政法制实践为行政法的理论研究提供了丰腴的土壤，经过理论工作者多年的耕耘，目前已形成行政组织、行政行为、行政程序、行政监督和行政诉讼为主干的理论框架。与此同时，行政法法制实践则在理论的不断推动下开拓出行政审判、行政复议和行政法制工作等新领域。一门全新的、具有中国特色的社会主义行政法学，正日趋成熟和完善。

我们选择行政行为法作为"七五"期间重点课题——中国行政法制建设的理论与实践的研究核心对象，主要是因为，行政行为是行政法中最重要、最复杂、最富实践意义、最有中国特色，又是研究最为薄弱的一环。新中国成立以来，我国行政实践已经创造和建立了极为丰富复杂的行政行为，尽管这些行政行为尚无十分坚定的理论基础，实践中存在许多不尽如人意之处，但必须承认，它们已经成为中国行政法理论必须面对的现实，谁也无法超越这一中国现实去构筑成熟完美的行政法体系。近年来学界也已形成共识：行政行为是我国行政法中最富中国特色的部分。无论目前行政行为存在什么问题，其理论基础是否扎实，有一点是完全明确的：中国的行政法理论必须从中国实践出发，从解决目前存在的实际问题入手，而最能直接体现中国行政法实践的恰恰是各种各样的行政行为。因此，行政行为也应当成为行政法理论的着眼点，可以也应当成为目前我国行政法研究的核心问题。只有全面客观地描述我国行政行为实际运作状况，才能发现其成功或存在的各种问题，从而为改进行政行为并确立有效行为规则提供现实基础。强调行政行为的重要性并不意味着轻视或放弃行政组织、行政责任在行政法中的地位，正相反，

* 应松年主编，人民出版社 1993 年版。

行政组织和责任等问题的解决首先取决于行政行为的规范化。本课题的任务就是在广泛调查的基础上，勾勒出我国行政机关行政行为的大致轮廓，并从理论上加以概括和阐述，为完善和提高行政行为水平提供可资参考的意见。

本书的内容和结构大致是：行政行为作为行政法的核心内容，它是行政机关各种权力的表现方式。其内容的广泛性，形式和手段的多样性，利害关系的直接性，使它成为权力机关和司法机关监督的主要对象。行政权力内在的要求与外部制约力量的加强，最终导致了一系列行政行为规则的产生。然而并非所有的行为规则都是从外部加诸行政机关的。行政行为的技术性、复杂性和不间断性等特点决定了很大一部分行为规则来自行政机关本身。作为现代行政的一个重要特点，行政机关为自己确立规则已非常普遍，故行政立法行为是行政行为法所要研究的第一项内容。当然，抽象性的规则不可能自行产生任何具体效力，即使在有违反规则的情形出现时。只有当具有普遍约束力的规范受到特定主体的遵循和适用，它本身蕴含的强制力才可能发挥作用，这就是行政行为法另一个主题——行政执法所要解决的问题，即如何将一项抽象行政规则适用于特定的行为主体。当然，行政行为法规范的内容并不仅限于此，行政机关作为第三方裁决行政争议、民事纠纷的活动在现代政府的行政行为中已占有相当比例。因此，行政司法的行政、地位及完善途径也是必须加以深入研究的。毫无疑问，不管行政行为表现为何种形式，都依赖于行为程序的规范化和一体化。故行政行为的程序，也是本书的重点之一。

当然，行政行为并不等于行政立法、行政执法与行政司法的简单相加。这只是对行政行为的一种分类。对行政行为的分类标准不是单一的，而是多元的。除此而外，最具有代表性的就是具体行政行为与抽象行政行为之分。无论哪种分类，都不可避免地引起各种行为的不同定义，造成一些无法识别的"灰色地带"，使得行政行为分类理论获得一席驰骋之地，同时也加深了对行政行为本身的理解与深化。可见这是行政行为法研究不可回避的一个问题。

关于行政行为的研究，如果只停留在定义及分类等浅表层问题上，是远远不够的，需要对不同种类的行为进行深层的探索。如前所述，关于行政行为的规则是多元的，既有立法机关确立的，也有行政机关自身创制。由于这种规则也是多层次的，效力等级上的差异直接影响着规则的适用，因而，适用规则往往比创制规则更为艰难和复杂。本书的立法部分对这类问题进行了较为详尽的研究。理论上的疑惑和探索同样反映在行政执法和司法问题中，诸如行政处罚、行政强制、行政许可、行政奖励、行政指导与契约、行政复议、仲裁与裁决等行为，尚存在大量问题。特别是随着行政法制实践的日新月异，这些问题反映出的矛盾日趋尖锐和突出，亟待理论予以解决。本书从已有的研究成果吸取了许多营养，不同程度地对原有理论进行了概括、总结和剖析，也提出很多建议和设想，渴望建构一个新的、合法有效的行政行为模式。

本课题的研究历时 5 年，动员了 20 余位对此有兴趣的行政法学者参加。但新的实践又在向我们提出新的要求。书未面世，再作补充和修改的愿望已萌发。也许，这正是新兴学科发展的客观规律吧！我们期待着读者的批评指正。

本书的完成，得到了全国人大常委会法工委国家法室与民法室、国务院法制局与北京大学、中国人民大学、中国社会科学院法学所和中国法学会许多行政法专家的指导，也得到了国际社科基金会同志的帮助。在此一并致以谢意！

1991 年 6 月

关于规范城管执法行为[*]

一、建立城管执法法律体系

城管执法是在城市管辖范围内，服务市民、改善城市环境、维护城市秩序、建设社会主义美好城市而开展的执行有关城市管理法律法规的行为。城管执法属于各城市的地方事务，但也是全国城市都需规范的执法行为。因此，城管立法体系应由中央立法与地方立法组成。一方面，城市管理基本上是城市管辖范围内开展的区域性公共管理和服务活动，属地方事权，但作为城市管理，又必然具有许多公共性，必须由中央统一立法解决。可以是法律也可以是行政法规，或国务院的决定。目前城管执法中存在的许多问题，特别是一些因"各自为政"引发的混乱，都是由于缺乏中央统一规范造成的，在此基础上，地方在与中央规定不抵触的原则下，根据本地特点，制定地方法规。除了地方事权立法，还必须有中央的统一立法，建成城管执法的法律体系乃是解决地方事权立法的中国特色。

二、中央立法着重要解决的几个问题

在管理体制上，中央需要设一机构，主要任务是监督地方政府对城管法律的执行，也要对地方的城管执法工作进行指导和帮助，及时研究解决新出现的问题。中央和地方城管的关系是指导和监督，而不是"条条管理"的关系。

同时，由于城管执法涉及各部门的职权，中央机构还对此有协调的任务。

三、合理划定城管的职责权限

城管执法的职责曾多次变迁。从管理市政建设，到相对集中行政处罚权，到综合执法。据对 46 个城市公布的权力清单统计，城管执法事项已有 27 大类，968 项，涉及中央 20 个部门的职责范围，这说明城管的职责范围已极为广泛。一方面，这符合综合执法、精简机构的要求，但也可能混杂某些不合理甚至不符合法律规定的情况。这就需要在立法时划定原则范围，在行为方

---

[*] 本文是会议讲话稿。

面，《行政处罚法》《行政强制法》《行政许可法》都已制定。现在主要是事权方面，对属于维护城市基础功能设施、管理城市公共空间的职能，属于城管职责。不属于上述职能，或政府部门基本的固有的职责就不应划归城管。此外，专业性技术性较强的事项，法律明确规定由某行政机关行使的执法事项以及金融、海关、国税等垂直管理部门的执法事项等都不能划归城管执法。在符合法律要求的情况下，应该允许地方有一定的选择权，并制定地方性法规经省批准，以权力清单公示。

如地方城市政府立法，必须有法律法规依据，必须不能减损公民权利，增加公民义务。

四、理顺城市内部的管理体制

与当前城管的综合执法职责众多相适应，城管已经是城市治理中的重要角色，因而应该给城管执法机构在市政府中适当的地位。建议各市可成立城市治理委员会，由市领导兼任、各部门参加，负责对本地城管执法过程的指导、协调、督查和考评等工作，下设办公室，由城管局长兼任主任。同时，还要推进执法重心下移，完善标准化执法机制，建立检查权、调查权、决定权、执行权相互协调、彼此制约的执法机制；进一步整合内部资源，分别建立指挥中心、案审中心、执行中心为主体的基本组织；重要案件必须严格遵守法定程序。

按照国家建立治理体系的要求，政府负责，还要有社会协同和公众参与。城市治理要有辖区内的社会组织和群众参与治理。

五、转变执法理念与执法方式，把城管执法纳入服务型政府建设之中

这几年来，众多城管执法正在建设服务型政府的建设中，向着以人为本、服务为先、寓管理于服务的执法理念与方式的方向转变。对一些反城市秩序的尚不严重、还可改正行为，尽可能通过指导、引导、协商等温和方式，为群众提供服务，化解城管执法中遇到的问题。

优化服务机制，组成城管执法公共服务中心，设置便民服务区、服务点等。完善办事公开机制，遇到违法又坚持不改正，或情节严重的，必须动用处罚、强制等刚性手段的，则必须严格规范公正文明执法。严格执行重大执法决定法制审核制度、行政裁量权基准制度、全面落实行政法律责任制、加强执法监督、建立执法全过程记录制度等。城管执法人员必须持证上岗，建立严格的资格管理制度。

六、城管执法中遇到的一般的，又必须由统一立法解决的问题

如编制，包括性质、员额、素质要求和保障等；要保证城管执法人员有合理身份，经费必须做到绝对收缴分离和收支两条线，割断行政法权与经济利益之间的联系；必要的装备等。

从依法行政到建设法治政府

行政处罚法

规范行政处罚的基本法律[*]

一、《行政处罚法》的立法目的和基本原则

第八届全国人民代表大会第四次会议颁布了《中华人民共和国行政处罚法》，这是我国社会主义民主与法制建设方面取得的又一重大进展，在进一步促进国家行政机关依法行政方面将起到重大作用。

《行政处罚法》也是一部规范国家机关，主要是行政机关行使行政处罚权的基本法律。行政处罚是极为重要的一项法律制度。任何社会的存续和发展都依赖于良好的经济和社会秩序，因而必须对一切破坏、损害经济和社会秩序者予以制裁，强迫他们承担法律责任。现代社会的法律责任内容日益复杂，行政处罚是行政法律责任中最重要的组成部分之一。改革开放以前，我国虽已在部分法律中规定了行政处罚制度，但涉及的领域不大。改革开放以后，行政处罚制度迅速发展，我国已颁行的法律法规，80%以上是行政法，而行政法中的绝大部分，几乎都设置了行政处罚。行政处罚已涉及行政管理的一切领域，罚款数多达数十亿。行政处罚制度已经成为我国经济和社会生活中人人都受到影响的法律制度。这说明，行政处罚是一项适应改革开放需要，为市场经济建设不可缺少的法律制度。很难设想，如果现在没有行政处罚，我国的经济和社会秩序将会是什么样子。现实生活需要行政处罚。但与此同时，由于我国没有一部规范行政处罚本身的法律，而过去又没有这方面的传统，因此，长期以来，我国的行政处罚制度还不是一项完善、健全的制度：法规、规章及其他规范性文件在设定处罚时各行其是；实施行政处罚的机关、组织更是各显其能，加上利益机制的驱动，行政处罚在发挥其正面功能的同时，又成为"三乱"之一，侵犯公民合法权益的事时有发生，成为行政诉讼首选的受案对象，治理数年而收效甚微。要使行政处罚正确发挥社会功能，同时又能严格控制和监督行政处罚权的滥用，制定《行政处罚法》是一项带有根本性的措施。只要严格执行行政处罚法，使行政处罚走上法治轨道，克

---

* 本文载于《政法论坛》1996 年第 2 期，有删节。

服滥用行政处罚权带来的消极影响，行政处罚必将成为保障行政机关有效实施行政管理，维护良好的经济和社会秩序的法律制度。《行政处罚法》的颁行，将使国家最基本的法律责任制度之一的行政法律责任制度的主要部分，在我国得以完善、健全地建立起来。

《行政处罚法》规定了行政处罚必须遵循的极为重要的几项基本原则：

第一，处罚法定原则。处罚法定原则是行政处罚最重要的原则。如上所述，行政处罚将影响公民人身和财产等最基本的权利。我们是社会主义国家，国家行政机关只有保护和发展公民基本权利的义务，没有限制或损害公民基本权利的权力，除非法律明确规定哪些行为属于违反行政管理秩序的行为并应予以制裁，同时，又授权行政机关可以对此类行为给予何种制裁。否则，任何行政机关或个人都无权设定或实施处罚。"法无明文规定不为罪"，因此而产生"罪刑法定主义"。"法无明文规定不为过"，因此而产生"处罚法定主义"。没有法律明文规定，并且公民违反了这些规定，任何人、任何机关都不能判定公民有罪或违法，不能判处刑罚或处罚。这是社会主义法治国家必须遵循的最基本的原则，它是依法治国、依法行政的最起码准则。否则，公民的基本权利就谈不上基本保障，充分发挥公民在市场经济中的主动性和积极性，也将是一句空话。

根据《行政处罚法》的规定，处罚法定原则包括如下几层含义：

1. 只有法律、法规、规章明确规定，公民、法人或者其他组织的某种行为是属于违反行政管理秩序的行为应予以处罚，行政机关才能予以处罚。

2. 只有法律、法规、规章明确规定，哪类违反行政管理秩序的行为可以给予何种处罚，行政机关才能给予相应的法定种类和幅度的处罚。行政机关不按照法律规定的行为、种类、幅度实施处罚的行为，同样也是违法行为。

3. 处罚必须遵循行政处罚法和其他法律规定的程序。程序是行政处罚行为能否公正、合法的基本保障，违反法定程序的行为同样是违法行为。

《行政处罚法》第 3 条明确规定："没有法定依据或者不遵守法定程序的，行政处罚无效。"

第二，行政处罚公正、公开原则。所谓公正，就是同样的情况应相同对待，不同的情况应不同对待。同样的情况不同对待；不同情况却同样对待，谓之不公正。畸轻畸重，就是显失公正。在行政处罚中，公正原则要求设定和实施行政处罚必须以事实为依据，与违法行为的事实、性质、情节以及社会危害程序相当。我们有时称之为错罚相当原则。违法行为的过错有多大，就应当给予多重的处罚。过轻，不能达到制裁和惩戒的目的，违法行为将难以制止；过重，则侵犯公民的合法权益，同样会引起公民的不满。这两种情况在我国都同样严重存在，有时是立法中的问题，设定时就错罚不当，有时是实施中的问题。处罚过轻，尤其是经济方面的违法行为，违法人仍有利可图，这就难以制止违法。反之，也常有处罚过重的，尤其是那些以处罚为牟利手段的，过重则引起公民的不满。只有公正，才能使被受罚人心悦诚服，达到国家设置行政处罚制度的目的。

公开，就是一切行政处罚行为都应当公开实施。一切有关处罚的规定都必须公开，同时，行政处罚必须严格遵守法定程序。行政处罚法所设置的行政处罚程序，严格贯彻了公开原则，遵守法定程序也就是贯彻了公开原则。公开，才能有效接受监督。"阳光是最好的防腐剂"，见不得人的事都是在黑暗中做的。为使行政处罚合法实施，就必须把处罚行为公开。

第三，处罚与教育相结合原则。处罚虽然是一种制裁和惩罚，但其最根本的目的不是着眼于过去，而是为了将来，使今后不再发生此类违法行为。因此，教育公民，纠正违法，维护良好的行政管理秩序，才是处罚的最终目的。惩罚本身也包含了教育，但同时还须教育在先，教育贯穿整个处罚过程。忽视教育，单纯处罚的惩罚主义倾向，不是社会主义国家行政处罚所应有之义。目前在行政处罚中盛行着惩罚主义倾向，不宣传、不教育，等待公民违法，然后赶紧上前罚款；处罚时不说明任何理由，使违法者不清楚错在哪里，并且不许受处罚人说话；开口就加以"态度不好，加重处罚"的惩罚；等等，这些都有悖于处罚与教育相结合的原则。

第四，保障公民权利原则。行政处罚作为一种行政权力，与其他权力一样，在正确行使的同时，必然会出现某些乱用或滥用，从而引起公民、法人或其他组织的不满；退一步说，即使行政机关的处罚行为是正确合法的，也要允许有误解或意见，为此，必须有一条畅通的申诉、控告的渠道，接受广大群众的监督，使一切不满和意见都有公开评判的场所。这才能保护公民的合法权益，维护社会的安定团结。近几年来，我国在这方面已经建立了比较健全的制度：行政复议、行政诉讼和国家赔偿。目前的问题是要充分发挥这些制度的作用。此外，《行政处罚法》在程序部分还规定了行政机关在实施处罚时必须充分听取被处罚人的陈述和申辩的程序制度，尤其是听证制度。这就使行政处罚不仅要接受各级司法机关、内部上级机关的监督，首先应该是处罚机关自己对自己的监督。不仅在事后监督，还要有事先、事中监督，以保证行政处罚不致偏离正确航道。

二、行政处罚的设定、实施主体和适用

行政处罚法从根本上解决了多年来行政处罚乱与滥的主要原因之一的行政处罚设定权问题。行政处罚设定权是指哪一层次的法律规范有权设定哪一种行为应该给予何种处罚。从理论上说，行政处罚的设定权只属于全国人民代表大会及其常委会。只有人民自己，才能决定哪些行为是应该禁止的、哪些人应该承担何种义务。在违反了禁止性、义务性规范时，又应该承担何种法律责任，给予何种处罚。这是为社会主义国家的本质所决定的。但是，行政管理事项的复杂性和广泛性，使法律的覆盖面难以周全，在很多方面，还需要行政法规，或者地方性法规甚至规章来具体化或补充。行政处罚设定权的多层次性即由此而产生。当然，这种具体化或补充必须有法律的授权，不能自行其是。《行政处罚法》完成了这一授权的使命。这样，目前各级各类行政机关都设定处罚的混乱情况，将从根本上得到克服。

学术界一般将行政处罚分为申诫罚，如警告；财产罚，如罚款；行为罚，如吊销许可证和执照；人身自由罚，如拘留。

《行政处罚法》规定行政处罚的种类为六种，即警告、罚款、没收违法所得和非法财产、责令停产停业、暂扣或吊销许可证和执照、拘留。据统计，这六项处罚种类在法律法规关于行政处罚种类的规定中，出现频率最高，实践中也运用得最为广泛。处罚种类中没有劳动教养，这是因为有很多同志认为劳动教养不宜再用行政程序作出决定，应纳入司法程序。有些同志则认为，劳动教养是强制措施，不应列入处罚种类。今后法律法规在设定行政处罚时，大致应为此六类，只有在特别情况下，才可由法律、行政法规作出其他种类的规定。地方性法规或规章，都不得设定新的处罚种类。

行政处罚设定权的不规范是我国行政处罚乱与滥的主要根源之一，因而是行政处罚法必须解决的问题。对行政处罚设定权的配置，大致遵循了下列思路：

第一，行政处罚是直接影响公民、法人或其他组织的人身、财产等基本权利的行为，按照我国国家性质和宪法精神，只有全国人民代表大会及其常委会才有设定影响公民基本权利的行政处罚的权力，其他国家机关只有进一步保障、发展公民享受基本权利的义务，没有限制甚至剥夺公民享受基本权利的权力，除非有法律的授权。行政法规、地方性法规和规章能否具有或具有什么样的部分行政处罚的设定权，有赖于《行政处罚法》的明确授权。

第二，法规、规章的行政处罚设定权，必须严格遵守宪法规定的下一位阶的规范不得与上一位阶的规范的规定相抵触的原则。

第三，非法律规范不能有任何行政处罚的设定权。

据此，《行政处罚法》对行政处罚设定权作了如下规定：法律有全面的行政处罚设定权。其他法律规范的设定权是：

第一，具体化。行政法规对法律，地方性法规对法律、行政法规，部委规章对法律、行政法规，地方规章对法律、行政法规、地方性法规已经作出的行政处罚规定，依法予以具体化，但必须在上述法律规范规定的行政处罚行为、种类和幅度的范围内规定。

第二，新设定。行政法规可以设定除限制人身自由以外的行政处罚；地方性法规可以设定除限制人身自由和吊销企业营业执照以外的行政处罚；规章可以设定警告或者一定数量罚款的行政处罚。但部门规章的罚款的具体数额由国务院根据不同情况予以规定或者批准。地方规章关于罚款的具体数额由省、市、自治区人民代表大会常务委员会根据不同情况予以规定或者批准。《行政处罚法》还规定，国务院授权的具有行政处罚权的直属机构有与部门规章同样的行政处罚设定权。

第三，规章以外的规范性文件，一律不得设定行政处罚。《行政处罚法》对实施行政处罚的主体及其管辖和适用都作了规定，理顺了在处罚主体、管辖及适用中的法律关系。

行政处罚的主体是具有行政处罚权的行政机关。在一般情况下，行政机关是否具有行政处罚权，由法律、法规、规章明确规定。管理权不等于行政处罚权，行政处罚权的取得尚须有法律、法规、规章授权，这对于非常设机构等更是如此。

根据《行政诉讼法》规定，法律、法规授权的组织有权按授权的范围实施管理并成为适格被告。《行政处罚法》关于授权主体的范围与《行政诉讼法》相同，但规定被授权的组织，必须具有管理公共事务的职能，而不是一般组织。这就较《行政诉讼法》更进一步明确和严格，将有助于减少实施行政处罚的主体的混乱。

我国实践中实施行政处罚主体的主要混乱来源于委托处罚的主体。《行政诉讼法》在理清主管行政机关、授权组织和委托组织与个人方面作出了很大贡献，在规范行政主体方面起了一定作用，但从几年来的实践看，还有某些不严密之处。尤其是对委托行为及被委托组织的条件没有严格规定，影响了规范行政主体的力度。《行政处罚法》总结了这方面的经验，规定得更为完善和严密。

从委托行为说，《行政处罚法》规定了几项必要条件：

1. 委托行为必须经法律、法规或规章的规定，在职权范围内委托，排除了各行政部门随意委托、产生失控状态的可能性；

2. 受委托实施行政处罚的组织必须在委托范围内，以委托的行政机关名义实施行政处罚；

3. 受委托组织不得再委托；

4. 委托行政机关应当对受委托的组织实施的行政处罚负责监督，并对该处罚行为的后果承担法律责任。

从被委托的组织说，该组织必须具备《行政处罚法》所规定的条件：

1. 是依法成立的事业组织；

2. 具有熟悉有关法律、行政法规、地方性法规、规章和业务的正式工作人员；

3. 具备必要的技术检查或技术鉴定的条件。

毫无疑问，《行政处罚法》关于委托和被委托规定的条件是相当严格的。按照《行政处罚法》的规定进行清理，可能将是一项大工程。但行政处罚是影响公民基本权利的行为，对委托行为和被委托组织严格要求，是对人民负责的表现，有利于克服行政处罚的混乱。

在实施行政处罚的主体方面，一个十分令人困惑的问题是如何解决目前大盖帽满天飞的现象。据统计，北京市的行政执法部门有40余个，绝大部分都有行政处罚权，这种情况的存在不仅有碍观瞻，实际上也在相当程度地加剧了行政处罚的混乱，侵害公民的合法权益。在《行政处罚法》的制定过程中，很多人试图解决这一问题，至少应该对目前已在各地广泛运行的巡警制度作出合理的规定。但这一切都没有取得积极成果，因为它涉及的是我国机构林立、职权分割这个老大难问题。这一问题的解决将有助于整体的机构改革，但搞机构改革的人又未必对此有深切的感受或者会从这一角度思考问题。目前只能寄希望于各地方积极进行试验。因此，《行政处罚法》规定，经国务院决定，或国务院授权省、市、自治区人民政府决定，可以由一个行政机关行使有关行政机关的处罚权。

对行政处罚管辖的规定比较简单，由违法行为发生地的县级地方人民政府的有行政处罚权的行政机关管辖。管辖发生争议时，报请共同的上一级行政机关指定管辖。当然，实际上管辖问题并不如此简单。

行政处罚的适用也是实践中非常复杂的问题。《行政处罚法》对其中一些主要问题作了规定。

第一，适用行政处罚必须符合行政处罚的根本目的，纠正违法，维护良好的经济和社会秩序。实践中，为处罚而处罚，或者为罚款而处罚的行为比比皆是。这一规定对实施行政处罚的工作人员提出了基本要求，也是检查处罚主体的各种具体制度是否符合《行政处罚法》要求的重要标准。

第二，适用行政处罚时必须坚持一事不再罚原则。《行政处罚法》对一事不再罚的表述是"对违法当事人的同一个违法行为，不得给予两次以上罚款的行政处罚"。这一原则在《行政处罚法》制定过程中曾引起广泛争论，实践中，有一些违法行为是几个行政机关都有管辖权，例如，有的法规、规章规定对某一违法行为，可以由几个机关去处理；有些违法行为则常常为几个法规、规章规定必须处罚，当然角度不同，人们称之为一行为违反了几个法规、规章，等等。有人建议，将这一原则的表述改为，不得以同一事实和理由对同一违法行为处罚两次或两次以上。这一表述大致解决了上述的第一种情况，对后者，有人建议可以处罚两次以上，有人建议只处罚一次，但要解决如何实施的问题。

从理论上说，同一行为当然不能再由两个以上的行政机关处罚两次以上。但同一行为违反了两个以上的法规、规章，是否有必要分别处罚？须知，之所以实践中会有两个以上法规、规章对同一行为从不同角度规定处罚，这是立法者从不同角度考虑问题的结果，并不是这一行为变成了两个行为。如果一个行为可按不同法规、规章规定处罚两次以上，随着我国法规、规章的日益增加，规定日益细密，这一行为被处的次数将不断增加，其结果不堪设想。但说到底，违法人毕竟只作了一次行为，因此，不管有几个法规、规章对同一行为规定了多少不同的处罚，违法人只能承担一次法律责任。实践中如何处理？有人建议与刑罚相同，重罚吸收轻罚。这在刑罚中可行，因为判决刑罚的只是一个机关——法院。在行政处罚中却不可行，因决定不同行政处罚的是几个不同的行政机关，总不能把这些机关都召集到一起来开会协调。因此，笔者赞同这样的原则：谁先处罚就归该机关管辖，后发现者不再有管辖权。也许不同机关的处罚理由和处罚轻重会不一致，那也无妨实现行政处罚的目的。

三、行政处罚和程序

在行政处罚法中占据最大篇幅的是程序。在一个基本法中对行政程序作如此详细的规定，确实还是第一次。它反映了我国立法者对行政程序已有了相当的重视，也说明我国近几年来在行政程序的研究和立法、执法实践中对行政程序认识的日益深入。程序是操作规程，实体法必须有与之相适应的程序法，没有程序的实体规定，将是难以实现或任人随意实现的规定。有程序才有规则，有规则才能保证行政机关的处罚行为在预定的、正确的道路上前进，同时接受各个方面的监督。因此，程序是使处罚行为正确、合法、有效地实施的基本保障。这次《行政处罚法》规定的程序，比较科学、合理，符合现代行政程序的基本要求，是我国行政立法在民主法制建设中取得的一大进展。

《行政处罚法》中规定的程序分为决定程序与执行程序两大部分，决定程序又分为简易程序、一般程序和听证程序。

行政处罚决定程序必须坚持：其一，必须查明违法事实，才能给予处罚，违法事实不清，不能处罚；其二，在作出处罚决定前，必须告知当事人作出处罚决定的事实、理由和依据，以及当事人依法享有的权利；其三，当事人有权进行陈述和申辩，行政机关必须充分听取，不得因当事人的申辩而加重处罚。

在行政处罚中设置简易程序，即当场处罚，主要是考虑行政违法行为的特殊性，一些比较简单明白的违法行为，不必经过比较复杂的一般程序，当场就可处罚，以提高行政效率。《行政处罚法》为简易程序设置的条件是：其一，违法事实确凿；其二，处罚有法定依据；其三，罚款数额有限。对公民处以 50 元以下，对法人或其他组织处以 1000 元以下罚款，以及警告处罚。

简易程序不等于没有程序。执法人员当场作出处罚决定的，应当出示执法身份证件；填写行政处罚决定书，当场交付当事人；当事人没有异议的，应在处罚决定书上签名或盖章；当场处罚后，执法人员应向所属行政机关备案。

简易程序并不排除当事人在对当场处罚不服时，可以依法申请行政复议或提起行政诉讼。

一般程序也就是普通的、正常的程序。一般程序要求行政机关在作出处罚决定前，必须进行调查，收集证据，必要时可以进行检查。

《行政处罚法》对调查、收集证据和进行检查的程序作了比较严格的规定，并规定了回避程序。对情节复杂或重大违法行为给予行政处罚的案件，要求行政机关的负责人通过集体讨论决定。

听证程序其实是一般程序中的一个程序，根据《行政处罚法》的规定，听证程序在行政处罚中尚不是普遍运用的程序，只在一定条件下才能适用。因此，行政处罚法将听证程序单列为一节，规定只有责令停产停业、吊销许可证或执照以及较大数额的罚款，并由当事人主动要求听证的，行政机关才必须举行听证。

听证制度目前在世界各国被广泛采用，这不是偶然的。听证制度是项符合民主、公正、公开要求的制度。它保证公民在可能遭到行政机关作出对其不利决定时，有权通过听证制度进行陈述和申辩，行政机关必须听取当事人的意见，然后作出公正的判决。公开是行政机关作出的决定能否公正的基本保证。听证程序一律公开举行，公开使行政机关作决定的理由和程序都将接受公众的监督，"阳光是最好的防腐剂"，在当事人的民主参与下，使行政机关作出尽可能公正的决定。

听证程序与复议、诉讼不同，复议与诉讼是一种事后监督程序，是在行政决定已经作出，因而往往是已经执行或损害已经造成以后的补救程序。听证程序则属于事先、事中监督程序，是行政机关自我监督自我改正的程序，它显然优于事后监督。因此，在行政处罚这一直接影响公民人身权、财产权的领域率先引入听证程序，是十分适宜和必要的，说明我国民主制度建设，特别是程序立法方面取得的巨大进展。但是，由于我国长期来缺乏重视程序的传统，建立听证程序更是第一次，尚无经验。因此，适当控制听证的范围，是完全适宜的。

执行程序是行政处罚程序中极为重要的组成部分，从我国目前在执行方面存在的问题看，主要的问题：一是既要加强执行的公开性、科学性，克服处罚混乱，防止腐败，又要提高行政效率；二是既要加强执行的力度，又要注意保护公民的合法权益。《行政处罚法》在执行程序中作了如下规定：

第一，建立裁执分离制度，即作出处罚决定的行政机关与收缴罚款的机构分离。实行裁执分离制度，不仅收缴的罚款必须全部上缴国家财政，而且财政部门也不得以任何形式或理由将罚款再返还罚款单位，这是克服处罚混乱的重要制度，也利于廉政建设。

第二，实行裁执分离制度并不排除在某些特殊情况下保留当场处罚的制度，以有利于提高行政效率。但当场处罚必须具备一定条件，并加强必要的监督：一是，罚款必须在 10 元以下；二是，不当场处罚事后难以执行的，如水上作业须罚款的，不当场处罚，船驶走后就难以寻找和执行。当场处罚必须当场出具罚款收据，并于 2 日内上缴行政机关，行政机关于 2 日内交付指定的银行。

第三，对当事人逾期不履行行政处罚决定的，《行政处罚法》设置了执行罚制度，规定：到期不缴纳罚款的，每日按罚款数额的 3% 加处罚款。另又规定：根据法律规定，可将查封、扣押的财物与拍卖或者将冻结的存款划拨抵缴罚款。在无法律授权的情况下，行政机关可以申请人民法院强制执行。

行政处罚还规定对违反法律进行行政处罚的行政机关工作人员，按不同情况应承担不同的法律责任的制度。

《行政处罚法》与依法治国、依法行政[*]

全国人民代表大会八届四次会议通过的《行政处罚法》，是规范行政处罚的法律。行政处罚制度是一种法律责任制度。一般说，法律责任可分为刑事法律责任、民事法律责任和行政法律责任。刑事法律责任和民事法律责任，虽然都是极为复杂的法律责任制度，但它对一切公民都是同样适用的。而行政法律责任不同，行政法律责任包括行政法律关系双方当事人的不同的法律责任。从行政管理一方说，对行政工作人员的有行政处分，对行政机关的有行政赔偿以及其他行政法律责任；对被管理一方的公民、法人和其他组织说，则有行政处罚、行政强制以及在破坏、损害社会、国家财产时的补救责任，等等。行政处罚是行政法律责任中的一个部分，更是整个法律责任制度中的一个小部分。为什么这样一部法律需要全国人大通过，会在国内外引起这样广泛的关注？原因是多方面的：首先，行政处罚制度虽然是法律责任制度的一种，但在我国维护经济和社会秩序中起着极为重大的作用。全国每年行政处罚的次数达上亿次，仅罚没款即达上百亿。行政处罚的作用是其他法律责任制度所无法代替的。很难设想，如果没有行政处罚制度，我国很多领域的行政管理秩序将如何维护。其次，行政处罚直接涉及公民最基本的权利——人身权和财产权，不能不引起人们的重视。最后，更为重要的是，《行政处罚法》充分体现了依法治国、依法行政的思想，贯彻了民主、公正、参与等基本精神，反映了我国在民主与法制建设方面迈出的新步伐，取得的新成就，因而将对我国建设社会主义法治国产生广泛的影响，尤其将对行政法制建设产生重大影响。本文试就最后一个问题谈些不成熟的意见。

一

怎样看待我国行政处罚中的"软"与"乱"？

我国行政处罚中同时存在着"软"与"乱"的现象，"软"表现在，处

---

* 本文载于《行政法学研究》1996 年第 3 期。

罚力度不足，行政处罚的本意在于通过处罚，使违法的被处罚人今后不再违法，因此，行政处罚多数影响到被处罚人的财产权，但如果影响太小，当事人无所触动、不在意，就不能起警戒与威慑作用；尤其是经济违法案件的处罚，处罚后被处罚人如仍有利可图，就难以遏止行政违法行为；行政处罚中说情风、干预风严重，使应予处罚的违法行为难以处罚；此外，普遍存在着执法人员不严格执法，对应该制止和给予处罚的违法行为不制止、不处罚，都是处罚"软"的表现。行政处罚是维护良好的经济和社会秩序的重要工具。行政处罚软的直接后果是难以维持良好的经济和社会秩序。其结果，受害者首先是公民、法人或其他组织。例如，如果不能维护良好的交通秩序，不能维护良好的经济秩序，假冒伪劣盛行，受害者当然首先是老百姓。目前，老百姓对行政处罚软弱，不能很好地维护行政管理秩序，是很有意见的。

行政处罚的乱表现在：处罚设定权的混乱，不管哪一级行政机关，包括县政府内的局、科和乡政府，都纷纷设定处罚。行政处罚的红头文件满天飞；处罚主体混乱，相当一段时间里，红布条一缠，不管有无处罚的权力，也不管职权范围，纷纷外出处罚；处罚程序混乱，行政处罚中无所谓程序，不出示执法证件，不下处罚决定书，不许当事人陈述或申辩，否则就是态度不好，加倍处罚；等等。行政处罚的乱直接侵犯了当事人的人身权、财产权。

一段时间以来，乱处罚成为人们关注的中心。确实，乱处罚败坏政府形象，侵犯公民、法人或其他组织的合法权益，甚至滋长了腐败之风，应该大力加以整顿和制止。但长期以来，人们对行政处罚的软却似乎缺少应有的注意。处罚软，经济和社会秩序不能很好维护，对公民的损害其实要大于乱处罚。处罚乱损害的是个体，处罚软损害的是整体。对此我们应该有正确的认识。在制止乱处罚的同时，坚决制止目前行政处罚中的软弱无力的状态。在国家行政管理中，需要全面地辩证地看待和分析各个方面，这也是一个普遍存在的问题，只强调一个方面，忽视另一方面，都将导致偏颇，对国家、对公民都不会带来好处。

二

《行政处罚法》充分体现了依法治国、依法行政的精神。

第一，《行政处罚法》规定了"处罚法定原则"。要对公民、法人或其他组织进行行政处罚，必须有法定的依据，由有行政处罚权的行政机关按法定程序实施。"没有法定依据或者不遵守法定程序的，行政处罚无效。"行政处罚涉及公民、法人或其他组织的最基本权利：人身权、财产权。国家行政机关要作出此类行政行为，当然必须有法定依据。法无明文规定不得罚。这是因为，法无明文禁止不为错。错与对，是与非的标准，不能依个人主观的好恶，要由社会共同认定。只有国家认定为错与非，并经法律规定，才能据以认定为错与非，并对这种行为予以制裁。没有错，当然就不能处罚，因此，法无明文禁止即自由。处罚法定原则虽然指的仅仅是行政处罚，但实际上反映的是依法治国需要普遍遵循的原则：法定原则。

首先，这是最基本、最重要的界限和标准，凡属法律禁止的行为，任何人、任何组织都不能作。否则就应无例外地承担法律责任，受到法律制裁。除此以外，人们就有活动的自由，不应承担法律责任，而应受法律保护。人们的行为必须以也仅仅以法律为准绳，才有可能在法治国中发挥出最大的积极性、主动性和创造性，社会才可能充满活力和生机，同时令行禁止，保证有良好的社会秩序和环境。

其次，国家机关要作出影响公民基本权利义务的行为，必须有法定依据。法律没有明确规定的，任何国家机关都无权作出此类行为，否则就要承担法律责任。这就必然涉及法律的追溯力问题。法律中的禁止性、义务性规范，只有在其生效之日起，才对公民发生约束力，有关国家机关才能对此后发生的违法行为追究法律责任。否则法定原则就会成为一句空话。

第二，行政处罚必须由有行政处罚权的行政机关在其法定职权范围内实施，这是处罚法定原则的另一层涵意，但它是从另一角度，即从处罚主体是否有权进行处罚立论的，这涉及依法治国、依法行政的又一基本原则：职权法定原则。职权法定原则是指国家行政机关的职责权限必须由法律授权、法律规定。职权法定原则植根于行政权力的来源。我国行政机关是权力机关的执行机关。行政机关由人民代表大会产生，对它负责，受它监督。行政机关的权力来源于人民，人民通过人民代表大会制定法律，将不同的行政权力授予不同的行政机关。法律授予什么样的行政权力，授予多大的行政权力，行政机关才拥有并可以行使何种权力。法律规定行政机关可以行使某种职权，行政机关才能行使这一职权，法律规定行政机关在行使职权时应该采取什么方式和步骤，行政机关就应采取什么方式和步骤。凡是法律没有规定，也即行政机关未被授予的权力，行政机关就不能行使。否则就是超越职权，而越权是无效的。这与公民的权利不同，对公民，凡是法律没有禁止的，公民都有权去做。如上所述，法无明文禁止即自由。但行政机关却不能以"禁止"

为度，毫无疑问，法律明文禁止的，行政机关不得为。不仅如此，法律没有明文授权的，行政机关也不得为之。这是由行政机关的性质决定的：它是权力机关的执行机关，其权力只能源于法律授予。从这一意义上说，人民的权利是无限的，行政机关的权力是有限的。所有行政机关都必须按照法律授予的权力行使行政职权。正是根据职权法定原则，实施行政处罚权的行政机关必须是依法拥有行政处罚权并在其职权范围以内实施。

第三，行政处罚法关于行政处罚设定权的规定，体现了另一依法治国的基本原则。

行政处罚是剥夺、限制宪法赋予公民的基本权利——人身权、财产权的行政行为。对宪法赋予公民的基本权利，除了人民自己选出的人民代表大会，有权可以通过立法，规定在何种条件下可予限制或剥夺以外，其他任何国家机关，包括所有行政机关都无权加以限制和剥夺。"人民主权"，尽管人民是一个政治概念，而公民才是法律概念，但正是由公民的集合体构成了人民，所以限制、剥夺公民权利只能由代表人民行使权力的全国人大及其常委会规定。因此，设定行政处罚的权力原则上应由法律行使。相反，作为执行者的行政机关对宪法赋予公民的基本权利，只有尽力使公民更好地享有这些权利的义务，而无权加以限制或剥夺，除非有法律的授权，这是法治国的又一基本精神。但是事实上由于人民代表大会制定的法律，其覆盖面和调整的范围总是有限的，因而不得不将相当一部分需要法律规定的事项委托给行政机关和其他国家机关行使，这是世界通例。如英国的委任立法就十倍于议会立法。此外，由于形势的变化，常有新的破坏经济和社会秩序的行为产生，需要及时立法禁止，而人民代表大会常难以迅速作出反应，因而也需要授权给一些反应较为迅速的国家机关。《行政处罚法》关于行政处罚设定权的规定，就是通过法律，将部分行政处罚的设定权授予行政法规、地方性法规和规章的制定主体。法律授予多大权力，该国家机关才能行使多大权力。《行政处罚法》在授予行政法规、地方性法规以行政处罚设定权时，都是有限的授权，对规章授权的限制就更大。法律没有授权的，任何国家机关都不能行使行政处罚的设定权。毫无疑问，这一原则同样适用于一切涉及公民基本权利义务的设定，如行政收费的设定、行政许可的设定、行政强制措施的设定等。总之，影响公民基本权利与义务的规定，必须由法律设定，其他国家机关非经法律授权就无此项设定权；行政机关要实施限制或剥夺公民基本权利的行为，必须有法定依据；行政机关要作出影响公民基本权利与义务的行为，必须有法律授权。这些就是《行政处罚法》所体现出来的依法治国、依法行政的基本精神。无疑，这一精神远超出了行政处罚范围，具有普遍意义，将对我国的立法和执法工作带来巨大影响。

三

行政机关行使的是行政权。行政权包括一些什么内容？就事项而言，行政权可分为公安、税务、环保、民政，等等，由政府的不同部门分别行使其职能，不得逾越；就性质而言，行政权包括管理权、处罚权、强制权、许可权、征收权，等等。行政机关一般都拥有管理权，但是否都拥有处罚、强制、许可、征收等权限？这是需要解决的一个具有重大实践意义的理论问题。为说明方便，可以以行政强制权为例。长期以来，我国一直奉行这样的制度：行政机关在管理过程中认为企业违法，常常需要冻结其账号，甚至需要从其账号内划拨存款，这是一种行政强制的权力，在我国，除非法律授权，否则，一般行政机关都不拥有此项权力。而获得这种法律授权的行政机关又很少，大多数行政机关如需行使冻结或划拨等强制措施和强制执行权，只能通过人民法院，向法院申请。简言之，我国是以人民法院行使强制权为一般、行政机关行使强制权为例外（法律规定）。也就是说，我国的行政管理权与行政强制权是分离的，行政管理权并不当然包括行政强制权。这一点已经为很多人所了解和接受。原因何在？毫无疑问，行政强制权是行政机关在行政管理中十分需要的一项权力，但因为行政强制直接关系公民的基本权利，稍有不慎就可能侵犯、损害公民的权益，为谨慎计，多一道审查、监督的程序是有好处的。目前看来，由于我国没有统一的行政强制法，尚有很多问题需要解决。我国的这种强制制度，与普通法系和大陆法系都不相同。普通法系的行政强制权一般属于法院；大陆法系国家不完全一致，如德国，行政强制执行权就属于行政机关。[1]我国的行政强制，既考虑保护公民合法权益，防止行政权的滥用，又保障行政效率，吸收了两大法系合理内核，是一项富有中国特色的行政法律制度。

行政管理权是否必然包含着行政处罚权？从我国的行政处罚实践看，也并没有把行政管理权和行政处罚权合而为一。很多行政机关至今并无行政处罚权。近年来有行政处罚权的行政机关迅速增加，相当一部分是通过立法取

---

[1]《联邦德国行政强制执行法》（1953 年 4 月 24 日）规定，"行政行为由作出该行为的行政机关执行"。

得的。《行政处罚法》对此进一步作了明确规定："行政处罚由具有行政处罚权的行政机关在法定职权范围内实施。"（第15条）"行政处罚由违法行为发生地的县级以上地方政府具有行政处罚权的行政机关管辖"（第20条），等等，再三强调行政机关只有在"具有行政处罚权"时，才能实施行政处罚。如上所述，行政机关在行政处罚的设定权方面，只有在法律明确授权的情况下才能行使，因此，无论从行政处罚的设定或行政处罚的实施看，管理权都不等于行政处罚权。

从行政强制、行政处罚等法律制度来看，可以得出这样的结论：凡属直接影响公民基本权利义务的行为，例如强制、处罚，以至许可、征收，等等，只有法律授权的特定行政机关才能行使。不能因为是行政机关，就认为自然拥有作出影响公民基本权利义务的行为的权力。行政处罚的设定权，涉及行政机关作出抽象行政行为；行政处罚的实施权，涉及行政机关作出具体行政行为。根据《行政处罚法》的规定，行政机关无论是作出抽象行政行为还是具体行政行为，总之是作出一切行政行为，只要是涉及公民基本权利义务的，都必须有法律授权和法定依据，《行政处罚法》所体现的这一依法治国的基本精神，必将对我国的民主与法制建设，对我国走向社会主义法治国的进程产生巨大影响。

四

在一部基本法中对行政程序作如此完善规定的，《行政处罚法》尚属首次。《行政处罚法》将处罚程序分为决定程序和执行程序。决定程序又分为简易程序、一般程序和听证程序。

听证程序引入行政处罚程序，是我国在民主法制建设方面迈出的又一重大步骤。听证程序包括立法时的公听程序和作出裁决时的听证程序，等等，由于它是一项体现民主、参与、公开精神的程序，目前已为很多国家广泛运用于法律的各个领域。我国在立法实践方面，也常常有类似的程序，如征求利害相关人的意见、征求学者的意见。近年来，某些地方还有公布草案以征求意见，等等，但大多尚未成为法定程序，至于作为行政机关行使职权作出具体行政行为时的程序，由法律明确规定，则更是第一次。此举已经引起海外法学界的关注，认为是我国依法治国的巨大进展。《行政处罚法》关于听证程序的规定，范围不宽，且线条很粗，尚需进一步积累经验，使其具体化。但它无疑是我国行政程序立法的一个良好开端，随着实践的发展，听证制度将为越来越多的立法所采用。

《行政处罚法》关于执行程序的规定，从一定意义上说，是廉政建设的一部分。

我们长期以来通行的行政处罚的执行程序，谁处罚，谁就收缴罚款，规定罚款必须全部上缴财政，但实际上仍由财政按照一定比例返还处罚单位。由于谁罚谁收，在目前监督不严的情况下，不可避免有一部分罚没款会被截留，这是滋生腐败的第一个缺口。罚款分成制度，目的是调动处罚的"积极性"，但同时又起了鼓励乱处罚、滥处罚的作用，这是滋生腐败的又一个缺口。《行政处罚法》规定的作出处罚决定的机关与收缴罚款的机构相分离的制度和严禁财政返还罚款的制度，目的就是堵住上述两个缺口。其普遍意义在于，反腐败斗争的重点应在防止腐败的制度建设，堵塞一切可能产生腐败的缺口。在反腐斗争中，揪出腐败分子当然是重要方面，但更重要的是消除滋生腐败的土壤，其中极为重要的是制度建设。小平同志早就指出了制度的极端重要性："我们过去发生的各种错误固然与某些领导人的思想、作风有关，但是组织制度、工作制度的问题更重要。这些方面的制度好可以使坏人无法任意横行，制度不好可以使好人无法充分做好事，甚至走向反面。"[1]这段话显然也同样适用于反腐斗争中的制度建设。只讲打击，不重视制度建设，反腐斗争就没有尽头。而且，在实际生活中，不是这样的制度，就是那样的制度，制度总是存在的。不是决定与收缴分离的制度，就是决定与收缴合一的制度，不是罚款分成制度，就是分成的收支两条线制度，从这一意义上说，"合一"制度和分成制度，可以说是"促进"腐败、"滋生"腐败的制度。毫无疑问，反腐斗争只有从解决这些具体问题着手，才有可能从根本上取得进展。《行政处罚法》在行政处罚领域中作了廉政制度建设，这是《行政处罚法》作出的一项贡献，应该引起其他立法的重视！

《行政处罚法》在程序方面的又一重大的具有普遍意义的规定是对程序违法的处理。我国长期来普遍存在着重实体轻程序，尤其是轻行政程序的倾向。近年来，随着民主法制建设的进展，程序问题正日益引起人们的关注。除了行政程序本身的建设，至关重要的是对行政程序违法的处理。

行政程序违法有其复杂性，因为在程序违法的同时，还有实体处理是否

---

[1] "党和国家领导制度的改革"，邓小平1980年8月18日在中共中央政治局扩大会议上的讲话，载《邓小平文选（1975~1982）》，人民出版社1983年版，第293页。

正确的问题。程序违法，实体处理也错误，予以撤销，不存在争议。困难的是程序违法，但实体处理正确，应该如何对待？在《行政处罚法》公布以前，《行政复议条例》和《行政诉讼法》都作了规定。《行政复议条例》规定："具体行政行为有程序上不足的，决定被申请人补正。"[1]其实，具体行政行为都是在行政程序走完以后才作出的，因此，如有不足，已无法可补正，至多只能下不为例。《行政诉讼法》规定："违反法定程序的"，判决撤销或者部分撤销，并可以判决被告重新作出具体行政行为。[2]1991年最高人民法院的司法解释进一步规定："人民法院以违反法定程序为由，判决撤销行政机关具体行政行为的，行政机关重新作出具体行政行为时，不受《行政诉讼法》第55条规定的限制。"这些规定说明，《行政诉讼法》及其司法解释，在对程序违法的处理上较《行政复议条例》前进了一步。行政机关程序违法，不管实体处理如何，都应撤销，从而使行政机关承担违法败诉的责任。但对正确的实体决定，撤销后可由行政机关重作，且不受第55条的限制，从而使公民、法人或其他组织的违法行为不会因处理行政机关程序违法时而被一风吹。这样，程序违法得到了处理，实体违法也不放过，两全其美。但这里有两个问题没有解决，一是在上述情况下，公民、法人或其他组织由于诉程序违法对本身并无意义，仍将在实体上得到处理，因而就不再起诉。无人起诉，也就失去了对程序违法进行监督的原动力。二是行政机关虽因程序违法而败诉，但随后又从实体上得以处理，实际上并未"受损"，故并无触动，对程序的轻视仍将继续。《行政处罚法》对程序违法的处理有了进一步发展。首先，"……不遵守法定程序的，行政处罚无效"；其次，"违反行政处罚程序的"，由"上级行政机关或者有关部门责令改正，可以对直接负责的主管人员和其他责任人员依法给予行政处分。"[3]根据上述规定，程序违法，行政处罚无效，如实体正确，仍可由行政机关重新作出具体行政行为，但要对主管人员和直接责任人员依法给予行政处分。一切违法行为，包括违反程序法的行为都应承担法律责任，这才能使违法人得到惩戒，并纠正违法行为，这是社会主义法治国的一项基本原则。如果我们能严格按行政处罚法办事，可以肯定，行政程序违法的现象将大为减少，依法行政的水平将得到很大提高。

---

〔1〕《行政复议条例》第42条。

〔2〕《行政诉讼法》第52条。

〔3〕《行政处罚法》第3条、第55条。

从依法行政到建设法治政府

立法法

一部推进依法治国的重要法律*

——关于《立法法》中的几个重要问题

《中华人民共和国立法法》（以下简称《立法法》）已于 2000 年 3 月 15 日经九届全国人大第三次会议通过，于同年 5 月 12 日起生效。《立法法》是规范我国立法活动的宪法性法律。《立法法》的制定，对于建立和完善有中国特色的法律体系，推进依法治国，建设社会主义法治国家，都有十分重要的意义。本文仅就《立法法》中的几个主要问题，谈几点体会。

一、关于《立法法》的调整范围

规章是否应该纳入《立法法》的调整范围，这是从《立法法》讨论第一天起就存在的争议。《立法法》最后还是包括了规章，但在总则第 2 条中作了这样的规定：

"法律、行政法规、地方性法规、自治条例和单行条例的制定、修改和废止，适用本法。

"国务院部门规章和地方政府规章的制定、修改和废止，依照本法的有关规定执行。"

一个是"适用"，一个是"执行"，以此表明规章和法律、行政法规、地方性法规的区别，用这一巧妙的办法给争议各方都作了回答。但这一问题在理论上仍值得探讨。法是由一个国家制定和认可的国家意志的体现，这一点在理论上大概不存在争议，问题是，在众多不同性质、不同层次的国家机关中，谁代表国家，谁制定的规范是国家意志的体现？是一个还是全部？根据我国《宪法》的规定，我国实行人民代表大会制度，行政机关是权力机关的执行机关，我国又是统一的多民族国家，实行单一制。因此，毫无疑问，全国人大是制定体现国家意志规范的国家机关。

正因此，1954 年《宪法》曾规定全国人大是行使国家立法权的唯一机关。但是，随着民主与法制建设的进程加快，总结以往经验，全国人大显然

---

* 本文载于《中国法学》2000 年第 4 期。

不可能也不必要将适应一切地方与行业的规范都由自己来制定，因此，1982年《宪法》和随后的地方组织法，将立法权授给了地方权力机关和行政机关。这里有两个问题需要解决：

第一，将立法权授予地方权力机关与行政机关，是授予所有的权力机关、所有的行政机关，还是其中的一部分？这与其说是一个理论问题，不如说主要是一个实践问题，是全国人大如何将立法权分配的问题。这可以从我国宪法和法律关于地方性法规、行政法规和规章的有关规定中看出。根据中国的实际情况，1979年地方组织法规定省级人大及其常委会可以制定地方性法规，1982年《地方组织法》进一步规定省政府所在地的市和经国务院批准的较大的市的人大及其常委会有拟订地方性法规草案提请省人大常委会审议制定的职权。到1986年修改《地方组织法》时，又进一步规定省级政府所在地的市和经国务院批准的较大的市的人大及其常委会，有权制定地方性法规报省人大常委会批准后施行。全国人大授予行政机关制定行政法规和规章的职权，也是一个逐步发展的过程。国务院制定行政法规的职权是1982年《宪法》授予的，1982年《宪法》同时也规定国务院各部、各委员会可以制定规章，1986年地方组织法规定省、市、自治区人民政府、省、自治区所在地的市和经国务院批准的较大的市的人民政府，可以制定规章。当然，宪法和法律还规定其他地方人大和人民政府在其职权范围内，可以规定行政措施、发布决定或命令。如果这些措施、决定或命令带有规范性，一般就统称为其他规范性文件。人们一般认为宪法和法律规定的制定行政法规和地方性法规的权力属于立法权，对规章是否属于法的范畴，却意见不一。这一点在制定《行政诉讼法》时同样存在。由于《行政诉讼法》规定人民法院审理行政案件时要依据法律法规，参照规章，[1]规章的地位就介乎法律法规和其他规范性文件之间；同时，也成为不赞成规章属于法的范畴的一个理由。其实，这一问题也同样存在于其他规范性文件。确实也有人主张，乡政府制定的规范性文件也属于法的范畴，因为所有这些规范，同时具有法理学上所说的法的特性，都具有社会性和规范性，具有多次适用性，具有强制性，并规定人们的权利义务，等等。看来，某一类规范是否是法，除了上述标准以外，还需要另一条明确的标准。正如有人认为，我国的立法实践已经解决了这一问题，这就是《行政处罚法》中有关设定权的规定。《行政处罚法》第一次明确规定这

---

〔1〕《中华人民共和国行政诉讼法》第52条、第53条。

种将对公民人身权、财产权造成不利影响的法律制度，其设定权属于全国人大及其常委会，属于法律。但人大及其常委会不可能对一切领域的行政处罚都作出规定，因此，需要授权。按照《行政处罚法》的规定，将行政处罚的设定权大小不等地授予行政法规、地方性法规和规章，授予多少，就享有多少，不授的就不享有。但人身自由处罚的设定权只属于法律，不能授予。《行政处罚法》特别规定，规章以下的其他规范性文件一律不得设定行政处罚。[1]有人认为，这就是一条基本界线：是否有权对公民基本权利作出限制或剥夺的设定，是否有权设定公民承担新的基本义务。法的内容是规范权利义务的，依此标准，则规章应属于法的范畴，其他规范性文件就不是。对此，学术界和实务界都存在争议。

第二，授予行政机关和地方权力机关的立法权有无不同？这一点，在我国宪法中已经解决。《宪法》规定，国务院根据宪法和法律制定行政法规，各部、各委员会根据法律、行政法规在本部门的权限内制定规章。省、自治区、直辖市的人民代表大会和它们的常务委员会，在不同宪法、法律、行政法规相抵触的前提下，制定地方性法规。地方组织法规定，省、自治区的人民政府所在地的市和经国务院批准的较大市的人民代表大会及其常务委员会，在不同宪法、法律、行政法规和本省、自治区的地方性法规相抵触的前提下，可以制定地方性法规，报省、自治区的人民代表大会常务委员会批准。省、自治区、直辖市的人民政府和省、自治区人民政府所在地的市和经国务院批准的较大的市的人民政府，可以根据法律、行政法规和本省、自治区的地方性法规，制定规章。在这里，地方权力机关行使立法权，用的是"不抵触"原则；行政机关行使立法权，用的是"根据"原则。宪法用语非常精确，两者在内容上显然不同，不抵触要比根据的权限大，这是按照这两类国家机关的不同性质确定的，地方权力机关是代表人民意志行使权力的，因此它可以在保证法制统一的原则下，按照地方特点制定规范；行政机关则是权力机关的执行机关，当然应该实行"根据"原则。《立法法》坚持了不抵触与根据原则，并具体体现于有关条款之中，这是完全正确的。

其实，规章是不是法的问题，不应该是规章是否应该纳入《立法法》调整范围的条件，《立法法》当然是规范法的规范，但是它同时也应该对其他规范也作出某些规定，这样才能真正划清各类规范之间的界线。例如，对其他

---

[1]《中华人民共和国行政处罚法》第二章。

规范性文件，也应该对其性质、权限、程序等作出规定。实践证明，《行政处罚法》中所作"其他规范性文件不能设定行政处罚"的规定，对明确其他规范性文件的性质就起了很大作用。《立法法》中对其他规范性文件不作任何说明，实际上意味着其他规范性文件的权限与制定程序将没有约束。这不符合制定《立法法》的宗旨。因此，不管规章是不是法，《立法法》对之作出规定，应该说是完全正确的。

二、关于立法权限的分配

（一）立法权限的分配，是《立法法》所要解决的最重大的问题之一

如何将立法权限作比较具体的分配？一是要解决分配的方式问题，二是要解决具体的内容。就分配方式而言，联邦制国家和单一制国家明显不同。多数联邦制国家与州之间的立法权划分上，采取由联邦宪法规定哪些立法权属于联邦，其余全归州所有的办法；单一制国家，很多都由宪法规定哪些权限归地方，其余全属中央立法。这两种方法的优点是全部权限都划分定了，虽然不可能在具体问题上不发生争议，但毕竟不会发生原则冲突或权限无所归属的情况。我国 1982 年《宪法》总纲中规定："中央和地方的国家机构职权的划分，遵循在中央的统一领导下，充分发挥地方的主动性、积极性的原则。"这一规定似线条过粗，难以执行，此次《立法法》采用了一种特殊的分配方式，具体规定中央可以行使哪些立法权限，地方可以行使哪些；权力机关可以行使哪些立法权限，行政机关可以行使哪些。这样的权限划分，优点是清楚明白，但是，列举式的规定无论如何也不可能穷尽极为复杂的全部社会现象，因而在两种列举之间必然会产生许多没有涉及的未定的空间地带，从而引起许多争议。我国有些法律，如《行政诉讼法》关于受案范围的规定就曾产生类似的问题。《立法法》用了两个办法来解决这一问题，一是在规定法律的权限时，加上一条兜底性条款："（十）必须由全国人民代表大会及其常务委员会制定法律的其他事项"。《立法法》第 8 条的前 9 款都是列举法律的立法权限。未列举的也未分配给其他国家机关的，只要权力机关认为需要，就可以认定是必须由法律规定的其他事项。二是在未被分配的立法事项中，如果行政机关和地方权力机关认为有必要，在没有形成为法律以前，也可以制定为行政法规、地方性法规或规章，但根据《立法法》确定的法律优先原则，法律的效力高于行政法规、地方性法规和规章，一旦最高权力机关就此事项制定为法律，其他法的规范就必须服从法律。

（二）《立法法》遵循了法律保留和法律优先的原则

从《立法法》关于全国人大及其常委会的立法权限和行政法规、地方性法规与规章的立法权限以及它们之间关系的规定中，可以明显看出，《立法法》严格遵循了两项基本原则：

第一，法律保留的原则。所谓法律保留，就是社会生活中某些最重要的事项，只能由法律规定，其他任何法的规范都无权规定，这是保证人民群众在国家最重大的问题上的决策权的一项基本原则，是人民主权原则在立法上的体现。对此，1982 年《宪法》已有部分规定。《宪法》第 62 条第 3 款规定，全国人民代表大会"制定和修改刑事、民事、国家机构的和其他的基本法律"；第 67 条第 2 款规定，全国人大常委会"制定和修改除应当由全国人民代表大会制定的法律以外的其他法律"；此次《立法法》根据我国长期的立法经验进一步在第 8 条中明确规定："下列事项只能制定法律……"，共 10 项，《立法法》称为国家专属立法权。

但是，实际情况是，在中国，目前法律的覆盖面还较实际需要相差甚远，而中国的社会状况又正处于急剧变化之中，即使是《立法法》中规定的法律保留的 10 个事项，要全部依靠权力机关制定法律，将无法适用现实的迫切需要，因此，在法律保留的这部分立法权限中，有一部分不能不授权其他国家机关，但有一部分权限则不能授权，必须由法律行使。我们将可授权的部分称为相对保留，不可授权的称为绝对保留。《立法法》第 9 条规定："法律绝对保留的事项是有关犯罪和刑罚、对公民政治权利的剥夺和限制人身自由的强制措施和处罚、司法制度等。"除此之外，其他各项都可授权国务院制定行政法规。但笔者认为，第 8 条中的第 1、2、3、7 各项，即有关国家主权、国家机构的组织法、民族自治、民事基本制度等，恐也都属于绝对保留的不可授权的事项。

第二，法律优先原则。所谓法律优先原则，是指在多层次立法的情况下，法律处于最高位阶、最优地位，其他法的规范都必须与之保持一致，不得抵触。如上所述，这一点在宪法中早有规定，又在此次《立法法》中作了明确的肯定和贯彻。但应该注意的是，关于行政立法的根据原则，在我国目前情况下，尚需作一些灵活的理解。当前法律制定工作跟不上实践需要，因此，在法律保留事项中，属于相对保留的事项，需加强授权立法；对法律保留以外的事项，只要与法律的基本原则保持一致，就应该允许行政机关先行立法，待条件成熟后再上升为法律。这后一种情况，其实是按照不抵触原则行事。

根据原则是我们努力的方向。

（三）立法权限分配问题

具体立法权限如何分配，各国都有自己的特点，但属于法律保留的事项，有些也带有共性，如关于国家主权的事项都属于法律保留。特别值得注意的是，很多国家把涉及公民基本权利的保护，都列为法律保留的范围。

接受历史经验，我国 1982 年《宪法》将"公民的基本权利和义务"由 1954 年《宪法》的第三章改为第二章，以示对公民基本权利与义务的重视。公民享有宪法所规定的众多的民主与自由，但是，人是生活在具体的社会中的，因此，人们所享有的权利和自由，必须以不损害和影响他人和公共的权利和自由为前提，这就需要法律划出一些界线，使公民的权利和自由受到必要的限制，这在全世界都是一样的。只是限制有大有小，有多有少而已。在一个存在多层次立法权限的国家里，哪一类哪一级国家机关可以制定此类限制公民权利和自由的法律？世界通例，都属于法律保留事项，只有最高权力机关才有权作限制性规定。但是，我国《宪法》虽然十分重视对公民基本权利的规定，却并未明示它属于法律保留的范围。迄今为止，包括其他规范性文件在内，都在随意作出各种限制甚至剥夺公民基本权利的规定，例如随意设置许可，以限制公民基本权利的行使；随意设置收费，侵犯公民的财产权；随意设置人身强制措施，侵犯公民的人身权；等等。1996 年的《行政处罚法》，鉴于法律以外的规范随意设定行政处罚，侵害公民的人身与财产权，特别规定"行政处罚的设定"一章，在我国立法中第一次将行政处罚的设定权列为法律保留的权利，并将人身自由处罚的设定列为法律绝对保留，对财产处罚的设定列为法律的相对保留，授权行政法规、地方性法规和规章在授权范围内作出规定。第一次明确规定，其他规范性文件不得设定行政处罚。这是依法治国精神在法律中的体现。《立法法》进一步明确规定：对公民政治权利的剥夺、限制人身自由的强制措施和处罚，属于法律绝对保留。"对非国有财产的征收"属于法律的相对保留。这无疑将更加加强对公民权利的保护，极大地推动我国依法治国、依法行政的进程。

值得注意的是，"对非国有财产的征收"这一规定的理解，已存在争议。笔者的意见，征收是指国家以强制力为后盾，依法无偿占有公民、法人或其他组织的财产，例如对税的征收。征收与征用不同，征用是有偿的，如土地征用，就必须给予补偿。征收除税外，在我国目前还存在多种形式，有些严重侵犯公民的财产权，如对私有企业的平调、各种乱收费，等等。涉及面最广、群众意见最大的是乱收费。如果笔者的上述理解不错，那么根据《立法法》的规定，今后对公民的收费将属于法律保留事项，必须由法律规定或经法律授权，这种授权可以是一事一授，如 1984 年全国人大常委会《关于授权国务院改革工商税制和发布有关税收条例（草案）的决定》；也可以通过一部法律作一般性授权，如 1996 年的《行政处罚法》，通过该法将部分行政处罚的设定权授予行政法规、地方性法规和规章。这一规定将对我国依法行政产生深远影响。

三、关于立法程序

程序是实体的保障，良法的规定依赖于完善的立法程序。在《立法法》诞生以前，我国各项立法大都有程序规定，但实践证明，各级立法程序都有进一步完善的必要。在《立法法》讨论过程中，人们对法律草案的提供和行政立法程序关注较多。法律草案大部分由国务院提供，但大都由各部门起草，因而常常反映出某些部门利益的立法特点，这个问题如何解决，是人们十分关心的，《立法法》中没有明确规定，但《立法法》在设定行政法规制定程序时，规定："行政法规由国务院组织起草。国务院有关部门认为需要制定行政法规的，应当向国务院报请立项。"参照此条，法律草案是国务院向权力机关提出的，更应由国务院组织起草。国务院有关部门认为需要制定法律，可以向国务院报请立项，再由国务院组织起草，尽量避免法律草案反映部门利益。

无论是哪一层次立法，都是对重大问题的决策，绝大部分法的规范，都要影响国计民生，影响公民、法人和其他组织的权利义务，影响公共利益，因此，所有的立法活动都应该贯彻民主原则和科学原则。我国在立法活动方面，一直都是这么做的，但没有形成法定程序或法定制度，《立法法》在这方面迈出了重要一步。

《立法法》对人大和人大常委会的立法程序作了非常详细的规定，充分体现了民主立法的精神。《立法法》还特别规定，人大常委会在立法时，要"听取各方面的意见。听取意见可以采取座谈会、论证会、听证会等多种形式"，必要时"经委员长会议决定，可以将法律草案公布，征求意见"等。地方性法规的制定，将参照全国人大和人大常委会的立法程序。行政立法在立法程序方面与人大的立法当然不同，因为行政机关实施的是首长负责制，更重视行政效率，因此，行政立法很可能会或强或弱地受到行政性的影响，这就需要更加强调程序的保障，强调民主原则和科学原则。

民主原则体现于两方面，一方面是外部民主，即立法必须听取人民群众，尤其是利害相关人的意见，为此，行政法规制定程序也规定，立法可以举行座谈会、听证会和论证会。座谈会是我们长期以来的习惯用语，随意性较大；听证会更富法律意义，常指法定的听证程序，它与座谈会的区别在于，听证会是一种法定程序，即法律规定应该举行听证会的，听证会就必须举行，否则就违反法定程序；参加听证会的必须有人民群众，尤其是利害相关人；听证会的发言必须记录在案，可以查阅；在作出决定时必须表明曾经注意到了所有在听证会上提出的意见。立法时举行听证会已为很多国家所采用，因为这是一种听取人民意见，也是人民参加国家管理的最好形式之一。我国很多地方立法也已采用。听证会与论证会也不同。论证会主要是指专家的论证，两者的对象与作用不同，因此不能互相替代。民主原则的另一方面是内部民主，由于立法行为在实质上是一种重大决策行为，涉及众多人民群众的权利义务，因此，一般情况下也应通过集体讨论决定，而不宜由个人决定。《国务院组织法》规定，"国务院工作中的重大问题，必须经国务院常务会议或者国务院全体会议讨论决定"。[1]毫无疑问，制定行政法规属于"重大问题"，应由国务院常务会议或全体会议讨论决定。

科学原则，一是指立法必须经过调查研究，包括对国内实际情况和立法情况的调研；二是听取有关专家意见，"科学合理地规定公民、法人和其他组织的权利与义务、国家机关的权力与责任"。[2]

四、关于法律冲突

法律冲突，包括下一层次的规范与上一层次规范的抵触、冲突；同一机关先后制定的规范与和同一层次不同部门制定的规范之间发生的冲突。从我国目前情况看，法律冲突十分严重，原因也非常复杂。有因职权划分不清所产生，还有因立法技术不完善所产生，也有因部门主义和地方主义所产生。有些是不应产生或可以避免产生的，也有些是不可避免的。《立法法》为解决法律冲突设置了一系列规则，相信今后的法律冲突会有所减少，或易于解决。

首先，《立法法》对我国多层次立法的效力等级作了明确规定。根据《宪法》和《行政诉讼法》的有关规定，实务界和学术界一般将法律规范的效力

---

〔1〕《国务院组织法》第4条（1982年12月10日第五届全国人大第五次会议通过）。
〔2〕《中华人民共和国立法法》第6条（2000年3月15日第九届全国人大第三次会议通过）。

等级划定为宪法、法律、行政法规、地方性法规和规章。引起争议的是，部门规章与地方性法规的效力等级孰高孰低的问题。《立法法》第80条规定，地方性法规的效力高于本级和下级地方政府规章，《立法法》第82条又规定，部门规章之间、部门规章与地方政府规章之间具有同等效力，在各自的权限范围内施行。既然规章之间属于同等效力，而地方性法规又高于地方规章，是否可以由此推论出地方性法规高于部门规章？且按1989年通过的《行政诉讼法》的规定，人民法院审理行政案件，以法律、法规为依据，参照规章。但《立法法》对此并没有明确说明。这一问题确有其复杂之处，因为在某些情况下，很难说地方性法规的效力必然高于部门规章。例如，诸如财政、税收、海关、金融、外贸等部门发布的规章；又如，诸如一些规程、产品产量标准、污染标准，等等。如果地方性法规可以另作规定，而其效力又高于部门规章，后果不堪设想。因此，《立法法》对地方性法规与部门规章之间的效力高低不作明确规定，是可以理解的，但《立法法》规定了如何处理两者发生冲突时的解决办法，即"地方性法规与部门规章之间对同一事项的规定不一致，不能确定如何适用时，由国务院提出意见，国务院认为应当适用地方性法规的，应当决定在该地方适用地方性法规的规定；认为应当适用部门规章的，应当提请全国人民代表大会常务委员会裁决。"[1]这就使地方性法规和部门规章之间的关系从另一个方面得到了实事求是的解决。

其次，《立法法》再次强调了备案制度。备案是解决法律冲突的基础条件。

再次，《立法法》规定了几项处理法律冲突的原则：

第一，同一机关制定的规范发生冲突时，适用下列规则：①特别规定与一般规定不一致时，适用特别规定；②新的规定与旧的规定不一致时，适用新的规定。

第二，法律规范无溯及力，但为了更好地保护公民、法人或其他组织的权利和利益而作的特别决定除外。

复次，《立法法》就法律冲突中应予改变或撤销的情况作了比较明确的规定：

第一，应予改变或撤销的条件和范围，共五项：①超越权限的，按照职权法定原则，超出法律授权范围以外制定的规范，应视为超越权限；②下位法违反上位法规定的；③规章之间对同一事项的规定不一致，经裁决应当改

---

[1] 《立法法》第86条第2款。

变或者撤销一方的规定的；④规章的规定被认为不适当，应当予以改变或者撤销的；⑤违背法定程序的。违背法定程序应予撤销，这在我国立法史上还是第一次规定，说明全国人大对程序问题的充分重视。

第二，改变或撤销的权限。全国人大有权改变或撤销人大常委会制定的不适当的法律及其批准的自治条例、单行条例。人大常委会有权改变或撤销本级政府及下级人大常委会制定的不适当的规范；国务院有权改变或撤销部门与地方规章，上级政府有权改变或撤销下级政府制定的规章。授权机关有权改变或撤销被授权机关制定的规范，必要时可撤销授权。

最后，《立法法》还作出了一项极为重要的规定：请求进行违宪违法审查的规定。又分两种情况：一种情况是，国务院、中央军委、最高人民法院、最高人民检察院和各省、市、自治区人大常委会认为行政法规、地方性法规、自治条例和单行条例同宪法、法律相抵触的，可以向全国人大常委会书面提出进行审查的要求，由常委会工作机构分送有关专门委员会进行审查，提出意见。此属于必须审查。另一种情况是，其他国家机关、社会团体、企业事业组织以及公民认为上述规范同宪法、法律相抵触的，可以向全国人大常委会书面提出进行审查的建议，由常委会工作机构进行研究，必要时送有关专门委员会进行审查，提出意见。这一规定实际上是将法规中可能出现违反宪法、法律的问题，交给所有国家机关、社会团体、企事业单位以至全体公民来进行监督。这对于维护宪法、法律的权威和纯洁将是一项十分有力的措施。

《立法法》没有对与宪法、法律抵触的规章及其他规范性文件应如何监督作出规定；也没有对与行政法规相抵触的地方性法规、规章和其他规范性文件应如何进行监督，对于地方性法规相抵触的规章及其他规范性文件如何监督，以及与规章相抵触的其他规范性文件如何监督等问题作出规定。但笔者认为，这与上述有关违宪违法审查规定的原则应该是一样的，这才可能有全国法制的统一与和谐。

为使上述违宪违法审查的规定得以落实，《立法法》还进一步规定，人大专门委员会经审查认为法规与宪法、法律相抵触的，可向制定机关提出书面审查意见，或开会要求制定相关说明，再提出书面审查意见。制定机关必须在2个月内提出修改意见。不予修改的，将向委员长会议提出书面审查意见和可以撤销的议案，由委员长会议决定是否提请常委会审议决定。

可以看出，《立法法》对如何解决我国法律冲突问题作了一系列切中时弊的必要规定，对建立我国统一而和谐的法律体系将起到很好的作用。

总之，《立法法》作为一部规范我国立法活动的宪法性法律，在总体上是符合依法治国的精神和要求的，在我国建立社会主义法治国的进程中，必将发挥其重要作用。

关于《立法法》的几个问题[*]

一、《立法法》的性质及其调整范围

2000 年 3 月通过的《中华人民共和国立法法》是一部极为重要的宪法性法律。《立法法》中规范的我国立法体制、立法权限划分、解决法律冲突的原则以及违宪违法审查制度，等等，都是属于国家最基本最重要的法律制度，一般都由宪法规定。我国 1982 年《宪法》对上述问题，有的有原则规定，有的则语焉不详，《立法法》根据中外立法实践的经验和宪法的原则规定，对上述问题作了比较系统、全面的规定，使宪法关于立法问题的规定臻于完善。因此可以说，《立法法》是对宪法关于立法问题的补充和具体化，《立法法》是一部宪法性法律。

近 20 年来，我国的法制建设发展迅速，但由于立法体制、权限划分等重大问题没有明确解决，因而在立法实践中出现了许多混乱现象，有些学者称之为立法无序。例如，由于立法权限不清，没有建立起法律保留原则，有些属于必须由法律规定的事项，各类规范纷纷作出规定，严重影响了中央立法权的统一行使，影响涉及全国性的法律制度的统一建立。尤其是在重大问题上，例如有关公民的基本权利，甚至其他规范性文件也都随意制定限制或剥夺的条款，侵犯公民权益。又如，由于没有建立法律冲突的解决机制，因而实践中产生法律冲突时，常常束手无策，使法律难以适用。应该说，立法无序对国家和公共利益造成的损害，对企业和公民权利的侵犯，要远比具体违法执行法律造成的损害严重得多。《立法法》的制定，就是要使无序的立法活动变为有序，大力推进我国法制建设的进程。

《立法法》的调整范围，曾经是立法法制定过程中引起热烈争论的问题之一。我国法学界历来有一级立法、二级立法和多级立法的争论。一级立法是指只有全国人大及其常委会才能立法；二级立法是指法律与地方性法规两级；多级则有两种理解。一种认为，法律、行政法规和地方性法规三者可称为多

---

　　* 本文载于应松年所著的《依法行政十讲》，中央文献出版社 2002 年版。

级立法；另一种认为应包括规章在内。从讨论的情况看，多数人赞成多级立法，关键是规章是否应包括在立法的范围以内。这一问题的争论也由来已久。规章是不是法，争论双方大都是从规章在实践中的作用出发来立论的。肯定说认为规章在实际生活中作用巨大，相当多的社会现象由于没有法律法规的规定而只能依靠规章来规范；且规章的制定权是由宪法和法律特别划定制定机关行使的，因而主张规章应进入立法法调整的范围。否定说认为规章在实际生活中负面影响太大，部门利益、地方主义大都通过规章来实施；规章之间的冲突严重，影响政令的统一实施；规章设立了大量的处罚、收费、审批等，影响公民权利，因而主张在立法法中不对规章作出规定。最后，《立法法》作了折中处理，该法的第四章第二节对规章作了专节规定，但在第 2 条关于调整范围中第 1 款规定："法律、行政法规、地方性法规、自治条例和单行条例的制定、修改和废止，适用本法。"第 2 款规定："国务院部门规章和地方政府规章的制定、修改和废止，依照本法的有关规定执行。"一个是"适用"，一个是"执行"，以示两者的区别。

其实，这里涉及的关键问题是"法"的标准，只有解决了什么是法的问题，才能确定规章是不是法，是否应列入立法法的调整范围。什么是法，法理学一般都认为，法的基本特征大都是：法是统治阶级意志的集中表现，法具有规范性、普遍性、长期适用性以及强制性，等等，据这些特性来衡量，不仅法律法规符合，规章同样也符合，甚至其他规范性文件也大都符合，那么，是否可将其他规范性文件也称为法？看来仅以上述特性作为法的标准，似尚嫌不足。是否可以再从内容方面设定特征，即只有有权或经授权作出影响公民基本权利义务的规范，才可称为法，这一般由宪法规定。从理论上说，只有人民自己选出的机构，即只有权力机关才有可能就何种条件下可以限制或剥夺人民自己的权利作出规定。

行政机关不可能具有这种权力，因为行政机关是执行机关，它的任务是为人民提供服务，保证法律的落实。但实际上，仅靠法律又无法规范整个现代社会复杂的社会关系，因而必须通过法律授权给其他等级的规范。这在各国可能是很不一样的。在我国，就《行政处罚法》这一规范处罚行为的法律看，它授权到了规章（虽然范围有限）。据此，一般说，是不是可以将规章列入法的范围，而其他规范性文件则不能？因为《行政处罚法》禁止其他规范性文件设定行政处罚。这也意味着，其他规范性文件普遍都无权作出影响公民基本权利的规定，其他规范性文件只能就本部门本地方的管理事项作出规定。

二、关于立法权限和程序

《立法法》对法律、行政法规、地方性法规与规章的立法权限及立法程序分别作了规定。

（一）关于立法权限的划分

1. 关于法律保留

立法权限的划分，包括了中央和地方的权限划分和权力机关和行政机关的权限划分。在中央与地方立法权限的划分方面，各国很不一样。在单一制国家中，一般都采取地方自治的办法，由中央将一部分可以由地方立法的事项，通过法律明确授予地方。在联邦制国家中，联邦与州的立法权限一般由宪法规定，确定哪些立法权归联邦，其他全部归州；州以下则采用与单一制国家相同的立法体制。我国是单一制国家，《宪法》规定中央与地方的关系是："在中央集中统一领导下，充分发挥地方的主动性、积极性。"对中央与地方的立法权限没有作具体划分。《宪法》虽然对我国最高国家行政机关的职权作出明确规定，并以专款规定国务院有根据宪法、法律制定行政法规的职权，但实践中对国务院可以就哪些事项立法的认识并不一致。因此，《立法法》应将哪些立法权限的内容，采用何种方式进行划分，是《立法法》讨论过程中最主要的话题之一。讨论的结果是，《立法法》在总结中外立法经验的基础上，采用"法律保留"的原则，以列举的方式明确规定了法律的立法权限，以此为基础，相应从原则上规定了行政法规、地方性法规和规章的立法权限，我认为这是适合我国的具体情况的，是成功的。

法律保留原则是在市场失灵、行政权扩大、委任立法迅速发展的背景下提出的。按照三权分立理论，立法权原属议会，但行政权的扩大，经济和社会的发展，使单纯依靠议会立法已无法满足社会对规范的需要，议会不能不将一些原应由其立法的事项，委托给行政机关。行政机关逐步取得立法权，这是社会发展的必然趋势。从英国看，委任立法的数量已经远远超过议会立法。但从另一方面看，如果政府的行政立法权过于扩大，就可能损害议会对国家最重大问题的决策权，动摇三权分立的体制，基于此，因而就有法律保留原则的产生。所谓法律保留，是指议会对国家某些影响重大的事项的立法权，必须由其保留。非经授权或委任，其他国家机关不得立法。我国不实行三权分立，但分工仍是存在的，法律保留原则保证了人民主权原则的落实，保证了人民在最重大问题上的决定权，同时也很好地处理了权力机关和其他国家机关的关系。

我国对法律保留原则的认识并具体适用于立法，是从《行政处罚法》开始的。行政处罚直接影响公民的人身权、财产权，其立法权理应属于全国人大，是法律保留的内容之一。但由于我国没有确立法律保留原则，因而行政法规、地方性法规、规章以致其他规范性文件纷纷规定行政处罚，这是当时我国行政处罚混乱、严重影响公民权利的主要原因之一。《行政处罚法》很好地解决了这一问题，这就是常说的"设定权"。行政处罚的设定权属于法律。但法律显然不可能设定一切行政处罚。在法律尚未设定的领域，通过行政处罚法授权行政法规也可设定，但人身自由的处罚不能授权；法律授权地方性法规也可设定，但人身自由处罚不能授权，吊销企业营业执照的处罚也不授权；法律授权规章也可设定行政处罚，但只能设定警告与一定数额的罚款。特别规定：其他规范性文件不得设定行政处罚。可以认为，这是典型的适用法律保留原则。

《立法法》第二章第 8 条就法律保留的事项——也就是国家专属立法权作了具体规定，共 10 项：

（1）国家主权的事项。

（2）各级人民代表大会、人民政府、人民法院和人民检察院的产生、组织和职权。

（3）民族区域自治制度、特别行政区制度、基层群众自治制度。基层群众自治制度主要是村民委员会和居民委员会。前者已经修改为新法；后者尚未修改，而且，现在城市中的社区与居委会是什么关系；社区的法律地位、性质、功能、组织机构，等等，都尚无法律规定。

（4）犯罪和刑罚。犯罪和刑罚只能由全国人大立法，不能授权国务院。此谓绝对保留。除本项外，还有下面的（5）、（9）两项。

（5）对公民政治权利的剥夺、限制人身自由的强制措施和处罚。公民的政治权利包括选举权与被选举权，言论、出版、结社、游行、示威、集会等。选举权与被选举权已有《选举法》规定，但近几年来在实践中又产生了许多新问题，需要修改；游行、示威、集会也已有法律，但言论、出版、结社至今未有法律，实际生活中产生了许多问题，但无法可依。

限制人身自由的强制措施，我国有好几种，如强制戒毒、强制治疗等。特别是劳动教养和收容遣送，在人民群众中影响很大，亟需立法。限制人身自由的处罚，这里主要指的是由行政机关实施的处罚，目前主要由《治安管理处罚条例》规定。应该指出的是，人身自由是公民所有权利中最重要的权利，因而各国一般都要通过司法程序来决定。我国究竟应如何处理，是一项需要深入研究的课题。

（6）对非国有财产的征收。什么是征收？征收与征用不同，征收是指国家机关以国家的强制力为后盾，无偿占有相对一方的财产。如将非国有企业无偿收归国有、税收，等等。近几年来，有些地方将非国有企业无偿收归国有，按《立法法》的规定，此类行为只有在法律有明确规定的情况下才可实施。本项规定将产生巨大影响的将是行政收费。从性质上看，收费与税收并无不同，但税收必须由法律规定或法律授权。目前行政法规在工商税制方面的立法，就是1984年全国人大通过专门的授权决定授予的。收费同样是将对方的财产无偿地转为国家所有，但收费却连乡政府都可以设定。这是很难理解的。按照《立法法》的规定，收费同样是将非国有财产收归国家所有，因此，收费的设定权应属人大，必要时人大可以通过立法或决定，授权其他国家机关设定。但必须有条件限制，还要有数量上的控制。

（7）民事基本制度。

（8）基本经济制度以及财产、税收、海关、金融和外贸的基本制度。

（9）诉讼和仲裁制度。目前有非法律规定的仲裁制度。

（10）必须由全国人民代表大会及其常务委员会制定法律的其他事项。

全国人大及其常委会的法律保留权，是其中最重要的规定之一，因此，我不厌其烦地逐条引述。在《立法法》作出上述规定后，关键问题在于落实，一是要对已有的不符合上述规定的行政法规、地方性法规和规章加以清理；二是要严格遵守上述规定。

2. 关于授权立法

在上述法律保留的事项中，除第4、5、9项，《立法法》明确规定不得授权外，其他几项，如人大或人大常委会认为需要，可以授权其他国家机关，如国务院或地方人大制定法规。我国授权立法已有多种形式：有的是在法律中授权国务院或地方人大制定实施细则；有的在法律中作一次性授权，如《行政处罚法》将某些设定权授予行政法规、地方性法规和规章，此两者可称为法律授权；还有的是人大专门通过一项决定，授权国务院制定行政法规。但这些决定缺乏规范，因此《立法法》第10条规定：授权决定应当明确授权的目的、范围，不能过于笼统。被授权机关应当严格按照授权目的和范围行使该项权力。而且，被授权机关不得将该项权力转授给其他机关。这是我国法律中第一次明确授权立法的一些规则。我个人意见，似还应加上授权立法的时限，要求被授予机关在一定时限内完成授权立法。

3. 关于法律解释

在《立法法》讨论过程中，曾试图对 1991 年 6 月 10 日全国人大常委会关于加强法律解释工作的决定作较大的修改，但是讨论的结果是《立法法》仅就人大常委会的法律解释权作了较为详细的规定，其他都没有涉及。

4. 关于行政法规、地方性法规和规章的立法权限

根据《宪法》规定，国务院根据宪法和法律，制定行政法规，国务院各部委根据法律、行政法规制定规章，省、市、自治区和较大市人民政府根据法律、行政法规和地方性法规，制定规章。《立法法》第 56 条和第 71 条重申了这一"根据"原则。《宪法》规定：省、自治区、直辖市人民代表大会及其常务委员会在不同宪法、法律和行政法规相抵触的前提下，可以制定地方性法规。《立法法》第 63 条重申了这一"不抵触"原则。在讨论过程中，很多人要求在《立法法》中对上述两项原则作比较详细的解释。但最后《立法法》仅是重申了两项原则，并未作详细解释。我个人认为，《立法法》这样处理也许是符合当前的实际情况的。从字面上理解，"根据"就是要先有法律，根据法律规定，才能制定行政法规，先有法律、行政法规，才能制定部门规章；先有法律、行政法规和地方性法规，才能制定地方规章。当然，"根据"原则也包含着下位法不得与上位法抵触的意思在内。但地方性法规不同，它要求不得与法律、行政法规相抵触。这就是说，在有法律、行政法规的情况下，地方性法规不得与之抵触。但在尚未制定法律、行政法规的情况下，地方性法规就可以制定而不会产生抵触。很显然，地方性法规的立法权要比行政机关的权限更宽泛一些。宪法的用语是精确的，因为行政机关毕竟是权力机关的执行机关，必须先有权力机关的意思表示，才有可能行政立法。而地方人大则是地方的权力机关，在不抵触的条件下，可以自己表达意思。

但是，目前的现实情况是，虽经 20 年努力，法律的覆盖面仍然有限，许多领域尚需由行政立法来规范，这一现象仍将延续相当一段时间，因此实际上在行政立法中我们遵循的也是不抵触原则，也就是说，根据《立法法》的规定，在遵循"法律保留"原则的基础上，行政立法贯彻的是不抵触原则。

《立法法》分别对行政法规、地方性法规和规章的立法权限作了规定。

行政法规可以就下列事项作出规定：①为执行法律的规定需要制定行政法规的事项；②《宪法》第 89 条规定的国务院行政管理职权的事项。

地方性法规可以就下列事项作出规定：①为执行法律、行政法规的规定，需要根据本行政区域的实际情况作具体规定的事项；②属于地方性事务需要制定地方性法规的事项。部门规章可以根据法律和国务院的行政法规、决定、命令在本部门的权限范围内，制定规章。

值得注意的是，《立法法》正式授权国务院所属中国人民银行、审计署和具有行政管理职能的直属机构，制定规章。显然，这与《宪法》规定的国务院各部、各委员会可以制定规章在范围上大为扩大。地方政府规章可以就下列事项作出规定：①执行法律、行政法规、地方性法规需要制定规章的事项；②属于本行政区域的具体行政管理事项。

（二）关于立法程序

法律、行政法规、地方性法规和规章的立法程序，分别规定于各章、节，其中关于制定法律的程序规定得最为细致，这里仅介绍所有法律规范制定时都必须遵守的程序。立法程序的关键、核心，在于公开和听取意见。公开是民主的前提，也是人民群众参与立法的基础。立法过程公开，也是规则所要求的。公开的目的在于听取意见，并便于人民群众参与。我们经常强调人民群众参加国家管理的最重要的形式之一就是参与立法。《立法法》对制定法律规范必须听取意见程序作了明确规定，要求制定法律规范时应当听取各方面的意见。听取意见可以采取座谈会、论证会、听证会等多种形式。应该说，在我国的立法实践中，经常举行座谈会、论证会等听取意见。《立法法》第一次用了"听证会"一词，很多人提出："座谈会、听证会与论证会的区别何在？"论证会一般是指专家论证，这一点应当没有异议。座谈会与听证会有何区别？关键在于：听证会或称公听会，是一项法定程序。也就是说，如果法律规定必须举行听证会，就不能不举行；听证会必须有利害关系人参加，不能随意请人座谈即可；听证会前必须把有关资料交给参加者；听证会上必须把意见记录在案；在修改过程中必须表明考虑了这些意见，不管这些意见是否被采纳。如果座谈会也与上述听证会的法定程序一样，那么座谈会与听证会也就没有什么区别。听取意见程序之所以是立法程序中的关键和核心，是因为听取意见是民主的最主要表现形式，同时，它也是避免立法中出现片面性的重要环节。在《立法法》实施以后，国务院连续制定了两个条例，即《行政法规制定程序条例》和《规章制定程序条例》，两者都规定：制定行政法规和规章，都必须举行座谈会、听证会和论证会。行政法规制定程序条例强调在关系公民权利时，制定行政法规要举行听证会；规章制定程序条例则对举行听证会的要求和程序作了明确规定，使我国行政立法的民主性、公开性达到了一个新的高度。

三、法律冲突的解决

法律冲突在任何一个国家都是不可避免的。不同位阶的法律规范之间，同一位阶的法律规范之间，都有可能发生冲突。法律冲突既然是不可避免的，因此，冲突的存在并不可怕，重要的是要有一整套解决法律冲突的原则和机制。否则，法律规范在适用中不断摩擦、碰撞，法律适用就会产生混乱，最终将使社会秩序受到破坏。《立法法》总结了我国法制建设中解决冲突的经验，建立起了一整套解决法律冲突的原则。

（一）法律优先原则

法律优先或称法律优位原则，是指在有多层次、多位阶立法体制下，法律处于最高位阶，其他法律规范都必须与之保持一致。这是保证国家统一的最重要的原则。从广义上说，既然所有的法律规范都必须与法律保持一致，那么，这也就必然要求下一位阶的法律规范与上一位阶的法律规范保持一致。也就是说，不同位阶的法律效力的等级是不同的。在中国，首先，要求所有的法律规范都必须与法律保持一致，不得抵触。其次，如果行政法规与法律保持一致的，地方性法规和规章就都必须与行政法规保持一致；如果地方性法规与法律、行政法规保持一致的，地方规章就必须与地方性法规保持一致。这才能形成一个上下一致的和谐的法律体系。

《立法法》对我国法律规范的效力等级与法律优先原则作出了具体规定，但是，值得注意的是，《立法法》与《行政诉讼法》在法律位阶和效力等级上有一些不同的规定。《行政诉讼法》规定，人民法院适用法律时，以法律法规为依据，以规章为参照。这说明，《行政诉讼法》对我国法律规范效力等级的次序，排定为法律、行政法规、地方性法规、规章（包括部门规章与地方规章）。在《立法法》中，法律、行政法规、地方性法规和地方规章的效力等级次序未变，下一位阶的法律规范必须与上一位阶保持一致。但在地方性法规与部门规章之间的效力等级上，却并未明确地方性法规的效力等级高于部门规章，而只是设定了两者在发生适用冲突时的解决办法。

法律优先原则同时也是不同位阶法律规范发生冲突时的解决原则。行政法规、地方性法规、规章，如与法律发生冲突，在适用时以法律的规定为准。广而言之，下一位阶的法律规范与上一位阶法律规范发生冲突，在适用时以上一位阶为准。这可以称之为法律规范发生纵向冲突时的解决原则。如上所述，例外的是，《立法法》没有规定地方性法规与部门规章之间的效力等级的差别，按《立法法》第82条规定，部门规章之间，部门规章与地方政府规章之间具有同等效力，也即，所有的规章属于同一效力等级。但第80条规定，地方性法规的效力高于本级和下级地方政府规章；第86条第2项规定，地方性法规与部门规章不一致，不能确定如何适用时，不是地方性法规高于部门规章，而是由"国务院提出意见。国务院认为应当适用地方性法规的，应当决定在该地方适用地方性法规；认为应当适用部门规章的，应当提请全国人民代表大会常务委员会裁决"。

（二）同一位阶法律冲突的解决

1. 特别法优于一般法

同一机关制定的法律、行政法规、地方性法规、自治条例、单行条例、规章中，特别规定与一般规定不一致的，适用特别规定，称为特别法优于一般法。

2. 新法优于旧法

同一机关制定的法律、行政法规、地方性法规、自治条例、单行条例、规章中，新的规定与旧的规定不一致的，适用新的规定，称为新法优于旧法。

但这里有三点需要注意：

（1）法律与行政法规都是由一个机关制定的，因此，当法律之间对同一事项的新的一般规定与旧的特别规定不一致，不能确定如何适用时，由全国人大常委会裁决。当行政法规之间对同一事项的新的一般规定与旧的特别规定不一致，不能确定如何适用时，由国务院裁决。

（2）地方性法规与规章是由多个机关制定的，它们之间的冲突就更易于发生。《立法法》规定，地方性法规与规章之间不一致时，由有关机关依照下列规定的权限作裁决：①同一机关制定的新的一般规定与旧的特别规定不一致时，由制定机关裁决；②地方性法规与部门规章之间对同一事项的规定不一致，不能确定如何适用时，解决冲突的办法已见上述；③部门规章之间、部门规章与地方政府规章之间对同一事项的规定不一致时，由国务院裁决。

（3）根据授权制定的法规与法律不一致，不能确定如何适用时，由全国人大常委会裁决。

（三）不溯及既往原则

法律、行政法规、地方性法规、自治条例和单行条例、规章，不溯及既往，但为了更好地保护公民、法人和其他组织的权利和利益而作出的特别规定除外。不溯及既往是一项极为重要的原则，但《立法法》规定了例外，如果新的特别规定有利于保护公民权益的，则可以溯及既往。其实这里还有一个问题，在新法优于旧法中，如果事情发生在旧法生效时，处理则在新法生效时，应如何适用《立法法》没有规定。按各国通行的做法，如果处理将对公民带来不利影响，则以从轻为原则，这是一项可供借鉴的原则。

（四）关于改变与撤销

法律冲突发生后，在有些情况下，有些法律规范需要加以改变或者撤销，《立法法》列举了几种不同的情况，并规定了改变与撤销的权限。

需要改变或撤销的情况有：①超越权限的；②下位法违反上位法规定的；③规章之间对同一事项的规定不一致，经裁决应当改变或者撤销一方规定的；④规章的规定被认为不适当，应当予以改变或者撤销的；⑤违背法定程序的。

产生上述几种情况时，作出改变或撤销的权限是：

（1）全国人大有权改变或者撤销它的常委会制定的不适当的法律；或常委会批准的违宪的或违反法律、行政法规的基本原则；违反宪法、法律、行政法规专门就民族自治地方所作的变通规定的自治条例和单行条例。

（2）人大常委会有权撤销同宪法和法律相抵触的行政法规；有权撤销同宪法、法律和行政法规相抵触的地方性法规；有权撤销省、自治区、直辖市人大常委会批准的违背宪法和违反法律、行政法规的基本原则；违反宪法、法律、行政法规专门就民族自治地方所作的变通规定的自治条例和单行条例。

（3）国务院有权改变或者撤销不适当的部门规章和地方政府规章。

（4）省、自治区、直辖市人大有权改变或者撤销它的常委会制定和批准的不适当的地方性法规。

（5）地方人大常委会有权撤销本级政府制定的不适当的规章。

（6）省、自治区政府有权改变或撤销下一级政府制定的不适当的规章。

（7）授权机关有权撤销被授权机关制定的超越授权范围或者违背授权目的的法规，必要时可以撤销授权。

（五）关于违宪违法审查

《立法法》第90条、第91条对违宪违法审查作了原则规定。这是我国第一次在法律中对违宪违法审查作出原则规定。

（1）违宪违法审查仅限于行政法规、地方性法规、自治条例和单行条例的违宪违法，不包括规章的违宪违法审查。

（2）违宪违法的审查机关是全国人大常委会。

（3）提起违宪违法审查的有两种情况：

第一，国务院、中央军委、最高人民法院、最高人民检察院和各省、自治区、直辖市的人大常委会，认为行政法规、地方性法规、自治条例和单行条例违宪违法时，可以向全国人大常委会书面提出进行审查的要求，由常委会工作机构分送有关专门委员会进行审查，提出意见。

第二，除上述五类国家机关外的其他国家机关、社会团体、企业事业组织以及公民认为行政法规、地方性法规、自治条例和单行条例违宪违法时，可以向全国人大常委会书面提出进行审查的建议，由常委会工作机构进行研究，必要时，送有关的专门委员会进行审查，提出意见。

两者的区别在于，提出审查的机构和人员不同，由此，前者称为提出审查的"要求"，常委会工作机构就必须分送有关专门委员会进行审查，提出意见；后者称为提出审查的"建议"，由常委会工作机构进行研究。要在"必要时"，才送有关专门委员会进行审查，提出意见。两者的区别是很明显的。

但不管如何，这是我国第一次建立违宪违法审查制度，而且赋予其他国家机关、社会团体、企业事业单位，甚至公民个人以提起违宪违法审查建议权，是我国法律制度上的重大突破。

关于审查程序。全国人大专门委员会在审查中认为行政法规、地方性法规、自治条例和单行条例同宪法或法律相抵触的，可以向制定机关提出书面审查意见；也可以由法律委员会与有关的专门委员会召开联合审查会议，要求制定机关到会说明情况，再向制定机关提出书面审查意见。制定机关应当在2个月内研究提出是否修改的意见，并向全国人民代表大会法律委员会和有关的专门委员会反馈。全国人大法律委员会和有关专门委员会审查认为行政法规、地方性法规、自治条例和单行条例同宪法或者法律相抵触而制定机关不予修改的，人大专门委员会和法律委员会可以向委员长会议书面提出审查意见和予以撤销的议案，由委员长会议决定是否提请常务委员会会议审议决定。

违宪审查，是我国在建立社会主义法治国进程中迫切需要建立的制度。总不能只有违反法律的责任，却没有违反宪法的责任。没有追究违宪的责任制度，宪法就成为一纸空文。从世界各国看，违宪审查大致有三种形式：第一种是美国式的，由普通法院进行违宪审查；第二种是德国等国家建立的宪法法院；第三种是法国式的宪法委员会。前两者与后者的区别在于：宪法委员会只审查各个位阶的规范，但不是诉讼，也就是不处理具体案件。上述三种形式的违宪审查，是取决于各个国家的法律传统和环境。中国应该建立什么样的违宪审查制度，按现在中国的政治体制，不可能建立普通法院的违宪审查制，至于是建立宪法法院还是宪法委员会，尚难定论。《立法法》所建立的违宪审查制度，似乎是第四种违宪审查制度，它是由人大常委会行使违宪审查权。效果如何，尚待实践检验，但不管如何，我们中竟有了一个违宪审查制度，这是《立法法》的历史性功绩。

从依法行政到建设法治政府

行政许可法

《行政许可法》与政府管理转型*

由第十届全国人大常委会第四次会议审议通过的《行政许可法》，即将于7月1日起正式施行。《行政许可法》的实施和落实，具有重要意义。它对行政许可的设定和实施的严格规范，不仅将有力推进我国行政许可制度本身的规范化、统一化和理性化，有利于从根本上解决我国现行行政许可制度存在的问题和痼疾；更为重要的是，该法所确定和确立的一系列规则、原则和制度，将有助于各级政府和广大公务员更新观念，树立正确的管理理念，增加制度变革和创新的自觉性和主动性，并以此为契机和突破口，实现政府管理的根本转型。

一、加快政府职能调整，实现从"全能政府"向"有限政府"转变

我国现行政府职能配置和管理模式形成于计划经济年代，深受旧体制的影响。此种体制下的政府管理表现为全能式的政府模式，政府享有无限权力。"政府对社会事务的管理是一种直接的、微观的、权力无限制的管理方式；是一种高度集权、政企不分、政事不分、政社不分的管理方式。"[1]经过20多年的改革开放，虽然我国政府职能和管理模式发生了很大变化，但仍然没有彻底摆脱计划经济体制下的职能配置框架模式和运行方式的束缚。当前，在我国社会主义市场经济体制初步建立，但在生产力发展尚面临诸多体制性障碍的背景下，迫切需要各级政府加快推进以职能转变为重点之一的政府管理改革与创新，促进完善的社会主义市场经济体制尽快建立。

应当说，经过20多年的积极探索和总结经验，并借鉴西方发达国家的成功做法，我国政府职能转变的方向和任务十分明确。今后一个时期，我国政府职能转变的核心就是要实现从计划经济下的"全能政府"向市场经济下的"有限政府"转变，"完善政府的经济调节、市场监管、社会管理和公共服务

---

* 本文载于《国家行政学院学报》2004年第4期。

[1] 卞苏徽等：《走向现代化的行政改革——深圳政府体制创新之路》，国家行政学院出版社2000年版。

的职能"。[1]但如何将这些方向和任务转化为各级政府的切实行动，保证和促进行政机关在政府管理中真正弱化、转化和强化相应的职能，却是当前我国政府职能转变面临的重要课题。而行政许可制度的改革和《行政许可法》的颁布实施，则为我国实现从"全能政府"向"有限政府"的转变提供了重要突破口。

我国既有行政许可制度最直接体现了全能式政府职能特征，行政许可的滥与乱即是明证。它严重地阻碍着政府职能的转变，成为制约我国经济转轨和政府转型的重大障碍。坚持以市场为导向，对行政许可制度进行根本性改革，是加快转变政府职能所应采取的重大举措。《行政许可法》在系统总结我国行政许可制度改革的经验基础上，将对政府职能转变的要求明确载入法律之中，通过立法将职能转变的要求转化为强制性的具体规则，这既为各级政府转变职能设定了可供实施和操作的现实渠道和途径，也为监督各级行政机关职能转变情况提供了易于识别的判断标准。

一段时间以来，虽然职能转变的要求已日渐内化为不少行政机关的自觉行动，但政府定位和职能配置的复杂性和抽象性，使得不少行政机关难以将其与具体的政府管理结合在一起，造成职能转变说起来容易、做起来无从下手的局面，客观上也给对这项工作的监督带来了诸多困难。《行政许可法》通过对行政许可设定制度的合理安排，将职能转变的内在精神融入法律条文之中，在职能转变、政府日常工作与法律实施之间构建起了有效的纽带，从而把职能调整的导向性、软约束性与法律的明确性、强制性有机结合在一起，增强了职能调整的操作性和可监督性，也保证了其实效性和长久性。

《行政许可法》明确规定，凡是公民、法人或者其他组织能够自主解决的，市场竞争机制能够有效调节的，行业组织或者中介机构能够自律管理的，行政机关采用事后监督等其他行政管理方式能够解决的，行政机关不应通过行政许可方式进行管理。[2]这一规定契合了现代"政府行政只能局限于弥补'社会不能'和'市场失灵'的职能定位上"[3]的基本要求。

在此理念下，《行政许可法》着力从三个方面切断和扭转行政（许可）权力无处不在的局面：其一，明确可以设定行政许可的事项，大幅度压缩行政

---

[1] 中国共产党第十六次全国代表大会报告：《全面建设小康社会，开创中国特色社会主义事业新局面》。

[2] 《行政许可法》第13条、第19条、第20条、第42条、第45条、第38条。

[3] 谢庆奎："职能转变与政府创新"，载《新视野》2003年第2期。

许可这一事前控制手段的生存空间和活动领域。其二，严格限定可以创设行政许可的主体，减少行政许可恣意膨胀的概率。《行政许可法》继承行政处罚法的立法模式并进一步严格化了行政许可的创设权，明确规定：只有全国人大及其常委会、国务院和省级地方人大及其常委会可以设定行政许可，省级人民政府可以依据法定条件设定临时性行政许可，其他国家机关一律不得设定行政许可。其三，确立设定行政许可的听取意见、说明理由制度及对已设定许可的定期评价制度[1]，从程序上保证特定行政许可存在的正当性和合理性。

《行政许可法》旨在通过制度安排，减少政府对市场和社会的不必要干预，推动政府职能转变、建设有限政府的意图清晰可见。

二、树立公共服务理念，实现从"管制政府"向"服务政府"转变

政府实施行政管理应当讲究效率，方便公民、法人或者其他组织，为公众和社会提供快速、便捷的服务，既是现代政府的基本要求，也是政府履行职责所应遵循的基本准则。观察西方国家自20世纪80年代以来的行政改革，可以发现"服务型政府"的构建已成为世界主流趋势。而在现代社会中服务型政府不仅体现在政府必须为公众提供必需的公共服务及公共服务领域的不断扩张，而更体现在行政权力行使导向的根本变化——行政管理权力色彩和成分的淡化和以服务于被管理者为导向理念的确立，其核心是要求政府树立公民本位和社会本位的理念，并"在整个社会民主秩序的框架下，通过法定程序按照公民意志组建起来的以为公民服务为宗旨并承担服务责任的政府"。[2]

然而，很长一个时期以来，我国行政管理中普遍存在着浓厚的"管制"色彩，不少行政机关和公务员在角色定位上仅注重其作为权力者的身份，而忽视了其权力的根本来源和权力行使的根本宗旨，从而背离了政府存在的基本价值。行政机关实施行政管理设置存在着环节过多，手续繁琐，不遵守法定期间，对公民、法人或者其他组织的要求和请求拖拉推诿，态度粗暴，群众办事难，成本高等诸多问题。行政许可更是如此。

有鉴于此，《行政许可法》的立法目的之一就是致力于强化行政管理领域

---

[1]《行政许可法》第13条、第19条、第20条、第42条、第45条、第38条。

[2] 刘熙瑞："服务型政府——经济全球化背景下中国政府改革的目标选择"，载《中国行政管理》2002年第7期。

中的服务宗旨，通篇散发着对方便公众的关注。《行政许可法》第 6 条规定："实施行政许可，应当遵循便民的原则，提高办事效率，提供优质服务。"首次将高效便民原则载入我国法律之中。《行政许可法》同时创设了以下行政许可的实施机制和制度，保证这一原则精神的落实：

第一，要求行政机关实施许可一个窗口对外，防止内部程序外部化。《行政许可法》第 26 条明确规定，行政许可需要行政机关内设的多个机构办理的，该行政机关应当确定一个机构统一受理行政许可申请，统一送达行政许可决定。

第二，实行统一办理、集中办理、联合办理制度。行政许可依法由地方人民政府两个以上部门分别实施的，本级人民政府可以确定一个部门受理行政许可申请并转告有关部门分别提出意见后统一办理，或者组织有关部门联合办理、集中办理，以方便申请人。

第三，缩短行政许可期限，提高行政效率。除可以当场作出行政许可决定的外，如果法律、法规没有专门的期限规定，行政机关应当自受理行政许可申请之日起 20 日内作出行政许可决定；对采取统一办理或联合办理、集中办理的，办理的时间不得超过 45 日。《行政许可法》同时明确了不计算在审查期限内的八种情况，以防止行政机关制造种种理由为不作为找借口。

第四，方便当事人提出申请。《行政许可法》规定了行政机关公开许可规定、说明解释、提供申请书格式文本的义务，减少当事人提出申请的麻烦。

三、强化政府责任，实现从"权力政府"向"责任政府"转变

依法实施行政许可，对公民、法人或者其他组织申请及取得许可后的活动进行审查监督，既是行政机关的职权，更是其义务和职责。为解决行政许可实践中行政机关重许可轻监管、重权力轻责任，从而导致各种责任事故频发的许可失灵、失效问题，《行政许可法》在保证行政机关享有必要权力的同时，重点强化了行政机关实施行政许可中的责任。

第一，明确行政机关对决定是否给予许可的审查之责。《行政许可法》第 2 条明确规定行政许可"是指行政机关根据公民、法人或者其他组织的申请，经依法审查，准予其从事特定活动的行为"。依法审查并依法定条件决定是否许可是行政机关实施许可的前提条件，也是关键条件。对不符合法定条件不能取得行政许可的申请，行政机关不得擅自作出准予行政许可的决定；而对符合法定条件、依法应当取得行政许可的，行政机关不得擅自作出不予行政许可的决定。

第二，明确要求行政机关对被许可人履行义务情况所负的监管之责。《行政许可法》要求行政机关必须将准予许可与后续监管挂起钩来，对行政机关而言，准予行政许可即意味着行政机关同时负有通过监督检查确保被许可人在取得行政许可后始终符合条件的责任。《行政许可法》列专章对行政机关的监督检查作出详细规定，凸显了对此问题的重视。

第三，明确上级行政机关对下级行政机关实施许可的层级监督之责。《行政许可法》要求县级以上人民政府建立健全对行政机关实施行政许可的监督制度，加强对行政机关实施行政许可的监督检查；要求上级行政机关加强对下级行政机关实施行政许可的监督检查，及时纠正行政许可实施中的违法行为。

第四，严格规定行政机关和公务员违法实施许可的法律责任。《行政许可法》对责任的规定，不仅表现在明确行政机关在许可各环节相应的职责，而且突出体现在对行政机关和公务员不履行这些职责所应承担法律责任的严格规定之上。《行政许可法》对行政机关违法实施许可追究有关责任人员的行政责任与刑事责任的不同情形作出了具体规定，规定之详细，所占比重之大，前所未有。

权利与义务统一、职权与职责统一，本应是法律的基本规则。但我国行政管理领域中，却存在着过分强调政府权力、公民责任，而忽视政府和公务员责任的倾向，行政机关只有权力没有责任或者权力大责任小，导致政府和公务员职权与职责一定程度的脱节，造成了我国行政管理约束机制和责任追究机制的不健全。强化政府责任，加大政府责任的追究力度，保持行政管理中的权责统一和均衡，已成为共识。

《行政许可法》在保持行政机关许可权力与责任统一的前提下，充分强调了行政机关和公务员在行政许可中所应承担的责任，注重通过严格的责任约束机制促使行政机关进行有效管理，做到依法行政。《行政许可法》以行政机关的责任作为立法重点的理念和尝试，根本上改变了过去不少立法以行政权力作为立法中心的做法，是实现由"权力政府"向"责任政府"迈进的重要举措。

四、培育政府信誉，打造诚信政府

诚实信用原则最早为民法上所适用原则，但随着社会发展而逐渐为行政法所普遍接受，而同时成为行政法上基本准则。近年来，我国社会主义市场经济的深入发展迫切需要建立社会信用制度。而政府率先垂范，树立诚信形象，建立政府与公民信任关系，构成了我国整个社会信用建设的难点和关键环节之一。

《行政许可法》第 8 条规定："公民、法人或者其他组织依法取得的行政许可受法律保护，行政机关不得擅自改变已经生效的行政许可。行政许可所依据的法律、法规、规章修改或者废止，或者准予行政许可所依据的客观情况发生重大变化的，为了公共利益的需要，行政机关可以依法变更或者撤回已经生效的行政许可。由此给公民、法人或者其他组织造成财产损失的，行政机关应当依法给予补偿。"《行政许可法》这一规定所确立的信赖保护原则，第一次在法律上对政府的诚信提出了直接要求，从而为政府诚信建设奠定了坚实的法律基础。今年 3 月，由国务院发布的《全面推进依法行政实施纲要》（以下简称《纲要》）承继了《行政许可法》对诚信政府要求，把诚实信用原则全面引入我国行政管理之中，将其作为对所有行政机关的基本要求。《纲要》规定："行政机关公布的信息应当全面、准确、真实。非因法定事由并经法定程序，行政机关不得撤销、变更已经生效的行政决定；因国家利益、公共利益或者其他法定事由需要撤回或者变更行政决定的，应当依照法定权限和程序进行，并对行政管理相对人因此而受到的财产损失依法予以补偿。"

五、加大行政公开力度，建设开放型政府

行政公开是指公民、法人或者其他组织对行政机关的活动及其掌握的信息资料享有知情权，除法律作出例外规定外，行政机关应通过有效方式向公众和当事人公开。这一理念很早已为一些学者所认识、所阐发，美国著名政治家、思想家詹姆斯·麦迪逊早就说过："一个民选政府如果没有广泛的信息或是没有取得这些信息的方法，那么它只能是一场闹剧或悲剧的前奏或者可能二者兼而有之。知识将永远统治无知，因而准备成为他们自己主人的人们一定要用知识所赋予的力量武装自己。"[1] 不过，各国因不同程度受公务保密文化的影响，虽在正当程序要求下行政机关活动过程和行为结果公开较早得以实现，但在行政机关掌握和保存的信息和资料公开方面却步履缓慢，态度消极，延迟至 20 世纪 80 年代后才有重大进展。

当今，"通过法规或行政规则而预先规定实施行政目的的方式方法，将该

---

〔1〕 转引自 Phillip J. Cooper, *Public Law and Public Administration*, 2nd Edition, Prentice Hall, Inc Englewood Cliffs, New Jersey, 1988, p. 311.

机构的典型运作方式公诸于众"[1]，不仅可能，而且成为发达国家建设开放型政府的诉求。人们充分认识到，只有政府活动公开进行，才能置它于当事人和公众监督之下；只有政府活动公开进行，才能防止政府官员滥用权力，消除腐败；也只有政府活动公开进行，才能真正取信于民。2003年春天非典的突然到来和抗击非典的胜利，让国人分外感受到了政府活动及其信息公开的必要性，也使政府更切实地认识到公开对政府管理的价值。由此，建设开放型政府已不简单是民间的愿望，在某种程度上也成为政府部门的自愿。

《行政许可法》对行政公开推进的创造性意义集中表现在三个方面：

第一，强调行政许可活动全程及相关的信息公开。《行政许可法》第5条规定："有关行政许可的规定应当公布；未经公布的，不得作为实施行政许可的依据。行政许可的实施和结果，除涉及国家秘密、商业秘密或者个人隐私的外，应当公开。"第40条规定："行政机关作出的准予行政许可决定，应当予以公开，公众有权查阅。"第61条规定："行政机关依法对被许可人从事行政许可事项的活动进行监督检查时，应当将监督检查的情况和处理结果予以记录，由监督检查人员签字后归档。公众有权查阅行政机关监督检查记录。"这些规定所涉及的公开不限于某一领域或某一环节，而涵盖了行政公开的全部。

第二，强化行政机关推进行政公开的能动作用。行政机关作为行政活动的实施者和政府信息的掌控者，其对行政公开态度至关重要。基于此，《行政许可法》十分强调行政机关在公开方面的主动作用，要求行政机关依法通过一系列的"告知"公开其活动情况。如针对对公民、法人或者其他组织的申请，行政机关应根据情况"即时告知申请人不受理"，或"告知申请人向有关行政机关申请"，或"当场或者在5日内一次告知申请人需要补正的全部内容"。如对有关期限及期限延长的告知[2]；对当事人救济权利的告知[3]；等等。《行政许可法》要求行政机关主动公开的规定多达10处之多。

第三，注重通过责任机制保障行政公开的推行。《行政许可法》在规定行政机关公开义务的同时，规定了行政机关不履行相关义务的法律后果和责任。如未经公布的行政许可的规定，不得作为实施行政许可的依据；在受理、审

---

[1] ［美］E. 博登海默：《法理学：法律哲学与法律方法》，邓正来译，中国政法大学出版社1999年版。

[2] 《行政许可法》第13条、第19条、第20条、第42条、第45条、第38条。

[3] 《行政许可法》第13条、第19条、第20条、第42条、第45条、第38条。

查、决定行政许可过程中，未向申请人、利害关系人履行法定告知义务的，或者申请人提交的申请材料不齐全、不符合法定形式，不一次告知申请人必须补正的全部内容的，由上级行政机关或者监察机关责令改正；情节严重的，对直接负责的主管人员和其他直接责任人员依法给予行政处分。

当今中国正处于经济转轨和社会转型的关键时期，迫切需要各级政府适应现代社会对政府管理的要求，积极借鉴国外行政改革的最新成果，大胆创新，积极变革，努力建设一个适应市场经济体制需要，符合民主法治要求，廉洁、勤政、务实、高效的现代新型政府，为全面建设小康社会提供制度保障。《行政许可法》的颁布实施，既对各级政府加快管理转型提出了强制性要求，也为各级政府实现政府管理的根本转型提供了契机。最近，由国务院发布的《纲要》已将众多法律和实践中所内含的对现代政府的要求，综合为对政府管理转型的系统性的纲领性文件，并明确提出要"经过十年左右坚持不懈的努力，基本实现建设法治政府的目标"，凸显出政府部门自身对实现政府管理转型的自觉性。相信通过法律的强制要求和政府的自觉，我国的政府管理转型将会更顺利，进程会更快。

《行政许可法》[*]

——一部促进政府管理创新的重要法律

《中华人民共和国行政许可法》已由第十届全国人大常委会第四次会议审议通过，将于明年 7 月 1 日起正式施行。《行政许可法》的颁布实施，是中国建立法治政府的重要一步。它确立的一系列原则和制度，不仅有利于规范行政许可行为，而且有利于改革行政管理体制，促进政府管理创新。

一、行政许可设定制度的创新：切断行政权力的无处不在

行政许可是行政机关管理经济、社会事务的一种重要行政手段。但是，长期以来，由于缺少规范和制约，行政许可事项过多过滥，行政许可的设定呈现出随意性与机械性，谁都可以设定行政许可，什么事项都可以设定，行政许可事项一旦设定，就一直管用，有的甚至成为社会生产力发展的体制性障碍。针对这一问题，《行政许可法》一方面沿用了行政处罚法的立法模式，从设定主体上作了明确规定：只有全国人大及其常委会、国务院和省级地方人大及其常委会可以设定行政许可，省级人民政府可以依据法定条件设定临时性行政许可，其他国家机关一律不得设定行政许可。这样，改变了国务院部门、行政机关的内部机构以及市、县、乡镇等省以下的行政机关都可以任意设定行政许可的现状，有利于减少行政许可事项。但是，《行政许可法》对行政许可设定行为的规范不局限于设定主体方面，而是进一步规定了按什么程序设定行政许可，哪些事项可以设定行政许可，已经设定的行政许可在哪些条件下应当予以修改、调整，以最大程度地减少不必要的行政许可，防止行政机关通过行政许可对经济社会生活的过度干预。

（一）对可以设定行政许可的事项予以明确

行政许可作为行政机关规制社会的一项事前控制手段，其适用范围是有限的：有些事项，即使设定行政许可也管不住、管不好；另外有些事项，不设定行政许可，通过其他方式也能加以管理；行政许可只适用于其能够发挥

---

* 本文载于《中国司法》2004 年第 2 期。

作用并且比其他规制方式更能有效地发挥作用的领域。

《行政许可法》第 12 条明确了可以设定行政许可的事项范围。这些事项，从目的、功能上看，可以分为三类：

1. 控制危险

作为事前控制手段，行政许可所要控制的风险应当是系统性的风险、必然发生的风险，不通过事前控制将造成无法恢复的损失或者需要付出更大代价的事项。《行政许可法》第 12 条第 1 项（直接涉及国家安全、公共安全、经济宏观调控、生态环境保护以及直接关系人身健康、生命财产安全等特定活动，需要按照法定条件予以批准的事项）和第 4 项（直接关系公共安全、人身健康、生命财产安全的重要设备设施、产品、物品，需要按照技术标准、技术规范，通过检验、检测、检疫等方式进行审定的事项）规定的行政许可，都与防止危险有关，第 1 项是与安全有关的对活动的行政许可，第 4 项是与安全有关的对物的行政许可。行为人不符合规定的条件从事有关活动，产品物品、设备设施不具备规定的技术标准、技术规范投入使用，必然会出现危害个人人身健康、生命财产安全的无法补偿、无法恢复的损害后果，如不具备驾驶汽车技能的人一旦开车，必然会发生撞车甚至致人伤亡的严重后果，因此，有必要设定行政许可。

2. 配置资源

《行政许可法》第 12 条第 2 项规定的事项（有限自然资源开发利用、公共资源配置以及直接关系公共利益的特定行业的市场准入）就是有关配置资源的行政许可，其特点是有数量限制。在市场经济条件下，市场在资源配置方面发挥基础作用。但是，经济学和经济实践表明，对有数量限制的资源，完全靠市场自发调节来配置，不仅可能导致资源配置的低效率，而且还会导致资源配置的严重不公。因此，由政府通过行政许可的方式配置有限资源，是一项补充、矫正市场机制作用的替代方案。当然，通过行政许可配置资源，也应当通过公开、公正、公平的方法进行。

3. 提供社会公信力证明

这类事项包括第 12 条第 3 项（提供公众服务并且直接关系公共利益的职业、行业，需要确定具备特殊信誉、特殊条件或者特殊技能等资格、资质的事项）和第 5 项（企业或者其他组织的设立等，需要确定主体资格的事项），其特点是由政府向社会提供一种证明，证明被许可对象具备一定的资格。大多情况下，消费者可以通过个人经验或者他人经验的转述获得市场交易对象的商品、服务的数量、质量等方面的信息。但是，在有些情况下，即使人们愿意付出必要的代价，也难以实现信息的自愿交换；甚至在有些情况下，因为信息流通的成本过高，人们不愿支付获取信息的费用而无法取得有效的信息。在这种情况下，由政府出具证明，以政府的权威提供证明被许可人取得某种资格的信息，有助于提高市场交易速度、矫正市场交易失真状态。因而，也有设定行政许可的必要。

根据《行政许可法》规定，除第 12 条规定事项以外的其他事项，行政可难以有效发挥作用，不宜设定行政许可制度去管理。今后，即使是有权设定行政许可的机关，也只能对《行政许可法》第 12 条规定的事项通过立法设定行政许可。这样，就可以有效防止滥设行政许可。

（二）对设定行政许可的程序进行规范

1. 从法律规范的形式上进行规范

《行政许可法》规定，只有法律、法规和国务院的决定可以设定行政许可，省级人民政府的规章依据法定条件可以设定临时性行政许可，其他规范性文件一律不得设定行政许可。这样，就制约了有权设定行政许可的主体以内部文件设定行政许可的现象，可以确保行政许可设定的公开透明。

2. 规定了设定行政许可的听取意见、说明理由制度

《立法法》规定了听取意见制度、草案说明制度。起草机关向设定机关就所起草的法律草案说明理由则是《行政许可法》在《立法法》规定的基础上对设定行政许可行为提出的一项新的程序义务。行政许可立法中的说明理由制度，是指起草机关向制定机关就设定有关行政许可的必要性、对经济和社会可能产生的影响以及听取和采纳意见的情况向制定机关加以说明。起草机关不仅要说明其设定行政许可的正当性，还要说明行政许可设定的必要性；不仅要定性分析，还要进行定量分析。设定行政许可的说明理由制度，可以避免部门主导立法而产生的部门保护主义，确保行政许可制度成为"天下公器"、反映大多数人的意见；同时，还能够预防滥设许可现象的发生。

3. 设定行政许可，应当规定行政许可的实施机关、条件、程序和期限

我国现行法律、法规设定行政许可，大多数只规定了行政许可事项，对其他问题规定较少或者较为抽象，由实施机关规定。实施机关自己为自己定规矩，其规定往往既不公开又不公正，既影响申请人及时取得行政许可，也不利于对行政许可的实施机关进行监督。《行政许可法》要求设定行政许可的有关规定具体、明确、清楚，可以有效地防止"执法者造法"，提高行政许可

制度的稳定性、可预见性。

（三）对行政许可定期进行评价并相应进行修改、废止

法律是死的，实践是活的。行政许可存在的必要性、调整事项范围的大小、调控方式的强弱应当随着经济、社会环境的变化而调整。自行政许可制度设定之日起，其所依赖的经济社会环境可能就已经发生变化。一旦已经设定的行政许可所要解决的问题不必通过设定该行政许可，而通过其他社会调整机制能够解决时，就应该对原行政许可制度予以相应修改、废止，以使法律制度紧跟社会现实。《行政许可法》第20条规定的行政许可定期评价制度、第21条规定的行政法规设定的有关经济事务行政许可的暂停施行制度，正是基于上述考虑。因此，对已经设定的行政许可事项应当适时进行清理，在此基础上对行政许可事项作出评价，再决定是否予以保留、取消或者修改。

二、行政许可实施制度的创新：推进行政行为的高效公正

（一）根据便民原则，改革、调整行政许可的实施机关，重构行政许可的实施程序，提高行政效率

我国法律、法规、规章设定行政许可时，多是以行政机关为中心设计行政程序，方便的是行政机关。从申请人的角度看，行政许可往往环节过多、手续繁琐、期限过长、办事很难、成本很高。针对这些问题，行政许可法总结实践中行之有效的经验，以便民原则为中心，对行政许可的实施机关与实施程序进行了重构，主要有：

1. 遵循便民原则的要求，调整行政许可实施机关的设置

《行政许可法》第22条规定，行政许可原则上由具有行政许可权的行政机关行使。同时，在以下方面作了创新：（1）行政机关只能委托其他行政机关行使行政许可权。与《行政处罚法》相比，《行政许可法》第24条只规定了行政机关可以委托行政机关行使行政许可权，未规定委托组织行使行政许可权。通过限制行政机关委托其他组织实施行政许可、引导其委托其他行政机关实施行政许可，促成实施行政许可的行政机关相对集中，以尽可能地便民。（2）实行"一个窗口对外"制度。行政许可权是法律配置给行政机关的。对申请人而言，只需与行政机关打交道。《行政许可法》第26条明确规定，行政许可需要行政机关内设的多个机构办理的，该行政机关应当确定一个机构统一受理行政许可申请，统一送达行政许可决定。这可以有效防止行政机关将内部程序外部化，将实施行政许可的内部多道环节发展为多道行政许可的问题。（3）相对集中行政许可权制度。《行政许可法》第25条规定，

经国务院批准，省、自治区、直辖市人民政府根据精简、统一、效能的原则，可以决定一个行政机关行使有关的行政许可权。这可以有效地解决因多个行政机关管理同一件事带来的职权交叉、推诿失职的现状。（4）实行集中办理、统一办理、联合办理制度。行政许可依法由地方人民政府两个以上部门分别实施的，本级人民政府可以确定一个部门受理行政许可申请并转告有关部门分别提出意见后统一办理，或者组织有关部门联合办理、集中办理，以方便申请人。

2. 方便公民、法人和其他组织申请行政许可的制度

随着现代社会专业性分工的发展，法律的专业性、技术性越来越强，行政许可申请事项的要求越来越细，申请人对行政许可的申请条件、申请程序以及申请行政许可要提交的材料往往不知道或者知之甚少，导致申请人不能及时、准确、有效地提出行政许可申请。针对这一情况，《行政许可法》规定了行政机关公开许可规定、说明解释、提供申请书格式文本的义务。通过这些规定，可以有效帮助申请人及时提出符合法定形式的行政许可申请。

申请人是否具备取得行政许可的法定条件，行政机关大多数情况下是通过书面审查申请人提交的申请材料作出决定的。在申请行政许可方面，实践中存在的另一突出问题是，公民、法人或者其他组织申请行政许可都要亲自前往行政机关提出行政许可申请，要花费很多人力、财力、物力。行政许可法对此作了改革，行政许可申请都可以以信函、电报、电传、传真、电子数据交换和电子邮件提出，也可以由申请人委托代理人提出，不必都要由申请人到行政机关办公场所提出行政许可申请。

3. 受理程序中的便民制度

实践中比较突出的问题是，行政机关收到申请人的行政许可申请后，有的严重不负责任，既不告诉申请人行政许可申请是否符合法定形式、格式，也不告诉申请人有没有收到行政许可申请材料，一旦申请人申请行政复议、提起行政诉讼，就以未收到申请一推了事；有的故意刁难申请人，申请人的申请材料存在错误、不齐全、不符合法定形式的，每次只告诉申请人申请材料中需要修改、补充的部分内容，这样，申请人需要不停地修改、多次补充材料，老百姓办事很难。针对这些问题，《行政许可法》第32条区别不同情况，规定了行政机关收到行政许可申请后的审查内容及作出相应处理的义务：受理与不受理行政许可申请，都应当作出决定，并出具加盖本行政机关专用印章和注明日期的书面凭证；申请材料存在可以当场更正的错误的，应当允

许申请人当场更正；申请材料不齐全或者不符合法定形式的，应当一次告知申请人需要补正的全部内容。

4. 体现便民精神的期限制度

《行政许可法》按照规范行政行为、提高办事效率的原则，对行政机关实施行政许可的期限作了严格规定。除法律、法规另有规定外，一般情况下，行政机关应当自受理行政许可申请之日起 20 日内作出行政许可决定。同时，明确了不计算在审查期限内的八种情况，以防止行政机关制造种种理由为不作为找借口。这些规定，可以有效地解决行政机关拖延办理行政许可事项的问题。

（二）健全公正的程序规则

《行政许可法》充分体现了依程序行政的理念。《行政许可法》严格规范了行政许可实施程序的主要环节，使行政许可的申请、受理、审查、决定等各个环节基本上都有规可循，规范了行政机关实施行政许可的行为。《行政许可法》还通过一系列的制度创新，如听取利害关系人意见制度、听证制度、作出准予行政许可决定的标准制度、作出不予行政许可决定的说明理由制度等，保证行政许可决定的正确性、公正性；同时，鉴于不同种类的行政许可事项，其性质、功能和适用条件不同，相应的实施程序要求宜有所区别，《行政许可法》据此分别规定了实施行政许可的招标拍卖程序、考试程序、核准程序、登记程序等，这些客观性很强的程序将有力地制约行政机关在实施行政许可中的随意性过大、裁量权缺少约束等问题。

1. 听证制度

《行政处罚法》在行政执法中第一次引入了听证制度，《行政许可法》承继并进一步发展了行政听证制度。

第一，听证的种类有所增加。《行政处罚法》只规定了行政机关依申请举行听证的义务，《行政许可法》不仅规定了行政机关依申请举行听证的义务，还规定了行政机关主动举行听证的义务。根据《行政许可法》的规定，法律、法规、规章规定实施行政许可应当听证的事项，或者行政机关认为需要听证的其他涉及公共利益的重大行政许可事项，行政机关应当向社会公告，并举行听证。听证的进行不再完全依赖于利害关系人的申请，而是成为行政机关的法定义务，这对促进行政机关决定的公正性具有重大意义。

第二，确立了听证笔录的排他性证据效力。《行政处罚法》只规定了听证的规则，没有明确听证笔录的效力。《行政许可法》则明确规定，实施听证的，行政机关应当根据听证笔录，作出行政许可决定。听证笔录成为听证后行政机关作出决定的唯一证据。听证笔录效力的明确与提高，使听证不再是可有可无的程序，必将进一步增强行政机关按程序行政的观念，确保作出的决定公正合理。

2. 作出行政许可决定的标准制度

限制行政机关及其工作人员滥用裁量权，提高行政许可决定的公正性的一个重要保障就是明确行政机关作出行政许可决定的标准制度。实践中，由于行政机关在什么情况下作出准予行政许可的决定、什么情况下作出不予行政许可的决定缺少明确的条件、标准，行政许可成了行政机关工作人员的恩赐，甚至成了权钱交易、腐败滋生的温床。《行政许可法》明确了行政机关作出行政许可决定的标准，确保公民、法人或者其他组织依法取得行政许可的权利。

《行政许可法》区分不同情况，规定了行政机关作出行政许可决定的两条标准：一是条件合法原则。对于没有数量限制的行政许可，只要申请人符合法定条件、标准，就有权取得行政许可，行政机关就应当依法作出准予行政许可的决定。取得行政许可不再是行政机关恩赐，而是公民、法人或者其他组织的权利；授予行政许可不再是行政许可的特权，而是行政机关应当依法履行的义务。二是择优原则。对有数量限制的行政许可，如国有土地使用权的出让、水资源的分配等，原则上，行政机关都应当通过招标、拍卖进行，择优选定中标人、买受人授予行政许可；不能进行招标、拍卖的，如果两个或者两个以上申请人的申请均符合法定条件和标准的，行政机关应当根据受理行政许可申请的先后顺序作出准予行政许可的决定。择优原则的确立，限制了行政机关恣意行政的空间，可以有效地减少并消灭"一枝笔决定、一个人说了算"带来的种种不公正。

三、行政许可监督制度的创新：呼唤政府责任的归位

据国务院行政审批制度改革工作领导小组办公室统计，截至 2003 年 12 月 1 日，国务院部门现有行政审批事项仍有 3800 多项。尽管有这么多行政许可，并且许多应当设定行政许可的事项（如食品卫生、矿山安全）设定了行政许可，但是该管的事还是没有管好，该发生的问题照常发生。原因何在？一个重要原因是行政机关的事前审查与事后监督脱节。行政许可的实施机关将行政许可与审批权划上等号，只行使行政许可权、不履行监管职责，行政许可的准入门槛很高，一旦进入以后却又无人监管；负责监督检查的行政机关缺乏有效的监督机制，只会搞年检、突击战、运动战，监督检查成本很大，但收效甚微；发现问题后，监管部门缺少权威的监督手段，不能及时制止、有效制裁违法行为人。

行政许可是行政机关对自然人、法人或者其他组织是否符合法律、法规规定的条件的审查核实。对行政机关来说，依法实施行政许可，不仅是一项权力，更是一种责任。其责任体现在：（1）依法审查的责任。行政机关应当依法审查并决定是否准予行政许可，对不符合法定条件、依法不能取得行政许可的，不得擅自作出准予行政许可的决定；对符合法定条件、依法应当取得行政许可的，不得擅自作出不予行政许可的决定。（2）依法确保被许可人履行义务的责任。作出行政许可后，对准予行政许可的，行政机关应当通过监督检查确保被许可人在取得行政许可后始终保持或者高于取得行政许可时的条件，并合法行使权利。（3）依法确保行为人取得行政许可从事有关活动的责任。行政机关应当确保从事依法应当取得行政许可才能从事的活动的人取得行政许可，对未经行政许可取得有关活动的依法予以制止、制裁。对上述职责不作为的，就是失职。

行政许可能否发挥其设立作用，能否实现其功能，是与行政机关的责任和相对人的义务相联系的。如果行政机关不能很好地履行监督责任，以确保相对人履行义务，始终达到与取得行政许可相同或者更高的状态，那么行政许可的功能就要大打折扣。因此，行政机关实施行政许可，必须将其与加强监督检查结合起来。行政许可法在行政许可监督制度方面作了如下创新：

（一）完善监督检查机制，提高监督检查效果

行政机关应当建立健全监督检查制度，履行监督检查职责。行政许可法限制了年检的适用，除对直接关系公共安全、人身健康、生命财产安全的重要设备、设施，行政机关可以根据法律、行政法规的规定进行定期检验外，对被许可人的监督检查，行政机关主要通过核查反映被许可人从事行政许可事项活动情况的有关材料进行。必要时，行政机关可以对被许可人生产经营的产品进行抽样检查、检验、检测，对其生产经营场所进行实地检查。为扩大行政机关发现违法行为信息的来源，降低行政机关监督成本，《行政许可法》规定了两项新的监督制度，一是异地抄告制度。查处违法行为的行政机关应当将被许可人违法从事行政许可事项活动的事实及处理结果抄告作出行政许可决定的行政机关。通过这一制度，加强行政机关之间的信息沟通与交换，可以有效改变被许可人在发证机关所在地以外的地区实施违法行为无人

管的情况，使被许可人的行为始终有效地处于行政机关的监督之下。二是鼓励举报制度。个人和组织发现违法从事行政许可事项的活动，有权向行政机关举报。通过发动群众举报，可以有效弥补行政机关因人员不够不能全天候执法、不能在全区域巡查的缺点，确保违法行为人一旦实施违法行为，行政机关就可以及时得到有关信息，并及时核实、处理。这两个制度的建立，将极大地提高行政机关发现违法行为、制裁违法行为的效率，加大违法行为的成本，确保监督管理目标的实现。

（二）按照行政许可的性质、功能，严格规定了被许可人依法从事行政许可事项活动的义务

被许可人取得行政许可后，应当依法从事有关行政许可事项的活动。如取得国有土地使用权的被许可人，就应当依法履行开发利用的义务；取得垄断行业市场准入行政许可的被许可人，就应当依法向用户提供安全、方便、稳定和价格合理的服务；取得直接关系公共安全、人身健康、生命财产安全的重要设备设施设计、建造、安装、使用行政许可的有关个人、组织，应当依法建立自检制度。被许可人取得行政许可后，没有依法履行有关法定义务的，行政机关可以采取有效措施，依法予以处理。

（三）赋予行政机关相应的执法手段，确保其履行监督检查职责

《行政许可法》明确规定，行政机关在实施监督检查时，可以核查被许可人的材料、依法实地检查、检验；发现违法行为，有权责令其停止违法行为，并依法作出撤销行政许可、给予行政处罚、移送司法机关处理。同时规定，行政机关监督检查时，被许可人应当如实提供有关情况和材料，接受行政机关依法开展的监督。这些规定，可以有效保证行政机关有足够的手段履行监督检查职责。

（四）严格规定不履行监督责任的法律责任

按照权责一致的原则，《行政许可法》规定，行政机关不依法履行监督职责或者监督不力的，要追究有关责任人员的行政责任与刑事责任。监督检查中发现行政许可决定违法应当予以撤销，如果被许可人没有以欺骗、贿赂等手段取得行政许可的，行政机关还要对被许可人因此受到的损害予以赔偿。

四、贯彻实施行政许可法，推进政府管理创新

《行政许可法》确立的原则与制度，体现了法治政府的基本精神。贯彻实施《行政许可法》，需要转变管理理念，实行政府管理创新。

（一）树立有限政府的观念，节制政府规制

《行政许可法》通过妥善处理政府与市场、政府与社会、公权力与私权利的关系，明确规定什么事项可以设定行政许可，什么事项不要设定行政许可，限制了行政许可的范围，从政府职能的性质上科学地界定了政府的事权范围，从制度上防止了作为公权力的行政许可对私权利的僭越。贯彻实施行政许可法，必须明确，政府的职能是有限的，政府只能管其该管并且能够管得好的事，要将政府职能切实转变到宏观调控、市场监管、社会管理、公共服务上来，节制政府对经济与社会的不必要的过度规制，充分放权给个人、市场与社会。

（二）加强正当程序的建设，确保公众参与

法治政府要求政府必须按规则办事，遵守正当程序，做到公开、公正、公平。《行政许可法》通过规定设定行政许可说明理由、举行听证会、实行定期评价；实施行政许可事前公布规定，对申请人一视同仁，对有数量限制的行政许可择优作出决定，涉及利害关系人的要听取意见、举行听证等规定，有利于促进政府行为的规范化、理性化，改变行政管理行政单方主导、命令服从色彩浓厚、行政管理相对人积弱的现状，促进正当程序的建设，保障公众参与。

（三）维护诚信政府的形象，建设政府信用

《行政许可法》限制了对违法行政许可决定的撤销权和合法行政许可决定的变更、撤回权，要求行政机关发布的决定、提供的信息相对稳定、真实可靠，以给老百姓明确的预期。不是因被许可人的原因，确需改变有关决定、信息，由此造成老百姓损失的，行政机关要依法予以赔偿、补偿。这些规定，有利于政府取信于民，建立诚信政府，并进而在全社会形成守信的良好氛围。

（四）落实责任政府的要求，实行权责一致

行政机关的权力与责任是一致的，有权力就要承担相应的责任。对行政机关来说，依法实施行政许可，既是享有的权力，更是一种责任。《行政许可法》严格规定了违法、越权以及不遵守法定程序实施行政许可的法律责任，确保了权力与责任挂钩，将有效改变过去行政机关实施行政管理只有权力、没有责任的现象，有利于督促行政机关依法办事。

行政审批制度改革：反思与创新*

2001 年 10 月，国务院召开行政审批制度改革工作电视电话会议，正式启动行政审批制度改革工作。经过 10 余年的努力，行政审批制度改革取得了重要进展。然而，在成绩面前，也应当清醒地看到，行政审批制度还存在诸多问题，与经济社会发展和法治政府建设的要求还不相适应，行政审批制度改革还有很长的路要走。本文选取当前行政审批设定中存在的几个典型问题作为分析对象，并尝试提出适当的解决办法。

一、正确认识行政审批的双面作用

针对公民、法人或者其他组织的行政审批是行政管理中常见的管理手段，具有双面作用。

一方面，行政审批是行政机关为应对市场失灵、社会自律不足等，对经济和社会采取的必要干预，在预防危险、保障安全，分配稀缺资源，提高从业水平，提升市场主体风险抵御能力等方面发挥着重要作用。

另一方面，行政审批作为前置性的管理手段，如果过多过滥，会严重打压社会活力、抑制市场创造力、降低经营效率、增加市场主体经营成本甚至阻碍经济发展。从中国的实际情况看，还会产生某种隐蔽的利益。因此，行政审批应当适度，凡是公民、法人或者其他组织能够自主决定的，市场竞争机制能够有效调节的，行业组织或者中介机构能够自律管理的，行政机关采用事后监督等其他行政管理方式能够解决的，都没有必要设定行政审批，只有完全符合《行政许可法》第 12 条规定的条件时，才设定行政审批，从而确保既能发挥行政审批的正面作用，又能抑制其负面作用出现。

二、行政审批设定改革及其存在的问题

总体上看，在行政审批制度改革中，遵循了行政审批的适度设定原则，较为严格地控制了行政审批的数量。具体而言，过去 10 年的行政审批制度改革针对行政审批的设定，主要做了以下三方面的工作：

---

* 本文载于《人民论坛·学术前沿》2012 年第 3 期。

第一，取消和调整了大量行政审批项目。据统计，经过 10 年时间，对国务院部门的审批项目先后进行了五轮全面清理，共取消和调整审批项目 2183 项，占原有审批项目总数的 60.6%；各省（区、市）本级共取消和调整审批项目 36 986 项，占原有审批项目总数的 68.2%。[1]

第二，对确需保留的行政审批项目设定了行政许可。2004 年 6 月 29 日，国务院发布《国务院对确需保留的行政审批项目设定行政许可的决定》（中华人民共和国国务院令第 412 号），对法律、行政法规以外的规范性文件设定，确需保留且符合《中华人民共和国行政许可法》第 12 条规定事项的 500 项行政审批项目，根据《行政许可法》第 14 条第 2 款的规定，决定予以保留并设定行政许可。

第三，保留了部分非行政许可审批项目。以中央层面为例，2004 年 8 月 2 日，国务院办公厅发布《国务院办公厅关于保留部分非行政许可审批项目的通知》（国办发〔2004〕62 号），"根据现阶段政府全面履行职能和有效实施管理的需要"，暂予保留了 211 项非行政许可审批项目。

然而，从严格执行《行政许可法》的视角来看，当前的行政审批设定仍然存在一些不容忽视的问题：

第一，有关行政审批的概念五花八门，变相设定行政审批的现象较为严重。一些部门和地区利用"红头文件"、规章等，以登记、备案、年检、监制、认定、审定以及准销证、准运证等形式，变相设置审批事项。[2]以某部门发布的《关于加强进口游艇管理的公告》为例，该《公告》在没有法律或行政法规作为依据的前提下要求"自本公告发布之日起，申请从境外进口游艇的，应当到我部办理备案手续"，并要求有关机构"严格执行本公告的规定，对不符合本公告要求的进口游艇不予办理进口船舶登记和检验手续"，就属于典型的变相设置审批事项。

第二，对非行政许可审批项目，管理不规范，随意性大。[3]部分本来属于行政许可的审批项目被纳入非行政许可审批项目范围保留下来，规避了

---

〔1〕 参见"深入推进行政审批制度改革工作电视电话会议发言摘编"，载新华网，http://news. xinhuanet. com/politics/2011-11-16/c_ 111169802. htm.

〔2〕 参见温家宝："在全国深入推进行政审批制度改革工作电视电话会议上的讲话"，载新华网，http://news. xinhuanet. com/politics/2011-11-16/c_ 111169798. htm.

〔3〕 参见温家宝："在全国深入推进行政审批制度改革工作电视电话会议上的讲话"，载新华网，http://news. xinhuanet. com/politics/2011-11-16/c_ 111169798. htm.

《行政许可法》的约束。以《国务院办公厅关于保留部分非行政许可审批项目的通知》（国办发［2004］62 号）保留的非行政许可审批项目目录为例，对该目录稍作分析便知，有一些项目显然不是非行政许可审批项目，而是地地道道的行政许可项目。本文后面还将对该目录作进一步分析。

三、行政审批与行政许可关系梳理

自从 2001 年启动行政审批制度改革以来，行政审批、行政许可、非行政许可审批等概念多次出现在各种法规和政策文件中。繁多的概念既让社会公众无所适从，也在一定程度上加大了行政审批制度改革的难度。这些概念之间究竟是什么关系，需要进行仔细梳理并澄清认识，从而为进一步推进行政审批制度改革打下扎实的基础。下面以行政审批制度改革中的几个重要文献为对象，着重分析前述几个概念的来龙去脉和相互关系。

作为行政审批制度改革的纲领性文件，《关于行政审批制度改革工作的实施意见》（国发［2001］33 号）并未对行政审批进行界定。最早对行政审批作出明确界定的是国务院行政审批制度改革工作领导小组（以下简称"领导小组"）于 2001 年 12 月 11 日印发的《关于印发〈关于贯彻行政审批制度改革的五项原则需要把握的几个问题〉的通知》（国审改发［2001］1 号）。该通知认为，《关于行政审批制度改革工作的实施意见》（以下简称《实施意见》）所称行政审批，是指行政审批机关（包括有行政审批权的其他组织）根据自然人、法人或者其他组织依法提出的申请，经依法审查，准予其从事特定活动、认可其资格资质、确认特定民事关系或者特定民事权利能力和行为能力的行为。只要自然人、法人或者其他组织等相对人实施某一行为、确认特定民事关系或者取得某种资格、资质及特定民事权利能力和行为能力，必须经过行政机关同意的，都属于《实施意见》所要求清理和处理的行政审批项目范围。在清理行政审批项目时，不能只注意其名称和形式，而且应当把握其"必须经过行政审批机关同意"这一实质，才能保证不重项、不漏项。行政审批是行政审批机关作为行政主体对相对人实施的具体行政行为，因此，行政机关对其内部有关人事、财务、外事等事项的审批、决定不属于《实施意见》所要求清理和处理的行政审批项目范围。

据此，至少可以得出以下三点信息：其一，行政审批可以分为内部行政审批和外部行政审批。其二，在行政审批制度改革之初，领导小组把行政审批制度改革对象限定为针对行政相对人的外部行政审批，至于行政机关对其内部有关人事、财务、外事等事项的审批、决定，不是行政审批制度改革的对象。其三，作为行政审批制度改革对象的还包含行政确认。例如，"确认特定民事关系"就属于行政确认。

2002 年 8 月 23 日，《关于〈中华人民共和国行政许可法（草案）〉的说明》指出，"行政许可（也就是通常所说的'行政审批'），是行政机关依法对社会、经济事务实行事前监督管理的一种重要手段……"。在这里，为了通俗易懂地表达行政许可，有关部门又将行政许可等同于行政审批。

2003 年 8 月 27 日通过并公布、自 2004 年 7 月 1 日起施行的《中华人民共和国行政许可法》第 2 条规定："本法所称行政许可，是指行政机关根据公民、法人或者其他组织的申请，经依法审查，准予其从事特定活动的行为。"第 3 条第 2 款规定："有关行政机关对其他机关或者对其直接管理的事业单位的人事、财务、外事等事项的审批，不适用本法。"从《行政许可法》的规定可以看出，《行政许可法》只调整针对行政相对人的外部行政审批，不包括内部行政审批，行政确认也未包含在《行政许可法》的调整范围之内。也就是说，《行政许可法》所调整的行政许可的外延要小于作为行政审批制度改革对象的行政审批的外延。同时，《行政许可法》将"有关行政机关对其他机关或者对其直接管理的事业单位的人事、财务、外事等事项的审批"排除在调整范围之外，意味着行政许可与这些审批是并列关系，为后来非行政许可审批这一概念的出现留下了一定空间。

2004 年 6 月 29 日，也就是在《行政许可法》生效两天前，《国务院对确需保留的行政审批项目设定行政许可的决定》（中华人民共和国国务院令第 412 号）对确需保留的 500 项行政审批项目设定了行政许可，明确了行政审批实际上是行政许可的上位概念。

2004 年 7 月 16 日，在《行政许可法》生效约半个月之后，《国务院关于投资体制改革的决定》（国发〔2004〕20 号）指出，"对于企业不使用政府投资建设的项目，一律不再实行审批制，区别不同情况实行核准制和备案制。"该《决定》认为核准或备案不是审批，从而引申为核准或备案就不是行政许可，可以不适用《行政许可法》。这就产生了歧义。2002 年 8 月 23 日杨景宇同志在九届人大第二十九次常委会会议上作《关于〈中华人民共和国行政许可法（草案）〉的说明》时指出，行政许可分为五类：一是普通许可，二是特许，三是认可，四是核准，五是登记，并明确："核准是由行政机关对某些事项是否达到特定标准、经济技术规范的判断、确定，主要适用于直接关系公共安全、人身健康、生命财产安全的重要设备设施的设计、建造、安装和使用，直接关系人身健康、生命财产安全的特定产品、物品的检验、检疫（第 20 条）。核准的功能也是为防止危险，保障安全，没有数量控制。"

两个都是核准，到底"核准"是不是许可？也许《国务院关于投资体制改革的决定》对以上所说"核准制"赋予了新的含义，不再是许可了。因为这里所说的核准，是投资体制中的核准，与行政许可法中所指的有关设备设施是否达到特定标准、技术规范的核准是两个领域中的核准。但其一，关键在于，两个核准的本质和程序有没有变？《行政许可法》中所说的核准，是指未经行政机关核准同意，该设备设施就不得安装使用，是事前程序。否则，行政机关将给予制裁，属于禁止的解除。投资体制改革中的核准与此不同吗？事先未经核准同意，就可投资吗？如果是，那就不是许可。其二，《行政许可法》中已用了核准，且含义明确，其他文件最好不要用同一词而含义不同。否则，就会产生现在常用的说法：核准不是许可。备案在现实中也有两类：一类备案是一种事后告知程序，即公民、法人及其他组织，或者机关，在完成某项事务后，依法书面报告有关行政机关，事情就结束了；另一类是要在备案机关回复同意备案后，报备事项才能生效。后者在本质上也是许可。显然，《国务院关于投资体制改革的决定》所说的核准和备案可能赋予了新的含义。为此，必须明确该决定中的核准或备案的准确含义和必经程序。

2004 年 8 月 2 日，在《行政许可法》生效约 1 个月之后，《国务院办公厅关于保留部分非行政许可审批项目的通知》（国办发 [2004] 62 号）进一步缩小了行政许可的范围。该通知指出，"依据《中华人民共和国行政许可法》和行政审批制度改革的有关规定，国务院对所属各部门的行政审批项目进行了全面清理，先后分三批取消和调整 1795 项行政审批项目。同时，除现行法律、行政法规设定的继续实施外，依法保留并设定行政许可 500 项。在此基础上，对其他行政审批项目进行了严格审核和充分论证，根据现阶段政府全面履行职能和有效实施管理的需要，经国务院同意，对其中的 211 项暂予保留。这些项目，主要是政府的内部管理事项，不属于行政许可；随着社会主义市场经济体制的逐步完善，今后还将逐步取消或作必要的调整。"这大概是政府文件中首次公开提出非行政许可审批这一概念。

本来，根据《行政许可法》第 3 条第 2 款的规定推导出非行政许可审批这一概念在逻辑上是没有问题的，但是非行政许可审批的提出传递了几个重要信号：首先，再次明确了行政审批分为行政许可和非行政许可审批。其次，这些非行政许可审批"主要是政府的内部管理事项"。再次，哪些项目属于非行政许可审批项目是由国务院办公厅以国务院名义决定的。最后，在确定非行政许可审批的范围时，有可能为本来应该属于行政许可的审批项目变成为非行政许可审批项目留下机会。事实上，不管从中央还是地方的情况来看，都有为数不少的行政许可项目被纳入了非行政许可审批的范围，规避了《行政许可法》的约束。

四、认真清理非行政许可审批项目

自从开展行政审批制度改革以来，不断清理和优化行政审批项目已经成为共识。但是在有了非行政许可审批项目后，由于这些非行政许可审批项目可以不适用《行政许可法》，这就引起公众的关注。非行政许可审批后，并未提出它与行政许可划分的明确标准，管理不规范，随意性大，易为规避《行政许可法》提供机会。为了规范非行政许可审批设定，促进《行政许可法》的正确实施，有必要对非行政许可审批项目进行集中清理，尤其是对于最早提出非行政许可审批概念的《国务院办公厅关于保留部分非行政许可审批项目的通知》（国办发［2004］62号）中保留的非行政许可审批项目，更要首先进行清理，为各地作出示范。

通过对该通知中保留的非行政许可审批项目目录进行初步研读后可以发现，目录中所确定的非行政许可审批项目实际上按不同标准，有下面几种情况：是否属于有关行政机关对其他机关或者对其直接管理的事业单位的人事、财务、外事等事项的审批，即是否属于内部行政审批项目；是否属于行政机关对有关法律事实、法律地位、法律关系等的确定、认可、证明，即是否属于行政确认项目；是否属于行政机关根据公民、法人或者其他组织的申请，经依法审查，准予其从事特定活动的行为，即是否属于行政许可项目。

在判断某一项目是否属于行政许可项目时，可以采用更为细致的标准。一般而言，行政许可具有两个核心特征：一是公民、法人或者其他组织从事特定活动必须经过行政机关同意，二是如果事先未经过行政机关同意就从事了特定活动，将会受到行政机关的处罚制裁。同时具备这两个核心特征的项目就是行政许可项目。

以目录中的暂住证核发为例，暂住证核发的主要法律依据是1995年6月2日公安部令第25号公布施行的《暂住证申领办法》。虽然该办法第2条声称："暂住证是公民离开常住户口所在地的市区或者乡、镇，在其他地区暂住的证明"，但是综合该办法的有关规定可以看出，暂住证核发实质上就是行政许可。该办法第3条规定，离开常住户口所在地、拟在暂住地居住1个月以上年满 16 周岁的有关人员，在申报暂住户口登记的同时，应当申领暂住证。同时，该《办法》第 14 条规定："违反本规定有下列行为之一的，根据情节轻重，由公安机关予以处罚：（一）不按规定申报暂住户口登记、申领暂住证，经公安机关通知拒不改正的，对直接责任人或者暂住人处以 50 元以下罚款或者警告……"其中，第 3 条规定符合行政许可的第一个特征，第 14 条规定符合行政许可的第二个特征。因此，综合来看，暂住证核发实质上就是行政许可。

按照上述标准将目录中的行政许可项目剥离出来进行分别处理，如果确实需要设定行政许可的，按照法定程序依法设定；如果没有必要设定行政许可的，按照行政审批制度改革的规定予以取消或调整。同时，对于目录中行政许可项目之外的其他审批项目也要逐一进行审核论证，该取消的取消，该调整的调整，该保留的保留。

本文在按照上述标准对该《通知》中保留的非行政许可审批项目目录进行分析之后发现，目录中的 211 个项目至少有近 30 个项目属于行政许可项目。

当然，上述清理结果或许只是一家之言，某些非行政许可审批项目到底是不是行政许可项目还需要作进一步研究论证。因此，本文建议有关部门及时开展专项清理工作，按照正当程序对非行政许可审批项目进行认真清理，逐一审查其是否属于行政许可，逐一审查其是否有必要设定，并及时作出处理。

五、加强对行政审批设定的监督

为解决前文所述行政审批设定存在的问题，需要从以下几个方面加强对行政审批设定的监督。

建立行政许可设定的前评价制度。为了尽可能增强行政许可设定的合理性，有必要建立行政许可设定的前评价制度，将前评价作为行政许可设定的必经程序，未经前评价，或者前评价未通过的，不得设定行政许可。前评价可以由起草机构或者草案审查机构之外的第三方机构实施，并应当形成专题评价报告。专题评价报告以行政许可设定的必要性和可行性为主要内容，并应得出是否设定行政许可的评价建议。专题评价报告应当作为草案起草说明的附件，提交立法机关的草案审查会议。

建立规范性文件的事前合法性审查制度。针对一些部门和地区利用"红头文件"、规章等变相设置审批事项的问题，有必要建立规范性文件的事前合法性审查制度。凡是制定"红头文件"、规章等规范性文件的，必须经过法制机构合法性审查,未经合法性审查或者合法性审查未通过的,不得出台。规范性文件是否违法设定了行政许可应当作为合法性审查的主要内容之一。有条件的地方和部门,还可以邀请高等院校、科研机构等中立机构进行合法性审查,提出审查意见,这样可以最大限度确保合法性审查的客观公正。

建立规范性文件的事后监督制度。对于已经发布的规范性文件,公民、法人或者其他组织认为该规范性文件违法设定了行政许可的,可以向行政审批制度改革牵头部门举报。行政审批制度改革牵头部门收到举报后,应当依法及时处理。将来修改《行政诉讼法》时,还可以考虑将部分规范性文件纳入行政诉讼受案范围,建立规范性文件的司法监督制度。

落实行政许可后评价制度。《行政许可法》第 20 条创设了行政许可的后评价制度,规定行政许可的设定机关应当定期对其设定的行政许可进行评价,行政许可的实施机关可以对已设定的行政许可的实施情况及存在的必要性适时进行评价,公民、法人或者其他组织可以向行政许可的设定机关和实施机关就行政许可的设定和实施提出意见和建议。《行政许可法》实施后,有的地方还专门制定了行政许可后评价办法,[1]但是实践中行政许可后评价制度并没有真正有效运转起来。

建议将行政许可后评价纳入法律、行政法规和地方性法规的修改程序,凡是对法律、行政法规和地方性法规进行较大幅度修改时,必须对该法律、行政法规和地方性法规设定的行政许可进行评价,编制评价报告,并明确提出是否继续设定该行政许可的意见。评价报告也应当列为法律、行政法规和地方性法规修改草案起草说明的附件。

六、转变观念,创新管理方式

固然,行政许可是一种重要的管理手段,但是,行政许可也仅仅是众多管理手段中的一种而已。为了实现某一行政管理目的,除了行政许可之外,还有很多管理手段可供行政机关选择。根据《行政许可法》第 13 条的立法精神,在考虑是否设定行政许可项目时,应当遵循能不设定行政许可就尽量不设定行政许可的原则。随着我国社会主义市场经济的进一步发展和行政审批制度改革的深入推进,行政机关应当逐步减少对行政许可的依赖甚至迷恋,尽快转变观念和创新管理方式,更多地采用事中管理和事后管理手段。

---

〔1〕 例如,2004 年 8 月 2 日,重庆市人民政府印发了《重庆市行政许可评价暂行办法》(渝府发〔2004〕71 号)。

从依法行政到建设法治政府

行政强制法

论行政强制执行[*]

一、行政强制执行的概念

行政强制执行是指公民、法人或其他组织不履行行政机关依法所作行政处理决定中规定的义务，有关国家机关依法强制其履行义务或达到与履行义务相同状态的行为。

（1）行政强制执行以公民、法人或其他组织不履行行政义务为前提，在一般情况下，这种不履行还必须有不履行的故意。不履行行政义务有两种情况，一种是从事法律所禁止的行为，如在规定不得建筑住宅的土地上建立住宅；另一种是不履行规定必须履行的义务，如应纳税而不纳。两种情况都属行政强制执行的范围。

（2）行政强制执行的目的在于强迫公民、法人或其他组织履行行政义务。因此，强制执行应以行政义务为限，不能超过当事人所承担的行政义务范围。

（3）义务人拒不履行行政法上的义务，是行政强制执行的前提，但该义务产生的依据，即行政强制执行的基础是什么？历史上曾经长期存在争论。大陆法系国家早期曾主张包括行政处理决定和行政法律规定两类，近期行政强制执行的趋势，倾向于仅以行政处理决定为根据，不再以法律规定为直接依据。

（4）行政强制执行的主体是行政机关还是司法机关，两大法系有重要区别，其根源在于对于行政强制执行权的性质的认识，普通法系国家从来把行政强制执行权看成是司法权的一部分。行政机关当然无权实施行政强制执行，但大陆法系中很多国家则历来将行政强制执行权看成是行政权的一部分，由行政机关自行执行。不同的是，德奥等国早期曾将行政强制执行看成是行政权的组成部分，无需法律特别规定；近期则有重大变化，行政机关是否有行政强制执行权，尚需法律特别规定，这是顺应民主潮流和保护公民合法权益

---

[*] 本文载于《中国法学》1998 年第 3 期。

观念日益发展的必然趋势。[1]

我国关于行政强制权的归属，已由长期实践形成制度，并在《行政诉讼法》《行政处罚法》中加以规定，大致可归纳为：以申请人民法院强制执行为原则，以行政机关自行强制执行为例外的基本制度。

二、行政强制执行与民事强制执行和行政处罚的区别

（一）行政强制执行与民事强制执行

行政强制执行与民事强制执行，作为强制执行，有许多共同处，对某些国家来说，行政强制执行与民事强制执行并无实质区别，它们都是司法权的一部分，如美国。对另一些国家而言，虽然行政强制执行与民事强制执行是分开的，但行政强制执行在内容与方式上也都是从民事强制执行仿效而来，如德国。从我国具体情况看，行政强制执行与民事强制执行的区别在于：

（1）从执行主体看，我国行政强制执行的主体在一般情况下为人民法院，但在法律规定的情况下，也可以是行政机关；这与民事强制执行的主体只能是司法机关不同。

（2）从执行依据看，行政强制执行的依据是行政处理决定，即使在由司法机关强制执行的情况下，其执行依据也是行政处理决定；而民事强制执行的依据是已经生效的人民法院或仲裁机关的判决、裁定或调解等法律文书。

（3）从执行对象看，行政强制执行的对象比较广泛，可以是物，也可以是行为和人身；而民事强制的对象仅限于物。

（4）从执行结果看，行政强制执行不存在执行和解，只能强迫义务人履

---

[1]　"二战"前德日行政法学者均肯定行政处分具有公定力、拘束力、确定力及执行力。因此，行政处分权当然包括命令权与执行权。行政强制执行无需根据法律之特别规定。如19世纪时普鲁士学者安休斯（G. Anschiite）、布伦诺（K. Brunner）均持此说。其后德国著名行政法学家奥托·麦耶尔（Otto Mayer）进一步予以发展，认为行政权依法发动之命令，原则上即应包括强制执行力。"警察所下之命令乃国家之行为，其与某人对债务人所做之请求截然不同。用强制之方法以求（命令目的之）实现乃当然之理。"日本著名行政法学家美浓部达吉也持此说："基于公权力之国家意思，其本身既已具备执行力，吾人应认为直接强制可不待法律之特别规定，该行政官署当然有权予以执行"[《日本行政法》（上），1936年版，第336页]。"二战"后，随着民主的发展，这种观点受到责难，西德著名行政法学家佛鲁斯特霍弗（Forsthoff）在分析了行政权与公民的关系后，认为"无例外的，应固守一个原则，即行政权仅能在具体之情况下且为法律所承认者，方得行使强制手段"。此后，德国学者一般都认为，应把行政的命令权与实现命令之强制执行权视为各自独立、互不牵连的行政行为，两者都须有其法规上之根据，这才符合行政法上最基本的原则——依法行政。日本田中二郎教授也持上述见解："行政强制，不问其为行政上之强制或行政上之即时强制，均因以人民之身体及财产之侵害为其内容，因此近代法治国家若须执行行政强制则非有法律上之根据不可。……下令与强制为各别之行为"（《行政法总论》，1965年版，第380页）。当前日本学者大都持此说。

行义务；民事强制执行则可以执行和解。[1]

（二）行政强制执行与行政处罚的区别

行政强制执行与行政处罚的共同点在于，都是因当事人不履行法定义务所引起的。但当事人不履行法定义务有两种情况，一种是，此法定义务非履行不可，由此引起行政强制执行，如纳税，当事人不履行纳税义务的，必须强迫当事人履行；另一种情况是，此义务已不可能再履行，故只能给予行政处罚，使其记取教训，以后必须履行义务。如违反交通规则，闯红灯，此时只能科以罚款，使其以后遵守交通规则，不可能强制执行。从性质上说，行政处罚是对不履行义务的当事人科处新的义务，而行政强制执行则是要对不履行义务的当事人强迫其履行原来的义务。这是行政强制执行与行政处罚的一般分界线。当然，行政强制执行中的代执行和执行罚也有科以新的义务的内容，但这种科以新的义务的目的，仍是履行原行政义务，并不以科以新的义务为结束。这是法律在设定处罚还是强制时必须注意的。实践中，也有以处罚代替强制执行的，即以处罚代替当事人必须履行义务的情况，如有些地方对农民侵占集体土地建房，行政机关不是申请人民法院强制拆除，而是以收取罚款结案，这实际上将起到怂恿违法的作用，是不可取的。

此外，行政处罚的种类和行政强制执行的种类很不相同。行政处罚主要运用警告、罚款、没收财物、吊销许可证和执照、责令停产停业以及行政拘留等手段；行政强制执行则采取代执行、执行罚、强制征收以及直接强制等手段。由于行政处罚都是一次的承担义务，因而在行政处罚难于执行时，尚需以行政强制执行为后盾。

三、对目前有关行政强制执行定义的辨析

我国行政法学著作中大都有行政强制执行的章节和定义，粗看似大同小异，细加分析可以发现一些理论上存在的问题。现先摘录几条有代表性的定义，再加分析，也许将有助于我们对行政强制执行的理解。

（1）"在行政法律关系中，当事人不履行其行政法上的义务时，国家行政机关可以采取法定的强制手段强制当事人履行其义务，这就是行政法上的强制执行，是一种具体的行政行为，又叫做行政执行。"[2]

（2）"强制执行行为指由于被管理者抵制行政机关的合法行为，不履行行

---

〔1〕 应松年主编：《行政行为法》，人民出版社 1992 年版，第 525~526 页。

〔2〕 王珉灿主编：《行政法概要》，法律出版社 1983 年版，第 125 页。

政机关提出的合法要求，行政机关采取强制措施消除被管理者的抵制，迫使其履行的行政行为。"[1]

（3）"行政强制，也叫行政强制执行，是国家对拒绝履行行政法规定的义务的当事人，或其有关实物标的依法实施强制措施，以促使某项义务的履行；或者为了公共利益而对特定的人或物实施强制手段，以限制某项权利的行使。"[2]

（4）"行政强制执行是行政机关在国家行政管理中对不履行法定义务的当事人用强制措施强制当事人履行义务的行政行为。"[3]

（5）"行政强制执行，是国家行政机关对违反行政法律文件规定的义务的当事人采取的行政法上的强制措施，由国家行政机关负责执行。行政强制执行，是一种具体的、针对特定的人而采取的行政措施，又叫做行政执行。"[4]

（6）"行政强制执行指行政机关或行政机关申请人民法院强制拒不履行行政法义务的公民、法人或其他组织履行其义务的行为。"[5]

（7）"行政强制执行是指行政管理相对一方当事人不履行其义务时，行政机关以强制方式促使其履行，或实现与履行有同一状态的行政行为，通常简称为行政执行。"[6]

（8）"行政强制执行，是指公民、法人或其他组织（行政管理相对人）拒不履行行政法义务，有关国家机关依法采取必要的强制措施，迫使公民、法人或其他组织履行义务或实现与履行义务相同的状态的行政执行行为。"[7]

（9）"行政强制执行，可简称为行政执行或行政强制，是指相对人负有法定义务，拒不履行，由行政机关依法采取强制措施，迫使其履行义务或者由他人代为履行以达到同样目的的具体行政行为。"[8]

这些定义的共同点都指出行政强制执行以公民、法人或其他组织不履行法定义务为前提。行政强制执行的目的在于强迫当事人履行法定义务。这无疑是正确的，但这些定义又存在着许多差异，而这些差异实际上反映了我们

〔1〕 姜明安：《行政法学》，山西人民出版社 1985 年版，第 298~299 页。

〔2〕 张焕光等：《行政法基本知识》，山西人民出版社 1986 年版，第 155 页。

〔3〕 应松年、朱维究：《行政法总论》，工人出版社 1985 年版，第 298 页。

〔4〕 张尚鷟主编：《行政法教程》，中央广播电视大学出版社 1988 年版，第 171 页。

〔5〕 罗豪才主编：《中国行政法讲义》，人民法院出版社 1991 年版，第 139 页。

〔6〕 张尚鷟主编：《行政法学》，北京大学出版社 1991 年版，第 232~233 页。

〔7〕 应松年主编：《行政行为法》，人民出版社 1992 年版，第 52 页。

〔8〕 王连昌主编：《行政法学》，中国政法大学出版社 1994 年版，第 225 页。

对行政强制执行理解的不准确。

（1）将行政强制执行等同于行政强制。实际上行政强制的概念较行政强制执行为宽，它包括行政强制执行、行政强制措施和行政即时强制等。

（2）将行政强制执行等同于强制措施，但这两者在一般情况下并不完全相同。行政强制执行是对不履行法定义务的当事人，强迫其履行义务。行政强制措施一般是为了保全证据或制止违法。有时，采取强制措施的目的正是为了保证以后的强制执行。当然，在某些情况下，行政强制措施也可能作为行政强制执行的一个前奏阶段出现，从而使两者难以区分。

（3）将行政强制执行与行政执行相等同。如上述所述，这种观点在早期德奥等国比较流行，但二战以后这种观点和做法都已被摒弃，因为它有放纵行政专横的可能，不利于保护公民的合法权益。新中国成立后，虽然长期来没有理论加以明确阐述，但实践的做法是确定的：将行政执行与行政强制执行分开，行政执法机关有权作出行政处理决定，但一般都没有强制执行权，只有在法律有明确授权的情况下，该行政机关才具有法律规定范围内的强制执行权，可以在作出处理决定后，依照法定程序进行行政强制执行。

毫无疑问，行政处理决定是具有执行力的，但执行力并不意味着行政机关自己可以强制执行。将行政处理决定权与行政强制执行权分离，将行政处理决定权与行政处罚权分离，这是现代行政法，也是我国行政法制建设发展的必然趋势。

（4）将行政强制执行称为行政行为或具体行政行为。强制执行行为在行政机关依法自行强制执行时，当然可以称为行政行为或具体行政行为，但在申请人民法院强制执行，经法院审查同意，下令强制执行时，它就是司法强制，不应再称为行政行为或具体行政行为。

（5）一般行政强制执行的定义中，大都未明确指出行政强制执行的根据应为行政处理决定，不应直接依据法律执行。

四、外国行政强制执行制度简介

行政强制执行，作为一项法律制度，起始于西方，由于不同的历史文化背景，西方行政强制执行制度大致形成三种模式，即美国模式、法国模式和德奥模式。

（一）美国模式

美国模式的特点是，行政机关在相对一方不履行行政义务时，原则上不能自己采取强制执行手段，只能向法院提起民事诉讼，请求法院以命令促使履行，相对一方如果不履行法院命令，法院将以藐视法庭罪，处以罚金或拘禁，这就是"藐视法庭程序（Contempt Proceedings）"，当然，作为诉讼，被告方也同时可以就行政机关的强制执行决定是否合法进行争论，因而其本身又是一次救济程序。此外，它也并不妨害相对一方在不服行政处理决定时，根据特别法或行政程序法的规定，向法院请求司法审查。

另外，有下列四种情况，有即时强制必要的，行政机关可以不经由行政上的诉讼程序，或事前的司法承认而自行执行：（1）对负有缴纳国税义务财产的查封与扣押；（2）对外国人驱逐出境；（3）对妨害卫生的行为的排除；（4）妨害安全秩序之排除。[1]

美国强制执行的理论基础在于，按照美国三权分立的特点，为有效控制行政行为，防止行政权的滥用，这种对公民极易造成损害的行政强制执行权从来属于司法权而非行政权，这是理解美国模式的关键所在。

（二）法国模式

为确保行政义务之履行，法国采用由司法机关对义务违反者施加刑罚的办法。依靠义务人对刑罚的恐惧以促使其自动履行。这种刑罚与一般刑罚不同，称为行政刑罚。但刑罚与行政罚只在法律有规定时才适用，如果法律对于某项行政义务的不履行没有规定处罚，或者情况紧急，需要即时强制时，行政机关也可使用强制力量直接执行行政处理决定所规定的义务，称为依职权执行或强制执行。但必须符合下列条件：（1）法律有明文规定；（2）情况紧急；（3）法律无明文规定，也无紧急情况，但法律也没有规定其他执行方法时，强制执行是最后的执行方法，如果有其他方法就不能适用强制执行；（4）当事人表示反抗或有明显的恶意。强制执行的方式，一为代执行。[2]

（三）德奥模式

1953年联邦德国颁布《行政强制执行法》，共4章22条。[3]主要内容是：（1）行政强制执行包括金钱给付义务及行为的忍受、不作为义务的强制。但金钱给付义务的强制，适用其他单行法。（2）行政强制执行原则上应以先有行政机关作出的行政行为（行政处理决定）为前提。直接根据法律就采取行政强制执行的做法已被摒弃。但即时强制可无需预先的行政行为。（3）行政强制执行机关，原则上为作出行政行为的行政机关，也可部分或全部委托下

---

〔1〕 城仲模：《行政法之基础理论》，三民书局1988年版，第287~288页。

〔2〕 王名扬：《法国行政法》，中国政法大学出版社1989年版，第169页。

〔3〕 见朱琳："联邦德国行政强制执行法"，载《行政法学研究》1996年第4期。

级行政机关代为执行。（4）执行方法为：代执行、执行罚和直接强制。代执行只能由执行机关委托第三人完成，费用由义务人承担。代执行或执行罚不能达到目的或难以实行的，执行机关可直接强制。强制方法必须与其目的保持适当比例。决定强制方法时，应尽可能考虑当事人和公众受到最少侵害。（5）行政强制执行必须以书面方法作出告诫，告诫应附履行期限，明确执行方式。需义务人承担费用的，应在告诫中列出预定费用数额。执行罚应告知确定的金额。告诫必须送达。（6）义务人在代执行或直接强制过程中反抗时，可对其采取强力，依行政机关请求，警察须提供职务协助。执行达到目的后，立即停止。（7）执行罚未获缴纳时，根据执行机关的申请，行政法院在经听证后，可裁定命令代偿强制执行，一日以上，两星期以下。（8）对强制执行的行政行为，应有法律救济。

奥国《行政强制执行法》公布于1925年，共13条，[1]主要内容有：（1）行政强制执行由县级及其上级国家行政官署负责执行。（2）行政强制执行的原则：应以最轻微之方法达到强制执行之目的；金钱给付的强制以不影响被执行人最低限度之生活及不妨害法定赡养义务之履行为限。（3）强制方法有代执行、执行罚、直接强制。负有忍受、作为或不作为义务又不能代执行者，可由执行机关科处罚金，或将其人收押，以强制其履行。直接强制须以先有执行处分为前提，可不经告诫程序。（4）临时处分（假处分），当事人确有行政义务存在，或不能确定时，执行机关为保全义务之履行，得为临时处分。但以义务人有自行处分其财产或串通第三者以其他方法逃避义务之履行，有妨害执行或使执行有困难者为限。（5）行政救济。

（四）日本强制执行制度之发展

日本于1900年师承普鲁士法制，颁布了行政执行法和行政执行法施行令。

第二次世界大战后，日本对此作了总结，认为罚锾之强制作用较为间接，效果低微；直接强制曾被行政机关滥用，造成对公民基本权利之空前侵害，因而于1948年公布《行政代执行法》，共7条，[2]据此，行政机关一般只享有代执行的强制执行权。

除代执行法外，日本其他法律中尚有关于执行罚、直接强制与强制征收

---

〔1〕 城仲模：《行政法之基础理论》，三民书局1988年版，第367~370页。

〔2〕 城仲模：《行政法之基础理论》，三民书局1988年版，第365页。

的规定。[1]

五、我国行政强制执行的基本制度

我国行政强制执行的基本制度是：以申请人民法院强制执行为原则，以行政机关强制执行为例外。[2]

（一）以申请人民法院强制执行为原则

行政强制执行权原则上属于法院，行政机关在公民、法人或其他组织不履行行政机关依法作出的行政处理决定中规定的义务时，如法律没有授予其强制执行的权力，就都需申请人民法院强制执行。申请人民法院强制执行，不是向人民法院提起诉讼，这与国外不同。申请不是诉讼，不需要经过诉讼程序。申请比诉讼效率较高，这是适应行政管理要求的。但申请也不是可有可无的程序，申请如经法院批准、同意，原行政强制决定就成为司法强制决定，法院可以运用其司法强制执行权，强迫当事人履行义务。因此，行政机关提出申请以后，法院必须认真进行审查，不仅要作形式审查，还要作实质性审查。对行政机关的申请，经审查合法，将由法院实施司法强制；经审查不合法，退回行政机关，不予执行。

申请人民法院强制执行是否必须有法律法规的规定？否则人民法院将不予受理？

在《行政诉讼法》实施以前，行政机关如要申请人民法院强制执行，必须有法律法规的规定。规章无权作此规定。制定《行政诉讼法》时曾考虑到这一因素，如仍坚持必须有法律法规的规定，则大量根据规章作出的具体行政行为，将失去强制执行的后盾而变成一句空话。在目前情况下，这将给行政管理带来难以估计的后果。因此，《行政诉讼法》第66条特别规定："公民、法人或其他组织对具体行政行为在法定期限内不提起诉讼又不履行的，行政机关可以申请人民法院强制执行，或者依法强制执行。"据此，凡属行政机关所作具体行政行为，公民、法人或其他组织既不履行义务又不起诉的，行政机关就可以申请人民法院强制执行，无需以法律、法规规定为限。至于

---

〔1〕 ［日］南博方：《日本行政法》，杨建顺、周作彩译，中国人民大学出版社1988年版，第90~91页。

〔2〕 对此作出明确规定的法律是《行政诉讼法》，该法第66条规定："公民、法人或其他组织对于具体行政行为在法定期限内不提起诉讼又不履行的，行政机关可以申请人民法院强制执行，或者依法强制执行。"在行政机关强制执行前有"依法"两字，说明行政机关的强制执行权只有法律特别授予时才具有。

能否执行，还需人民法院审查。这是我国基本法律中第一次作出的关于行政强制执行的一般性规定。在《行政诉讼法》实施以后，应该已经不存在申请执行必须有法律法规规定的限制。

行政机关向人民法院提出申请强制执行后，人民法院应在多长期限内给予答复？人民法院如不同意强制执行，行政机关是否可以再向上一级法院申诉？上级法院应在多长时期内答复？执行费用应如何计算？诸如此等问题，由于至今没有统一规定，以致常常发生矛盾，需要作出规定。

（二）以行政机关自行强制执行为例外

例外的根据就是法律，由法律明确规定由哪一级政府或哪一行政机关部门享有哪一种行政强制执行权，不能超越。没有法律特别规定的，行政机关就不享有行政强制执行权。

从我国已有法律规定的情况看，法律授权行政机关享有强制执行权的，大致有下列几种情形：

（1）属于各部门专业范围内的强制执行，一般由法律规定，专项授权给主管行政机关，如关于人身权的，有强制传唤、强制拘留（《治安管理处罚条例》）、强制履行（《兵役法》）等。属于财产和其他权利的，如滞纳金（《国营企业调节税征收办法》）、强制收兑（《违反外汇管理处罚施行细则》）、强制许可（《专利法》）等。（2）属于各行政机关普遍需要的，如强制划拨、强制拍卖财产，原则上都需申请人民法院强制执行，法律只授予少数几个行政机关，如税务（《税收征管条例》）、海关、审计等。（3）一项特别的财产权，即拆迁房屋、退回土地等，由于这是涉及公民的"命根子"，需特别慎重。原则上都应申请人民法院强制执行。但是，《城市房屋拆迁管理条例》第15条规定，强制拆迁既可以由县级以上人民政府责成有关部门强制拆迁，也可由房屋拆迁主管部门申请人民法院强制拆迁。[1]

《行政处罚法》第51条第2款规定："根据法律规定，将查封、扣押的财物拍卖或将冻结的存款划拨抵缴罚款"，可见，强制拍卖或强制划拨，都必须由法律规定，法规规定无效。也就是说，按照《行政处罚法》规定，强制拍卖或强制划拨的设定权属于法律，其他规范，如法规等无权设定。这是一项一般性规定，不仅对不缴纳罚款适用，其精神也同样适用于其他情况。

必须强调的是，法律明确规定行政机关拥有何种强制执行权，从积极方

---

[1] 《国务院公报》1991年，第568页。

面说，意味着法律的授权；从消极方面说，也意味着行政机关不享有其他种类的行政强制执行权。

六、我国行政强制执行的形成和特点

与英美和德奥比较而言，我国行政强制执行具有自己的特点，英美法系将强制执行作为司法权的一部分，全部权力归司法机关。这种做法有利于防止行政专横，保护公民的合法权益，但不利于提高行政效率。德奥模式将强制执行权交给行政机关，在早期时，把行政机关的行政命令权和强制执行权合一，无需法律特别规定；近代则将两者分开，行政命令权不再包括行政强制执行权。行政机关享有的行政强制执行权，必须由法律规定。这种做法有利于提高行政效率，但在防止行政专横、防止损害人民合法权益方面，似嫌不足。我国行政强制执行制度是在总结各国行政强制执行制度历史经验的基础上，根据我国实际情况形成的。

（1）以申请人民法院的强制执行为原则，表明强制执行权原则上属于法院。其一，多一道法院的审查，将有利于减少错误，有利于保护公民合法权益；其二，用"申请"而不用"诉讼"，将有利于提高行政效率。

（2）以行政机关自行强制执行为例外。其一，所谓例外就是法律规定的例外，法律规定某一事项可由某一行政机关强制执行时，该行政机关才有某一事项的强制执行权。其二，从已有立法的情况看，只有那些属于专业性、技术性较强的强制执行事项，法律才授予行政机关。对带有普遍性的强制执行权，如强制划拨、强制拍卖财产等，控制极严，法律只授权个别行政机关。

可见，我国已经形成的强制执行制度，借鉴和吸取了各国经验中的有益成分，这是适合中国国情的。

从我国已经形成的强制执行制度，可以十分明显地看出，行政强制执行是国家机关对不履行行政义务者所采取的强制手段。行政强制执行的"行政"二字，并不意味着强制执行权属于行政机关，而是实现行政权的手段。行政机关有权作出初步行政决定，但无权自行强制执行，除非法律有特别授权。行政强制执行权与行政决定权是分离的，决不能把行政强制执行权看成是行政权的自然组成部分。这表明我国在行政强制执行权的设定上，考虑到这一权力的行使，将直接关系公民的权益，因而采取十分谨慎的态度。同时，应该说，这也是我国社会主义民主发展的重要标志。认识这一点至关重要，因为至今仍有很多人误以为既然有权作出行政决定，就有权强制执行；有些法院的同志则认为行政强制执行是行政机关的事，与法院无关，法院至多只是

履行一下审查的手续。由此在实践中产生各种问题。

但是，由于我国对行政强制执行尚未统一立法，因而上述所谓我国的强制执行制度，只是粗线条的概括，实践中还存在一些问题：

第一，哪些情况的强制执行权可授予行政机关，标准不明确。

行政强制执行权原则上归法院行使，但在某些情况下，由法律授权行政机关行使，标准是什么，并无法律明确规定。有人对此作了归纳，认为划分法院与行政机关执行权力的标准有下述几种观点：（1）以执行标的为划分标准；（2）以法律后果严重程度划分；（3）以案件影响大小为标准，凡在该地区影响大的，由法院执行，一般的由行政机关执行；[1]（4）以对相对人权益影响的大小为标准；（5）以案件执行的难度为标准。[2]本文作者在前面论述行政强制执行时，实际上也作了划分，从形式看，凡法律授权行政机关的，由行政机关执行，法律没有授权的，全部由法院执行。法律授权的标准是：专业性、技术性较强，法院执行比较困难，行政机关执行较为方便的，由法律授权行政机关执行。一般性、普遍性的行政强制执行和法律后果严重的，由法院强制执行。但所有这些，都是学者们的概括，常常只是从一个侧面反映出问题的实质。

第二，法律并未授权行政机关可以自行强制执行，但行政机关却自己强制执行了，应负什么法律责任。

这有两种情况。一种是，无执行权的行政机关自行强制执行，且强制执行本身就是违法的。这种情况处理比较简单，依法撤销。造成损害的，依法赔偿。另一种是，无执行权的行政机关自行强制执行，但强制执行内容是合法的。例如，行政机关拆除民房，未经申请人民法院而自行强制拆除，但该拆除决定本身是合法的。在这种情况下，如公民向法院提起诉讼，如何处理？此类情况屡有发生，在中国目前情况下，恐怕除了建议有关部门给直接责任人员和直接主管负责人员以行政处分外，似别无良策。

第三，在具体操作上，也还有一些困难，例如，低额罚款100元、200元，且人数较多，被罚款人拒不缴纳，是否也申请人民法院强制执行；农民建房，超出批准面积10厘米，主管机关发现，责令停建，不听，怎么办；如申请人民法院强制，房已盖好，为了10厘米再强制拆除；等等，实践中此类

---

〔1〕 许崇德、皮纯协主编：《新中国行政法学研究综述》，法律出版社1991年版，第378~379页。

〔2〕 马生安："论我国行政强制执行的模式选择及其程序设定"，载《行政法学研究》1997年第3期。

问题很多，都难以处理。

七、行政强制执行的种类

可依不同标准对行政强制执行作不同的分类。

第一，依执法人是否可以请人代替法定义务人履行其义务为标准，分为间接强制和直接强制。

（1）间接强制。

通过间接办法强制法定义务人履行义务。

其又可分为代执行和执行罚。一种是代执行，又称代履行。义务人不履行法定义务，而该义务又可由他人代为时，有执行权的机关可请人代替法定义务人履行义务，再由法定义务人负担费用，称为代执行。例如，拆除违章建筑，人民法院可请人代为拆除，再由不履行拆除义务的法定义务人负担费用。

代执行是一种比较缓和的执行方式，因而有很大的实用价值，但仅限于可以代执行的作为义务，因而在范围上又受到一定限制。

代执行是由执行机关自行代执行还是请第三者代执行，理论上有争论，实践做法也不一样。日本规定，由行政机关自为；奥地利规定由行政机关自为，也可请第三者代为；德国则规定只能由第三者代为。笔者认为，对代执行的主体似不宜作统一规定，可由单行法据不同行政领域的特点单独规定。

代执行的费用是事先征收还是事后征收，各国的规定不一，事先征收，会给义务人造成心理压力，促其履行义务，这就起了类似于执行罚的作用；事后征收，便于结算，避免因事先预收而多退少补。我国对此无统一规定。

代执行的程序一般为告诫、代执行和收取费用三个阶段。

另一种是执行罚。义务人不履行法定义务，而该义务又不能由他人代为履行，有执行权的机关可通过使不履行义务的法定义务人承担新的持续不断的给付义务，促使其履行义务，称为执行罚。例如，对到期不纳税款者，每天处以税款的0.2%的滞纳金的执行罚，以促其缴纳税款。

执行罚除使义务人负担新的金钱给付义务外，是否还可以科以其他义务？各国似未见有此类规定。故有些国家和地区，将执行罚称为"怠金""强制金"等，但我国《治安管理处罚条例》第36条规定："拒绝缴纳罚款的，可以处15日以下拘留，罚款仍应执行。"根据这一规定，拘留是为了达到促使当事缴纳罚款的目的。科以新的人身自由罚成为罚款的执行罚，这是一种很特殊的规定，据笔者所见，只有将罚款易处人身自由罚的，即不缴罚款，就处以相当的人身自由罚，但罚款将被抵销。而《治安管理处罚条例》的规定是处以人身罚后并不包括原缴纳罚款的义务，可见这不是易处。

执行罚的程序，大致与代执行一样，必须事先告诫，并附有期限，在义务人履行义务后，执行罚应立即停止。

执行罚不是行政处罚。执行罚具有罚的外形与功能，两者都是使违法人承担新的义务；在执行罚不能迫使义务人履行义务时，最终仍需与行政处罚一样，采取直接强制执行手段。但它与行政处罚显然不同：①性质不同。行政处罚和执行罚虽然都是针对不履行法定义务的当事人，但行政处罚本质上属于制裁性法律责任，仅限于设定新的义务；执行罚属于强制性法律责任，是以设定新的义务的办法来促使当事人履行法定义务。②目的不同。行政处罚的目的在于制裁，通过制裁使当事人以后不再违法，着眼点在于过去的违法行为；执行罚的目的在于促使义务人履行义务或实现与履行义务相同的状态，其着眼点在于将来义务内容的实现。③原则不同。制裁性法律责任一般都以"一事不再罚"为原则，一次违法行为惩罚一次；强制性法律责任最终目的在于义务的履行，因而执行罚可以多次适用，直至义务人履行义务为止。

（2）直接强制。

在适用间接强制没有达到目的，或无法采用代执行、执行罚等间接强制手段，或因情况紧急，来不及运用间接强制的办法，有执行权的机关也可依法对法定义务人实施直接强制，迫使其履行义务或实现与履行义务相同的状态。

直接强制是迫使法定义务人履行义务或实现与履行义务相同的状态之最有效的方法，也是行政行为中最严厉的手段。它既利于直接、有效地实现行政目的，又易于造成对公民合法权益的损害或冲击，因此，采取直接强制执行必须十分慎重，对实施直接强制的条件作必要的、严格的规定：①行政机关实施直接强制执行的权力必须由法律明确授权。凡是法律没有明确授权的，就必须申请人民法院强制执行。②采取直接强制执行手段，必须是在穷尽其他间接强制执行手段之后。③必须对直接强制执行的条件和程序作严格、明确的规定。我国单行法中规定了许多直接强制执行的措施，但大都没有关于条件和程序的规定，这一状况亟待改进。④直接强制执行中必须严格贯彻适度原则（国外又称比例原则），以实现义务人应承担的义务为限，不能扩大，不能给义务人的人身和财产造成超过其应承担义务的范围。

直接强制执行大致可按其内容分为对人身的强制、对行为的强制和对财物的强制。

第二，依行政强制执行的方法可分为：（1）强制传唤。如《治安管理处罚条例》第34条规定。（2）强制拘留。如《治安管理处罚条例》第35条规定。（3）强制履行。如《兵役法》第61条规定。（4）遣送出境。如《外国人入境出境管理法》第27条规定。（5）强制遣回原地。《集会游行示威法》第33条规定。（6）强制隔离治疗。《传染病防治法》第24条规定。（7）强制许可。《专利法》第52条规定。（8）强制扣缴。《税收征收管理办法》第26条规定。（9）强制退还。《土地管理法》第43条、第52条规定。（10）强制拆除。《城市规划法》第40条、第42条规定。（11）变价抵缴。《海关法》第37条规定。（12）强制拍卖。《税收征收管理法》第26条规定。（13）滞纳金。《税收征收管理法》第20条规定。（14）扣除工资，或扣押财物作抵。《治安管理处罚条例》第38条规定。（15）强制铲除。《治安管理处罚条例》第31条规定。

第三，根据行政强制执行内容的性质可分为：（1）执行性强制执行，如罚没款项的强制划拨；（2）制裁性强制执行，如公安机关对凶器的收缴；（3）检查性强制执行，如计量管理机关对计量产品的控制检查；（4）预防性强制执行，如卫生主管部门对传染病流行的强制预防；（5）制止性强制执行，如交通管理部门对违反交通规则的车辆或行人的强制制止；（6）保护性强制执行，如公安机关对酗酒者的保护；（7）教育性强制执行，如有关机关对卖淫妇女和嫖客的收容审查；（8）保全性强制执行，如有关机关对违法嫌疑人财产的扣押、查封、冻结。[1]

八、行政强制执行的程序

由于我国强制执行是以申请人民法院强制执行为原则，以行政机关自行强制执行为例外，故执行主体在多数情况下是人民法院，在有法律特别规定的情况下，执行主体是行政机关，两者在执行程序方面并不完全相同。

（一）人民法院的强制执行程序

人民法院的行政强制执行，实际上有两种执行程序。一种是经过行政诉讼程序的审理与裁判，是对法院裁判文书的执行程序；另一种是只经过行政程序，并由行政机关申请法院强制的执行程序。这两者情况并不完全一样。主要区别

---

〔1〕 许崇德、皮纯协主编：《新中国行政法学研究综述》，法律出版社1991年版，第373页。其中有些似并非强制执行。

在于：对行政机关申请的强制执行，尚需经过法院的审查。经审查同意执行的，其后的程序就大致相似。执行程序大致包括下述问题：（1）管辖；（2）申请执行期限；（3）审查；（4）协助执行；（5）执行实施；（6）执行阻却，包括执行中止和执行终结；（7）执行补救。执行补救有执行回转与再执行。

（二）行政机关的强制执行程序

法律在规定由行政机关自行强制执行时，一般只规定执行的内容，没有规定执行程序；目前也无统一的有关行政机关的强制执行程序的规定，因此，行政机关的强制执行程序，尚属各主管行政机关"自由裁量"的范围。

从实践看，行政机关的强制执行程序应有一般程序与特殊程序之分。一般程序为各行政机关在实施强制执行时，普遍都适用的必经程序；可由行政强制执行法作出规定；特殊程序则考虑到不同的执行内容有不同的要求，应作出一些例外规定。特殊程序可由授予行政机关强制执行权的各单行法作出单独规定，下文所述，主要是指行政机关强制执行的一般程序。大致需经下列几个步骤：（1）行政强制执行决定。根据事实与法律，作出行政强制执行决定，是实施行政强制执行的第一步，包括调查；作出决定。（2）告诫。（3）准备执行。（4）实施强制执行。

九、行政强制措施与即时强制

（一）行政强制措施

长期以来，行政法学著作中一直没有独立的行政强制措施的概念，在很多情况下，与行政强制执行合在一起，有时则与即时强制相混。国外似至今也无行政强制措施一词。1988年我国《行政诉讼法》在收案范围内单列一条，称为"对限制人身自由或者对财产的查封、扣押、冻结等行政强制措施不服的"，可以提起行政诉讼。从是否可诉的角度来考虑，在行政行为阶段，将行政强制分为行政强制执行与行政强制措施，无疑是完全必要的，从理论上说，这将有助于我们对行政强制认识的进一步深入。

1. 行政强制措施的概念

行政机关为了预防、制止或控制危害社会行为的发生，依法采取的对有关对象的人身、财产和行为自由加以暂时性限制，使其保持一定状态的手段。行政强制措施的特点是：

（1）采取行政强制措施的目的在于预防、制止或控制危害社会的行为产生。一般来说，采取行政强制措施的原因，有时是为了预防危害社会行为产生，有时是为了制止危害社会行为的继续，或者两者兼而有之。因此，行政强制措施带有明显的预防性、制止性。

（2）行政强制措施的内容大致包括人身和财物两大类。

（3）行政强制措施与行政处理决定紧密相连，常常是行政机关作出行政处理决定的前奏和准备；行政机关作出行政处理决定，首先要进行调查研究，为此就需要采取行政强制措施，使被调查的人与财产保持于一定状态，调查才得以顺利进行。行政强制措施与行政强制执行也紧密相连，常常是执行机关作出行政强制执行的准备和前奏。执行机关在作出财产方面的行政强制执行前，必须防止被执行人逃匿财产，这就需要对被执行的财产采取保全措施，行政强制措施不仅具有预防性和制止性，而且还具有临时性。

（4）行政机关是否有权采取行政强制措施，必须有法律的授权，并严格依照法律的规定办事。

2. 行政强制措施与行政强制执行及即时强制的关系

（1）行政强制措施与行政强制执行都属于行政强制，带有强制性，这是它们的共同点，不同之处在于：

第一，前提不同。行政强制执行的前提是法定义务人不履行义务；但行政强制措施并不一定以当事人具有某些法定义务为前提，而是以可能产生危害社会的行为为前提。

第二，目的不同。行政强制执行的目的在于迫使义务人履行义务或达到与履行义务相同的状态；行政强制措施的目的在于预防、制止危害社会行为或事件的发生或蔓延，使人和物保持一定状态。

第三，起因不同。引起行政强制执行的原因只能是义务人的行为，作为或不作为的行为；引起行政强制措施的原因，既可能是行为，也可能是某种状态或事件。

第四，行政机关的行政强制措施权必须有单行法律的特别授权。

例外情况是：根据《行政处罚法》第37条的规定，行政机关在调查收集证据时，可以采取抽样取证的办法；在证据可能灭失或以后难以取得的情况下，经行政机关负责人批准，可以先行登记保存，并应当在7日内及时作出处理决定。这就是说，通过《行政处罚法》的授权，一般有行政处罚权的行政机关都取得了抽样取证和登记保存两项行政强制措施的权力。

（2）行政强制措施与即时强制都属于强制执行，带有强制性，不同之处在于：

第一，行政强制措施虽常带有紧迫性，但采取行政强制措施却必须经过法定程序，很多都有批准程序，并必须作出书面的行政强制措施决定。但即时强制一般都是在情况紧急时，只要符合法律规定的条件，即可采取即时强制手段，如对酒醉者的拘束，救火时拆除毗邻房屋。即时强制大都是在紧急状态下采取的措施，因而没有事先程序，无需也不可能作出即时强制决定。

第二，行政强制措施针对的常常是有违法的嫌疑，即时强制则主要由于情况紧急，可能会出现危害本人或他人的情况，如由于地震、水灾、疫情等灾害的发生，有关部门可以采取即时强制手段，救灾防病，减少损失。

第三，行政强制措施常与行政强制执行紧密联系，在需要采取行政强制执行情况时，常先采取行政强制措施。但即时强制因无再执行可言，故与行政强制执行没有联系。

3. 行政强制措施的种类

依措施的标的，可分为：

（1）对人身的强制措施，如扣留。《海关法》第 46 条规定："对走私罪嫌疑人，经关长批准，可以扣留移送司法机关，扣留时间不超过 24 小时。"

（2）对财物的强制措施。如"登记保存"，《行政处罚法》第 37 条。"扣押"，《海关法》第 4 条规定："对违反本法或者其他有关法律、法规的进出境运输工具、货物、物品有牵连的，可以扣押。""冻结"，或称"暂停支付"，如《税收征收管理法》第 26 条规定："经县以上税务局（分局）局长批准，税务机关可以……（一）书面通知纳税人开户银行或者其他金融机构暂停支付纳税人的金额相当于应纳税款的存款。"

4. 行政强制措施的程序

行政强制措施的程序，大致与作出行政处理决定的程序相似，一般程序也为立案、调查、决定，但作出行政强制措施决定常常情况比较紧急。为了预防或制止危害社会行为的产生，可能在调查前或调查中，就需作出行政强制措施决定。也可能在调查后，为防止逃匿财产，先作出强制措施决定，再作出行政处理决定。在作出行政强制措施决定时常常内部需要经过首长的批准程序。

5. 行政强制措施的补救

行政强制措施具有可诉性，这与行政强制执行不同。行政强制执行是在行政机关作出行政处理决定后，当事人既不履行又不起诉的情况下才可能采取。行政强制执行所执行的是行政处理决定，既然当事人对行政处理决定没有起诉，就不可能再对执行该决定起诉。除非是执行机关在执行过程中有错误，才可能是提起新的诉讼。行政强制措施不同。大部分行政强制措施都是在行政处理决定前采取的，作为独立的具体行政行为，当事人不服，可以提起行政诉讼。

（二）即时强制

1. 即时强制的概念

即时强制，是指国家行政机关在遇有重大灾害或事故，以及其他严重影响国家、社会、集体或者公民利益的紧急情况下，依照法定职权直接采取的强制措施。

第一，采取即时强制的目的在于预防、制止或控制危害社会情况的发生，这一点与行政强制措施接近。

第二，即时强制一般都是在紧急情况下采取，因此，即时强制大多没有即时强制的决定，而是直接见诸行动。

第三，即时强制的内容包括人身、财产和行为三大类。

第四，即时强制必须有法律的授权。

2. 即时强制的种类

依即时强制的标的，可将其分为三种：

（1）对人身的即时强制，如对酒醉者的约束；对传染病患者的隔离。[1]

（2）对财物的即时强制，如对非法枪支、刀具的扣留；运输途中对易燃、易爆品的强行保留等。

（3）对行为的即时强制，如《铁路法》第52条规定：对聚众拦截列车或者聚众冲击铁路列车调度机构，不听制止的，公安人员现场负责人有权命令解散；拒不解散的，公安人员现场负责人有权依照国家有关规定，决定采取必要手段，强制驱散，并对拒不服从的人员强制带离现场或者予以拘留。

3. 即时强制的程序

即时强制多数是在情况紧急的状态下采取的，因而很难遵循一般的程序，但为了尽量保证即时强制的合法性，保护公共利益和公民权益，在可能情况下，应实行事先报批。有些法律对报批程序作了明确规定，如《水污染防治法》第17条规定："在生活饮用水源受到严重污染，威胁供水安全等紧急情况下，环境保护部门应当报请同级人民政府批准，采取强制性应急措施，包

---

[1] 《中华人民共和国传染病防治法》规定，传染病患者拒绝隔离治疗或者隔离期未满擅自脱离治疗的，可以由公安部门协助治疗单位采取强制隔离治疗措施。

括责令有关企业事业单位减少或者停止排放污染物。"

由于情况紧急来不及事先报批时，也可在即时强制后补办手续；或在紧急情况消除后恢复原状；由于即时强制使公民合法权益受到损害的，应予补偿。

行政强制立法的几个问题 *

一、关于行政强制

根据《行政强制法（草案）》的规定，在我国，行政强制法中所称的行政强制，是行政强制措施与行政强制执行的合称，这很有中国特色。前者是指为预防或制止违法行为和危害事件发生，行政机关在获得法律授权的情况下而采取的强制措施，如对财产和金钱的查封、扣押、冻结；后者是指为实现行政决定的内容，在法律授权的情况下，有关国家机关实施的强制手段，如将扣押的财产拍卖，将银行冻结的存款划拨。

行政强制在行政行为中具有特殊性，它以国家强制力作为后盾，对公民权益直接产生法律后果，是一种比行政处罚更为严厉的手段。但这种行政强制的存在有其合理性，因为如果在危害社会或公民的违法行为等危险事件可能发生，行政机关却不能及时采取有效措施加以预防和制止，或者，行政机关已经作出了公民必须履行某一义务的决定，公民却可以置之不理，行政机关对此无能为力，行政机关就将无法履行其保护社会公共利益、保护公民合法权益的职责；或者，它将毫无权威，国家行政管理将无法顺利进行。因此，行政强制在实际生活中是必不可少的。但行政强制依靠的是国家强制力，是用国家强制力来处理大部分属于人民内部矛盾的事情，直接影响公民、法人的人身权和财产权，如实施不当或错误，就会给公民、法人造成严重伤害。因此，确实可以说，行政强制是一把双刃剑。从我国实际情况看，有很多行政强制是依法行使、运用合适的，但也确实存在着滥用或乱用强制权，以致伤害公民的人身权、财产权，损害政府形象甚至激化矛盾的事时有发生，这可以从众多的信访案件中得到验证。事实上，如果有 100 起强制执行的案件，只要有 1 起或 2 起处理不当或错误，其影响将远远超过 98 起或 99 起正确处理的案件。我们对强制执行的运用，尤其是在目前一些社会矛盾比较突出的时期，必须慎之又慎。为了保证行政机关不至滥用或乱用行政强制权，制定

---

* 本文载于《法学家》2006 年第 3 期。

《行政强制法》，规范行政强制行为，避免行使不当，就成为十分迫切的立法任务。应该说，《行政强制法》的制定和实施，将是缓和与化解社会矛盾、构建和谐社会的一个重要立法。

二、对行政强制加以规范的几点意见

根据目前我国行政强制中实际存在的问题，行政强制立法主要应从下述五个方面进行规范：

第一，针对目前五花八门的行政强制名称，行政强制立法应对行政强制执行的形式作出统一、明确的规定。

行政强制措施和行政强制执行，都只能限于《行政强制法（草案）》规定的几种，今后，除非法律作出新的规定，其他一切不是由法律规定的各种强制方式，都应修改或废止，不再适用，这将是对行政强制的重要规范。

第二，要对行政强制的设定权作出明确规定，在何种情况下可以采用强制手段，采用何种强制手段和由哪一国家机关决定采用强制手段，其设定权应属于法律。

理由很简单，因为行政强制是较其他各种行为都更直接、更严重影响公民人身权和财产权的行为。因此，只能由法律设定。非经法律授权，任何其他国家机关都不享有设定权。但从我国实际情况看，目前不仅法规有诸多设定，规章和其他规范性文件也多有所设定。这是造成行政强制乱和滥的主要根源之一。根据《行政强制法（草案）》的规定，行政强制，包括行政强制措施和行政强制执行的设定权属于法律，贯彻法律保留原则。在法律没有规定的情况下，授权行政法规可就对涉嫌违法的场所、设施和财产的查封或者对涉嫌违法的财物扣押的行政强制措施进行设定。关于是否可授权地方性法规有某些设定权，尚有争议。我个人认为，在法律没有设定又具地方特点的情况下，地方性法规可就查封、扣押等强制措施作出设定，但必须事先报告全国人大常委会，经全国人大常委会批准后设定。一切未经法律、行政法规设定的行政强制，都属违法，应修改或废止。这将从源头上规范行政强制在我国的实施。我认为草案的规定是合适的。如上所说，由于行政强制是一种较其他行为更严厉的手段，因此，行政强制的设定权应该比行政处罚更严格，基本上要由法律设定，只有在法律特别授权的情况下，行政法规才有某些设定权。

第三，以行政强制法肯定我国的行政强制执行体制。这就是：以申请人民法院强制执行为原则，行政机关自行强制执行为例外。

例外就是法律规定，由单行法律授权后，行政机关才能自行强制执行。没有单行法授权的，一律向人民法院申请。

这一强制执行体制形成于 20 世纪 80 年代，至 1989 年颁布《行政诉讼法》，对此作了明确表述："公民、法人或其他组织对于具体行政行为在法定期限内不提起诉讼又不履行的，行政机关可以申请人民法院强制执行，或者依法强制执行。"（第 66 条）这一体制具有我国自己的特色。英美法系的行政强制执行属于司法权，对不履行行政决定的，行政机关一般只能提起诉讼，由法院判决是否强制执行。这种做法有利于防止行政专横，保护公民权益，但不利于提高行政效率；德、奥等国在二战前曾将行政命令和强制执行权合一，无需法律特别规定，二战后都将两者分开，行政机关只有在法律特别授权时才享有强制执行权。日本则在二战后将强制执行法废止，只剩代执行法，其法律也只在国税法等个别法律中授权行政机关拥有查封扣押权。

我国的行政强制执行是在总结各国行政强制执行历史经验的基础上形成的。首先，以申请人民法院强制执行为原则，表明行政强制执行并不自然是行政决定的一部分，行政机关可以作出行政决定，但若要强制执行，需向人民法院申请，使行政强制执行在实施时多一道法院的审查，有利于减少不当或错误，保护公民权利；但又不用诉讼而用"申请"，使程序较为简捷，有利于提高行政效率。其次，在法律授权的情况下，行政机关可以自行强制执行，这将有利于一些负有特殊使命的专业性较强的行政机关，能及时完成职责使命，提高行政效率，但对此应加控制。总的说来，这一体制是适合我国国情的。

这里有两点需要研究。其一，在申请人民法院强制执行中，人民法院对申请强制执行的行政决定，是进行实质审还是形式审？理论和实务界对此有不同意见。我个人认为，如果是进行形式审，那何必多此一举，不如就由行政机关自行执行更为便捷，形式审的结果将使法院成为行政机关的执行机关。因此必须是实质审，对行政决定是否合法合理进行审查。毫无疑问，由此作出裁判，如果发生错误，法院就将承担责任，但这当然是完全必要的。为此，应该增加一道程序：在法院认为需要时，可以在作出裁判前，举行听证，以听取双方意见，展开辩论，查明真相。还应看到，由于我国公民、法人的法律素养尚有欠缺，对行政机关作出的决定，常常采取既不起诉又不履行的不理睬态度，一直要到决定强制执行时才进行争辩。为使行政决定不致出错，也有必要在人民法院作出裁判前，如果公民法人请求听证的，人民法院应当举行听证，使法院的裁判更加准确，更加人性化。其二，在法院作出准予强制执行的裁判后，具体由法院还是行政机关实施？目前的体制是由法院强制执行。我认为，根据裁执分离原则，对于行政决定的强制执行的操作，可以仍由行政机关承担，毕竟从实质上说，具体实施是一种行政性质的行为。裁执分离是防止不正之风的重要措施，且这样也有利于节约司法资源，可能还会对解决某些执行难的问题有好处。至于强制执行的实施机构，可以放在司法部或财政部，特殊内容也可单独由法律规定。

第四，对行政强制程序作出分类规范。

行政强制措施和行政强制执行的程序显然是不同的。首先，二者在设定权上的差别也影响到实施机关。行政强制措施的实施机关是法律法规规定有行政强制执行措施权的行政机关，也可以是法律法规授权的组织；但行政强制执行的实施机关只能由法律规定。《行政强制法（草案）》对行政强制措施的程序作了比较细致周到的规定。不仅作一般规定，还对查封扣押和冻结存款分别作了规定；对行政强制执行的程序规定同样也比较细致周到。

与强制措施不同，强制执行有法院执行和法律授权的行政机关的执行，因此，草案对二者分别作出规定，在行政机关强制执行程序中，除一般规定外，对金钱给付与作为和不作为分别作了规定。对法院强制执行则单列一章。在申请人民法院强制执行中，除法院应作实质审外，目前实施中存在的主要问题之一是申请法院强制执行的时间较长，影响到行政效率。对此，建议将申请程序分为两类，一类为一般程序，在申请后一个期间内（比如1个月内）作出决定；一类是紧急程序，符合法定条件，在行政机关申请紧急强制后，于短期内（比如5日内）作出决定，特别情况下还可以更快。

第五，对起诉不停止执行的问题作出明确规范。

在提起诉讼期间，原行政决定是否停止执行问题，学术界有不同看法。一种意见是，行政管理具有连续性和稳定性；如果对行政决定一提起行政诉讼就要停止执行，将影响行政管理的连续性和稳定性。也有人认为，行政决定一经作出，就具有公定力，应该推定为合法，除非有权机关予以撤销，否则不停止执行。但也有人认为，行政决定虽具有公定力，但其最终生效必须是在当事人不提起诉讼，或经诉讼，法院判决维持原决定情况下，才可启动执行程序。至于连续性和稳定性问题，需要强制执行的案件与行政机关作出决定后无需强制的数目相比，只是极小比例，因而不可能影响行政管理的连续性和稳定性。

　　《行政诉讼法》规定了起诉不停止执行原则，又规定在法律没有授予行政机关以强制执行权的情况下，必须申请人民法院执行，因而在实践中，除非是有强制执行权的行政机关，才能落实起诉不停止执行原则。否则，只要一提起诉讼，就只能停止执行。因为法院不能在未作出判决前先予执行。这在《行政诉讼法》实施早期，确有一定影响。

　　应该看到，从《行政诉讼法》制定至今，取得法律授予行政强制执行权的行政机关已经越来越多，能对涉及公民法人重大权益事项作出决定的行政机关，已经大都取得自行强制执行的权力，如果继续奉行起诉不停止执行，即使判决原告胜诉，执行已经结束，将难于恢复，致使再提起诉讼变得没有意义，申请赔偿也难之又难，将不利于对公民法人的保护。因此，无论从理论和实践的角度看，都应对起诉不停止执行原则重新考虑。从国外情况看，有两种不同形式可供研究：一是废止起诉不停止执行，改为起诉停止执行。但由于公共利益的特殊需要，行政机关可向人民法院提出申请，判令不停止执行。二是仍维持起诉不停止执行，但规定由于不停止执行将造成重大损害，或赔偿也无法弥补，或损害的内容特殊，等等，当事人可以提出申请，请求停止执行，法院经审查可判令停止执行。毫无疑问，前者将更有利于保护公民权益，后者则有利于提高行政效率。

从依法行政到建设法治政府

行政合同

行政合同不可忽视*

从 80 年代我国进入经济体制改革以来，行政机关在实践中广泛运用了行政合同。例如，城市中普遍采用的国有企业承包合同，农村中粮食、棉花收购合同，等等，在当时的经济发展中发挥了巨大作用。遗憾的是，对行政合同的理论研究相对滞后，立法界则至今尚未形成共识。由于对行政合同的性质和特点没有一个统一的认识和标准，因而给实践带来很多困难和问题。合同一方的行政机关往往强调这是行政行为的一种形式，因而像管理其他社会事务一样运用其行政权力；另一方当事人则强调合同是平等主体之间的关系，行政机关不能保留任何"特权"。由此产生大量纠纷，也减弱了行政合同正常作用的发挥。行政合同并非杜撰，它是西方国家在市场经济形成过程中逐步发展起来的一种特殊的合同形式。在公共工程承包、公务特许、国家订货等领域广泛运用，在有些国家还是管理公共经济的主要形式。实践证明是成功的。

行政合同也不难认定，简单说，就是行政加合同。行政的含义，其一，它指合同一方当事人，也是主导方面的当事人，必是代表公共利益的行政机关；其二，行政机关运用行政合同的目的在于实现行政管理和公共利益的目标，而不是企业或个人的私利益、私目标；其三，正因此，在行政合同的权利义务配置方面，行政机关保留某些特别的权力。从国内外的实践和法律规定看，这些特殊权力主要是：监督甚至指挥合同的实际履行情况；单方变更合同的内容；认定对方违法并给予制裁。与单纯的行政管理不同的是，行政合同引入了"合同"机制，其一，合同的成立须有双方合意，以保证另一方当事人的利益不致被忽视。必要时还要给予某些优惠条件，以利于调动其积极性。其二，因行政机关行使某些必要权力而造成对方经济损失时，另一方当事人有取得赔偿的权利。公权利并不也不应损害私权利。

我国在广泛的领域里运用着行政合同。如粮食、棉花、烟草征购合同，

---

* 本文载于《法制日报》1997 年 6 月 9 日。

土地出让合同，国有企业承包经营合同和租赁合同，某些国家订货合同，公共工程承包合同，公务特许合同、按照指令性计划签订的合同、某些科研合同，等等。在以公有制为基础的我国社会主义市场经济体制中，行政合同的适用范围远较西方国家广泛得多。对某类行政合同我们还通过单行法律、法规作出具体规定，如《城市房地产管理法》第 14 条、第 17 条、第 19 条就对城市土地使用权出让合同作出较为详尽的规定。但是，这种情况并不多，大多数行政合同由于缺少法律规范仍处于一种性质不明确、管理混乱的状态，给国家和社会造成很大损失。

就国家投资项目举例，国家通过合同，将巨额资金交由合同一方当事人运用（如三峡工程中的许多合同），如果与民事合同一样，那就意味着国家在合同履行过程中失去主动权，无权监督，无权因形势变化而有所变动，更无权纠正可能产生的违法行为。这对于保证公共利益和国家资金增值非常不利。

总之，行政合同与民事合同相比，确有自身的特点，能否正确对待行政合同，以立法的形式明确行政合同的性质和特点，从而充分发挥行政合同在市场经济发展中的作用，将关系到国家巨额投资能否得到正确合法的使用、国家资金能否增值、公共利益能否得到充分保证、国家必要的计划能否落实等重大问题。目前，统一的合同法，即《中华人民共和国合同法》正在制定之中，我们建议，应该将行政合同作为合同法中的一种特殊形式列入法律，对行政合同的性质、特点等作出明确、具体的规定。行政合同作为合同的一种特殊形式，作为国家管理社会的一种重要方式，我们不应该忽视。

从依法行政到建设法治政府

行政程序法

论行政程序法*

一、行政程序法在程序法中的地位

我国《行政诉讼法》的颁布，把行政程序法提上了议事日程。关于程序法，传统的看法是：英国《牛津法律大辞典》释为："用来申明、证实或强制实现这些权利义务的手段，或保证在它们遭到侵害时能够得到补偿。"日本赤坂昭二《法学基本理论》认为："程序法所规定的则是为了使实际上有关权利和义务的实质性内容，通过审判使之具体实现所需的制度和技术上的程序。"我国《大百科全书·法学卷》释为"凡规定实现实体法有关诉讼手续的法律为程序法，又称诉讼法"。

可以看出，法学界对程序法的理解，几乎一直是与诉讼法划等号的。毫无疑问，诉讼法，包括刑事诉讼法、民事诉讼法和行政诉讼法都是程序法，但绝不能简单地认为，程序法就是诉讼法。自从最近几十年行政法得到了迅速发展，特别是行政程序法典在很多国家出现以后，再将程序法局限于诉讼法的范围以内，显然已经不符合世界各国法律发展的实际情况，也不利于理论的探索和提高。长期以来，我国法律界缺乏对行政程序法的深入研究，和这种对程序法的狭隘理解是有一定关系的。

程序法是相对于实体法而言的。实体法之所以需要程序法，就是因为程序法是实体法能否正确、顺利地实施的基本保障，这一点，对于所有的部门法都是相同的。但行政法与民法、刑法等部门法不同，民法、刑法作为司法法，其适用必须通过法院。因此，保证民法、刑法正确、顺利地实施的程序法，是民事诉讼法和刑事诉讼法。行政法同样也要依靠法院来正确、顺利地实施，因此，行政诉讼法对行政法的适用同样具有重要意义。但行政法是行政机关管理国家事务的法律规范，与民法、刑法的适用必须也只能通过法院不同，行政法作为管理法主要是通过行政机关本身的行政行为，使行政法得以贯彻和落实的。行政诉讼法只是法院审理行政案件时依据的程序法，是作

---

* 本文载于《中国法学》1990 年第 1 期。

为行政行为已告终结，法院通过行政相对人的起诉，对行政行为是否合法，适当作出监督和审查时运用的程序法，属于行政行为的事后补救程序。规范行政机关行为的实体内容的行政法，还必须另有与之适应的行政程序法，它将贯穿于行政行为全过程，即包括行政立法、行政执法和行政司法行为都必须遵循的程序法。它不仅是行政行为的事后补救程序，也是行政行为事先、事中所依据的程序。行政诉讼法与行政程序法之间既有密切联系，又互相区别。在某种情况下，可以把行政诉讼法看成是行政程序法的一部分，但不能用行政诉讼法来取代行政程序法。

根据上述理解，可见，行政法的程序法较民法、刑法的程序法在内容上要远为宽广得多。或者说，独立的行政程序法的存在，是行政法区别于刑法、民法等部门法的重要特点之一。

二、行政程序法的内涵

行政程序法是规范行政程序的法。程序，就是行为从起始到终结的长短不等的过程。构成这一过程的不外是行为的步骤、形式及这些步骤的前后顺序和完成这一程序的时间。简言之，构成行政程序的主要因素是：步骤、形式、顺序和时间。

程序的基本要素是步骤。因为程序作为过程，是一个步骤一个步骤完成的，缺少其中某一重要步骤，就有可能使这一程序无法完成。形式是内容的外在表现，不存在无形式的内容，这就使形式成为程序的另一组成要素。程序既然是一个过程，这一过程又是通过各个步骤逐步完成的。在各个步骤间的关系处于不可倒转或错乱的情况下，各个步骤之间就会产生顺序问题。顺序就是步骤的先后次序。破坏顺序就有可能使程序无法完成，因而顺序是程序的第三个要素。程序的最后一个要素是时限。因为任何一个程序都必须在一定的时限内完成，没有时间的限制，就可能成为难以完成的程序。在一定的时间内把行政行为各个步骤，通过各种必要形式按照一定的顺序联结起来，就是行政行为的全过程，也就是行政程序。

行政程序当然是指行政行为的程序，行政机关的其他行为，例如，行政机关在民事活动中，在行政诉讼中以及在静态情况中，都不存在行政程序，只有在行政机关的行为处于行使职务的动态过程中，才存在行政程序问题。

毫无疑问，行政程序是客观存在的。任何行政行为都必须通过一定的方式和步骤才能完成，但人们在设置（或习惯形成的）程序时，又必然具有主观的因素。当主观的设计与活动和客观要求符合时，行政行为就会公正而有效。反之，主观与客观相背，就会出现工作上的重复、遗漏、混乱、低效率、不公正等不良现象。因此，必须将符合客观要求的行政程序规范化，用法律固定下来，也就是使科学性与法律性相统一，以使行政行为公正、有效，这就是行政程序法产生的基础。

当然，用法律固定的程序，只能是行政行为中主要与重要的部分。行政程序法不可能巨细不分地将一切行政程序包罗无遗。

三、行政程序法在行政法中的地位和作用

行政法是行政实体法和行政程序法的有机统一。行政实体法对行政关系进行实际调整，即对行政法律关系当事人的权利义务产生影响。由于行政法律关系的特点是行政机关有权单方作出意思表示，即单方面规定如何影响相对人的权利义务，因此，行政实体法主要是规定行政机关在某种条件下依法使相对人获得某种权利或承担某些义务的法律规范。

行政程序法是对行政法律关系中当事人行使或履行实体权利义务时的程序作出规定的法律规范。由于行政法律关系的单方面性，为使行政行为能正确及时地完成，因而行政程序法主要是对行政机关行政行为的步骤、形式等作出规定的法律规范。行政程序法不改变相对人的实体权利和义务，只规定行政机关如何行使其职权和在行使职权过程中行政机关和相对人之间程序上的权利和义务。行政行为的实体性和程序性在理论上和立法上虽然是可以分离的，但在实践上却是统一的。任何行政行为都是实体性和程序性的统一。正如不存在没有实体内容的行政程序一样，也不存在不通过程序就能实现的行政实体内容。实践中的行政行为，或者遵循公正合理的程序，或者由于不公正或繁琐的程序而使行政行为的公正性和合理性受到严重影响。实体权利要通过正确的程序予以保障，否则，实体权利将难以实现，或者将遭到很大损害。

行政程序的这种重要性使行政程序必须制度化、法律化，以避免和克服主观随意性。获得法律确认的行政程序，它的各项具体程序制度，本身又成为行政法律关系双方当事人的权利义务。它将赋予行政相对人在行政机关行使职权时拥有程序上的权利，例如，设置了听取意见的程序，相对人就有权要求行政机关听取并重视自己的意见。行政机关如不履行听取意见的义务，就有程序违法的可能。行政程序当然也要求相对人承担行政程序方面的义务。例如，在申请程序中，相对人有义务向主管行政机关提出书面申请报告，否则，行政机关就有可能不予审核。行政程序同样也体现了权利和义务的统一

性。一般说，作为相对人的权利，就成为行政机关的义务，反之亦然。由于行政机关有权，事实上也常常通过法律规范规定相对人在行政法律关系中应遵循哪些程序，却很少为自己设定行使职权的程序，因此，行政程序法一般都以规范行政机关的行政程序为主要内容。这样，在行政法律关系中，不仅有实体上的权利义务，还同时存在着程序上的权利义务。需要着重指出的是，程序法上的权利义务关系，与实体法上的权利义务有着同样的法律意义。行政相对人不履行法定的程序义务，行政机关就将依职责使相对人对实体权利的申请归于无效。而当行政机关不正确行使程序法一方的权利或不履行程序法上的义务时，例如，违反主要的顺序程序或不遵守时效程序的规定，相对人同样可以以损害其合法权益为理由，提出申诉或提起诉讼，行政机关要承担相应的法律责任。我国《行政诉讼法》第 54 条第 2 款第 3 项规定，违反法定程序的，人民法院有权判决撤销或者部分撤销，并可判决被告重新作出具体行政行为，行政程序法的重要作用，可以从下述几个方面认识。

（一）行政程序法对提高行政效率的作用

行政程序在行政行为中是无处不在的，决不能在程序与低效率之间划等号。

人们常常因为厌恶繁琐的程序以致将一切程序视为文牍主义、公式主义，似乎高效率的行政行为可以不要程序，但实际上，不存在没有程序的行政行为，只有合理与不合理的程序。为批准某一申请，可以通过几个部门，盖几个章就简明迅速地完成，也可以盖上几百甚至上千个章，使这一程序成为一个漫长的难以完成的过程，可以有明确的时效使行政行为的完成有时间的限制，也可以无所规定，以致一个行政行为永远处于"研究"状态。程序法的作用，就在于将合理的简明的程序制度化法律化，免去不必要的或简化繁琐的程序，从而大大提高行政效率。合理的简明的程序的法制化是克服官僚主义、拖拉作风的主要途径。

（二）行政程序法在监督行政机关依法行使职权方面的作用

行政程序法使遵守行政程序成为行政行为产生法律效力的必要条件。行政机关依法行使职权所依据的法律规范，不仅是实体法，也包括程序法。行政程序合法，不等于适用实体法也正确；但是，如果行政程序违法，即使运用实体法正确，也将导致行政行为无效。例如，根据《治安管理处罚条例》的规定，公安机关要进行治安管理处罚，必须经过传唤、讯问、取证和裁决等步骤，这一程序带有顺序性：必须先取证，后裁决，而不能反之。如果该裁决引起诉讼，在法院审理时，行政机关由于裁决时未认真取证，自感证据不足而重新取证，那么，不管后来取得的证据如何，前一裁决都将因原证据不足而被撤销，因为这一裁决过程违反了先取证后裁决的顺序程序。行政程序法是行政机关在实施行为时同样必须严格遵循的法律规范，是行政法制监督的重要内容之一。

设定和严格执行法定的行政程序，将是与腐败现象等行政违法行为作斗争的重要手段。行政机关的失职、滥用职权等现象，大都与行政程序不健全、不规范有关，例如，在公民申请某些权利的程序中，由于没有明确的时效限制，使某些以权谋私者就可以用无限延长审批程序的办法，向申请者索取贿赂。在使公民承担义务的行为中，由于没有公开程序和说明理由程序，就便于某些执法者滥用职权违法使相对人承担义务，等等。所有这些都说明，健全和完善行政程序，使行政机关依法行政，将是从制度上制止腐败违法现象产生的重要一环。

（三）行政程序法在保护相对人合法权益方面的作用

相对人的合法权益，不仅要靠行政实体法予以规定，还要靠程序法予以保障。例如，在行政处罚中设置说明理由、听取意见等程序，就具有减少或避免滥用职权、保障相对人权益的作用。行政程序与行政诉讼同样具有保护相对人合法权益的作用。两者的区别在于：行政诉讼的保护作用都在事后，即行政机关的行为已经作出，相对人的合法权益受到侵犯以后。同时，这种行为又必须是具体的行政行为。行政程序的保护作用则一般是在事先或事中，通过行政机关行使职权时遵循一定的程序而避免侵犯相对人的合法权益，这种保护作用的范围也远较行政诉讼广泛得多，它还包括抽象行政行为在内，涉及不特定的相对人，并不局限于某一公民或组织。

四、几类不同的行政程序法

由于设置行政程序时的不同目的，可以有多种类型的行政程序法。

从行政行为与相对人的关系说，有内部行政程序与外部行政程序。内部程序是行政机关内部的工作程序，其中有些也用法律规范加以规定，具有法律效力，如内部的请示和报告程序。外部程序是影响相对人权利义务的行政行为的程序规则，如作出行政决定的程序、复议程序，等等。内部程序与外部程序在不少情况下是难以区别的，这是因为：其一，任何一种外部程序都伴随着内部程序，两者紧密交织在一起；其二，内部程序可以转化为外部程序。例如，处理相对人提出申请时行政机关内部的审批程序，实际上与相对人的权利义务直接有关，可以认为是内部程序转化为外部程序。

值得注意的是，行政机关与有隶属关系的行政工作人员之间关系的各种程序，例如行政处分程序，有些国家作为外部程序处理，有些则作为内部程序。

应该充分重视外部程序。在现代行政程序法出现以前，也有某些程序法律规范存在，但大多属于内部程序规则。对行政工作人员说，也比较易于重视请示报告等内部程序。随着行政民主化的发展，人们逐步认识到，相对人对行政过程的参与，是行政程序的核心。由此外部程序才日益受到关注，得到发展。

从行政行为的抽象性与具体性来说，有抽象行为程序和具体行为程序。抽象行政行为也就是行政机关制定规范的行为，其特点是普遍性与后及性。所谓普遍性指它不是针对某一具体的相对人，而是针对从事规范所指的活动的所有的人；所谓后及性指它一般没有前溯力，只对以后发生的情况生效。具体行政行为也就是行政机关作出行政决定等行为，其特点是具体性和前溯性。前者指它必须指向具体的相对人；后者指它对已经发生的情况生效。这两种行政行为在程序上是有较大区别的。各国的行政程序法基本上都对两者作不同的规定，例如美国《联邦行政程序法》就把行政程序区分为"规章"制定程序和"裁决"程序。

从实施行政行为时形成法律关系的特点说，有行政立法程序、行政执法程序和行政司法程序。行政立法的法律关系是以行政机关为一方，以不确定的行政相对人为另一方。任何人如果具有行政法律规范所规定的条件，就可能成为行政执法中的相对人，这种不确定性在设置行政立法程序时带来两个必须考虑的特点：一是行政立法时利害相关人的广泛性，它实际上成为人民当家做主，或者说公民参与国家政治活动的一种重要形式；二是行政立法的正确与错误所带来的影响和后果远比执法、司法行为要重大得多，有时甚至会影响国家某一时期或整个地区的兴衰。前者在程序方面的要求是必须通过多种形式，在法规、规章决定以前，充分听取和考虑利害相关人的意见。听取意见制度在这里是不可缺少的。后者在程序方面的要求是：保证立法内容的正确远比速度和效率重要，因而立法程序的环节一般比执法程序要繁复、严格，除上述听取意见制度外，会议制度、专家论证制度等都是不可忽视或省略的。

行政执法的法律关系是以行政机关为一方，以确定的具体的相对人为另一方，是一种双方关系。它是行政机关行使职权的活动，其特点是日常性、具体性和直接性。一方面，行政执法作为行政行为的最主要部分，必然强调效率与速度。另一方面，由于执法活动直接影响相对人的具体权利和义务，就必须强调不侵犯公民的合法权益。行政执法程序的特点，应该是行政效率与保障公民权利的统一。行政执法的形式和手段的多样性，决定了程序设置的多样性。例如，在行政监督检查、行政决定、行政强制执行、行政制裁等不同形式和手段方面，必设置不同的程序制度。

行政司法的法律关系是三方关系，即以行政机关为一方，以发生争议的双方当事人各为一方。如行政复议、行政机关对法律规定的某些民事权属争议的裁决等。行政机关在这里是以裁判者的身份出现的。因此，公正是行政司法程序设置的最主要要求。这就需要借鉴法院的司法程序，同时保留某些效率方面的特点。

从行政程序在某一行政行为中的时间位置说，有事先程序与事后程序。行政立法和行政执法过程中的程序可以称为事先程序，因为这两种行政行为所遵循的程序都是进行行政管理时所遵循的，而不是行政行为结束后进行复查、补救的程序。行政复议程序可称为事后程序，因为它以一个既存的行政决定为前提，目的是解决当事人同行政机关之间的行政争议，它是属于补救性的。

从行政程序被重视的历史发展看，是从"后"向"前"发展的。先是事后程序得到发展，后来事先程序也逐步受到重视，并逐步规范化。实践证明，事先程序对行政民主化和提高行政效率的意义十分重大，因此越来越引起世界各国的重视。

五、行政程序法的基本原则

根据战后各国行政程序法的发展趋势以及我国的具体情况，行政程序法应包含下述基本原则。

（一）公正原则

公正原则是指行政机关在进行行政行为时要在程序上平等对待当事人各方，排除各种可能造成不平等或偏见的因素。公正原则还可作广义的理解，即包括保障相对人在程序上的权利的所有原则和制度。如公开原则、参与原则及其中的咨询制度、听证制度等。这里取其狭义理解，以便与其他原则相区别。

公正原则主要由以下程序制度表现出来：回避程序，即同当事人有利害关系的行政人员应当避免参与有关的行政行为，以免造成行为上有偏见的事实或嫌疑；会议程序，即行政决定由若干行政人员经会议作出，以便充分保证行政决定的公正性；辩论程序，当事人各方有平等的陈述权；调查程序，即行政人员须不抱偏见地了解必要的事实真相，而且调查本身就是排除偏见的有效手段。

公正原则是现代行政程序的起码原则，是行政民主化的必然要求。因此许多国家的行政程序法中都贯彻了这一原则。

（二）公开原则

公开原则是指重要的行政行为，与公民权利义务直接相关的行政行为，要通过一定的行政程序让公民了解。这些行政行为主要是指制定行政规范，作出行政处理决定和处罚决定，实施强制执行以及进行行政司法的行为。公开原则是政府活动公开化在行政程序上的体现，是公民参与政权的延伸。列宁说过：只有当群众知道一切，能判断一切，并自觉地从事一切的时候，国家才有力量。行政行为的公开化有利于提高公民对行政机关的信任度，并使公民能够监督行政机关及其工作人员是否依法行政，从而帮助克服官僚主义，同时也保障公民对政府工作的了解权。

公开原则主要通过下列程序制度得到体现：表明身份程序，即行政机关通过出示证件让当事人了解自己的身份；通知程序，即行政机关为行政行为时将应该让公民了解的事项通过合理的途径告知当事人；咨询程序，当公民有权了解行政行为的某些内容时，允许他们向行政机关提出咨询，并给予答复；告知权利程序，即当行政机关在使当事人承担某种义务时，应告知当事人在程序上享有何种权利；说明理由程序，对于有些行政行为，行政机关不但要把结论告知当事人，而且应当说明事实根据、法律依据或其他理由，公民也可以对此提出咨询。

（三）听取意见原则

听取意见原则指在行政程序上保障相对人对行政行为发表意见，并且使这种意见得到应有重视的权利。听取意见原则是公民参与政治活动的基本权利之一。作为行政行为的相对人，有权参与与之有直接利害关系的行政行为。从广义上讲，公开原则也可以看作是听取意见原则的一部分，但二者的区别是明显的：公开原则是指公民对行政行为"知"的权利，而听取意见原则则是指"为"的权利。实现听取意见原则的具体程序制度主要是调查程序和听取意见程序，二者往往紧密联系在一起。在调查程序中，被调查人主要是提供某种事实情况或科学根据，并且被调查的一般不是当事人自己。在听取意见程序中，主要是当事人自己提出某种观点及理由。在行政立法程序中，由于相对人是不确定的，因而被听取意见的当事人的范围通常由法律法规规定，并且这种听取意见一般是有许多当事人参加的会议。在行政司法程序中，听取意见一般就是同时听取争议双方当事人互相对立的观点和理由，这种听取意见有人称为"听讯"。这样，狭义的听取意见也可单指对单个的、直接的相对人的听取意见，如行政许可、行政处罚等行政行为中的听取意见。当然，听取意见原则也应是有限制的，否则就会造成对行政行为的无理干扰。这种限制应当在程序法律规范中加以规定。

有人认为，从当今世界各国的行政程序立法来看，听取意见程序实际上是现代行政程序法的核心程序制度。例如美国的"正当程序"，其核心内容就是指行政裁决要经过听证。这一观点可以探讨，但由此可见听取意见程序所占据的重要地位。

（四）顺序原则

顺序原则是指行政程序的各项制度表现为一定的顺序性。如果违反了法律所规定的顺序，也是程序违法。例如，表明身份程序应当在调查程序之前；调查程序和听取意见程序应当在行政决定作出之前；通知必须在一定的时间之前发出；等等。顺序原则是行政程序的时间性的表现和要求之一，其实质在于保证行政程序的合理运用，防止因时间上的差异使行政程序法徒有其名。

（五）效率原则

这一原则是行政程序时间性的另一表现。它是指为了保证行政活动的高效率，行政程序的各个环节应当有时间上的限制，例如超过法定时限，就构成违法，即所谓时效制度；又如，为在不损害其他目的的前提下使行政程序简便易行，有的国家建立了"简易行政程序""紧急处置程序"等制度，其目的也是提高行政效率。格式化程序制度，即行政行为应当标准化、规范化，尤其是各种行政法律文书如记录、裁决书等应以法律作出统一的格式规定，不仅保证当事人享有法律上的平等权，也是提高行政效率的重要制度。

六、我国的行政程序立法

新中国成立以来，尤其是党的十一届三中全会以来，我国在不少法律法规中制定了有关行政程序的法律规范。最近颁布的《行政诉讼法》，就多处涉及行政程序问题。《行政诉讼法》第 54 条关于判决的规定有多处与行政程序有关。一处是："（一）具体行政行为证据确凿，适用法律、法规正确，符合法定程序的，判决维持"。第二处是："（二）具体行政行为有下列情形之一的，判决撤销或者部分撤销，并可以判决被告重新作出具体行政行为：（1）主要证据不足的；（2）适用法律、法规错误的；（3）违反法定程序的……"。根据这两处规定，人民法院要对具体行政行为作出维持的判决，必须同时具备三项条件，符合法定程序是条件之一；同样，人民法院可以在五种情况下作出撤销判决。五种情况之一，就是"违反法定程序"。可以看出，行政诉讼法已经把程序问题放在与证据和法律依据并立的重要地位。是否符合法定程序，是构成具体行政行为是否合法的不可缺少的必要条件。这是迄今我国法律中关于程序问题在法律中的地位的最明确的规定。当然，在审判实践中，对违反法定程序应如何作出判决，是相当复杂的。这是因为，对一件具体案件来说，程序总是与实体相联系的。在考虑程序违法时，还必然要受到实体问题的影响。可能有几种情况，一种是，具体行政行为的程序违法，实体处理也违法，应予撤销；另一种情况是，程序违法，但实体处理是正确的。这又有两种可能，一种是，应予撤销，撤销后行政机关可以作出与原行政行为不相同的具体行政行为；另一种是，撤销后不可能作出与原行政行为不相同的新的具体行政行为。例如，治安处罚 5 天，被处罚人不服，申请复议，复议裁决维持。但复议时程序违法，被处罚人不服起诉，按程序违法应予撤销，但实体处理是正确的，如撤销，就放纵了应予处罚的相对人，而且，由于原具体行政行为作出的理由和事实都是正确的，根据这些事实和理由，也只能作出与原具体行政行为相同的处罚决定，这样，撤销的结果除放纵被处罚人以外，别无其他可能。由此，就引出了一个重要的理论问题：在程序与实体两个方面，是否有哪一方面是占第一位的问题？这一问题的最后解决，恐怕只能依赖于行政程序法作出明确的规定。

除上述一般规定外，《行政诉讼法》还有一些具体规定：第二章受案范围第 1 款"（四）认为符合法定条件申请行政机关颁发许可证和执照，行政机关拒绝颁发或者不予答复的"，"（五）申请行政机关履行保护人身权、财产权的法定职责，行政机关拒绝履行或者不予答复的"。这两项关于"不予答复"的规定，都涉及行政程序的时限要素。超过法律规定应该作出决定的时间没有作出决定的，也就是违反了法定程序，按照第 54 条规定属于可以撤销之列。

《行政诉讼法》第 33 条规定："在诉讼过程中，被告不得自行向原告和证人收集证据。"这是反映程序中顺序要素的规定。行政机关作出具体行政行为，必须遵循先取证后裁决的顺序。违反这一顺序，改为先裁决后取证，必将导致作出错误的行政行为。据此，在进入诉讼以后，就不能再允许行政机关重新取证。新的证据只能据以作出新的行政行为，但不能用以证明先前的行政行为。很明显，《行政诉讼法》关于行政程序的有关规定，特别是第54条的规定，无疑将是对我国加速制定行政程序法的巨大促进。

行政程序立法探索 *

　　行政程序立法，从 1889 年西班牙制定第一部行政程序法开始，国外已有 100 年以上历史，在我国则是近几年才引起人们的注意。《行政诉讼法》颁布实施以后，行政程序立法的呼声正日益高涨。实践迫切需要一部具有中国特色的行政程序法。

一、行政程序立法的必要性和紧迫性

　　正如任何事物都由内容和形式两部分组成一样，人们从事任何工作，也都必然有实体与程序两个方面。实体是其实质内容，程序就是如何完成实体内容的步骤、方法、形式、时间、顺序等的总和。缺少其中的任何一个方面，任何工作都无法完成。从这一意义上说，程序是人类活动中无处不在的、不可缺少的部分。国家行政机关的行政管理活动，实际上也由两部分组成。一是国家行政机关依照法律规定实际拥有的职权。这些职权总体上由宪法或组织法授予，再由单行的管理某一方面国家事务的法律予以具体化。例如，公安机关负责社会治安管理，通过《治安管理处罚条例》进一步具体化。税务局负责税收，根据具体的法律法规行使税收的实体权利，等等。这就是行政机关的实体权利。规定行政机关实体权利的法律法规，是行政实体法。与其他部门法一样，仅有实体规定是远远不够的。法律要得到正确、顺利的实施，还需要有程序法。程序法是关于执法者如何运用和行使实体法律法规的规范。合理的、公正的程序将使人们正确、迅速地达到目的，不合理、不公正或不够合理、不够公正的程序，将使人们偏离或难以完成预定的任务。民法、刑法要得到正确、有效的实施，必须通过民事诉讼程序或刑事诉讼程序。长期的历史经验一再证明，民事诉讼程序和刑事诉讼程序，是民法和刑法得以正确顺利实施的最重要、最基本的保证之一。同样，行政法的实施，也要通过程序法。不同的是：民法、刑法的实施只能通过法院，因而它们只能是诉讼程序。行政法的实施，也要通过法院，因而有行政诉讼法。但行政法主要是

---

　　* 本文载于《政法论坛》1992 年第 3 期。

通过作为一方当事人的行政机关的行政行为落实的。行政诉讼只是作为对行政行为有无实体或程序违法的监督和补救的制度而存在。行政程序实际上是行政机关在行使实体职权时应该遵循的程序，行政程序法是行政机关如何行使或运用其实体权利的规范。这是行政法与民法、刑法的重大区别之一。如果可以把行政职权一分为二的话，那么，实体职权是行政职权的一部分，另一部分就是行使、运用行政职权的程序。行政实体法规定行政机关可以做什么，行政程序法规定行政机关应该如何做，从一定意义上说，行政程序法是行政机关落实实体职权的规则。实体权利规定不清，行政机关将难以活动或可能产生各种纠葛，影响行政职权的正确、迅速行使。同样，程序规定不完整、不合理，必然也将使行政职权难以行使。从这一点说，行政程序法具有与行政实体法同样重要的意义。把行政程序看成是行政职权的内在的不可缺少的组成部分而不是外加的可有可无的或可任意设置、废除的形式，这才是对行政程序性质的正确认识。任何行政机关的行政职权，都是实体法与程序法的统一；任何行政机关行使职权的过程，也都是实体与程序统一的过程。行使行政职权，正如不存在只有程序而无实体一样，不可能只有实体而无程序。在行政机关行使职权的过程中，程序是无处不在的。当然，实践已经证明，程序有好有坏，有合理和不合理，有效与繁琐，可操作和难以操作之分，产生这种不同效果的原因在于：程序是根据人们的主观要求设置的。程序法是人们对程序要求的主观认识的规范化。如果人们的主观认识符合事物自身的发展规律，其设置的程序就是合理有效的程序。否则，必将使行政职权难以顺利实施，或者影响相对一方的合法权益。可见，虽然程序设置是人们的主观行为，但它反映了事物发展的规律性，具有客观性。

为说明行政程序立法的紧迫性和重要性，从报上抄录二例：

第一，1990 年 6 月，浙江黄岩微型电机厂、金清购销服务部与香港竣诚企业有限公司合资筹办"金港塑料薄膜制品有限公司"，办理立项审批手续耗时 11 个月，修改立项报批的文件资料合计 300 多万字，耗费纸张 503 公斤，经办人行程 2 万多公里，费用达 4 万元，涉及省、地、市有关部门共 27 个。其间企业经办人由黄岩到地区、省城先后往返 20 多次。地区审查时弄丢了他们的资料，一拖 2 个月。地区过关后，省有关部门又要按其意图重新修改。厂方以国务院文件与之论理，无用。只好重新修改，重新层层审批。这个问题最后如何解决？由港商向领导人申诉，此招有效，终于 1991 年 5 月 17 日领到营业执照（1991 年 12 月 9 日《中国青年报》）。

第二，1991 年 10 月中国企协召开的厂长座谈会上有一位厂长透露，该厂向有关部门申报，与科研单位合办一个科工贸一体化技术开发公司。用 10 个月时间盖了 391 个公章，尚未了结，据推算，需盖 440 个公章，才有可能拿到营业执照，在审批过程中，花费已上万元（1992 年 1 月 9 日《经济日报》）。

这两个例子清楚地说明，在某些情况下，我国的程序问题已严重到何种程度。它对我国经济的发展，对提高行政效率和保护相对一方的利益，关系是何等重大！《行政诉讼法》已经规定，行政机关的具体行政行为是否符合法定程序，是判断其是否合法的重要标准之一。但我国法律法规中对行政程序的规定，很不系统完整，因此，制定一部具有中国特色的行政程序法，应该列为当前行政立法的重点。

二、程序权利义务与法律责任

行政程序权利义务与程序违法的法律责任是两个相互区别但又紧密联系的问题。独立的客观的行政程序的权利义务的存在，是追究法律责任的基础，而如果程序违法并不追究法律责任，则程序立法将毫无实际意义。程序权利义务是否是独立的客观存在的权利义务，还是仅仅是实体权利义务的附属物，学术界和实务界仍有不同看法。这将直接涉及程序违法的法律责任问题，因而是行政程序立法中必须解决的问题。

程序权利与程序义务，这是近年来新提出的概念，与实体权利和实体义务相对应。在行政程序法律关系中，以行政机关为一方，以相对人为另一方，都有程序权利与义务。在我们讨论程序权利与义务是否独立存在，从而能否追究法律责任时，实际生活中，相对一方的程序义务，即行政机关的程序权利，实际上早已独立存在，并严格依照规定追究责任。这种程序义务大都由单行的法规、规章规定，行政机关是将之作为行政权的一部分行使的。以时限为例，规定必须多少天或几月几日前送上申请书，时限一过，行政机关就不会再接受。有一案例：由于超过 3 天送上证明，全部货物即被没收。这本来就是行政法特点之一：行政机关有权依法单方面对相对人是否违法作出判断，并依法追究其法律责任。否则，行政管理就会变得软弱无力。由于相对一方的程序义务一般都由单行法规定并在实践中已经落实，因此，我们在讨论程序权利义务的独立性与法律责任时，实际上指的是行政机关的程序义务和相对人的程序权利及其法律责任问题。正如行政职权可分为实体和程序两部分，行政机关行使职权时的权利义务，也是由实体权利义务和程序权利义务之和所组成。长期以来，人们一般都认为存在实体的权利和义务，很少提出程序权利与义务的。典型的说法就是，如果行政机关程序违法而并不影响实体权利时，那就可以忽略不计其法律责任。这里说的实体权利显然指的是相对一方的实体权利。根据这种观点，程序权利义务只能依附于实体权利义务，如果程序违法不影响相对一方实体权利，那就不存在独立的法律责任问题。笔者认为，这与实际情况恐怕未必符合。其一，如上所述，相对人的程序义务其实早就独立存在，并与法律责任相联系。人们对此已习以为常。其二，就行政机关的程序义务说，在很多情况下当然将影响相对人的合法权益。但也有相当一些行政程序，并不涉及相对一方的合法权益。在这种情况下，并不意味着就没有权利义务问题，而是涉及更高层次的，即国家的、社会的权利和权益。例如，《治安管理处罚条例》规定，复议决定必须在 5 日内作出，超过期限就是程序违法。这种违法涉及谁的合法权益？5 日作出或 8 日作出，对相对人说，并无多大实际损害。《治安管理处罚条例》所以规定复议决定必须在这短短的 5 日内作出，体现了立法者必须从速处理治安问题，治安问题决不能拖延的意图。否则，受到损害的将是社会治安，即全体人民的利益。再譬如，在检查公民身份证时，公安人员必须首先出示自己的证件，这是表明身份程序。是否表明身份，在很多情况下并不影响相对一方的合法权益。立法者设置这一程序，不仅是为了表明执法工作的严肃性，更主要的是为了防止假冒，以免造成社会秩序混乱，损害更高层次的国家利益。可以说，在很多情况下，程序的背后都体现着国家的社会的某种更高层次的利益。笔者认为，不存在空头的无意义的程序，所有的程序都或者与相对人合法权益有关，或者与国家、社会的权益相连，一切违反法定程序的行为将是给社会或个人带来危害的行为。正因此，程序权利义务问题就有了独立的意义和价值。我们有时把程序问题看得比实体问题还重，就是因为它常常涉及国家或社会的利益。长期以来，我们在现实生活中肯定了相对人的程序义务和行政机关的程序权利，现在应是全面地认识这一问题，完整地肯定程序权利义务的独立性和客观性的时候了。相对人必须履行程序义务，同时也享有程序权利；反之，行政机关享有程序权利，也必须履行程序义务。

凡是违法行为都必须追究法律责任，这是社会主义法制的一项重要原则。

一切违反法定程序的行为当然同样要追究法律责任。如果在法律中对程序作了明确规定，在实践中程序违法却可以不追究责任，那么，法律规定还有什么意义呢？更何况程序问题常常涉及国家和社会的利益。但是，当行政机关程序违法时如何追究责任，却是一个相当困难的问题。行政机关的程序违法有两种情况，一种是：程序违法，实体上也直接损害相对一方的合法权益，即我们平时所说的程序违法，实体也违法；另一种是：程序违法，实体上并未侵害相对一方的合法权益，即我们平时所说的程序违法，实体正确。前一种情况，根据《行政诉讼法》的规定：撤销，追究实体违法的责任；后一种情况，根据上面的分析，在这种情况下，行政机关的程序违法行为其实损害了国家或社会的利益。因此，应该追究法律责任是毫无问题的。如果责任较轻，例如主观上并无故意，造成的损害也不大，那就可以判决撤销，同时判决行政机关重新作出一个具体行政行为，哪怕这一行为与原行为一样。这样做目的是要使行政机关由于程序违法承担败诉这种法律责任。但如果问题比较严重，如主观上有故意，或屡次违法，等等，那就应该追究其损害国家、社会利益的责任，除承担败诉责任外，由上级行政机关主动，或经司法建议后，给违法的行政机关的主管人员和直接责任人员以行政处分。行政机关拒绝履行司法建议的，应视为妨碍诉讼。这一做法也适用于前一种情况。对此，行政程序立法必须作出明确规定，以纠正严重存在的无视程序，对程序违法现象熟视无睹的现象。

三、行政程序立法的范围

行政程序立法的范围，从外国已有的立法看，很不一样。有些国家范围较宽，包括规章制定、裁决与司法复审等内容，如美国。有些较窄，主要规定行政处分和公契约的程序，如西德。最近公布的日本行政程序法草案，则仅规定申请处分和不利处分两大类，范围更窄。看来，行政程序法应包括哪些内容，各国并无统一模式，完全视该国的具体情况而定。我国行政程序立法包括哪些内容，目前尚无定论，笔者认为，可以设想，需要制定一部全面的，包括行政机关各种行为的行政程序法。据此，作为理论探索，对这一问题的研究似可根据下述两项原则着手：一是有现实意义，与中国具体情况紧密结合；二是能涵盖全部行政程序。笔者拟从两个角度考察。一是，按近几年来对行政行为的传统研究方法，一般将行政行为分为抽象行政行为与具体行政行为，抽象行政行为也就是行政机关制定规范的行为。在我国，根据国家行政机关的层次与级别，制定的规范可分为行政法规、规章和一般规范性文件三类。这三级规范都有一个制定程序的问题，而且有许多共同点，例如，它们都带有执行性，因此要强调制定时的法律或法规依据，它们都是行政管理方面的规范，将直接影响经济和社会的发展和稳定，因而都需要有可行性论证的程序，尤其是经济成本——效益核算的程序，它们都应该设置必须征求利害相关人意见的民主程序，以保证公民参与国家管理和行政行为的公开化，都应该有审查、批准和公布的程序，等等。人们通常把行政法规和规章的制定合称为行政立法。从行政立法实践考察，是将行政立法的程序和制定一般规范性文件的程序规定于同一个程序法中还是两者分开设置，甚至将制定行政法规和制定规章的程序分开，这是可以讨论的。笔者认为，将一些对所有规范的制定带有普遍意义的程序制度，如上述一些基本程序制度写入行政程序法中，使三级行政规范的制定有一个基本可循的程序，应该是比较可行的，其他各种程序可由单行法解决。

具体行政行为大致可分为二类，一类是行政机关直接与相对一方发生权利义务的行为，即行政执法行为，另一类是行政机关作为解决纠纷和争议的第三者，就行政争议和民事纠纷作出决定和裁决的行为，即行政司法行为。这两类具体行政行为的程序显然很不相同。行政执法的直接性和多样性，使行政执法的程序设置极为困难，且易于被忽视。这里重要的是要对行政执法行为作出分类，依照行政机关与相对一方发生的执法关系的性质，将行政执法分为权利性执法行为与义务性执法行为，也许比较可行。这种分类与日本最近公布的行政程序法草案的分类极为相似。权利性执法行为指行政机关根据法定的条件和事实，赋予相对一方以某种权利的行为。这种权利性行为可能是使相对一方获得从事某种行为的权利，也可能是给予某种资格的行为，甚至可能是给予某项荣誉或财产的权利。义务性行为则是行政机关依法要求相对一方承担某种义务的行为，除了诸如纳税、服兵役等一般义务外，还包括要求特别的相对人履行某种特定的协助义务，以及将影响国家、集体和个人的生命财产安全的重大技术规程转化为法律义务，等等。目前受到群众反对的三乱，即乱处罚、乱收费、乱摊派三乱，都属于要求公民、法人或其他组织履行义务的范围，都属于义务性具体行政行为。对行政执法行为，我们历来也是重实体而轻程序。但即使是实体，法律法规的规定也极为众多、复杂，缺乏总体方面的规范，没有可供共同遵守的一些原则和制度，甚至尚未形成几项带有全局性的重大法律制度。当然，程序方面的规范就显得更为薄弱。一般都是在单行的法律法规对实体问题作完规定以后，才在某些章节中插入一些程序规定。而这些规定又大多是关于相对一方应履行何种程序义务为主，缺少行政机关在执法中应遵循哪些程序义务的规范。总的看来，行政执法的程序尚未形成体系。

行政机关作为第三者解决行政争议与民事纠纷的程序，即行政司法程序，细别之又可分为行政复议、行政裁决和行政仲裁。这样的分类只是对目前我国实际已经形成的法律制度的大致概括。这三类制度在性质上的差异太大了，尤其是行政仲裁制度。由于行政仲裁制度的特殊性，在程序上很难与复议和裁决统一在一个程序里。目前正在研究与制定统一的仲裁法，行政仲裁是否能保留或保留到什么程度，都还难以预料。解决行政争议的复议制度虽已建立，但内部行政争议以及涉及人身权、财产权以外的外部行政争议等都还未包括进去。行政裁决作为一项行政机关居间解决民事纠纷的制度，法律规定的范围极为有限。在国外，例如美国，由行政机关解决民事纠纷的行政裁决制度范围极为广泛，但在我国很多人坚持认为解决民事纠纷只能是法院的事，行政机关不能多管闲事。在有限的行政裁决领域里，几乎还谈不上什么程序。值得注意的是两个法律所建立的一项法律制度：商标法建立商标评审制度和专利法建立的专利复核制度。两者把涉及商标和专利的行政争议和民事纠纷熔于一炉，统一由上述两个委员会解决。很多人称之为行政裁判制度，并且认为这两项制度的成功，预示着可把对行政争议与民事纠纷的解决，统一为行政裁判，因而只要制定一个统一的行政裁判程序就足够了。从简化机构和方便群众看，这无疑是一个值得注意的前景。

从当事人在程序中的地位说，还有内部行政程序和外部行政程序的区别。内部程序是指行政系统内部，行政机关之间、行政机关内部有隶属关系的工作人员之间发生法律关系的程序；外部程序则是行政机关与公民、组织之间发生法律关系的程序。这种分类本身就具有相对性，因为外部与内部并无明确的界限。但这种划分在实践中有很大意义。外部程序是国家行政机关管理国家和社会事务的程序，涉及行政效率与相对人的合法权益。内部程序的主要部分是行政机关内部的工作程序。其中，涉及行政机关与其工作人员之间的奖惩、任免关系的程序，虽为内部程序，其性质上与外部程序相近，应另作别论。内部程序本应是行政机关的工作程序，当然也应以简明、快速为原则，这一点与外部程序相同，但外部程序更强调参与、公开等原则。在保证国家利益和行政效率的同时，保护相对人的合法权益，这是外部程序的特点。就两者关系而言，毫无疑问，内部程序直接、间接都是为外部程序服务的，这是我国行政机关为人民服务的本质所决定的。正因如此，其一，在设置程序时，不能把两者的关系倒置。仅仅考虑、强调行政机关工作起来顺手、方便，而不顾相对一方是否方便、可行，让外部程序为内部程序服务。由于我国目前多数程序都是行政机关通过法规、规章设定的，因此，从行政机关工作方便的立场出发设置程序和从方便和保护相对一方的立场出发设置程序，实际上反映了行政机关两种很不相同的服务观。其二，更不能把内部工作程序为图自己省力而转化为外部程序，把本应由行政机关内部自己完成的程序，让相对一方去忙碌奔波。这种情况在我国已经并不少见。内部程序转化为外部程序，不仅大大增加相对人负担，降低行政效率，而且由于增加了诸多环节的否决权，还将为不正之风大开方便之门。在制定行政程序法时，这显然也是应该考虑的一个方面。

四、行政程序立法的宗旨和原则

立法宗旨是立法的基石，它将直接涉及这一法律所提供的各项行为规则的方向、内容，赞成什么，反对什么，以及各项原则和制度，并影响法律责任的设置。行政程序法的立法宗旨是什么？在我国仍是一个有争论的问题。国外对此已有一个发展的过程。世界各国制定行政程序法曾经有两个高潮时期，第一个高潮是 19 世纪末 20 世纪初，从 1889 年西班牙制定第一个行政程序法开始，欧洲一批国家相继制定行政程序法。生产的高度社会化和垄断资本的发展，科学技术影响的增强，世界性经济竞争的加剧，等等，迫使国家对社会生活，尤其是经济生活进行强有力的干预。行政权迅速扩大，这就必然要求政府提高行政效率。因此，这一时期产生的行政程序法，立法的主要宗旨是通过程序法立法来提高行政效率。第二个高潮是 20 世纪 40、50 年代。以 1946 年美国行政程序法的出台为标志，世界又有一批国家制定或修订行政程序法。美国行政程序法起始于第二次世界大战将近结束之时。美国公众对因战争而由政府把经济、社会高度集中管理深感不满，强烈要求通过程序设置，监督行政机关的行政权力，保护公民的合法权益。这就是美国行政程序法的立法宗旨。随后，其他国家制定的行政程序法，特别是欧洲一些国家在修订行政程序法时，则大都将提高行政效率和保护公民合法权益这两重目的结合起来。只是其中有些国家侧重于提高行政效率，有些则侧重于保护公民合法权益。但 40、50 年代的各国行政程序法，都无例外地增加了保护公民合法权益的目的，这是它们的共同点。可见，世界各国制定行政程序法的宗旨并无固定模式，一般都是根据该国的具体国情而定。我国行政程序法的立法宗旨应如何确立，当然应该根据我国的具体情况。笔者认为，至少应该考虑我国的两个特点：其一，国家的本质。我国是社会主义国家，政府和人民的利益在根本上是一致的。其二，经济和社会的发展阶段。一方面，我国正在进行大规模现代化建设，经济和社会发展已达到一定水平；另一方面，我们又是发展中国家，各方面包括行政管理水平还都比较落后。在这种情况下，我们当然也要强调保护公民的合法权益，但同时必须把相当的注意力放在提高行政效率上，保证我国的社会主义建设和其他工作都能高速、有效、合理地发展。通过行政程序立法，使行政管理能达到高速、有效、合理的要求，也就是在最大程度上不仅消极地保护公民合法权益，而且更是积极地提高公民享有的物质和文化水平。这两者应该是相辅相成的，强调某一方面而舍弃另一方面，都不符合我国的实际情况。

立法原则是体现立法宗旨的，根据我国具体情况，结合世界各国行政程序法的原则，我国行政程序法的基本原则是否可以考虑为：一是民主原则。在行政立法和制定规范的程序中，主要体现为参与、听取意见原则。即广泛听取人民群众和利害相关人对立法草案的意见，并对意见作必要回答。使人民群众参与国家管理，这是人民群众当家做主的体现。在执法与司法活动中，民主原则主要体现为必须听取对方意见，允许进行辩论，而不是武断专横。民主原则是行政程序法最重要的原则之一，应该有各项制度予以保证。二是公开原则。人民群众参与国家管理，必须建立在公开原则的基础上。不了解情况，谈何参与，如何指出政府工作的正确与错误？公开是人民政府向人民负责的表现，本身又是调动人民群众积极性的重要因素。公开原则还是政府接受群众监督的必要条件和形式，对防止和纠正不正之风有时甚至是仙丹灵药。三是效率原则。目前我国行政管理中效率低下已经相当严重，有必要通过行政程序法来减少繁琐环节，克服形式主义，健全内部程序，严格时效制度，强化可操作性等，通过各项合理、有效的程序制度来保证行政效率的提高。行政程序法还可以有一些其他原则，这需要进一步加以讨论。

五、行政程序的要素与制度

可以对行政程序进行分解，将程序分解为各个要素，才能进入立法。任何程序都是过程，从一个过程的起始至终结，构成一个程序。当然，程序是相对的，一个大的过程常由若干小的过程组成。一个小的过程又是一个独立的程序，同时又是某一大过程的组成部分。一般都是将某一项工作从开始到完结作为一个程序，完成某一程序，总要经过若干步骤，步骤就是组成行政程序的第一个要素。例如，《治安管理处罚条例》规定，公安机关要作出一个处罚裁决，必须遵循这样的程序：传唤——询问——取证——裁决。这一过程就是由四个步骤组成的。步骤是行政程序中最重要的因素之一，因为每一步骤，实际上就是一项程序制度。在多数情况下，程序制度的内涵和配置，是决定所设置的程序是否能够符合立法宗旨、贯彻立法原则的主要因素。常用的程序制度有：表明身份、说明理由、听取意见（听证）、回避、公开、合议、通知、告诫、查询、备案、告知权利、查阅档案、调查、论证、审批、复审、委任、代理、确认，等等。不同的程序制度有不同的作用。作为法典性质的行政程序法，不可能对各种不同性质的行政行为都详细地规定全部程序制度，也不可能规定一种程序模式硬套于不同性质的行政行为。它只能规定几个最基本的程序制度，强调在一般情况下每一程序中都需要遵循其中一个或几个制度，以保证各项程序都不会偏离立法者的意图。例如，美国的行政程序法以听证制度为核心，在法律规定的条件下，所有的程序都有听证这一程序制度。以听证为核心，反映了美国立法者通过程序立法以保护公民、组织的合法权益为主要目的的立法意图。不同性质的行政行为都有单行的法律法规规定。选择哪些程序制度，配置成为一个程序，取决于这一法律法规所要达到的目的和意图。当然，也与这一国家的法律文化的传统有关。我国的行政程序立法中，应该选择哪些程序制度，在各种不同性质的程序中都予规定，尚需反复进行讨论。笔者认为，在行政立法和制定规范中，应以听取意见和经济成本——效益核算为核心，在行政执法、司法中，应以听取意见、公开、时效为核心。当然，除一般程序外，在法律规定的特殊或紧急情况下，可以适用某些简易程序。

形式是行政程序的第二个要素。从理论上说，凡是涉及公民权利义务的一切行政行为都应该是要式行为，即必须有一定的形式，如文书、证书等，以示慎重与严肃。法律法规规定必须遵守一定形式的，当然必须遵守。如果法律法规未作明确规定，只要是影响公民权利义务的，都应该推定必须只有法定形式。

方式是行政程序的第三个要素。任何行政行为总是要通过一定方式才能完成。多数情况下，法律法规都对行为方式有某种规定，如是否必须合议、签字等。

时限是行政程序的第四个要素。任何行政行为的完成都必须经历一定时间，合适的时限规定，不仅有利于提高行政效率、保护公民合法权益，也将对廉政建设起促进作用。

顺序是行政程序的第五个要素。行政程序是由若干步骤组成的，有些步骤前后颠倒并无影响，但多数步骤有顺序性，顺序颠倒可能导致完全不同的后果。例如先取证、后裁决是行政行为的普遍顺序。如予倒置，先裁决后取证，将直接违反马克思主义唯物主义的基本原理。正是这一原则，形成《行政诉讼法》第 33 条规定。

从行政程序的组成要素说，所谓行政程序，就是行政机关经历若干步骤，采取一定形式和方式，在法定期限内，按一定顺序完成行政行为的过程。行政程序法一般都应对上述五个要素作出某些原则规定。

六、我国行政程序立法的情况与展望

对我国现有法律法规关于行政程序的规定作一考察是很有益处的。

我国有关程序方面的法律规定，多数都与实体规定连在一起。笔者对近十几年法律法规中有关程序的规定作了集中的分析，发现有几点现象很值得注意：其一，有关程序的规定，内容十分广泛。从范围看，涉及制定行政法规和规章，作出具体行政行为，包括行政司法以及对行政机关进行监督等各个方面的程序，如《行政法规制定程序暂行条例》，各部委、各省、市、自治区政府许多关于制定规章程序的规范，《国境卫生检疫行政处罚程序规则》，《监察机关处理不服行政处分申诉办法》，《行政复议条例》，等等。从行政程序制度看，包括审批、表明身份、听取意见、时效、受理、公开、告知、步骤、顺序、备案、说明理由、合议、格式、保密、调查、查询、回避、报告、抄报、复审，等等，多数程序制度都已被运用。其二，在上列这些程序制度中，数量最多的是审批制度，通过各种不同审批制度的设置，加强上级行政机关对下级行政机关行使职权的监督和控制、行政机关在赋予公民某项权利方面的监督和控制。由此可以看出我国在行政程序设置方面的重点所在。其三，具体行政行为程序的特点之一是，两种外部执法程序存在明显差别：权利性行政行为的程序远比义务性行政行为程序繁复得多，前者集中于相对人的申请和行政机关的审批程序，后者则常常并无具体程序。其四，在程序的设置方面，注意点还主要集中于行政机关自身如何顺利开展工作，成为行政机关的工作程序，较少从更开阔的视野，从提高行政效率，既保证行政职权的行使，又保护相对人合法权益，监督行政机关依法行使职权等方面着眼。其五，从发展的时间方面看，近几年法规中关于行政程序的规定明显增加，如果说，在此之前有关程序的规定常常使人有断续、不连贯之感，近几年就

看得出已作为重要问题予以考虑，专门规定程序的法条、章节甚至专门程序立法已不断出现。其六，有些程序制度进一步发展，如时效制度。《集会游行示威法》在这方面的规定就很有特色。有些则是新设立的程序制度，如公开制度，说明我国行政程序立法有明显发展。

虽然如此，行政程序法的立法毕竟是一项巨大的工程，立即动手制定一部包括各方面内容的全面系统的行政程序法，准备工作似尚嫌不足，包括对国内外情况的了解、掌握、思想准备，等等。因此是否可以化整为零，各个击破。例如，可以先完善行政立法和行政规范的制定程序，在行政执法方面，可以先研究和制定行政处罚、行政强制、行政许可、行政收费等程序规范，以积累经验。同时组织力量对国内外行政程序的立法和实践情况进行调查研究，积极开展宣传教育工作，深入理论探索，为制定一部完整的行政程序法而努力奋斗。这也许不失为一条稳妥的途径。

政府信息公开法律制度研究[*]

包括美国（1966）、加拿大（1983）、英国（1999）、日本（1999）等国在内，目前世界上已有40多个国家制定了政府信息公开法，另外还有几十个国家的政府信息公开法正在制定过程中。建立和完善政府信息公开法律制度已经是一个世界性的潮流，我国应尽快建立和完善政府信息公开法律制度。

一、政府信息公开法律制度的界定

政府信息一般是指政府机构为履行职责而产生、获取、利用、传播、保存和负责处置的信息。政府信息公开是指政府主动或被动地将其掌握的政府信息予以公开。所谓主动地公开信息是指政府主动地在有关的公开出版物上公布政府信息（如我国的《国务院公报》《人民日报》等），或者以通告、告示、布告、公告等方式公开政府信息。所谓被动地公开信息，是指应人们（包括自然人、法人和其他组织）的申请，允许申请人通过查询、阅读、复制、下载、摘录、收听、观看等形式，依法利用政府部门所掌握的政府信息；或者应申请人的申请将政府信息以通告、告示、布告、公告等方式予以公开。

政府信息公开法律制度是关于政府信息公开的原则、适用机关、公开和豁免公开的范围、公开的方式和程序、涉及政府信息公开与豁免公开的申诉和诉讼等各项具体法律制度的总和。政府信息公开是人民主权这一宪法性原则在国家行政领域的具体体现，它对于人们节省收集信息的成本、促进经济发展，监督政府行为、确保行政的公正和民主，特别是防止政府腐败都起到巨大的作用，世界很多国家纷纷加强研究政府信息公开制度，我国学者也正在加强对政府信息公开法律制度的研究。可以断言：建立政府信息公开法律制度是行政法在新世纪的发展走向。

二、政府信息公开法律制度的原则

（一）公开原则

具有代表性和示范意义的《美国信息自由法》（*Freedom of Information Act*）

　＊　本文与陈天本合作，载于《国家行政学院学报》2002年第4期。

规定，除涉及国家安全、公民隐私、商业秘密等九项信息外，所有的政府信息均应公开。即使属于豁免公开的事项，政府机构仍然有权决定是否公开。《日本政府信息公开法》也将公开的原则确立为一项基本原则，该法规定除涉及个人信息、法人营业信息等六个方面的信息不予公开外，其余的政府信息应当公开。公开原则要求申请人向掌握政府信息的国家机构申请获取所需信息时，申请人只需提供所需信息的名称以方便被申请机构寻找即可，而无需说明使用信息的目的。除了依法应当保密的信息外，被申请机构应当提供相关信息。如果被申请机构不能提供相应信息，需向申请人说明理由。

（二）平等原则

政府信息具有公共财产的性质，人人享有平等获取的权利。不仅和信息有关的直接当事人可以申请获取，其他任何人都可以申请，没有申请人资格的限制。政府机构制定法律、法规、规章以及其他规范性文件，其收集、利用、传播、保存和负责处置信息所需的经费，均是来源于纳税人的税金，因此这些政府信息应当为所有公民（包括我国台湾地区同胞和香港、澳门特别行政区同胞，不论民族、性别、年龄、出生地、职业、财产状况、宗教信仰等差异）所知晓或利用，而不应归政府所独享，或成为少数人的特权。因此，凡是列入开放范围的政府信息，申请人均可自由获取，无需任何介绍信。美国、日本等国的政府信息法甚至使用了"任何人"的措辞，这样的用词使得申请人的范围不但包括全体本国公民，而且包括在本国居住的外国人；不但包括自然人，而且包括合伙、公司、社团、机关以外的公私组织。

（三）便民原则

在中国这样一个有着长期官僚专制传统的国家，便民原则应作为政府信息公开法律制度的一项重要原则。即使在今天，我国政府信息公开仍存在诸多问题，如政府信息管理上的封闭性、政府信息供给上的等级化、政府信息拥有上的垄断性和政府信息披露上的恩赐性等。由于我国还没有一部政府信息公开法来规范政府公开其信息行为，在政府机构里没有相应的窗口和职员专司公开政府信息。对于非专职化的职员通常把向申请人提供政府信息的行为作为额外的事情来做，他们一则担心承担泄露国家秘密的危险，二则担心耽误了自己的本职工作，因此通常不愿意去做这样的事情。即使向申请人提供有关信息，也常认为是对申请人的恩赐。同时由于政府机构间掌握政府信息的分割性，申请人为获取所需的全部信息，经常要向很多行政机关申请，给申请人带来很大的时间和经济成本。尤其对于一般并不知晓政府机构各自职责的人们来说，要获取其所需的全部信息，则更是困难重重。因此我国在制定政府信息公开法时，应当将便民原则确立为政府信息公开法律制度的一项基本原则，并建立相应的制度使该项原则得到贯彻实现，如政府信息集中管理、政府机构开设专门工作窗口并配备专门工作人员、建立教示制度等。

三、政府信息公开法律制度的适用机关

政府信息公开法律制度的适用机关关系到一国的信息公开法律制度对该国的哪些机关、组织或人有拘束力。从国外的立法例来看，政府信息公开法律制度的适用机关主要为行政机关，有些国家也包括其他国家机构，甚至是国有公司。如《美国信息自由法》规定，该法适用于联邦政府的所有行政机构，包括各个行政部门、军事部门、政府控制的企业、政府部门所属的其他机构。英国于 2000 年 11 月底通过的《英国信息公开法》规定了信息公开的适用机关为：包括中央到地方的各级政府部门、议会上院下院、医疗机构及国有公司。

我国是人民民主专政的社会主义国家，国家的一切权力属于人民，政府机构是人民的办事机构，政府机构的信息对作为主人的人民，大部分都应当是公开的。同时人民有权了解和监督国家机构的活动，有权利用国家机构掌握的信息资源。如果政府信息对人民过分保密，就与我国的国家性质相违背；同时人们不能知晓政府信息，就不能很好地监督政府，就不能有效利用政府掌握的信息资源。因此，我国政府信息公开法律制度的适用机关的范围应当比较宽泛。从整体讲应当包括从中央到地方的所有各级政府机构和国有的企业、事业单位。对于政府机构中的警察机构、国家安全机构和国防机构，也是信息公开法律制度的适用机关。至于其所掌握的确实不宜公开的信息，可以用豁免公开的条款规定予以公开豁免。

四、政府信息公开和豁免公开的范围

因为政府信息公开法律制度以信息公开为原则，以豁免公开为例外，所以各国信息公开法都以排除条款对豁免公开的政府信息予以列举规定，凡未被明确规定可以豁免公开的信息均应当公开。因此研究政府信息公开和豁免公开的范围，主要是研究政府信息豁免公开的范围。在世界已有的立法例中，各国的规定不尽相同。

《日本政府信息公开法》第 5 条规定了六类豁免公开的信息：（1）个人信息。如载有姓名、出生年月日，据此能识别出该特定个人的信息。这类信息公开后可能损害该人利益。但根据法律规定或者依惯例公开、预定公开的，

或者为了保护人身安全、健康、生活或财产而有必要公开的，或者为公务员履行职责所需的信息，即使是个人信息仍能公开。（2）法人营业信息。这类信息公开后可能侵害法人或个人的权利、竞争地位及其他正当利益。但为保护人身安全、健康、生活或财产而有必要公开的法人营业信息仍需公开。（3）有关国家安全和外交的信息。有足够的理由证明并经行政长官确认，公开后会妨碍国家安全、损害与其他国家或国际组织的信任关系，或可能造成谈判劣势的信息，可以不予公开。（4）有关公共安全和公共秩序的信息。行政长官有理由确认，公开后可能妨碍对犯罪的预防和镇压，妨碍对搜查、公诉与刑罚的实施，以及其他可能妨碍公共安全和公共秩序的信息，可以不予公开。（5）公开后会对本机关与其他机关之间的关系产生不良影响的信息。国家机构或地方公共团体内部或相互之间审议、讨论或协商中的信息，公开后可能影响到表达意见的坦率性、决策的独立性，或者会在公众中引起混乱，给某些人带来不当利益或造成不利影响。（6）公开后会对行政机关的公务活动造成妨碍的信息。如行政机构监察、检查、取缔或考核等事务；与契约、交涉或争议诉讼有关的事务；与调查研究有关的事务；有关人事管理的事务；有关国家或地方公共团体所经营企业的事务等。

《美国信息自由法》第 2 款明确规定了九项豁免条款（Exemptions），这九项豁免公开的政府信息分别为：（1）国防和外交政策的某些文件。免除公开的文件必须符合两个条件：其一，符合总统为了国防和外交政策的利益，在行政命令中规定的保密标准；其二，行政机关根据总统的行政命令，实际上已经把某一文件归属于国防和外交政策利益需要保密的文件。（2）机关内部人员的规则和习惯。（3）其他法律明确规定不得公开的信息。（4）贸易秘密和商业或金融信息。对于商业或金融信息必须符合下列三个条件：其一，信息属于商业或金融性质；其二，信息是政府以外的其他人提供的；其三，信息具有秘密性质。（5）机关内部和机关之间的备忘录。（6）公开后会明显地不正当侵犯公民隐私权的人事、医疗档案或类似的个人信息。（7）执行法律的某些记录和信息。这些信息的公开可能会妨碍执法程序、剥夺公平的审判或公正的裁决、不正当地侵犯个人的隐私权、泄露调查的技术和程序、泄露秘密信息的来源和泄露秘密的信息以及可能危害执法人员的安全。（8）金融管理部门为控制金融机构而使用的信息。（9）关于油井的地质的和地球物理的信息。

无论是日本、美国还是其他国家，确立信息豁免公开例外，都是为了保护特殊种类的信息。这些信息的公开可能造成危害国家利益和安全、影响公共秩序和社会稳定等使社会公共利益遭受重大损失；或者信息向未经授权的人披露，就出现违反法律的行为。

我国制定信息公开法时也应当采用法定豁免公开信息的方式，对于没有法律明确规定可以豁免公开的信息，政府均应当向公众公开。根据我国的实际情况，下列事项可以作为法定豁免公开的范围：

1. 公开会危害国防和国家安全的信息。这类信息如被披露会令我国的国防受到伤害或损害，危及国家安全。

2. 公开会损害外交利益的信息。这类信息如被披露会令对外事务或与其他政府或国际组织的关系受到伤害或损害。信息是在保密情况下从其他政府、其他司法管辖区的法庭及国际组织取得，或在保密情况下送交这些政府、法庭及国际组织的，也不应公开。

3. 公开会影响公共安全和公共秩序的信息。包括：（1）信息如披露会令司法工作受到伤害或损害；（2）信息如披露会妨碍防止、调查及侦查刑事案件，或者对犯罪嫌疑人和罪犯的羁押改造工作造成妨碍；（3）信息如披露会令维持安宁、公众安全或秩序、或保障财物的工作受到伤害或损害；（4）信息如披露可能会危害他人的生命或人身安全。

4. 公开会对环境保护造成威胁的信息。这类信息如被披露会令环境、稀有或濒临绝种生物及其生长的自然环境受到损害的可能性增加。

5. 公开会对国家宏观经济稳定产生重大影响的信息。这类信息如被披露会令货币政策的推行、维持金融市场稳定，或政府管理经济的能力受到伤害或损害。

6. 未成熟的信息。包括：（1）审议讨论中的信息。这类信息如被披露会妨碍政府内部的坦率讨论，或者影响决策的独立性。如任何政府内部会议或政府咨询组织的会议记录，政府官员或顾问向政府提出的看法、意见和建议，以及为政府所作的咨询和审议等。（2）正在研究、统计与分析中的信息。这类信息如被披露可能会令人产生误解，或剥夺有关部门或任何其他人士发布信息的优先权或商业利益。

7. 纯属行政机构内部的人事信息和内部工作制度。这类信息公开会对公务人员的管理工作造成伤害或损害。如关于公务人员的奖惩记录、任免变动等信息。

8. 涉及公民隐私权、著作权、职业秘密、商业秘密的信息。这类信息公开可能会对信息所涉及的公民、法人或其他组织造成伤害或损害。但在下列情况下则可予以披露：（1）信息所涉及的当事人或其他合适人士，已同意披露信息；（2）法规许可披露信息；（3）披露信息的公众利益超过可能造成的伤害或损害。

9. 法律规定的其他信息。知情权是公民的一项基本权利，只能由法律予以剥夺。因此，政府信息公开的豁免，只能由全国人民代表大会及其常务委员会以法律的形式予以规定，其他任何机关都无权予以规定。

需要说明的是，随着民主制度的发展，在现代国家的知情权制度中，普遍确认了公职人员的隐私权适当减损原则。因为公职人员自愿投身政治，积极、主动地将自身暴露于社会的普遍关注视野内；而且公职人员拥有或者可能拥有公权力，被人们赋予管理国家、管理公共事务的责任，他们的许多个人情况同"公共利益"密切相关。因此，人们必须了解公职人员的经验、才能、品德、性格、观点以至于家庭、婚姻、财产状况、待人处事等。

五、政府信息公开的方式和程序

（一）政府信息公开的方式

政府信息公开的方式主要有两种，一种为政府主动公开信息，另一种为政府被动公开信息。政府主动公开信息又分为两种：其一为登记公布，主要限于政府机构的设置、职权和影响公民权益的抽象行为等；其二为行政机关依职权主动公开，包括行政决策及其理由，对政策的说明和解释等。政府被动公开信息是指政府依申请人的申请而公开信息。

我国尚没有制定一部统一的政府信息公开法，有关行政机关信息公开的制度散见于我国相关法律的具体条款的规定。概括这些条款的规定，我国政府信息公开的方式也可以分为政府主动公开和政府被动公开两种方式。政府主动公开方式可以分为以政府公报的方式和以其他方式主动公开政府信息。政府以公报的方式公布的信息主要涉及政府的设置、职权和抽象的行政行为，如公报政府的名称、办公地点、主要职权等信息。政府以其他方式公开的信息涉及行政处罚、行政复议、公安行政、环境保护行政管理、土地资源管理、统计及档案管理、知识产权登记与管理、经济行政管理等各个方面。政府应申请人申请而公开信息的方式，有关法律规定较少涉及。针对这种情况我国应当制定一部统一的政府信息公开法，明确规定关于某些信息政府必须依法公报或以其他方式公开，不公开便构成违法。同时应当赋予所有中国公民、法人和其他组织都享有申请政府机构公布其掌握的信息的权利；对于在中国境内的外国人、法人和其他组织，遵照我国签署或加入的有关国际条约，或者实行对等的原则执行。

（二）公开的程序

公开的程序应当包括政府主动公开信息的程序和政府依申请公开信息的程序两种，在各国的政府信息公开法中都主要针对后者加以规定。因此，本文主要研究政府依申请公开信息的程序。这一程序主要包括以下步骤：

1. 申请

政府信息除了部分信息必须依法登记或公告外，大部分信息都是应申请人的申请而公开。申请是这部分信息公开的第一步骤。申请的形式，国际上通行的做法是采用书面形式，但从方便申请人的原则出发，申请人可以通过信函、电报、传真、电子邮件等多种方式进行。申请书中应当载明请求公开的行政文件的名称，如果申请人不能知道行政文件的准确名称，应当提供该文件的合理范围，以便于行政机构方便地寻找相关信息。申请书还应当记载申请人的姓名和联系方式，以使行政机构能够及时地与申请人取得联系。因为政府信息公开遵循公开和公平原则，所以申请书不要求记载请求的理由、利用的目的、申请人与公开信息之间的关联性等事项。

2. 受理

行政机构接到申请人的申请后应当在一定的期限内作出是否向申请人公开其请求事项的决定。这个期限不同的国家和地区不尽相同。

3. 告知利害相关人

在请求公开的信息中可能记有第三人的有关情况，此信息的公开可能损害第三人的合法权益。如信息中记有第三人的不良经营记录、产品质量瑕疵等信息，这样的信息一经公布，将严重影响第三人的商业名誉。为了保护第三人的合法权益，政府机构在向申请人公开信息之前，应当告知第三人，给予第三人核实信息真假、提出意见的机会。关于这一点，在世界各国的信息公开法中较少有相关规定。《日本政府信息公开法》虽然规定，在开示请求的行政文书记有有关第三人的情况下，行政机关长官在作出开示决定时应保护第三人的利益，给予第三人提出意见的机会。但是，并没有规定第三人可以核实信息的真伪。我国香港地区的《信息公开守则》也有关于告知第三人的规定，但并非笔者在此处所论及的利害关系人。如果政府机构掌握的第三人信息是虚假信息，或者情况已经发生了变化，应当给予当事人请求国家机构予以更正的权利。但是，当事人的更正权，各国较少在信息自由法中予以规定，笔者所了解的诸国信息公开法中，只有在《澳大利亚信息公开法》中有相关规定。我国在制定政府信息公开法时应注意对第三人合法权益的保护。

4. 公开信息

行政机构对于依法能够公开的信息，应当在接到申请书后一定的期限内公开信息。《日本政府信息公开法》规定，原则上自请求之日起 60 日向申请人开示信息，但当行政文书数量巨大时，对部分行政文书作出开示或不开示的决定，其余部分则在一定期限内作出决定。

拟公开的信息，其中可能涉及部分信息可以公开而另一部分信息不能公开的情况，政府机构针对这类信息应当在涂抹掉不能公开的部分，或者作其他适当处理后予以公开。此即为信息的可分割性问题，政府机构既不能借口该信息中有部分内容不能公开而拒绝公开该信息，也不能公开了依法不能公开的信息。

六、违反政府信息公开制度的法律责任

违反政府信息公开制度的责任，主要包括行政机构拒绝公开依法可以公开信息和公开了依法不能公开的信息两种情况时的法律责任。在各国政府信息公开立法中，较少有关于行政机构违反政府信息公开制度的责任的规定。如在《日本政府信息公开法》中，针对上述两种情况，法律均没有规定怎样追究行政机构或其工作人员的责任。即使在其他法律中，也没有关于第一种情况下公务员责任的规定；针对第二种情况，可以依照保密法中有关法律责任条款的规定，或者是合法权益受到不适当公开信息而遭受损害的利益相关人，可以依照国家赔偿法的规定，请求国家赔偿。美国早期的经历告诉我们，在有关政府信息公开的立法中，应当有关于违反法律规定的法律责任的规定。1966 年的《美国信息自由法》虽然是美国行政的一个重大发展，然而该法实施的结果并没有达到该法预定的目标。该法确立的保障公民的了解权尽量扩大、迅速公开政府文件的目标的实现，仍然存在不少障碍。其中重要的障碍之一就是，法律对于违法拒绝提供文件的官员没有处罚的规定，不足以激发官员守法的责任心。因此，在 1974 年《美国信息自由法》进行第一次修改时，就增加规定了对违法拒绝提供文件的官员进行行政处分。

在我国，由于《保密法》和《公务员暂行条例》中一直都有有关公务员负有保密义务的规定，公务员的保密意识一直比较强。但是，由于政府信息公开制度的不完善，多发生公务员拒绝向申请人提供信息的情况。因此，我国在制定政府信息公开法时，应该规定行政机构及其工作人员违法拒绝向申请人提供信息时的法律责任，并要妥善处理好不同法律规定之间的协调和一致性问题。

七、政府信息公开的救济制度

如果没有相关的、比较完善的救济制度，即使制定了政府信息公开法，政府信息公开制度也很难真正施行。如，美国早在 1946 年的《美国行政程序法》中就规定公众有得到政府文件的权利，但实际上该规定未起到应有作用，其中最重要的原因莫过于该法没有规定相应的救济手段和救济途径。因此美国在 1966 年制定《美国信息公开法》时明确规定了公众在其获得政府信息的权利受到侵犯时，有权通过诉讼的手段获得救济，这才使公民享有获得政府信息的权利得到切实有效的保障。

对于要求公开的人和反对公开的利害关系人，救济的途径主要有行政救济和司法救济两种。

（一）行政救济

行政救济包括向本行政机关、上级行政机关或者专门的行政司法机关申请复议（申诉）。由上级行政机关或者专门的行政司法机关进行复议审查，被各国所重视。并且，各国在设置这些复议机构时，都注重它们地位的崇高性和独立性，并赋予它们一定的权力，以尽量保障它们在作出复议决定时不受行政机构及其工作人员的影响，保证其公正地作出复议决定。如，《日本政府信息公开法》第三章规定特别设置信息公开审查会，它作为全国最高权威机关，设置于总理府之下，由 9 名委员组成。该 9 名委员从品质优秀的政府高级官员、大学校长、著名学者等人中选任，经两议院同意，由内阁总理大臣任命。审查会具有强有力的调查权，可以直接要求不服申诉人等提交意见书或有关资料，要求有关人员陈述或鉴定其所知事实，并可要求咨询厅按照审查会制定的方法分类、整理决定公开的有关资料。美国比较重视司法救济途径，其关于行政救济途径的规定并不丰富。根据《美国信息自由法》第 1 款第 6 项规定，行政机关拒绝公众的请求时，应当告知请求人有权向该机关首长请求救济。就是说，美国关于政府信息公开的行政救济方式，主要是由本行政机构的首长对当事人的申诉进行审查。

根据我国的《行政复议法》规定，目前，公民、法人或者其他组织不服行政机关拒绝提供政府信息，或者认为行政机关向他人提供政府信息侵犯了其合法权益，还不能提请行政复议。这一类行政争议不属于行政复议的受案范围。因此，我国在制定信息公开法时，应当专门规定，公民、法人或者其组织不服行政机关作出的关于信息公开方面的决定，有权申请行政复议。并且，应在该法中规定"信息公开审查委员会"设置、职责、委员会的组成、委员的选聘程序等。

（二）司法救济

对行政机关作出的关于信息公开的各项决定不满者，应当允许他们向法院提起行政诉讼，而获得司法救济。司法救济一般被认为是最具有权威和最公正的救济途径，真正实行法治的国家一般都将法院的裁判作为最终裁判。为了切实保障公民的知情权，美国、英国、日本等国政府信息公开法都规定，针对这类案件，原告可以向法院提请司法审查。在美国，行使司法救济权的前提是必须坚持"穷尽行政救济原则"，但《美国信息自由法》同时规定下述情况视为穷尽行政救济的情况：行政机关收到请求后，应在 10 个工作日期以内决定，上诉机关收到申诉后，应在 20 个工作日期以内决定；遇有特殊情况可以通知请求人延长上述日期，延长日期最多不能超过 10 个工作日，行政机关不遵守上述日期作出决定时，就视为请求人已经穷尽行政救济，可以立即提起诉讼。

我国现行的《行政诉讼法》没有将这类争议纳入行政诉讼的受案范围，因此，我国在制定政府信息公开法时，应专门规定这类行政争议属于行政诉讼受案范围。至于行政复议与行政诉讼之间的关系，可以有多种选择：其一，行政复议作为行政诉讼的前置程序；其二，当事人可以任意选择行政复议或是行政诉讼程序，但选择了行政复议程序就不能再提请行政诉讼，反之亦然；其三，当事人可以直接提请行政诉讼，或者先申请行政复议，对行政复议决定不服再申请行政诉讼。在诸种选择方案中，笔者倾向于第三种方案。

《行政程序法(试拟稿)》 评介 *

借助《政法论坛》组织"行政程序法专栏"的机会,我对行政程序法试拟稿作一介绍,旨在应对读者对于行政程序法的关注,听取各方的意见和指导,共同促进行政程序立法,完善我国的行政法制建设。

一、行政程序立法的准备

行政程序立法的准备,开始于 1989 年制定《行政诉讼法》以后。一方面,适应市场经济建设的需要;中国行政法治建设迅速发展,行政程序法作为行政法治中的基本法,同样为现实所迫切需要。另一方面,中国又缺乏行政程序的本土资源,人们的程序意识淡薄,重实体、轻程序的现象普遍存在;法律对行政程序的规定数量少,且大部分十分简单,缺乏可操作性。理论研究严重滞后,对国内行政程序实际情况缺少调查研究,对国外行政程序立法的理论和实践也研究不足。因此,在 80 年代末和 90 年代初,要立即制定一部统一的行政程序法的条件还不成熟。立法部门决定一方面加强调查和理论准备工作;另一方面,先就一些市场经济建设过程中最重要最常用的共同行政行为,诸如行政处罚、行政许可等制定单行的程序法,为制定统一的行政程序法创造条件。李鹏委员长曾多次在不同会议上强调:要在制定行政许可法、行政强制法和行政收费法的基础上制定行政程序法。

十几年来,中国的行政法治取得了巨大进展,就立法而言,已经陆续制定了行政复议法、行政处罚法、立法法、行政许可法等,我们在行政程序立法方面积累了相当的经验。同时,理论研究也取得了长足进展:国内的实证调查已经完成;国外行政程序立法与实践情况得到了较为系统的介绍;理论研究著作不断出版;有的学者还提出了个人的立法建议稿。行政法治实践在近年来更是突飞猛进,十五大明确提出了依法治国、依法行政的要求,1999年国务院召开了全国依法行政工作会议。2004 年,国务院又颁发了全面推进依法行政实施纲要,提出要在 10 年时间内基本建成法治政府的目标。实践对

---

* 本文载于《政法论坛》2004 年第 5 期。

制定行政程序法提出了更加迫切的要求，可以说，经过 10 余年的努力，尽快制定行政程序法的各种条件正日趋成熟。

受全国人大立法工作机构的委托，行政立法研究组[1]组织专家着手起草行政程序法框架稿和试拟稿，经过几年的努力，现已完成试拟稿第 14 稿。以下对试拟稿的总体考虑和基本内容作简要介绍。

二、关于行政程序法的"目标模式"

所谓目标模式，是指以何种立法目的为基础来构建行政程序法。目标模式将直接影响法律的总体设计和制度安排，可称之为法律的"灵魂"。从世界行政程序立法史看，行政程序法主要有三类目标模式，第一类是以提高行政效率为目的，如早期欧洲一些国家的行政程序法，称为"效率模式"；第二类是以保障公民程序性权利为目的，如美国的行政程序法，称为"权利模式"；第三类是 20 世纪 50 年代以后各国制定或修订的行政程序法，则大都将这两者结合起来，保护权利与提高效率并重，称为"权利效率并重模式"。我国行政程序立法应采取何种目标模式？经过讨论，已经取得比较广泛的认同，即采取"权利效率并重模式"。在设计各种程序制度时做到两种立法目的的兼顾，既要有利于保障公民程序性权利，又要有利于提高行政效率。

有学者提出，二者有无轻重、先后之分？毫无疑问，效率在政府行为和行政程序中极为重要，不可忽视，但仍以保护权利为重，保护权利在先。在保障公民权利的基础上追求最高效率，这是我国"以民为本"的本质所决定的。

三、关于行政程序法的结构

行政行为的特点之一是多样性，但行政程序法不可能对之一一列举规定，否则就成了各类行政行为程序法的"汇编"，冗长、拖沓、重复而又可能有遗漏。因此只能是采用通则模式，规范各类行政行为必须共同遵循的程序。这

---

[1] 1986 年，在加强社会主义法制建设之际，加强行政立法势在必行，但还缺乏经验，需要摸索和探讨。组建一个行政立法研究组织，成为急切需要。由著名法学家、全国人大法律委员会的陶希晋同志发起组织行政立法研究组，并于同年 10 月 4 日在北京成立。为便于开展活动，研究组主要由在京的行政法理论和实践工作者组成。当时确定研究组的任务是"充分研究我国的现实形势和经济与政治体制改革的要求，广泛搜集国内外行政立法的资料，把研究工作与我国的行政管理实践、行政立法实践紧密结合，进行深入的调查研究和讨论，在此基础上，对我国需要制定的行政法应包含的大致内容提出一个框架，作为一项建议提供给立法机关参考"。近 20 年来，行政立法研究组先后为我国行政诉讼法、国家赔偿法、行政处罚法等多部行政法律的制定，进行国内外相关资料的搜集、翻译、整理、出版等大量准备工作，并组织进行国外立法实践考察，开展立法研究，组织各种讨论会，在此基础上，着手试拟稿的起草，经反复讨论修改，最后提交全国人大法工委。

就是所谓"程序底线"。各类行政行为依其特点还应规定什么程序，由单行法解决。但是，这样做，虽然结构简洁、条理清晰，却又不能照顾到某些特别的必须由法律规定，而又不可能单独立法的行政行为的特殊程序，为此，根据我国行政法制的基本情况，参考各国做法，试拟稿对行政程序法的结构采用了通分结合的结构形式，对行政行为中情况最复杂、形式最多样的行政决定，即具体行政行为，采用通则办法，规定在作成各类行政决定时必须普遍遵循的基本程序，以保证程序的统一，进而实现国家行政法治的统一。同时，对几类在市场经济中地位极为重要，一般又不可能单独立法的行政行为，包括行政规范性文件、行政规划的制定、行政指导、行政合同等行政行为的作成，采用分则的形式——列举规定。如此，既照顾了共性，又不忽视特殊性，保证了行政程序法在行政法中的基本法的地位和作用。应该指出，即使属于分则部分，也是对该行政行为的一般性规定，该类行政行为仍可能有不同形式，需要规定更具体的程序。

根据上述考虑，行政程序法试拟稿的框架是：

第一章　总则
第二章　行政程序主体
　　第一节　行政机关
　　第二节　其他行使行政权力的主体
　　第三节　当事人与其他程序参加人
第三章　行政决定的一般程序
　　第一节　程序的启动
　　第二节　调查
　　第三节　证据
第四节　陈述意见
　　第五节　听证
　　第六节　信息公开
　　第七节　应用电子方式和电子文件实施的行政行为
　　第八节　紧急程序
　　第九节　简易程序
　　第十节　行政决定的成立
　　第十一节　行政决定的效力

应该说明的是，第二章行政程序主体，实际上也是一般规定，带有通则性，但它规范的是作出行政行为的主体，大都属于内部程序。鉴于实践中行政主体的合法性和内部行政程序对相对人权益的严重影响，而法律对此又一直缺乏明确的规定，因此另立一章。

行政决定的一般程序主要是按照决定过程的时间顺序安排的，对其中的一些重要环节，则另设专节。

分则涉及四类行政行为：行政规范性文件，包括行政立法与制定其他规范性文件两部分程序，行政规划实际上也近似于制定行政规范，这两类行为涉及的是不确定多数相对人的权益，对其作成程序从法律上加以规范，是十分必要的。行政指导和行政合同则是在实践中已广泛运用，影响巨大，但对性质和特点尚未明确界定、运作程序更无规范的两类行为，短期内单独立法的可能性不大，有必要在此作出规定。

四、各章内容说明

第一章：总则。包括立法目的和立法依据、适用范围、与其他法律的关系和基本原则四部分内容。

和其他法律的关系部分，主要规定本法是行政程序法中的基本法，其他法律有关行政程序的规定不得与本法规定的基本原则和基本制度相抵触，但可以根据需要作具体规定或补充规定。这与行政处罚法、行政许可法是处罚和许可领域中的基本法，其他法律有关处罚和许可的程序规定都不得与之抵触，但可根据具体情况使之具体化一样。行政程序法是行政程序领域中的基本法，它与其他法律关于程序规定的关系，是基本法与一般法的关系（不得抵触的关系），不是新法与旧法、特别法与一般法的关系（新法优于旧法，特别法优于一般法），否则，这些基本法就失去了存在的意义。

基本原则部分是争议、修改最多的部分。争论至今并未结束，包括应该设定哪些基本原则和这些原则的精确含义。现在写上的是：合法、公开、参与、公正、正当、效率、比例、诚信等原则。既有实体性原则，又有程序性原则。基本原则在法律中具有十分重要的意义，它不仅是指导本法所有制度设计的基本准则，也是今后其他法律在设置程序时必须遵循的原则。它不仅规范今后的程序立法活动，也是行政执法、司法活动的基本依据，所有涉及行政程序的活动也都应以这些原则所包含的精神为准。

第二章：行政程序主体。共 3 节：行政机关；其他行使行政权力的主体；当事人和其他程序参加人。

行政机关一节除界定行政机关、内设机构、派出机构外，主要就行政协助与管辖、回避等问题作了规定。是否有助于解决实践中存在的问题，尚需倾听理论与实务界同志的意见。

行政程序是规范行政机关行政行为的程序，但公民、法人和其他组织作为当事人一方，对其程序权利也有必要作出一般规定，故单列一节。不能低估当事人程序权利的意义。由于侵犯当事人的程序权利，有时甚至会使其实体权利也受到损害，例如当事人有得到通知的权利，实践中往往由于得不到通知，当事人就无法主张其权利，结果合法权利受到严重损害。

第三章：行政决定的一般程序。共 14 节，从程序的启动开始，包括调查、证据、陈述意见、听证、信息、公开、电子政务、紧急程序、简易程序、行政决定的成立、效力和期间、送达、费用等。其条文占全法的近一半，对行政决定的基本的、主要的环节都作了规定，是行政机关作出任何影响公民、法人或其他组织权益时都必须遵循的程序。可以看出，这些规定充分吸取了10 余年来我国程序立法和实践方面的成功经验。

一般程序中单设听证一节。此处所说听证，主要是指行政决定中的听证，不是公听程序。其中关于听证笔录约束力的规定，学术界称为案卷排他原则，在《行政处罚法》中应该明确但未作明确规定，在本法中需要加以完善。关于信息公开，有学者认为，国务院正在制定信息公开条例，此处可不作规定；但也有人认为，作为行政决定中的一个基础性环节，有必要在法律层面上对所有行政决定都应遵循的基本程序，作比较原则的规定。同时也保证了行政程序法的完整性。

紧急程序是最近几稿中新加的。关于行政决定的效力，应该是行政决定中最重要的内容之一，效力问题在民法中是实体问题，在行政法中也可以这样说。行政程序法中对效力问题作出规定，也从一个方面反映出我国行政程序立法的一个特点：我国行政程序法主要规定行政行为的程序，但在必要时，也对行政行为中的某些实体问题作出规定。这在世界上也不乏先例。如德国行政程序法就是如此。本节对行政决定的生效、效力、无效、撤销、变更、补正、废止、附款等都作了规定，这对行政决定的实践是十分必要的。

第四章：行政规范性文件。包括行政立法和制定其他规范性文件的程序。在法律层面上对行政规范性文件的制定程序作出规定，十分必要。其中，其他规范性文件数量极多，涉及面广，对公民权益的影响很大，但法律一直缺乏关注，仅《行政处罚法》和《行政许可法》有不得设定处罚和许可的限制性规定。试拟稿对其他规范性文件的适用范围、制定程序、备案、效力，以及变更、撤销等程序作了比较明确的规定，期望能通过这些规定将其他规范性文件纳入法治轨道，成为依法行政的一个组成部分。

第五章：行政规划。在草拟框架稿时，曾称为行政规划与计划，试图对行政机关为达到行政目标而制订规划、计划的程序作出统一规定。行政机关在其活动过程中，制订规划、计划在所常见，有些规划、计划涉及面广，直接影响公民权益，而又随意性很大，因此极需予以规范。但由于其规范对象的不确定性，起草条文时难度很大，数易其稿，仍难取得共识，以至有人提出"删去此章"的建议。现仍保留，希望能听到更多的意见以决定取舍。

第六章：行政指导。实践中行政指导和类似指导的行政活动极多，但大多演化成为行政命令，且对因此产生的严重后果不承担责任，农村尤甚。到底何谓行政指导，行政指导的特点、适用范围，以及作成程序，尤其是监督和救济环节，有必要作出明确的规定，使行政机关的好心能确实办好事，同时，损害公民权益时，就应承担责任。

第七章：行政合同。行政合同是市场经济的产物，实践中已广泛运用，影响巨大，但对其性质和特点尚未明确界定，运作程序更无规范可循。1999年制定《合同法》时，对是否应对行政合同作出规范，曾引起激烈争议。最后结果是："其他法律对合同另有规定的，依照其规定。"（《合同法》第123条）鉴于行政合同在市场经济中的实际应用和作用，且涉及与国际接轨问题，根据很多国家都在行政程序法中单辟行政合同一章的常规做法，在我国行政程序法（也就是《合同法》所称"其他法律"）中单规定行政合同一章，是必要和适宜的。

五、关于法律责任

在研究过程中，程序违法的法律责任一章，是争议最多的，且是最难以规定的一章。对违法者必须追究法律责任，"违法必究"，是法治最重要的原则之一。程序违法，如果是公民、法人和其他组织违反行政机关设定的程序，其后果是十分清楚的，不是办不成事，就是受到处罚。但行政机关程序违法如何处理，却鲜有规定。1989 年《行政诉讼法》第一次作出规定：具体行政行为的程序违法，可以撤销。撤销后怎么办，法律没有明示，随后的司法解释规定为，可以重新作出行政行为，且不受《行政诉讼法》第 55 条的限制（不得以同一事实和同一理由作出基本相同的具体行政行为）。其结果是，虽然行政机关承担了"败诉"的后果，但回过头来又可作出同样的行为，比如，该怎么处理还怎么处理，实质上对原告毫无意义，这就必然使原告失去起诉的动力，对行政机关的程序违法的监察也将不再存在。有鉴于此，1996 年制定《行政处罚法》时，将程序违法的法律责任归为行政机关工作人员的责任，《行政处罚法》第 55 条规定："……（三）违反法定的行政处罚程序的，……由上级行政机关或者有关部门责令改正，可以对直接负责的主管人员和其他直接责任人员依法给予行政处分。"期望以此引发和促进行政机关工作人员能依程序行政。但从 1996 年至今，据笔者所知，似尚未见有一名工作人员因程序违法而受行政处分。

行政许可法基本上沿袭了行政处罚法的立法思路，但增加了对违反法定程序作出准予行政许可决定的，根据利害关系人的申请或者依据职权，作出行政许可的行政机关或者其上级行政机关可以撤销该行政许可。被许可人的合法权益受到损害的，行政机关应当依法给予赔偿。根据《国家赔偿法》的规定，在行政机关赔偿以后，将对有故意或重大过失的工作人员追偿。这一点倒是有实质意义，可能会对程序违法的行政机关及其工作人员起到一点警戒作用。总之，设置行政法律责任的目的，应该是警戒和教育违法者，力求提高其认识水平，减少违法现象。目前法律关于程序违法后如何追究法律责任的规定，难以达到促进依程序法行政的目的，并不尽如人意。对此，试拟稿试图重新思考，对程序违法按性质与后果划分等级，并规定不同的法律后果，以期引起大家的讨论，共同寻找、建立更科学、更有效的有关法律责任的制度。

六、关于行政程序与行政救济的关系

从世界各国已有的行政程序法典看，关于行政救济（包括行政复议与行政诉讼）与行政程序的关系，只有美国将行政救济纳入了行政程序法，使之成为行政程序法的一个部分，此外，各国都将行政救济另列，行政程序法不包括行政救济的内容。中国的行政程序法似也拟如此处理。试拟稿中并不包括行政复议与行政诉讼。主要原因是，我国已经制定了《行政复议法》和《行政诉讼法》，已经建立了复议和诉讼制度，无需再予重复。行政程序与行政救济，就监督行政机关依法行政而言，行政救济是事后监督，行政程序则是使监督前移，属事前和事中监督，防患于未然，避免在行政行为已经作出、损失已经造成以后再来寻求补济。行政程序自有其优于行政救济之处。但行政程序法的有关规定能否落实，仍要依靠行政救济制度的事后监督，行政程序法规定的有关程序制度，需要依靠行政机关自觉遵守；而当行政机关违反行政程序法的有关规定时，就要依靠行政救济来识别、来纠正，行政救济也自有其优于行政程序之处。两者都需要而不可偏废。

七、关于借鉴国外经验

自研究行政程序法开始，我们就十分注意借鉴国外的有益经验，已翻译了很多国家的行政程序法，考察了很多国家的程序法的理论与实践情况，并且多次举行了国际研讨会，不仅有理论讨论，还听取了国外学者对框架稿和试拟稿的意见。因此，应该说，试拟稿吸取了各国学者的意见，大陆法系和英美法系国家的影响都有，我国法律深受大陆法系影响，因而在行政程序法的框架结构和具体制度上易于吸收德国等大陆法系国家的影响是很自然的；英美法系有重程序的传统，英国的自然公正原则，美国的许多先进的行政程序制度，例如听证制度，也为试拟稿所借鉴吸收，原则的思路是：谁的先进，谁能为我所用，适合中国的特点，就予以参考吸收，不带任何偏见。

行政程序法试拟稿虽时经数年，多次修改，但它毕竟还是一部试拟稿，是提供立法工作部门参考的一块毛坯，期待广大读者，更多的专家和实务工作者共同关心、探讨，以期在此基础上，制定一部符合中国情况的先进的行政程序法典。

《湖南省行政程序规定》制定和实施情况的调查报告[*]

2008 年 4 月 17 日，湖南省政府积极探索，大胆创新，开创我国行政程序法治先河，制定出台了我国首部系统规范行政程序的地方政府规章——《湖南省行政程序规定》（以下简称《规定》），并于 2008 年 10 月 1 日起施行。为了解和掌握有关情况，我们对湖南省、市、县三级政府及其工作部门、示范单位的《规定》贯彻实施情况进行了座谈和调研。

一、《湖南省行政程序规定》的主要内容和贯彻实施

《规定》共 10 章 178 条，确定了公开、参与、便民、高效、信赖保护等基本原则，全面规范了政府工作流程，涉及行政主体、行政决策、行政执行、行政监督等政府工作的各个方面。《规定》建立了行政管辖制度、行政协助制度、行政回避制度、行政决策制度、行政公开制度、听证制度、证据制度、教示制度、卷宗阅览制度、时效制度、说明理由制度、裁量权基准制度、行政问责制度等行政程序的基本制度。《规定》的制度设计及贯彻实施的重点有以下几个方面。

（一）建立行政决策程序，着力提高科学民主决策水平

为推进科学民主决策，减少行政决策特别是重大行政决策失误，《规定》明确了重大决策必须经过调查研究、专家论证、公众参与、合法性审查和集体研究等五个必经程序。对涉及公众重大利益、公众对决策方案有重大分歧、可能影响社会稳定等重大行政决策，必须举行听证会。为保证重大行政决策的智力支持和信息支持，《规定》还明确了作出重大行政决策可根据需要进行成本效益分析。

在《规定》的贯彻实施过程中，湖南以狠抓重大行政决策听证会为突破口，大力推进科学民主决策。省政府法制办积极推进"开门立法"和"公推公选"立法项目。2008 年 9 月，向社会公开征集 2009 年立法项目，并召开省政府立法计划编制听证会。在省政府通过的"湖南省人民政府 2009 年立法计

---

* 本文载于《国家行政学院学报》2009 年第 5 期。

划"中，有 7 个立法项目就是由公众提出的。省人事厅举行了"2009 年为民办实事"听证会，23 名听证代表提出 38 项建议，成为省委省政府今年为民办实事决策的重要参考依据。根据听证代表建议，增加了送戏下乡项目、洞庭湖区无房专业捕捞渔民安居项目和农家书屋工程建设项目等多项内容。省食品药品监督管理局举行了"零售药店审批距离是否设限"听证会。在这场听证会上，21 名听证代表中 17 名代表都明确表示反对药店审批距离设限。省食品药品监督管理局尊重了多数听证代表的意见，决定不将距离限制作为零售药店开办的前置条件。省交警总队举行了"道路交通管理"听证会。根据听证代表意见，省交警总队出台了公开"电子眼"设置地点等多项便民措施，得到了广大市民的肯定和好评。

（二）建立规范性文件管理程序，着力从源头上规范行政行为

为切实解决当前人民群众反映强烈的"红头文件"过多过滥的问题，从源头上规范行政权力的运行，《规定》确定了规范性文件的登记制度、有效期制度、网上检索制度和申请审查制度。对县级以上人民政府及其工作部门的规范性文件实行统一登记、统一编号、统一公布的"三统一"制度。确定规范性文件有效期为 5 年，标注"暂行""试行"的有效期为 2 年，有效期满的，自动失效。

为落实《规定》确立的规范性文件有效期制度，打破红头文件"终身制"，全省各级各部门全面开展了规范性文件的清理工作。经过 5 个多月的努力，全省共清理规范性文件 76 609 件，废止 10 698 件，宣布失效 24 932 件，废止和宣布失效的占总数的 46.15%。厘清了规范性文件"家底"，清理力度之大，废止、宣布失效的文件数量和比例之大，为湖南省历次清理之最。同时，自 2008 年 10 月 1 日起，对各级各部门的规范性文件实行了统一登记、统一编号、统一公布的"三统一"管理。

（三）建立行政公开程序，着力推进政务公开、行政公开

"让权力在阳光下运行"，是《规定》的重要立法目的之一。《规定》始终贯穿了公开的原则，在国务院《政府信息公开条例》的基础上，进一步要求政府办事的依据、过程、结果向社会公开。为加强政府信息公开平台建设，《规定》借鉴一些国家实行的做法，要求县级以上人民政府将本级政府公报和政府门户网站作为本级政府统一的信息发布平台，政府依法应当主动公开的政府信息必须在统一的信息发布平台上发布。同时，还确立了行政会议公开制度。在《规定》的贯彻实施过程中，湖南深入推进行政权力公开透明运行，

突出抓好载体建设。建立全省统一的政府信息发布平台，改版升级省政府中文门户网站，并于2008年10月开通了省政府英文门户网站。2008年在全国政府网站绩效评估省级政府网站评比中，湖南省首次进入前10名。同时，各级政府普遍创办了政府公报，并免费发放。《湖南政报》每期发放3万多册，全年发放24期，共计70多万册。编制政府信息公开目录指南。湖南将政府信息分为21大类、118小项，全部在门户网站公开，并及时更新，确保政府信息全面、有序公开。梳理和公布"权力清单"。组织对省政府各部门执行的1800多部法律、法规、规章进行认真梳理，将法定的行政审批、行政处罚、行政强制、行政征收等行政权力清单通过《湖南日报》向社会公开，接受社会监督。举办各类新闻发布会。县以上各级政府、省政府各部门普遍建立了新闻发言人制度。去年，湖南省共举办各类新闻发布会360多场，积极探索行政会议公开。长沙市建立了公众代表列席政府常务会议制度，市长办公会邀请市民代表参与行政决策。

（四）建立行政执法程序，着力提高行政效能

为理顺政府部门关系，防止推诿扯皮，提高行政效能，《规定》积极探索政府工作流程再造，确立了职能管辖、级别管辖、地域管辖、管辖争议解决、部际联席会议、行政协助、相对集中行政处罚权、综合执法、联合执法等制度。对行政执法行为的期限以及行政系统内部工作期限进行了专门规定，确定了当场办理、限时办结、承诺办结、期限分解等制度；对不作为和缓作为行为进行了界定，并规定给予相应的责任追究。

为认真落实《规定》，湖南各级各部门大力推进政府工作流程再造，努力提高行政效能。一是优化行政审批流程。为推进长株潭"两型"社会综合配套改革试验区建设，长沙市大河西先导区整合行政审批流程，创新行政审批方式。株洲市开展了设立行政审批专门机构的试点工作。目前，省政府决定将74项由省直部门负责的行政审批事项依法下放到市州、区县两级政府部门。二是压缩办事时限。认真落实《规定》确立的办事时限制度，省政府决定对法定行政审批和其他办事期限压缩1/2以上。全省各级各部门普遍开展了压缩、确定、公布办事时限工作，行政效能得到提升。三是大力推行电子政务。大力推行网上办事和无纸化办公，省政府常务会实行无纸化办公，大力推进网络视频会议，节约行政成本和人力物力。

（五）建立特别行政行为程序，着力推进政府职能转变

为推进政府职能转变，《规定》在以下几个方面作出了规定：其一，规定了职权法定原则，界定了政府的权力边界。这有利于减少政府对微观经济运

行活动的干预，推进政府更好地履行提供公共产品和公共服务的职能。其二，专门确立了行政合同、行政指导、行政裁决制度，充分发挥柔性管理手段在政府管理和政府职能转变中的作用。

在《规定》的贯彻实施过程中，湖南省政府积极推进政府职能转变，组织对现行行政审批和行政收费进行了大幅精简。2008 年 9 月，湖南省政府研究决定，取消 64 项行政事业性收费。同时，认真组织落实了国务院关于取消工商管理"两费"工作任务。上述两项减免费措施，共减轻企业和社会负担 20 多亿元。11 月，湖南省政府决定在前 8 次精简行政审批项目的基础上，对现有行政审批项目再次精简压缩 215 项，精简幅度为 23%。为应对当前经济危机，转变政府职能，放松经济管制，湖南省委省政府联合下发了《关于改进和完善对经济工作的管理的若干意见》对全省现行的行政审批、行政处罚、价格管理、行政事业性收费、行政检查、年检年审、达标评比表彰活动等行政行为进行了全面清理，提出了压缩、调整、精简的目标和任务。同时，对现行的年审年检 120 多项正在组织清理，拟压缩 30%以上。

二、从湖南的实践看，加强行政程序建设对维护改革发展稳定的大局具有重要意义

（一）加强行政程序建设有利于推动科学发展观的落实，促进国民经济又好又快发展

科学决策是科学发展的重要前提。要提高科学发展水平，就必须提高科学民主决策水平。规范行政程序，可以使行政机关在决策中，充分反映民意，广泛集中民智，并认真听取专家意见，使政府的各项重大决策赢得人民群众理解、支持，最大限度地减少决策失误。同时，加强行政程序建设，推进依法行政，有利于为广大投资者创造公开、透明、稳定、可预期的发展环境，不断优化经济发展环境，促进经济快速健康发展。

（二）加强行政程序建设有利于实现社会公平正义，进一步关注和改善民生，构建社会主义和谐社会，实现社会稳定和长治久安

社会公平正义是社会主义国家制度的首要价值。从世界范围看，各国普遍将行政程序作为维护公平正义的基本手段，行政程序能让政府"以看得见的方式实现正义"。当前，我国民生问题比较突出，通过规范行政程序让群众参与政府工作，有利于政府想群众之所想，急群众之所急，更好地为改善民生服务。同时，行政程序扩大了公众有序政治参与，加强了政府和人民群众的沟通，能有效化解政府与人民群众之间的隔阂，有利于防止和减少社会矛

盾，增进社会和谐。

（三）加强行政程序建设有利于转变政府职能，提高行政效能，加强政府自身改革和建设，切实提高政府的公信力和执行力

行政程序能够理顺行政机关内部关系，减少推诿、扯皮，使行政机关内部运转更加顺畅。同时，规范行政程序，明确行政机关的办事时限，有利于克服不作为、缓作为，作风拖拉，效率低下。从湖南的实践看，建立健全行政程序，对于转变政府职能，提高行政效能，加强政府自身改革和建设，切实提高政府的公信力和执行力，具有重大的现实意义。

（四）加强行政程序建设有利于从源头上预防和减少腐败，进一步加强党风廉政建设

行政程序是源头防腐的重要制度。从世界各国行政程序立法的实践看，行政程序对从源头上治理腐败发挥了重要作用。一方面，对行政权力的运行进行规范和约束，有利于从制度上、源头上克服和防止行政机关及其工作人员失职、越权和滥用职权。另一方面，通过健全行政公开、公众参与等行政程序制度，使行政权力在阳光下运行，并通过人民群众对政府工作的广泛参与，加强对权力运行的有效监督，能更有效地预防腐败，推进党风廉政建设。

（五）加强行政程序建设有利于推进依法行政、建设法治政府，深入落实依法治国基本方略

2004年国务院《全面推进依法行政实施纲要》发布以来，我国法治政府建设取得了长足进步。目前，距该纲要确定的用10年左右的时间基本实现法治政府建设目标，还有5年时间，任务繁重而紧迫。法治政府不仅要有完善的实体法，也需要有健全的程序法作保障。可以说，行政程序法是实现法治政府建设目标的关键，没有行政程序法就无法建成法治政府。因此，行政程序法是法治政府的必要条件。

三、有关情况和建议

（一）《湖南省行政程序规定》的制定和实施符合党的路线方针政策，符合我国行政管理体制改革的方向和要求

《湖南省行政程序规定》是一部具有鲜明中国特色的系统规范行政程序的地方政府规章。从指导思想上看，它坚持以党的十七大精神为指导，从规范行政程序的角度，全面落实科学发展观，深入贯彻依法治国基本方略，深化行政管理体制改革，完全符合党的路线方针政策。从主要内容上看，它的制度创新，都是立足我国基本国情和湖南实际，针对当前行政权力运行中存在

的问题，既遵循了行政程序建设的一般规律，也充分考虑了现实可行性。湖南的实践为国家行政程序立法积累了宝贵经验，完全符合中共中央十七届二中全会"关于深化行政管理体制改革的意见"精神。

（二）《湖南省行政程序规定》的制定和实施得到了社会各界的广泛认可，各方面都给予了积极的评价

《规定》的出台和贯彻实施，产生了较好的社会反响。《规定》的出台施行，先后入选 2008 年度中国十大法治新闻、中国十大改革新闻、中国十大改革探索案例、中国十大地方创新试验、湖南省十大新闻、湖南省十大法治事件，被誉为"在中国民主与法制史上具有重要里程碑意义"。截至目前，50 多家国内、境外重要媒体累计发稿 400 余篇进行了报道，网络累计转载 130 多万次。国务院法制办主任曹康泰认为："《湖南省行政程序规定》的出台施行在一定意义上，具有里程碑的意义。"全国人大常委会法工委副主任安建认为："《湖南省行政程序规定》的出台施行将为国家行政程序立法积累重要经验。"最高人民法院副院长江必新认为："《湖南省行政程序规定》的实施，不仅是湖南省政治生活中的一件大事，也是我国行政法制建设中的一个重要事件。"广大群众也纷纷表达了对《规定》出台施行的支持，认为："《规定》的出台施行，展现了政府敢于自我革命的勇气和湖南敢为人先的精神，对湖南的发展具有重要意义。"中央学习实践活动赴湖南指导检查组组长张维庆对《规定》的制定施行给予了充分肯定，指出《规定》的出台施行是湖南省第一批学习实践活动的"五大亮点"之一。

（三）目前，我国行政程序法治化的时机已经成熟，建议国务院以行政法规的形式适时出台"中华人民共和国行政程序条例"

改革开放 30 年来，我国行政法制建设取得了重大成就，各项行政法律基本制度逐步建立，很多单项法律、法规、规章对行政程序作出了规定，统一行政程序立法已经具备了一定的制度基础。据统计，部门规章中关于行政程序的规定 99 部，占 21%；地方规章 258 部，占 54%；地方性法规 113 部，占 24%，亟需统一。当前，应对国际经济危机冲击和化解转型期的社会矛盾，迫切需要加强政府自身建设，转变政府职能。行政程序法的核心是规范行政权力，是政府职能转变的重要制度工具。转变政府职能，客观上要求制定完善的行政程序制度。湖南的行政程序立法，已经为国家行政程序立法积累了有益的实践经验。因此，建议国务院尽早启动"中华人民共和国行政程序条例"研究起草和制定实施工作。

中国行政程序法立法展望[*]

1990 年《行政诉讼法》把"符合法定程序"规定为合法性行政行为三大要件之一,从此确立了行政程序法制在中国行政法治中的必要地位。此后 20年来,中国行政法学界,包括理论与实务工作者,都为在中国建立完善的行政程序法制作出了不懈的努力。现在,无论是人们的程序理念、理论研究以至实务程序法制建设,都取得了显著的进步、可观的成就和丰富的经验。制定国家层面的统一行政程序法典的条件正日趋成熟。在此背景下,对长期来涉及行政程序立法的一些重要方面存在的不同意见,做一个回顾、比较和梳理,提出可资考虑的建议,对草拟统一程序法典也许不无参考价值。

一、行政程序法的立法目的

(一) 行政程序法立法目的的层次性

行政程序法的立法目的,是立法者基于社会发展的需要及对行政程序法固有属性的认识,旨在通过制定行政程序法而获得的某种理想结果。一般认为制定行政程序法的立法目的在于规范行政权力的行使,保护公民的权利,提高行政效率。此种表述与行政法的立法宗旨是相同的,并没有揭示出行政程序法的直接立法目的。行政程序法的立法目的应当区分其作为行政法组成部分的立法目的和其不同于其他行政法组成部分的立法目的,前者为行政程序法的根本目的,后者为行政程序法的直接目的。

1. 行政程序法的根本目的

作为行政法的重要组成部分,行政程序法的根本目的是规范行政权力公正、高效行使:一方面,要防止行政权力滥用,以避免侵犯公民的权利;另一方面,要促进行政机关积极作为,更好地为人民提供服务,提高行政效率。行政职能的内容在现代社会不仅仅限于维持秩序,更多是要求政府为公民提供福利,人们需要行政机关积极行使权力,"他们对官僚政治和行政机关无所

---

　* 本文载于《中国法学》2010 年第 2 期。

作为的恐惧在今天更甚于对行政机关滥用权力和专制的恐惧"。[1]保护公民权利已从单纯的限制行政权力转向鼓励行政机关积极、公正行使权力,一个高效率的政府被认为是一个最能为国民提供福祉的政府。

2. 行政程序法的直接目的

行政法由行政组织法、行政实体法、行政程序法、行政救济法等不同部分组成,不同组成部分从不同角度实现行政法规范行政权力公正、高效行使的目的。以行政权力的运行过程为规范对象的行政程序法,具有不同于其他行政法组成部分的直接目的:实现行政权力领域的程序法治和构建统一的最低限度的公正行政程序规则。

第一,规定行政权力的程序规则,实现程序法治,这应当是所有国家行政程序法共同的立法目的。法治作为一种治国方略,并非完美无缺,但它的确是最适合现代社会形态的治国方式,人们很难找到更好的能够替代它的方式。公权力对个人所具有的支配性、强权性使得法治的核心要义是公权力要依善法行使,其中强大的行政权是否依法行使更是衡量一国法治实现程度的关键因素。依法行政在今天的中国已经不再仅仅是学者的呐喊和呼唤。中国共产党的十五大确立了依法治国、建设社会主义法治国家的基本方略。1999 年九届全国人大二次会议通过的《宪法修正案》第 13 条增加规定"中华人民共和国实行依法治国,建设社会主义法治国家"。1999 年 11 月,国务院发布了《国务院关于全面推进依法行政的决定》(国发〔1999〕23 号),要求各级政府及其工作部门加强制度建设,严格行政执法,强化行政执法监督,提高依法办事的能力和水平。中国共产党的十六大明确提出"加强对执法活动的监督,推进依法行政"。国务院于 2004 年 4 月发布《全面推进依法行政实施纲要》,提出要全面推进依法行政,经过 10 年左右坚持不懈的努力,基本实现建设法治政府的目标。

实现依法行政的前提条件是有法可依。经过 20 余年的努力,我国在行政法领域已经制定了《行政诉讼法》《行政复议法》《国家赔偿法》《行政处罚法》《立法法》《行政监察法》《行政许可法》等重要法律,对规范行政机关依法行政起到了重要的作用。特别是其中的《行政诉讼法》,对于提高行政机关依法行政观念,保护公民、法人或其他组织的合法权益发挥了相当重要的作用。然而,《行政诉讼法》《行政复议法》《国家赔偿法》都属于行政权力事后救济机制,而非对行政权力的过程监督。《行政处罚法》《行政许可法》

---

〔1〕 〔法〕勒·达维:"法国行政法和英国行政法",高鸿钧译,载《环球法律评论》1984 年第 4 期。

对实践中运用最为广泛的两类行政管理行为的程序作出规定，但其他种类行政行为尚欠缺程序规定。相对于行政实体法和行政救济法领域而言，行政程序法的规定相对薄弱。虽然自 20 世纪 90 年代以来，行政程序法的数量有显著增加，然而，很多法律规定的程序制度尚需完善，内容离现代行政程序制度相去甚远。程序法治远未实现！中国的行政程序法典与其他国家一样，立法的直接目的之一即要实现行政程序的法治化。中国的法律传统是重实体、轻程序，现实中不仅执法人员的程序意识淡漠，普通公民的程序权利意识也同样淡漠。这样的法律传统一方面加剧了制定统一法典的必要性，另一方面，也会使中国的行政程序法典的制定和实施面临更多的困难。

第二，立法者要通过制定行政程序法构建满足何种条件的程序规则。建构的行政程序规则要满足何种条件由一国的具体情形决定，不同国家有不同的选择，从而决定了不同国家行政程序法直接立法目的的差异性。如 1993 年出台的《日本行政程序法》的主要立法目的之一是实现行政程序的透明性。《日本行政程序法》第 1 条"目的等"规定，"本法旨在对处分、行政指导及申报之相关程序作共通事项之规定，以确保行政运作之公正及提升其透明性（谓行政上之意思决定，国民均明白其内容及过程），并据以保护国民权益为目的"。这与日本制定行政程序法的背景直接相关。[1] 而意大利 1990 年制定的《意大利行政程序与公文查阅法》的立法目的则是要实现行政程序的"经济、效率和公开"。[2] 该法第 1 条规定，"行政行为应当力求达到法律确立的目标，并遵循由本法及其他规范行政程序的法规所确定的经济、效率和公开

---

〔1〕　日本制定行政程序法的背景之一就是企业界强烈要求增加政府行政指导的公开性、透明性，而美国也强烈要求日本进一步开放市场，调整经济结构，修改和完善相关法律如大店法、反垄断法等，使传统的日本政府与产业界合为一体的模式增加透明度和公开性，为外商在日本提供更多的竞争机会。日本临时行政推进审议会于 1992 年发表的《日本公正、透明行政程序委员会报告》中指出了制定行政程序法的直接动因："……我国的行政运作方面，仍因不依法律所定之程序处理申请或为处分，而多倾向于使用行政指导之方式或因处分所据之审查或处理的基准不够明确等，不仅在国内受到批评，而且随着国际化进展之结果，各国对我国要求确保公正、透明的行政运作之呼声亦日益高涨。为因前述之要求，于个别行政领域中作修正尚有不足，实有必要以制定共通、明确的法律确保公正、透明的行政程序，以确保我国行政的信赖。"参见湛中乐："日本《行政程序法》立法背景探析"，载《中外法学》1995 年第 4 期。

〔2〕　在笔者参加行政立法研究组代表团，于 2004 年到欧洲征求意大利、法国、奥地利、瑞士、荷兰等国家专家对《中国行政程序法专家试拟稿》意见时，意大利的专家和行政官员均提到意大利制定行政程序法是与其正在进行的行政改革相联系的，行政改革的主要目的是提高行政效率，使行政程序更为经济、公开。行政改革的成果被规定在行政程序法中，同时行政程序法也对行政改革的发展方向作出规定。

的原则"。

（二）我国行政程序法的直接立法目的：构建统一的、最低限度公正行政程序制度

1. 消极性正义理论与"最低限度程序公正标准"

正义被认为是法律制度的最高理想和终极目标，但正义本身是一个开放的、内容处于变换和发展中的不确定的概念。虽然通常将正义公式化理解为"给予每个人以应得的权益"，但"应得的权益"仍然是一种标准不确定的表述。不同社会背景下的人们会对每个人应得的权益是什么作出不同的判断。因此，尽管我们总是使用正义这一概念来评判法律制度，但直至今天人们始终未能给正义下一个完整的定义。消极性正义理论[1]从一个独特的视角为人们理解正义进而实现正义提供了一种可行的分析方法。该理论认为，正义是一种开放性、容纳性很强的价值，它的含义会随着时代的发展而产生变化，而且不同的法学理论对正义的解释也各不相同。然而，社会学和心理学方面的分析显示，人们对非正义感的感觉要比对正义感的感觉更灵敏。人们也许无法确知什么是正义，但人们能够确知什么是非正义。如刑事案件庭审中，如果法官数次粗暴打断被告辩护律师的发言，被告及旁听人员就会对该庭审程序产生不公正感，人们很容易就会作出这样的庭审程序是非正义的判断。因此，在程序法领域，程序法律制度尽管不能保证程序正义理想得到彻底实现，但应当尽量减少或者克服明显非正义的情况，应该满足一些起码的价值标准。这些标准具有这样的特性：坚持这些价值标准不一定能确保程序公正绝对实现，但不坚持这些价值标准程序肯定是不公正的，是非正义的。这些旨在克服人们不公正感的程序公正标准就构成了实现程序正义必不可少的条件，从而成为一种最低限度的公正程序标准。

"最低限度的程序公正标准"是实现程序正义的底线，是程序法律制度最起码应当满足的要求。如果不符合最低限度的程序公正标准的要求，则程序法律制度是不公正的。"最低限度程序公正标准"作为一种观念，在一些国际法律文件中已得到承认和接受。如联合国《公民权利和政治权利国际公约》确立了刑事被告人在刑事审判中享有的最低限度程序保障：（1）获知被控罪名及案由；（2）获有充分的时间与便利准备辩护并与辩护人联络；（3）获得迅速审判；（4）有权委托辩护人，并获得公设辩护人协助；（5）有权与对方

---

〔1〕 参见陈瑞华：《刑事审判原理论》，北京大学出版社 1997 年版，第 58~59 页。

证人对质，并申请法院传唤他所提出的证人出庭作证；（6）有权获得翻译帮助；（7）不得强迫被告人自证其罪。《欧洲人权宣言》及《美洲人权宣言》也分别规定了受刑事控告者在审判中所享有的"最低限度权利"。

2. 最低限度公正行政程序标准

行政程序与刑事审判程序一样都属于法律程序的范畴，已有行政法学者将"最低限度程序公正标准"的分析方法运用到行政程序领域。[1]行政程序领域的最低限度公正程序标准包括以下几项：

（1）作出行政行为的程序应当公正，体现为程序公正原则。

公正是行政程序首先应当满足的要求，又可以分解为以下几个层次的要求：

第一，决定者中立，与行政事务没有利益关联。英国普通法上古老的自然公正原则的要求之一就是自己不能作自己案件的法官，作为其继承者的美国联邦宪法规定的正当法律程序条款最初的规则也是自己不能作自己案件的法官。如果决定者与行政事务存在某种利害关系，很难保证或者很难保证他人相信其作出的决定的公正性。因此，程序制度应当确保与行政事务存在某种利益关系的人不具备担当决定者的资格，包括强制回避和禁止决定者与当事人中的一方单独接触等。

第二，在行政程序领域解读程序公正需要结合程序指向的对象行政权力来进行。行政权力通常通过特定的行为类型体现出来，而行政行为的作出通常是一个认定事实、适用法律的过程，这就决定了程序公正原则在行政领域中应当至少包含两方面的考虑：其一，公正的行政程序应当是符合人的认识规律的程序，应当有助于行政机关正确认定事实、作出行政决定和有助于行政机关准确把握实际情况、科学决策。这是从程序与实体的关系角度来把握程序公正的内涵。其二，公正的行政程序应当能够防止行政权力滥用，行政机关应当尊重当事人、平等对待当事人，无偏私行使行政权力。这是从程序独立于实体的角度来把握程序公正的内涵。

---

〔1〕 如王锡锌教授认为"最低限度的公正"之概念在于这样一种信念：某些程序要素对于一个法律过程来说是最基本的、不可缺少的、不可放弃的，否则不论该程序的其他方面如何，人们都可以感受到程序是不公正和不可接受的。论文还提出"最低限度的公正"的概念暗示了处理法律程序中公正与效率关系的一种新思路。在公正与效率的关系问题上，应当坚持程序首先必须满足"最低限度的公正"，行政程序法的基本原则和核心制度都应当体现"最低限度的公正"的要求。参见王锡锌："正当法律程序与'最低限度公正'——基于行政程序角度之考察"，载《法学评论》2002 年第 2 期。

（2）行政程序应当以公开的方式运行，体现为程序公开原则。

公开原则指行政机关将行政权力运行的依据、过程和结果向公众或者相对人公开，使公众或者相对人知悉。行政公开制度分为两个层面的公开：其一是政府信息向不特定公众公开。包括行政机关主动公开和根据申请人的申请公开两种方式。政府信息公开制度通常制定专门的立法规定，如 1966 年《美国信息自由法》。其二是行政程序中向特定当事人的公开。包括让当事人阅览卷宗和向当事人说明决定的理由。阅览卷宗和说明理由规定在行政程序法典中。

与行政机关公开义务相对应的是公民的知情权。知情权的权利主体是公民和组织，义务主体是政府等公权力行使者，其内容包括知道、获得政府信息，以及对错误信息请求更正等。联合国 1946 年第 59（1）号决议中提出"信息自由是一项基本人权，也是联合国追求的所有自由的基石"。

知情权的确立源于民主政治的需求，即"民众有权知道政府在做什么"。党的十七大报告已明确提出要保障人民的知情权、参与权、表达权和监督权。

随着人类信息时代的来临，行政公开在民主政治意义之外还具有经济意义。因为政府是社会信息的最大占有者，当信息在信息时代具有资源的属性并能产生经济效益时，公开意味着政府信息利用的提高，相应会增加社会的财富。在此意义上可以说行政公开制度的意义由民主政治价值向信息资源利用最大化经济价值的扩展。

（3）受行政程序的结果影响的人应当充分而有意义地参与到行政过程中来，体现为参与原则。

"参与"一词在政治学中被认为是一种行为，政治制度中的普通成员通过它来影响或试图影响某种结果。"参与"不同于"参加"或"到场"，它包含行为主体的自主、自愿和目的性，是一种自主、自愿、有目的的参加，参与者意在通过自己的行为，影响某种结果的形成，而不是作为一个消极的客体被动接受某一结果。

受行政程序的结果影响的主体是人，人是有生命、有情感、有尊严的，每个人作为人的尊严和价值应当无条件得到其他主体的尊重。因此，公正的行政程序首先应当承认和尊重人作为人所享有的尊严，通俗化之就是行政机关应当在作出行政行为的过程中将人作为人对待，而不是任意受其支配的客体对待。因此，相对人对行政程序的参与是行政程序是否公正的首要判断标准。这里的参与与政治学意义上的参与一样，要求参与者作为自主的主体，通过自己的行为，自愿参加到行政程序中来，并通过自己的行为，有效影响行政行为的作出。

让利益受影响主体参与到行政过程中来在公共决策领域尤其具有极其重要的现实意义。因为当代社会的特点之一是利益主体日益多元化，在多元社会中如何平衡多元利益、实现社会的稳定是决策者必须解决的问题。如果决策获得的支持越广泛，就意味着决策越容易得到执行，社会产生动荡的可能性就越小。因此，作为决策者来说为了保证决策的顺利执行需要寻求决策获得最广泛的同意。受决策影响主体的广泛参与机制无疑是决策获得最广泛同意的重要保证。广泛的参与机制保证了决策建立在共识民主基础上，决策由不同利益团体共同作出，责任也由不同利益团体共同承担。少数派因为利益得到考虑会对决策的执行采取合作的态度，从而减少社会发生动荡与混乱的可能性。[1]我国是人民当家做主的国家。人民当家做主，不仅要选出人民代表决定国家大事，还应当包括"通过各种途径和形式，管理经济文化事务，管理社会事务"，公开、参与无疑是体现当家做主的内容之一。

（4）行政机关应当及时、高效作出行政行为，体现为效率原则。

效率或效益在一般意义上是指：从一个既定的投入量中获得最大的产出，即以最少的资源消耗取得同样多的效果，或以同样的资源消耗取得最大的效果。[2]随着20世纪60年代以来经济分析法学的兴起，法律程序中的经济效益问题逐渐受到人们的重视，如贝利斯教授认为，"没有正当的理由，人们不能使程序在运作过程中的经济耗费增大"，同时，"在其他条件相同的情况下，任何一位关心公共福利的人都有理由选择其他经济耗费较低的程序。"[3]我国学者张文显教授也认为，"现代社会的法律，从实体法到程序法，从根本法到普通法，从成文法到不成文法，都有或应有其内在的经济逻辑和宗旨，以有利于提高效率的方式分配资源，并以权利和义务的规定保障资源的优化配置

---

〔1〕 共识民主的实质就是要通过比例代表制、多党体系、权力共享联盟、议会制和合作体系而实现未被代表的群体的政治整合。共识民主可以培育责任、增强政府的合法性和促进公共投资。在通过更加平衡和有效的特定方式来处理经济全球化给主权国家所带来的压力方面，共识民主被认为比多数主义民主具有更强的能力。参见〔美〕马库斯·克里帕茨："全球经济与地方政治：李普哈特的共识民主和包容政治"，付平编译，载薛晓源、陈家刚主编：《全球化与新制度主义》，社会科学文献出版社2004年版，第3~18页。

〔2〕 参见张文显：《法学基本范畴研究》，中国政法大学出版社1993年版，第273页。

〔3〕 参见陈瑞华：《刑事审判原理论》，北京大学出版社1997年版，第92页。

和使用。"[1]

效率原则通过以下机制来实现：

第一，为行政程序的运行设定时间要求，要求行政机关及时作出行政行为。及时是过快与过慢之间的一种中间状态。行政程序如果过快，当事人无法有效参与行政程序，行政机关也不能充分、冷静考虑后再作决定，不符合程序理性原则，极易导致行政机关匆匆作出错误决定。而行政程序过慢，也会损害程序的正义，称所谓迟来的正义为非正义。行政决定及时作出一般通过以下规则来实现：（1）为行政行为的作出规定合理的期间。如《奥地利行政程序法》规定行政机关必须至迟于接到申请后 6 个月内作出决定。（2）行政机关没有在法定期间内作决定的，应承担相应的法律责任。行政机关在法定期间内的沉默应视为一种意思表示，产生一定法律后果。葡萄牙和澳门地区行政程序法都规定了默示批准和默示驳回的制度。默示批准指行政机关在法定期限内没有对申请人的申请作出答复的，视为批准其申请。默示驳回指行政机关在法定期限内没有对申请人的申请作出决定的，视为驳回该申请。申请人可以决定是否提起申诉，寻求救济。

第二，行政程序应当有利于行政机关正确认定事实，降低行政行为的错误成本，减少事后申请行政复议和提起行政诉讼，降低事后救济成本。

第三，根据行政事务的繁简实行程序分流，区分一般程序、简易程序、正式程序规定不同类型的程序制度，适用于不同的情形。

3. 构建统一的、最低限度公正行政程序制度

最低限度公正行政程序标准体现为行政程序应当遵循的基本程序原则，内容具有抽象和概括性强的特点，要通过具体制度来体现其要求。如程序公正原则通过回避制度，程序公开原则通过政府信息公开制度、阅览卷宗制度和说明理由制度，参与原则通过听取意见制度、听证制度，效率原则通过期间制度、默示批准和默示驳回制度等，这些体现最低限度公正标准要求的程序制度构成最低限度公正程序制度，是行政程序法应当规定的制度。

最低限度公正行政程序制度从内容的性质看，表现为行政权力行使者的义务，相应地表现为相对人的程序权利。这也使得最低限度公正行政程序制度为相对人面对行政权力提供了最基本的权利保障。

最低限度公正行政程序制度的特性在于是行政权力应当遵循的最起码的

---

[1] 参见张文显：《法学基本范畴研究》，中国政法大学出版社 1993 年版，第 274 页。

程序规则，既与谁来行使行政权力无关，也与行政权力的表现形式行政行为的类型无关。不管是中央行政机关，还是地方行政机关；不管是经济发达地区行政机关，还是经济落后地区行政机关；不管是行政机关，还是其他行使行政权力的主体，只要是涉及行政权力的行使，就应当遵循最低限度公正行政程序制度。无论是抽象行政行为，还是具体行政行为；不论是行政立法行为，还是行政执法行为、行政司法行为；无论是行政处罚，还是行政许可、行政征收，只要性质上属于行政行为，都应当遵循最低限度公正行政程序制度。当然，不同类型行政行为在具体规则上应当有所区别，如制定公共决策时听取意见的方式应当不同于作出具体决定，但不管是制定公共决策，还是作出具体决定，都应当听取公众或者当事人的意见，行政机关不能未经征求意见就自行作出最终决定。

我国现行行政程序立法采用了区分行政行为类型、逐项立法的进路，由于立法速度没有跟上，导致有的行政行为领域无程序法可依。不同类型的行政行为可以遵循不同的规则，但权力的行使都应当遵循一定规则，这是法治的基本要求。我国制定统一的行政程序法典的直接目的就是要改变目前有的行为领域有程序法规范，有的行为领域无程序法规范的局面，建构统一的、最低限度公正行政程序制度，规定行政权力应当遵循的最起码的公正程序规则。

（三）部分实现行政法法典化

美国法中所称法典化是指将各种法规予以归类、体系化，编纂成法典，如《美国联邦行政程序法》被编入《美国联邦法典》第五篇内。而德国、奥地利等大陆法系国家所谓法典化，是指将判例、学说等形成的法律原则予以条文化、成文化，使其成为形式意义的法律。[1]此处所谓的行政法的法典化取后一种理解，并非关于行政管理事项的具体法律的整理，而是特指"贯穿全体的总则法规"。[2]翁岳生教授将行政法法典化定义为"将行政法规以及行政法院的判例，或行政机关之惯例中，具有各种行政行为之共同适用性者，加以制定成为系统之成文法规，成立行政法之总则部分"，[3]这也是为大陆学

---

〔1〕 参见翁岳生："行政程序法发展之展望"，载《海峡两岸首届行政法学术研讨会——行政程序法论文集》1998年版，第9页。

〔2〕 ［日］杉村章三郎："行政法的法典化"，杨文忠译，载《外国法学译丛》1987年第4期，第79页。

〔3〕 翁岳生："论西德1963年行政程序法草案"，载翁岳生：《行政法与现代法治国家》，"台大法学丛书"1990年版，第186页。

者所普遍接受的观点。

在大陆法系国家行政法体系中，行政法涉及事项众多，凡有关行政组织、行政行为和行政救济的法律都属于行政法的范围。因此，虽然学者对行政法之法典化即为行政法总则的制定取得共识，但对行政法总则的内涵却没有形成定论。学者在行政法法典化的尝试过程中，受法律可以分为实体法和程序法的启示，将行政法分为实体法和程序法，分别予以法典化。因为行政事项纷繁复杂，性质差异较大，在行政实体法方面制定统一的规则，存在很多困难。而行政程序法相对行政实体法而言，具有技术性特点，"最易于统一而大同"。[1]所以世界上最早进行行政法法典化工作之一的奥地利，即将行政实体法与行政程序法分开，致力于行政程序法的法典化。

随着时间的推移，行政实体法的制定并没有取得实质的进展，而行政程序法的制定却取得了成功。德国将行政法法典化的工作集中在行政程序法的制定上，过去被认为是行政实体法总则的事项，逐渐被纳入行政程序法中，行政程序法的制定与行政法的法典化进一步吻合。《德国联邦行政程序法》突破了程序法的名称限制，在法典中规定了行政行为的效力、行政合同等实体内容，部分实现了行政法法典化的理想。翁岳生教授对此予以充分肯定，认为德国的做法为行政法学者所苦苦追寻的行政法法典化的理想找到了实现的途径，在行政法学上具有重大意义。[2]德国的立法的确对其他大陆法系国家行政程序立法产生了深远的影响。荷兰、西班牙、葡萄牙和我国澳门地区的行政程序法均仿效之，在程序法典中规定了实体的内容。我国台湾地区"行政程序法"其实体条文所占比重为1/3强。因此，在这些国家和地区，行政程序法不仅被定位为行政程序的基本法律，实质被定位为行政权力的基本法，起到了行政法法典的作用。

由于各种原因，我国目前行政法在不少领域尚处于无法可依或立法不完善的状态，如行政组织法缺位现象十分严重，行政行为的成立与效力等实体问题缺乏规定。采用分散立法的方式来规范这些问题，操作上是不现实的。我国也可以借鉴德国的成功做法，利用制定行政程序法的机会，在行政程序法中规定行政法总则性质的内容，通过行政程序法的法典化部分实现行政法

---

〔1〕 翁岳生："论西德1963年行政程序法草案"，载翁岳生：《行政法与现代法治国家》，"台大法学丛书" 1990年版，第187页。

〔2〕 翁岳生："论西德1963年行政程序法草案"，载翁岳生：《行政法与现代法治国家》，"台大法学丛书" 1990年版，第213~214页。

法典化。

（四）中国行政程序法典的目标模式

1. 目标模式的划分标准

目标模式是指立法者根据自己的需要和对行政程序法固有属性的认识所预先设计的关于行政程序法体系和内容的理想结果。目标模式曾经是我国行政程序法探讨中的一个热点问题，我国关于行政程序法目标模式的种类主要有以下几种观点：

第一种认为目标模式包括控制模式、效率模式和权利模式三种[1]。所谓控制模式是以控制下级行政机构，防止其偏离统治者意志为目的的模式。效率模式是以提高行政效率为目的的模式。权利模式是指以保障个人、组织权益为主要目的的模式。

第二种观点认为行政程序法目标模式可以分为保权模式、控权模式和效率模式三种[2]。控权模式的宗旨是限制和制约行政主体行使职权，防止行政主体滥用行政权力。保权模式的宗旨是以保护行政相对人在行政程序中的程序权利为重心。效率模式行政程序法的宗旨是提高行政效率，它是基于行政管理对效率的要求而产生。

第三种观点认为行政程序法的目标模式可以分为公正（权利）模式和效率模式两种[3]。公正模式是指通过一系列监控行政权行使的制度来防止和控制行政权的滥用，从而达到保障相对人权益的目的，在此基础上制定行政程序法，并形成相应的程序体系。效率模式是指以促进和提高行政效率为宗旨，侧重于通过行政程序促使行政机关合理高效地进行行政管理活动，在此基础上设计行政程序，并形成相应的行政程序体系。

前述观点普遍存在将目标与目标模式等同的问题，认为如果既注重保护公民权利，又注重提高行政效率，就形成权利模式与效率模式之外的另一种模式，似乎权利模式只保护公民的权利，效率模式只注重提高行政效率，才有所谓"我国应以一种模式为主，兼采其他模式"之说。这是目标模式划分

---

〔1〕 参见江必新、周卫平编著：《行政程序法概论》，北京师范大学出版社 1991 年版，第 19~20 页。罗豪才主编：《行政法学》，中国政法大学出版社 1996 年版，第 292~293 页。

〔2〕 参见吴德星："论中国行政法制的程序化与行政程序的法制化"，载《中国人民大学学报》1997 年第 1 期。

〔3〕 参见姜明安："我国行政程序立法模式选择"，载《中国法学》1995 年第 6 期。黄学贤："行政程序法的目标模式及我国的选择"，载《苏州大学学报》1997 年第 2 期。

标准不明确所致。目标模式的划分不是以在"保护公民权利"和"提高行政效率"中选择一项为标准，而是以侧重哪一方面为标准，也即所谓以首要目的为划分标准[1]。因为公正与效率虽然具有一定对立性，但并不具有绝对的排他性，"公正的程序规则可以维持公民对行政机关的信任和良好关系，减少行政机关之间的摩擦，最大限度地提高行政效率"[2]。在现代社会，随着民主政治的发展，行政程序立法目的已普遍多元化，保护公民权利和提高行政效率已成为每个国家行政程序立法的双重目标。"行政不仅需要有效率，即政策所要达到的目标一定能够迅速地实现，同时，行政也必须使一般公民认为在行政活动中合理地考虑了所追求的公共利益和它所干预的私人利益之间的平衡。"[3]只是由于各国立法背景和程序价值取向的不同，当二者发生冲突时，侧重点有所不同而已。侧重保护公民权利的形成权利模式，侧重提高行政效率的形成效率模式。而不是因为片面选择保护公民权利形成权利模式，片面选择提高行政效率形成效率模式。

目标模式的划分标准使得行政程序法目标模式的划分具有相对性。我们在使用目标模式对各国行政程序法进行分析时，应该明确只是在作一个相对的比较，只能说权利模式相对效率模式更注重公民的程序权利，而效率模式相对权利模式，更注重行政效率的提高。作为权利模式代表的美国，其行政程序法以民主、公正和效能为立法原则，制定行政程序法的目的既是制约日益膨胀的行政权力，保护公民权利，同时，也是使各行政机关程序统一化、简单化和标准化，提高行政效率。[4]最初提出的几个草案都被否决，其重要原因之一就是因为这些草案司法化程度太高，妨碍了行政效率。[5]而作为效率模式代表的德国，其行政程序法同时规定了听证、行政行为说明理由和当事人有权阅览卷宗等基本的程序公正制度。所以，一个国家的目标模式或因侧重保护公民权利形成权利模式，或因侧重效率形成效率模式，不应认为同时追求双重目标就成了混合模式。

---

[1] 参见应松年主编：《比较行政程序法》，中国法制出版社 1999 年版，第 44 页。

[2] 王名扬：《英国行政法》，中国政法大学出版社 1987 年版，第 152 页。

[3] 王名扬：《英国行政法》，中国政法大学出版社 1987 年版，第 139 页。

[4] 参见张剑寒："美国联邦行政程序法述要"，载《各国行政程序法比较研究》，"台湾行政院"研发会编印 1979 年版，第 68~71 页。

[5] 参见张剑寒："美国联邦行政程序法述要"，载《各国行政程序法比较研究》，"台湾行政院"研发会编印 1979 年版，第 41~62 页。

2. 中国行政程序法典的目标模式：权利与效率并重模式

中国未来行政程序法应当采用权利与效率并重模式，这也是我国多数学者所主张的未来中国行政程序法目标模式。[1]并重模式的提出有其合理性：

第一，公正与效率作为行政程序立法的双重价值追求，单独强调某一方面都是片面的：过分强调保护公民权利，使行政程序的设计高度司法化，将影响行政效率，从而最终影响公民权利；过分强调行政效率的提高，不仅损害行政正义，也会由于忽视保护公民的权利，将因公民的不合作和事后提起争议，最终影响行政效率。所以，理想的选择应是既保护公民权利，又提高行政效率，做到二者并重。而且公正与效率作为行政程序法追求的两个目标，看似矛盾，实质是统一的。一方面，追求程序的公正，保护公民的程序权利，在某一阶段上看似给行政机关设置了程序障碍，对行政程序会产生一定的影响，但是公正的程序规则"可以维持公民对行政机关的信任和良好关系，减少行政机关之间的摩擦，最大限度地提高行政效率"[2]。另一方面，提高行政效率在某种意义上也是对公民权利的保护。行政权的行使与公民权利的保护之间并非单纯互为消长的关系，"国权多一分，民权即少一分；反之，民权多一分，国权即少一分"的观念在政府与公民互为一体的现代社会，已不再适用。[3]随着政府政治统治职能向社会管理和社会服务职能的转变，人们需要行政机关积极高效行使其职权。对于当事人来说，"迟来的正义为非正义"，他们总是希望行政机关尽快作出决定，以尽早确定其行政法上的权利义务关系，特别在福利行政领域。对其他公民来说，过于繁琐的行政程序将会增加行政成本，增加纳税人的负担，是不公正的。因此，提高行政效率，在行政权正当行使的前提下，有助于保护公民的权利。所以，公正与效率之间在行政程序领域并不存在绝对的排他性，"行政程序最基本的方针，是研究如何设计一个使行政机关官僚武断和伸手过长的危险减少到最低限度的制度。同时保持行政机关进行有效活动所需要的灵活性"[4]。

---

[1] 参见姜明安："我国行政程序立法模式选择"，载《中国法学》1995 年第 6 期。应松年主编：《行政法学新论》，中国方正出版社 1998 年版，第 535 页。吴德星："论中国行政法制的程序化与行政程序的法制化"，载《中国人民大学学报》1997 年第 1 期。

[2] 王名扬：《英国行政法》，中国政法大学出版社 1987 年版，第 152 页。

[3] 林纪东："行政程序法在现代民主国家的功能"，载《各国行政程序法比较研究》，"台湾行政院"研发会编印 1979 年版，第 17~18 页。叶俊荣："转型社会的程序立法"，载《当代公法理论》，台湾月旦出版公司 1993 年版，第 409 页。

[4] 黄学贤："行政程序法的目标模式及我国的选择"，载《苏州大学学报》1997 年第 2 期。

第二，并重模式也是行政程序法立法的发展趋势。就目标模式而言，葡萄牙、韩国、我国澳门地区等的行政程序法在立法风格上，显示出融合的趋势，较之德国、美国等国家，其效率模式或权利模式的色彩相对淡薄。如属于效率模式的葡萄牙、我国澳门地区在关于行政程序的总则规定部分同时列专章规定了通知、资讯权和期间等制度，不仅规定了当事人在行政程序中的资讯权，同时规定了公众有权查阅行政机关档案和记录的开放行政原则。属于权利模式的韩国在总则中规定了当事人、行政机关的管辖及协调、送达和期间等关于行政程序的一般规定。从目前立法趋势看，两大模式出现逐渐融合的趋势。

并重模式的设想带有很强的理想主义色彩，公正与效率虽然并非绝对排斥，但在具体制度设计上的冲突无法全部避免。从保护公民权利角度而言，行政程序的设计应尽量司法化，而从提高行政效率的角度而言，行政程序的设计应力求简单、迅速，赋予行政机关较强的主动权，二者之间的矛盾和冲突并非在任何时候都能得到完满的解决，有学者也正是基于此认为公正与效率绝对的统一是不可能的，只能或选择效率模式，或选择公正模式[1]。笔者之所以仍然提出权利与效率并重模式，是强调在立法的整体设计上，立法者应努力在二者之间寻找平衡点，尽量做到公正与效率兼顾。当然在某一具体制度设计上，立法者面对冲突，必须有所取舍，作出选择，所谓权利与效率并重是就立法的整体风格而言的。

二、行政程序法典与其他单行法的关系

（一）面临的问题

如何处理行政程序法典与单行法的关系一直是我国行政程序立法中一个争议较大的问题，对这个问题的处理直接涉及行政程序法典实际发生效力的范围。

问题一：统一的行政程序法典出台后，现有的单行法中的行政程序规定是否废止？在行政程序法典之外，是否还存在单行法的规定？

问题二：如果统一法典与单行法并存，如何处理统一法典与单行法的关系：统一的行政程序法典与单行法的规定不符合时，是统一法典的效力优于单行法，还是单行法的效力优于程序法典？《立法法》第83条的规定在此如

---

[1] 参见薛刚凌："海峡两岸行政程序法学术研讨会综述"，载《海峡两岸首届行政法学术研讨会——行政程序法论文集》1998年版，第137页。

何适用？是适用特别法优于一般法的规则，还是适用新法优于旧法的规则？还是将行政程序法典定位为基本法，从而适用基本法优于一般法的规则？

（二）国外及地区的立法例

从国外及地区行政程序法的规定来看，多数国家及地区对行政程序法典与其他单行法之间的关系作出明确规定。

比如，《德国联邦行政程序法》第1条规定："本法律适用于下列者在公法上的活动，但联邦法律有内容相同或相反规定的除外。"

《瑞士行政程序法》第4条规定："联邦法律关于程序另有规定者，于不抵触本法之范围内亦适用之。"

《挪威公共行政法》第1条规定："本法适用于行政机关的行为，法律另有规定的除外。出于本法之目的，中央与地方政府机构应当被认为是行政机关。私法人作出个别决定或制定规章时被认为是行政机关。"

《瑞典行政程序法》第3条规定："法律与条例的规定与本法不一致的，适用该法律与条例的规定。"

《希腊行政程序法》第33条规定："除非本法有除外规定，本法典生效后，旧法中关于同一事项的规定被废止。生效法律中规定参照适用根据本条第1款被废止的条款的，参照本法典的对应条款。"

《日本行政程序法》第1条第1款规定："本法关于处分、行政指导及申报程序所规定之事项，其他法律有特别规定者，依其他法律之规定。"

《韩国行政程序法》第3条第1款规定："处分、申告、行政立法之预告、行政预告及行政指导之程序。除其他法律另有特别规定外，适用本法。"

我国台湾地区"行政程序法"第3条第1款规定："行政机关为行政行为时，除'法律'另有规定外，应依本'法'规定为之。"

分析上述国家和地区的规定，有三种做法：

第一种，适用特别法优于一般法的规则。如果单行法的规定与法典的规定不一致，适用特别法，不适用统一法典。采用此种规定的有德国、挪威、瑞典、日本、韩国等国家及地区。

第二种，优先适用统一法典的规定。如果其他单行法的规定与统一法典的规定有抵触的，适用统一法典的规定。采用此种观点的有瑞士。

第三种，适用新法废止旧法的规则，适用统一法典。采用此种规定的是希腊。统一法典生效后，旧法中关于同一事项的规定被废止，适用统一法典。

（三）关于我国未来行政程序法典与其他单行法的关系的探讨

1. 行政程序法典与其他单行法并存

行政程序法典所规定的只是不同行政机关共同遵循的最低限度的公正程序规则，在行政程序法典之外，为适应不同行政管理领域对特别程序规则的需求，仍应存在单行法的规定。也就是说，行政程序法典出台后，行政程序法在形式上仍然是统一法典与单行法规定并存的局面。而且由于行政管理涉及的领域广泛，单行法的规定在数量上应当不少。但在行政程序法典出台后，今后单行法关于程序的规定在法律层面应该不再重复程序法典中已有的规定。行政法规、部门规章、地方性法规和地方政府规章，包括行政规范性文件则可以在统一法典或者其上位法的规定框架内，对适用于部门、地区的具体规则作出规定。

对于行政程序法出台后，将存在行政程序法典与其他单行法并存的局面，应当说不存在不同观点。行政程序法立法过程中争论最为激烈的是第二个问题，即统一法典与单行法的效力关系问题。

2. 关于统一法典与其他单行法的关系

（1）理论探讨。

2002 年行政法年会的主题是讨论行政立法研究组提交的行政程序法框架稿。会议提交的论文中有数篇涉及统一法典与单行法的关系。[1]

第一种意见认为探讨此问题必须明确一个前提条件，即二者是并存的关系，均无法取代对方。[2]在此前提下，二者的关系不是单纯的哪一种关系，而是主要（内容）与次要（内容）、基本与非基本、互相补充的三种关系。行政程序法典是关于行政程序的基本法，二者之间的关系不是普通法与特别法的关系，不适用特别法优于普通法的冲突规则，而应该适用基本法优于非基本法的冲突规则，要防止将行政程序法典置于补充地位和补充作用的做法。

第二种意见认为如果制定统一的行政程序法典，对待、处置现有程序性单行法律、法规的方法有两种：[3]一种是抛弃或部分抛弃现有程序性单行法

---

〔1〕 参见王万华："2002 年行政法年会综述"，载《行政法学研究》2002 年第 4 期。

〔2〕 参见杨小军："关于制定行政程序法典的几个基本问题的思考"，中国法学会行政法学研究会 2002 年年会论文。

〔3〕 参见杨寅："制定行政程序法面临的基本问题——兼评《框架修改稿》"，中国法学会行政法学研究会 2002 年年会论文。

律、法规，完全或基本以统一行政程序立法为准；另一种是维持现有的程序性法律、法规，只对尚未实现程序法治化的一些行政活动领域进行统一立法。如果采用第一种方法，统一立法不仅要在最后的效力部分明确规定新法与旧法、一般法与特别法的关系，还必然会加重统一立法的难度与负担，第二种方法较为可行。

2003 年 3 月 20~23 日在北京宽沟召开了行政立法研究组拟定的中华人民共和国行政程序法（试拟稿）研讨会。在此次研讨会上，针对试拟稿第 3 条"本法是关于行政权力运行的基本法律。其他法律、法规关于行政权力运行的规定与本法不一致的，适用其他法律、法规的规定，但是不得与本法规定的基本原则和基本制度相抵触"的规定，与会者一致认同将统一法典定位为关于行政程序的基本法的做法，有学者进而提出：①应当取消试拟稿第 3 条"其他法律、法规规定与本法不一致的，适用其他法律、法规的规定"中的"法规"，仅保留法律。理由是行政程序法属于法律范畴，位阶高于法规。②行政程序法与其他法律的规定不一致的，不能笼统规定为适用其他法律的规定，而是应该细化，应当区分不同情况作出不同规定。

姜明安教授在《制定行政程序法应正确处理的几对关系》一文中对统一法典与其他单行法的关系作了详细探讨和论证，提出：[1]其一，在一般情况下，统一法典应视为行政程序的基本法，其效力应优于作为行政程序一般法的单行法；其二，单行法补充规定统一法典中未规定的相应特定行政行为的特别程序，此种程序当然是必须和有效的；其三，新制定的单行法如因特别需要，对统一的行政程序法典已规定的一般行政程序作出了某种变更规定，则应在相应的特定行政行为领域适用新法优于旧法、特别法优于普通法的原则，及相应单行法的规定优于统一法典的规定。

上述诸多论述呈现出两种不同的思路：多数人的意见是基本法的定位，即将行政程序法典定位为行政程序的基本法，在此前提下，再来探讨统一法典与单行法的关系。基本法的定位反映出抛弃现有立法，进行全方位统一程序立法的思路；少数人的意见是补充立法的定位，即维持现有的程序性法律、法规，只对尚未实现程序法治化的一些行政活动领域进行统一立法。此种观点反映的是一种补充现有立法空白、而非全方位统一程序立法的思路。这恐怕正是前一种主张持有者所着力要反对的。

---

〔1〕 参见姜明安："制定行政程序法应正确处理的几对关系"，载《政法论坛》2004 年第 5 期。

（2）行政程序法专家建议稿的设想。

第一种设想将行政程序法典定位为基本法，在此前提下规定统一法典与其他单行法的关系。属于此种规定的是应松年教授和马怀德教授主持的专家建议稿，表述都如下："本法是关于行政程序的基本法律。其他法律关于行政程序的规定不得与本法规定的基本原则和基本制度相抵触，但是可以根据需要作具体或补充规定。"

第二种设想将统一法典与单行法的关系定位为一般法与特别法的关系，这是姜明安教授主持的"行政执法与行政程序课题组"拟定的试拟稿第2条"调整范围"的规定："行政机关和其他行政主体实施行政行为，适用本法，但其他法律对特定行政行为有特别规定的，适用其他法律。"该试拟稿第102条"与其他行政程序法律的关系"中进一步细化规定如下："本法生效以前颁布的法律、法规、行政规范，凡与本法规定不一致的，应适用本法的规定；凡本法未规定而以前颁布的法律、法规、行政规范有规定的，其规定仍可适用。本法生效以后，因特别领域或特别事项需要作出特别规定的，法律可以作出与本法不一致的特别规定；对于本法未规定的事项，法律、法规、行政规范可以根据本法的原则作出规定。"但根据姜明安教授在专家建议稿形成之后的论文中所主张的观点，他对此规定有所修正，明确提出将行政程序法定位为行政程序的基本法。[1]

（3）将统一法典定位为行政程序的基本法，以此为前提探讨统一法典与其他单行法的关系。

关于统一法典与单行法的关系，需要区分不同层级的法律规范分开探讨。行政程序法典在位阶上处于法律层面，如果下位阶法律规范的规定与之不一致，如行政法规、地方性法规、部门规章、地方政府规章的规定与之相冲突的，则应当适用统一法典的规定。问题的难点在于如何处理统一法典和与之处于同一位阶的法律之间的关系，如与《行政处罚法》《行政许可法》的关系。对此，不能简单适用新法优于旧法、特别法优于一般法等规则得出结论。这是由行政程序法数量繁多的特性所决定的。如果适用新法优于旧法的规则，将会出现部分法律的效力优于行政程序法典、部分法律的效力低于行政程序法典的现象，这将破坏规则适用的统一性；如果适用特别法优于一般法的规

---

〔1〕 姜明安教授执笔的试拟稿完成于2002年9月，其论文"制定行政程序法应正确处理的几对关系"，刊登于《政法论坛》2004年第5期。

则，则将出现行政程序法典被架空的现象。

关于统一法典和法律之间的关系，虽然多数国家都将统一法典定位为一般法，但基于以下因素的考虑，将统一法典定位为行政程序的基本法应当说更为适合我国的实际情况。

第一，统一法典规定的是最低限度的公正行政程序制度，是行使行政权力时应当遵循的最基本的规则，而不管行使行政权的主体是谁，也不论行政权的表现形式是什么。

第二，如果将统一法典定位为一般法，根据特别法优于一般法的规则，同一事项单行法另有规定的，将适用单行法的规定。而行政程序法不同于刑事、民事法律，在统一法典之外，存在大量单行法，如果适用特别法优于一般法的规则，势必导致统一法典被架空。统一法典的价值将更多体现在昭示公正程序理念层面〔1〕。与德国等国家相比较，中国在法治的发展进程、依法行政的状况、公务员的素质等诸多方面仍然存在相当大的差距。行政程序法典被架空，于这些国家而言，对相对人权利的影响将远远小于中国。而中国的行政程序法典承载了太多的使命，隐含了太多的价值追求。未来的行政程序法典担负着打造法治政府的重任，制定统一的行政程序法典被视为全面规范行政权力的组织机制和运行机制的契机，只有将之定位为行政程序的基本法，才能实现此目的。如果将统一法典定位为一般法，则制定统一法典的意义将大大削弱，统一法典所要完成的任务将无法完成。

如果将统一法典定位为行政程序的基本法，其他法律则应当起到补充之作用，当然也就不能与行政程序法典规定的基本原则和基本制度相抵触，具体可遵循如下规则确定：

第一，统一法典出台后，之前的单行法的行政程序规定与之相抵触的，除非统一法典中有保留规定，应当废止。

第二，统一法典出台后，之前的单行法中规定的统一法典中没有规定的程序规范，如果与统一法典的基本原则和基本制度不相抵触，则应当保留，不予废止。

第三，统一法典出台后，之后制定的单行法可以根据需要作出具体或者补充规定。也可以根据需要在不与统一法典的基本原则和基本制度相抵触的

---

〔1〕 根据刘飞教授在 2005 年 4 月中国政法大学法学院举行的行政程序法立法研讨会上的介绍，德国的情形就是如此。由于特别法优于一般法规则的适用，《联邦行政程序法》的很多规定被架空了，立法者最初的目的没有实现。

情形下，对统一法典中尚未规定的事项作出特别规定。

三、中国行政程序法的内容选择

没有哪一部法律像行政程序法那样在世界范围内存在如此巨大的内容上的差异，有的国家如美国、奥地利、瑞士等仅对行政程序通则作出规定，而有的国家如德国、西班牙、葡萄牙不仅对行政程序作了一般规定，还对特定种类行政行为的程序作了特别规定；有的国家如美国、日本、韩国和瑞士仅规定了程序内容，而有的国家如德国、荷兰、奥地利、西班牙、葡萄牙则不仅规定了程序内容，还包括实体内容；有的国家如美国、日本、瑞士、荷兰仅规定了外部行政程序，而有的国家如西班牙、葡萄牙不仅规定了外部行政程序，还规定了内部行政程序；有的国家如日本仅规定了行政的事前、事中程序，而意大利、奥地利、瑞士、西班牙、葡萄牙不仅规定了行政事前、事中程序，还规定了行政事后救济程序。

世界各国行政程序法在内容上的巨大差异性无形中给中国未来行政程序法的内容选择增添了难度。深入比较各国行政程序法的规定，虽然差异很大，但可以从以下几个方面定位，从而为探讨中国的行政程序法内容选择提供思考路径：（1）程序规范之外是否包括实体规范？（2）外部行政程序之外是否包括内部行政程序？（3）除了规定行政行为的过程之外是否包括事后救济程序？（4）选择规定哪些类型的行政行为的程序？

（一）程序规范之外是否包括实体规范

行政程序法既然是关于程序的规定，程序性规范自然是各国法典都要规定的。然而，在德国等大陆法系国家，行政程序法的制定与行政法的法典化有极为密切的关系，与行政程序相关的实体问题也在程序法中得到规定，从而部分实现行政法法典化。因此，行政程序法可以从此角度分为程序型和程序与实体并存型两种。

1. 程序型

程序型指在行政程序法中仅有程序规定，不包括实体规定。采用程序型的国家主要有美国、瑞士、日本和韩国。

美国将行政法视为控制行政权力滥用的法律，而不是行政权力运行的法律，因此并不重视行政法的法典化工作，制定行政程序法的目的在于将宪法中的正当法律程序条款制度化，为公民面对行政权力提供基本的程序保障，同时使行政权力的行使统一化、标准化和简单化。《美国联邦行政程序法》的内容主要包括行政公开制度、规章制定程序、行政裁决程序和司法审查等内容，基本为程序规定，没有对实体事项作出规定。

日本在"二战"前的行政法体系深受德国影响，但"二战"后，在美国占领下，随着新宪法的制定，其法律体系和法律理念大幅度英美法系化，而且日本行政程序法的出台，很大一部分原因是迫于美国的压力。因此，其行政程序法删除了行政立法、行政计划与行政合同等的内容，仅对处分和行政指导、申报作了规定，内容基本为程序规定，分别规定了对申请所为的处分、不利益处分和行政指导的程序。

韩国 1987 年草案对与程序密切相关的实体问题作了规定，但 1996 年的《韩国行政程序法》只对纯粹的程序规定进行了立法化，除若干个特例外（如第 48 条关于行政指导原则的规定），原则上只规定了程序。[1]其内容主要规定了处分程序、申报程序、行政立法预告程序、行政预告程序、行政指导程序等。

《瑞士行政程序法》仅对程序作了规定，但不同于美国、日本和韩国的是，它不是按行政行为类型规定不同的程序，而是对行政程序作了总则性规定，包括管辖、代理、证据、回避、阅览卷宗和听取当事人意见等制度，这些规定为行政程序的一般规定，在其他法律没有特别规定时，适用于所有的行政行为。

2. 程序与实体并存型

程序与实体并存型指行政程序法中不仅有程序规定，还包括实体内容。采用实体与程序并存型的主要是具有行政法法典化理想的大陆法系国家，以德国为代表，还包括意大利、奥地利、西班牙、荷兰、葡萄牙等国家及地区。1925 年《奥地利行政程序法》中有关于裁决（行政行为）的效力等实体内容的规定，但其规定不够全面、集中。1976 年《德国联邦行政程序法》则对行政行为的效力等内容作出详尽规定，以其内容的完备，使实体与程序并存型立法形成与《美国联邦行政程序法》相对的另一种立法模式。

从上述国家和地区的行政程序法的规定来看，行政程序法中的实体内容主要包括：

（1）行政法基本原则。如《荷兰基本行政法典》（行政程序法部分）规定了适当行政的原则；葡萄牙和我国澳门地区的行政程序法规定了合法性原则等 11 条原则，其中规定了谋求公共利益与保护公民权益原则、平等原则及

----

[1] 参见［韩］金铁容："韩国行政程序法"，东亚行政法研究会第三届年会暨行政程序法国际研讨会论文。

适度原则等实体原则。我国台湾地区"行政程序法"中规定了平等原则、比例原则、诚信原则等行政法的一般原则。

（2）行政行为的成立与效力。其中以《德国联邦行政程序法》的规定最为完备，该法第三章为行政处分，共计 19 条系统规定了行政行为的定义、成立、附款、效力（生效、无效、转换、撤销、废止和补正）等内容。《西班牙行政程序法》规定了行政行为的效力，包括行政行为的可撤销性、可转让性以及瑕疵行为的确认有效等。葡萄牙和我国澳门地区的行政程序法规定了行政行为的有效、不完全有效、废止等内容。我国台湾地区"行政程序法"规定了行政处分的成立与效力等内容，共计 35 条，约占全部法条的 20%。

（3）行政合同。行政合同在德国称公法契约，在我国台湾地区称行政契约。《德国联邦行政程序法》第四章为公法契约（行政合同），共计 9 条规定了公法契约的订立、效力、方式等内容。葡萄牙、我国澳门地区行政程序法和我国台湾地区"行政程序法"规定了行政合同的适用范围、种类，合同应具备的条款，行政机关与相对人的权利义务，行政合同的生效、变更和无效以及合同争议的解决等内容。

3. 中国未来行政程序法的选择：程序与实体并存型

行政法学者提出的数种专家意见稿都是肯定规定实体规范，是所谓"大法"。在全国人大法工委曾经修改形成的唯一一次草案中删除了实体内容，集中在具体行政行为的程序上，是所谓"小法"。那么，未来的中国行政程序法典要否也在其中规定实体规范？如果需要，又具体规定哪些实体规范？要否在行政程序法中规定实体内容也是我国台湾地区行政程序立法过程中争议较大的一个问题。[1]考虑是否在程序法典中规定实体内容，不必拘泥于"程序"二字字面上的限制，关键在于所要规定的实体内容是否是立法应当规范而又无法在其他立法中加以规范的。德国等国家及地区之所以在行政程序法典中规定实体内容是因为行政法法典化存在相当的难度，只好借助行政程序法典化之机，将与程序有关的行政法总则中的部分内容规定在其中，从而部分实现行政法法典化。中国面临的问题与之是相同的，应当借鉴德国等国家及地区的成功做法，借制定行政程序法典之机，规定部分实体问题，以更好实现依法行政的目标。

---

〔1〕 翁岳生教授于 2009 年 4 月应邀到大陆讲学介绍我国台湾地区实施"行政程序法"的经验和面临的问题，在其发言中谈到，是否在"法典"中规定"行政法"一般原则在我国台湾地区即使在"法典"通过后仍然是有争论的问题。

我国应该在法典中规定哪些实体内容？至少包括三个方面：

第一，行政法的基本原则。基本原则也是行为准则，只是较之制度内容具有高度概括、抽象的特点。基本原则正是以其内容的高度概括有效弥补了成文法之不足，得以应对纷繁复杂的实践。当缺乏具体制度规定时，行政机关还必须符合行政法的基本原则，从而为规范行政权提供基本行为准则，使其不致逾越法治的基本要求，不致损害民众的利益。[1]

第二，行政决定的成立与效力。行政行为是我国行政法学的核心概念，其界定和分类直接影响公民、法人或其他组织能否申请行政复议和提起行政诉讼。然而，行政行为的内涵、成立要件、效力的内容等在理论上的认识存在较大争议，给行政实践造成很大的问题，需要在法律制度上将之明确化，以解决适用中的不统一和不明确的问题。

第三，行政合同与行政指导。行政合同在性质上不同于民事合同，新修改的合同法没有将行政合同列入其中，而行政合同作为一种现实在我国大量存在，由于缺乏法律规范，带来大量问题，因此，可以考虑在行政程序法中规范行政合同、行政指导。由于行政指导采用说服、教育、建议等非强力手段达到行政管理目的，被称为柔性执法，目前特别受到执法部门的注意。但具体做法差异很大，亟需在统一法典中作出规范。

（二）外部行政程序之外是否包括内部行政程序

外部行政程序即调整行政机关与公民、法人或其他组织之间关系的程序规则。外部行政程序是现代行政程序法的核心内容，是各国行政程序法典共同规定的事项，有的国家行政程序法完全为外部行政程序的规定，不涉及行政机关内部关系，但有的国家则以外部行政程序为主，同时对调整行政机关之间关系的规则作了规定。

1. 外部型

外部型指只对与相对人权利义务直接相关的程序制度作出规定，不涉及行政机关内部关系，如美国、日本。

《美国联邦行政程序法》从正当程序观念出发，通过规定公民在行政程序中的权利制约行政权力，其核心在于规范行政机关与公民之间的权利义务关系，因此，基本没有行政机关内部相互间关系的规定。1993年《日本行政程

---

[1] 翁岳生教授在谈到我国台湾地区关于"行政法"的一般原则规定的争议时认为，现在看来在"法典"中规定基本原则是一个正确的选择，明确了行政机关的基本准则。

序法》的出台非常匆忙，《日本公正、透明之行政程序委员会报告》对1993年《日本行政程序法》的内容作了这样的说明：本委员会虽非忽视以整体性、概括性为目标所进行调查检讨之意义，但就迄今尚未能实现制定行政程序法为一般性规定之原委始末、来自国内外对统一整理行政程序之要求暨我国行政运作之实务等各方面加以综合考察的结果，此次乃采取与行政程序相对人之国民权益有直接关系之部分为范围，优先统一整理行政程序法制，较为妥适之见解。[1]基于这种见解，《日本行政程序法》对申请所为的处分、不利益处分和行政指导的程序作了规定，基本没有涉及行政机关内部关系。

2. 外部与内部并存型

外部与内部并存型指行政程序法在规定与相对人直接相关的外部程序的同时，规定了与相对人没有直接关系的内部程序。当然，采用外部与内部并存型的国家仍以外部行政程序的规定为主。采用外部与内部并存型的国家较之外部型的国家要多，基本为大陆法系国家，有意大利、德国、奥地利、西班牙、葡萄牙以及我国澳门和台湾地区。其原因主要在于：在行政法法典尚付阙如的情况下，一些与外部程序关联极为密切的内部程序就不能不在行政程序法典中作出规定。例如，对行政权力运行主体的规范等自然只能规定在以行政权为调整对象的行政程序法中。

西班牙关于内部行政程序的规定最为完备，葡萄牙和我国澳门地区次之。西班牙行政程序法包含大量行政组织内容，不仅规定了中央与地方行政机关以及地方行政机关之间的关系，还规定了行政部门的设立及其职能，并规范了集体领导机构的内部规程。各国关于内部行政程序的规定主要包括以下内容：

第一，合议机关制度。包括合议机关的组成人员（主席、成员和秘书）；合议机关会议制度（会议的召集、法定人数、会议不公开进行）；决议事项；表决（禁止弃权、人数、方式）；会议记录。

第二，行政机关相互间关系。这是行政程序法规定的重点，主要包括：原则；[2]上级机关的命令指挥权；授权（授权的条件、转授权、授权机关的

---

〔1〕 参见《日本公正、透明之行政程序委员会报告》，载应松年主编：《外国行政程序法汇编》，中国法制出版社1999年版，第409页。

〔2〕 只有《西班牙行政程序法》对公共行政机关相互间关系的原则作了明确规定。《西班牙行政程序法》第4条第1款规定，公共行政机关在开展活动和处理相互间关系时必须做到：①尊重其他行政机关合法行使其职能；②在行使自身职能时，权衡相关的总体利益，以及那些具体委托给其他行政机关的利益；③向其他行政机关提供在行使自身职能时所开展活动的信息；④在自身范围内，向其他行政机关提供为有效行使其职能所需的积极合作与帮助。

权力、授权或转授权的消灭）；授权签字；委托（委托发生的情形、委托的公布）；委托办理（委托办理的公布、委托办理的方式、委托办理的事项）；行政协助（行政协助发生的情形、行政协助的拒绝、行政协助争议及处理）；接替和代任；调卷审理。

第三，管辖。管辖指上下级行政机关和不同地区同一级别行政机关权限的划分。管辖是行政程序法上一项重要制度，瑞士、德国、奥地利等国家及地区都对管辖作了很详细的规定。具体包括管辖权法定原则、管辖的种类、管辖权的竞合及其解决、管辖权争议及解决和管辖权的变更及其处理等内容。

除上述内容外，《西班牙行政程序法》还对行政机关的设置方面的内容作了规定，该法第 11 条规定："（1）各公共行政机关有权在自身职能范围内根据本机构的特点确定组成该行政机关的行政部门。（2）设立任何一个行政部门均应履行下列手续：明确加入有关公共行政机关的方式及其隶属关系；确定其作用及职能；配备用于成立和运转所需要的贷款。（3）如不取消现有机构或不对其职能进行必要的限制，不得成立重复的新机构。"

3. 中国未来立法的选择：外部与内部并存型

内部行政程序虽然不直接涉及相对人的权利义务，但对相对人的权利义务间接产生影响。如果不对之加以规范，不利于保护相对人。如行政机关将本应由己实施的行政管理行为委托给其他主体实施，如果不对受托机关的条件、可以委托事项的范围、将受托机关和委托事项进行公告等事项作出规定，将会由于受托机关不具备实施条件等问题可能对相对人的权利造成损害。又如管辖，因管辖不明引起的行政机关之间的冲突在所常见，对公民权益也产生众多影响。事实上内部行政程序的规范在我国地方立法中是一项重点内容。《湖南省行政程序规定》和福建省、广西、湖北等省等地制定的行政执法条例中都设专章规定了相关制度，内容涉及行政执法机关的范围、行政执法人员资格制度、执法人员持证上岗制度、委托、管辖、行政协助等内容。

我国未来的行政程序法中关于内部行政程序的规定可以考虑对管辖、行政协助、行政委托等制度作出规定。

（三）事前程序之外是否包括事后争议解决程序

行政程序法是对行政过程的规定，是关于行政机关如何作出行政行为的法律规范，自然以事前程序为其核心内容。由于因行政行为的效力可以经由行政复议或者行政诉讼变更，其效力在一定期间内待定，有的国家因之对行政程序作了延伸理解，将行政行为作出后行政机关解决争议的程序也规定在行政程序法典中。

1. 事前型

事前型是指仅在行政程序法中规定如何作出行政行为的程序，不涉及事后行政复议程序，如日本、韩国。采用事前型的国家通常已制定单行的行政复议法律，如日本已制定《日本行政不服审查法》。

2. 事前事后并存型

采用事前事后并存型的国家有德国、意大利、奥地利、瑞士、西班牙、葡萄牙等，其中《瑞士行政程序法》中诉愿程序占了条文总数的1/3强。我国台湾地区在"行政程序法"中规定了陈情的程序。美国是唯一在行政程序法中规定法院司法审查的国家。

将行政复议程序作为行政程序的一个环节规定在行政程序法中的做法体现了对行政程序作出事前、事后整体规范的思路。

3. 中国未来立法的选择：事前型

由于中国已经制定单行的《行政复议法》和《行政诉讼法》，没有必要在行政程序法中规定事后救济机制，行政程序法仅规定事前程序。

（四）规定哪些种类行政行为

由于不同种类的行政行为程序规则差异很大，将行政行为类型化进而规定各类行政行为的程序，是各国及地区行政程序法普遍采取的立法技术。选择规定哪些种类行政行为直接确定了该国及地区行政程序法典调整对象的范围。

1. 外国及地区行政程序法的选择

行政决定的程序在各国及地区行政程序法中都有规定，之外的其他种类行政行为则在不同国家及地区呈现出较大的差异性。列举一些国家及地区的规定如下：

《美国联邦行政程序法》是妥协的结果，其调整范围仅限于两类行政行为：规章制定和行政裁决。

《德国联邦行政程序法》规定了两类行为的程序：行政行为（相当于我国的具体行政行为）和行政合同。

《日本行政程序法》规定了三类行政行为的程序：行政处分（其中又分为对申请所为的处分和不利益处分）、行政指导和申报。

《韩国行政程序法》规定的行政行为有：行政处分、申报、行政立法、行政预告、行政指导。

我国台湾地区"行政程序法"规定的行政行为有：行政处分、行政契约、法规命令及行政规则、行政计划、行政指导、陈情。

2. 行政程序法专家建议稿的设想

中国学者对于在行政程序法中要规范哪些种类行政行为分歧并不大。

第一种设想包括：行政决定、行政立法和制定行政规范性文件、行政规划、行政指导、行政合同。[1]

第二种设想包括：行政决定、行政规则、行政规划、行政指导、行政合同。[2]

第三种设想包括：行政规定、行政规划、行政决定、行政合同、行政指导。[3]

这三种设想中唯一不同的是"行政立法和制定行政规范性文件""行政规则""行政规定"，名称不同，其实说的是一回事。

3.《湖南省行政程序规定》

《湖南省行政程序规定》中规定的行政行为的种类大大超过了学者专家建议稿中规定的行为种类，包括：重大行政决策、制定规范性文件、行政执法、行政合同、行政指导、行政裁决、行政调解、行政应急行为。其中，重大行政决策和行政执法是其规范的重点。

4. 中国未来行政程序法的选择

中国未来行政程序法中可以考虑规定以下种类行政行为：

第一，行政决定。行政决定的数量最多，直接影响公民、法人或其他组织的权利，是各国行政程序法重点规定的内容，也应是我国未来程序法典中要重点规范的行政行为。

第二，制定行政规范性文件。行政机关非民意代表机关，由其制定规则，应当遵循严格的程序规则，以防止规则制定机关谋取部门利益，并保护利益将受影响的各类主体。我国近年来在制定行政规范性文件的理论研究和实务方面都有重大发展，法典应很好地总结这方面的经验。关于行政决策，目前很多地方制定了单行的决策程序规定。《湖南省行政程序规定》中也有单列规定。法典要仔细研究行政决策和制定规范、行政决定之间的关系，避免重复。

第三，行政合同和行政指导。行政合同与行政指导都是实践中正在运用的新类型的行政管理方式，是对传统行政机关单方意志支配的管理方式的突

---

〔1〕 参见应松年教授主持起草的专家建议稿。

〔2〕 参见马怀德教授主持起草的专家建议稿。

〔3〕 参见江必新法官主持起草的《重庆市行政程序暂行条例（试拟稿）》。

破。行政合同强调管理者与被管理者的合意，行政指导则在于通过被管理者自愿采纳、执行管理者的建议，实现行政管理的目的。行政合同和行政指导目前在我国都欠缺立法规定，而它们的运用领域和范围随着服务型政府建设的深入将日益广泛，有必要在行政程序法典中作出规定。

第四，法典中不规定行政规划。不赞成规定行政规划的原因是行政规划的外延极其宽泛。行政规划在德国、日本和我国台湾地区称"行政计划"[1]。也许是为了摆脱过去计划经济的阴影，我国学者多使用"行政规划"一词。[2]

行政规划的种类非常繁杂，根据不同标准可以进行多角度的分类。如按照规划是否具有法律上的拘束力可以分为拘束性规划和非拘束性规划；按照行政层级可以分为国家规划、省级规划、县级规划；根据行政规划的对象和功能，可以分为总体规划、专项规划和区域规划；根据行政规划的区域范围，可以分为全国规划、地方规划和区域规划；根据行政规划的时间长短可以分为长期规划（长远规划、远景规划）、中期规划、短期规划；等等。行政规划如此繁多的种类使得统一立法存在相当的难度，而最需要规范的城乡规划程序又已在 2007 年 10 月 28 日通过的《城乡规划法》（2008 年 1 月 1 日施行）中规定。因此，未来的行政程序法典中可以不规定行政规划。

基于上述四个方面的分析可以对未来的中国行政程序法典的内容选择作

〔1〕 德国学者认为，计划行为是指为了以最好的方式实现根据现有条件确定的目标而进行系统准备和理性设计的过程，是为了实现特定的制度设计而协调各种不同的，甚至相互冲突的利益的过程。计划是预先确定的目标及有关必要实现手段的主观设计，是有关安全、简便和迅速地实现预定结果的草案，是计划行为的结果。参见［德］汉斯·J. 沃尔夫、奥托·巴霍夫、罗尔夫·施托贝尔：《行政法》（第 2 卷），高家伟译，商务印书馆 2002 年版，第 180~181 页。日本学者室井力先生认为，所谓行政计划是指为谋求行政计划化，规定应达到的目标及其实现的顺序以及为实现目标所表示的必要手段的行政方针行为的总称。参见［日］室井力主编：《日本现代行政法》，吴微译，罗田广校，中国政法大学出版社 1995 年版，第 53 页。我国台湾地区"行政程序法"第 163 条对行政计划所下定义为：本"法"所指称行政计划，系指行政机关为将来一定期限内达成该目的或实现该构想有关之方法、步骤或措施等所为之设计与规划。

〔2〕 从近年来关于行政规划的相关项目的名称也可以看出，如 2005 年立项的国家社科基金项目"行政规划法律制度研究"，2006 年立项的司法部重点项目"行政规划法律制度研究"。中国共产党十六届五中全会通过的《中共中央关于制定国民经济和社会发展第十一个五年规划的建议》中，延续使用了 50 多年的国民经济和社会发展"计划"首次变成"规划"。对此一字之差的变化，有的学者提出"这一变化是耐人寻味的"。参见应松年："政府职能演变与行政规划"，载《郑州大学学报》（哲学社会科学版）2006 年第 1 期。还有的学者认为这一字之差，传递出中国经济社会发展的三大信号：凸显政府更加注重发挥市场对资源配置的基础性作用；政府更加注重对经济社会发展的宏观把握和调控；政府职能转变迈出新步伐。参见宋雅芳："论行政规划确定程序中的参与机制"，载《郑州大学学报》（哲学社会科学版）2006 年第 1 期。

出框架描述：既有程序的规定，又有实体的规定；既有外部行政程序的规定，又有内部行政程序的规定。法典不包括行政复议程序，集中在行政的事前程序规定，其规定的行政行为包括行政决定、制定行政规范性文件、行政合同和行政指导。这将是一部对行政权力进行系统规范、内容十分丰富的行政程序法典，并将部分实现行政法法典化。

四、行政程序法的立法架构

行政程序法的立法架构是指行政程序法的内容在结构上的安排。立法架构是一个技术性问题，处理好了不仅有利于法典的顺利出台更有利于法典的理解和执行。与行政程序法的内容选择一样，立法架构也一直是中国行政程序立法中争议较大的一个问题。[1]

（一）外国及地区行政程序法立法架构之比较研究

没有哪部法律像行政程序法那样在各国及地区之间存在如此巨大的差异，内容上的差异直接导致了各国及地区立法架构的不同。综观各国及地区行政程序法，不仅在行政程序法中规定了实体内容的立法架构与仅规定程序内容的立法架构差别很大，仅就各国及地区共有的程序规定而言，立法架构差别也很大。

1. 程序与实体并存型国家的立法架构

采用程序与实体并存型的国家和地区行政程序法的制定与行政法的法典化有极为密切的关系。行政程序法的制定不仅担负行政程序法典化的功能，还担负行政法法典化的重任。行政程序法的双重功能一方面决定了法典的体系及其基本内容，另一方面也决定了法典立法架构的选择。在大陆法系国家，行政法被认为是关于行政权力运行的法律[2]，以行政行为为核心概念构筑其体系，包括实施行政行为的主体、作出行政行为的程序、行政行为的各种表

---

〔1〕 迄今，不仅不同学者提出了数种架构方案，就是全国人大法工委行政立法研究组先后拟定的《中华人民共和国行政程序法框架稿》与《中华人民共和国行政程序法（专家意见稿）》在立法架构上也出现了很大变化。在行政立法研究组数次召开的关于中国行政程序法立法的国际研讨会与国内研讨会上，与会者都对行政程序法的立法架构展开了激烈的争论。2004 年 11 月 23 日，在北京运河苑举行的行政立法研究组向全国人大法工委行政法室正式移交《中华人民共和国行政程序法（试拟稿）》，会议上，与会代表再次对这一问题展开了热烈争论。

〔2〕 分析法国与美国对行政法所下的定义，不难看出两大法系对行政法的认识存在很大不同。在法国，行政法是调整行政活动的国内公法，包括行政活动的组织、行政活动的手段、行政活动的方式，以及行政活动的监督和责任的全部过程在内。参见王名扬：《法国行政法》，中国政法大学出版社1989 年版，第 12～13 页。在美国，行政法是管理政府行政活动的部门法，分为三部分：①行政机关所具有的权力；②行使这些权力的法定要件；③对不法行政行为的补救。参见 〔美〕伯纳德·施瓦茨：《行政法》，徐炳译，群众出版社 1986 年版，第 1 页。

现形式、对行政行为的监督及救济等内容。与之相适应，行政程序法的立法架构基本采用了如下思路：行政行为由谁作出——行政行为遵循何种程序作出——行政行为的成立与效力——对行政行为的监督与救济，与其行政法体系的构筑基本吻合。最为典型的莫过于葡萄牙与我国澳门地区[1]，从其标题即可清晰看见法典架构的脉络与行政法体系的一致。

第一部分：一般原则

此部分包括两章，规定了定义、适用范围、一般原则。

第二部分：主体

此部分包括两章，规定了行政机关、利害关系人。

第三部分：行政程序

此部分包括四章，规定了各类行政行为共同遵循的程序规则，包括程序的一般原则、资讯权、通知及期间、程序的进行等内容。在程序的进行一章中又规定了程序的启动、调查制度、证据制度、听证制度、说明理由等内容。

第四部分：行政活动

此部分包括三章，规定了行政行为的成立、效力、执行、监督与救济，以及制定规章与订立履行行政合同两类特定种类行政行为的程序。

作为程序与实体并存型代表国家的《德国联邦行政程序法》的立法架构也基本遵循了这一思路。《德国联邦行政程序法》共计8章，依次为：适用范围、土地管辖、职务上协助；行政程序之一般规定；行政处分；公法契约；特种程序；法律救济程序；荣誉职务的工作、委员会；终结规定。

2. 程序型国家及地区行政程序法的立法架构及程序与实体并存型国家及地区程序性规定的立法架构

各国及地区行政程序法中关于程序性规定的立法架构主要有以下几种思路：

（1）根据行政行为的种类，规定相应的程序。

行政程序法以行政机关的行为为规范对象，有的国家因此以行政行为的种类为线索架构程序性规定。行政行为种类繁多、性质差异较大，以行政行为的种类为立法线索，其优点在于立法者可以选择需要规范的行为种类，针对每一行为的特点，规定与之相适应的程序。其缺点则在于由于有些程序制

---

[1] 我国澳门地区的行政程序法基本照搬了葡萄牙的行政程序法典。

度适用于多种行政行为，势必造成立法的重复。美国、日本采用了此种架构思路，韩国基本可以认定为此种思路。

《美国联邦行政程序法》将行政行为分为规章制定与裁决两大类，将行政程序分为正式程序与非正式程序两大类，二者予以结合，一共规定了四种程序类型：规章制定的非正式程序、规章制定的正式程序与裁决的非正式程序、裁决的正式程序。

《日本行政程序法》第一章"总则"规定了目的、定义、适用范围等内容，第二章至第五章分别规定了对申请所为的处分、不利益处分、行政指导、申报的程序，基本按照行政行为的种类规定了相应的程序。

《韩国行政程序法》第一章"总则"中内容较日本多，在定义、原则、适用范围之外，还规定了管辖及协调、当事人、期间和送达等制度，第二章至第六章分别规定了处分、申报、行政上立法预告、行政预告和行政指导程序。

（2）以行政程序的进程为主线，针对程序发展的不同阶段规定相应的程序。

以行政程序的进程作为架构程序性规定的主线，符合人们认识发展的过程，并可以结合每一阶段的特点，规定相应的制度，显得立法思路清晰，简洁明了，易于执行。如：

1955 年《意大利行政程序法（草案）》第二编"行政程序"，分为"程序之开始""程序之发展"与"程序之终结"三章。[1]

《西班牙行政程序法》第六编"关于行政程序的总规定"，以程序的发展为线分为五章，分别是"程序的开始""程序的安排""程序的审理""程序的结束"和"执行"。

《奥地利一般行政程序法》第二篇为调查程序，第三篇为裁决，第四篇为诉愿程序，按照程序的发展阶段规定相应的程序。

葡萄牙和我国澳门地区的行政程序法第三部分"行政程序"中第五章"程序的进行"分为："开始""临时措施""预审"和"决定及其他消灭原因"等四节。

（3）总则和分则相结合。

总则与分则相结合是指在总则中不分行政行为的种类和行政程序的阶段，

---

〔1〕 意大利 1990 年正式出台的《行政程序与公文查阅法》与此草案相比较，内容及立法架构发生了根本变化。

规定行政权力公正运行的基本程序制度，这些程序制度有的适用于所有类型的行政行为，有的适用于多数行政行为；分则中则针对特定种类行政行为的程序作出规定。采用此种架构的优点在于既可以对适用于各类行政行为或大多数行政行为的共同程序制度作出规定，又可以兼顾特定种类行政行为对程序的特别要求。如台湾地区采用了此种架构。

台湾地区"行政程序法"第一章"总则"为行政程序的通则性规定，共计 11 节，内容十分丰富，依次为：立法目的、定义、适用范围、基本原则；管辖；当事人；回避；程序之开始；资讯公开；期日与期间；费用；听证程序；送达。第二章至第八章依次规定了行政处分、行政契约、法规命令及行政规则、行政计划、行政指导、陈情、附则，属于分则的内容。

（二）行政程序法专家建议稿的设想

第一种以行政行为的种类为主线〔1〕。此种立法架构思路是将每类行政行为独立为一章规定其程序。

第二种从法典的通常架构形式入手，分析中国行政程序法的架构形式。试拟稿的说明中提出法典的通常架构形式为总则、分则两大部分。但行政程序法典不同于刑法和民法，尽管包括实体法，但主要不是实体法。因此，不能采纳刑法、民法等实体法的架构形式；行政程序法也不同于诉讼法，尽管主要是程序法，但又包括实体法，因此不能采纳与诉讼法相同的架构体系。根据上述分析，行政程序法的分则部分分编（章）不能完全以程序的逻辑顺序为标准，而必须兼顾实体事项的性质和特殊行为与特殊程序。〔2〕

第三种采用总分式立法架构模式。所谓总分式立法结构是将行政程序法分成两部分，上半部采取总括式，下半部采取并列式。既作通则性规定，也作分则性规定。能统则统，不能统则分。其理由为：①能够充分体现制定集中系统的行政程序法的必要性。②能够较好处理行政程序法与各类行政行为法之间的关系。③是行政法体系对行政程序法的必然要求。〔3〕

（三）《湖南省行政程序规定》的立法架构

由于定位于建构法治政府，《湖南省行政程序规定》要解决的问题非常

---

〔1〕 如应松年教授主持的专家建议稿。

〔2〕 参见姜明安：《〈中华人民共和国行政程序法（专家建议稿）〉及其说明》，作为附录，载于姜明安主编：《行政执法研究》，北京大学出版社 2004 年版。

〔3〕 参见马怀德教授主持的行政程序法课题组研究报告：《行政程序立法研究——〈行政程序法〉草案建议稿及理由说明书》，法律出版社 2005 年版，第 10 页。

多，涉及行政组织法、部分实体法内容、行政行为程序（行政行为又分为行政决策行为、行政执法行为和特定种类行政行为），以及对行政机关履行程序义务的监督等。该规章在章节安排上以行政权力概念为核心，与我国行政法体系基本一致，其立法架构遵循以下思路：总则（第一章）——主体（第二章）——行政行为的程序（第三章至第七章）——事后监督和责任追究（第八章和第九章），其中每类行政行为的程序架构则遵循程序的开始——过程——结束的线性结构安排制度。

《湖南省行政程序规定》在立法架构上的一大特色是将行政公开制度与行政听证制度从行为中独立出来，单独成章。之所以将这两类程序制度单独列章是因为听证与公开是行政程序法的核心制度，也是各类行政行为都适用的程序制度，单独列章可以凸现制度的重要性，也避免各章对共同适用的制度重复规定。

（四）关于中国未来行政程序法典立法架构的思考

由于立法架构是对法典规定的内容在结构上的安排，因此，本部分的探讨建立在前述对未来中国行政程序法典内容作出以下选择的基础上：既有程序的规定，又有实体的规定；既有外部行政程序的规定，又有内部行政程序的规定。法典不包括行政复议程序，集中在行政的事前程序规定，其规定的行政行为包括行政决定、制定行政规范性文件、行政合同和行政指导。

由于选择在行政程序法中规定实体内容，因此，我国的行政程序法典立法架构要解决两大问题：其一是实体性规定与程序性规定的架构，其二是作为法典重要和主要内容的程序性规定的架构。

1. 关于实体性规定与程序性规定的立法架构

法典中拟规定的实体性规定包括：基本原则、行政主体、行政行为的成立与效力、行政合同。既然中国将行政程序法定位为规范行政权力的基本法，是一部对行政权力进行系统规范、内容十分丰富的大行政程序法典，在立法架构上可以考虑以行政权力为核心概念来合理安排实体性规定与程序性规定。即遵循行政权力涉及的主体——行政权力的运行程序——行政权力的运行结果的思路架构实体性规定与程序性规定，实质与我国的行政法体系基本一致。具体安排如下：

（1）基本原则部分：基本原则是行政机关行使行政权力时应当遵循的基本行为准则，是对行政权力公正运行的最低限度的要求。根据立法架构惯例，置于第一章总则部分。

（2）行政主体部分：置于第二章。行政权力运行过程中涉及三类主体：行政权力的行使者、行政权力针对的对象、其他协助行政权力运行的主体。行政组织法规定了作为行政权力的行使者的行政机关及其他行使行政权力的主体，可以置于第二章。

（3）行政行为的成立与效力部分：此部分规定了行政行为的成立与生效，及行政行为效力变更的几种情形（无效、撤销、废止、补正等），应当置于行政权力运行程序之后，作为第四章。这是因为行政行为是行使行政权力的主体通过一定程序运行产生的结果。逻辑上先有程序运行、后产生结果。因此，应当将行政权力的运行程序作为第三章，行政行为的成立与效力部分置于其后，成为第四章。

2. 关于程序性规定部分的架构

程序性规定部分的架构的焦点在以行为种类为主线还是以程序制度为主线来安排相应规定。在应松年教授主持拟订的《中华人民共和国行政程序法框架稿》（第一稿，2001年12月）说明中较好地分析了这个问题。该说明由肖凤城博士撰写，认为确定章节结构的主要困难在于如何解决程序制度的广泛适用性与行政行为的多样性之间的矛盾。程序制度与行政行为之间的关系是交叉的：一种程序制度如回避制度可以被多种行政行为所运用，一种行政行为又需要运用许多种程序制度。如果行政程序法只规定一种行政行为的程序，那就比较简单，只要按照程序制度之间的逻辑关系依序规定就行了。但是现代行政程序法的发展趋势则是在一部法中规定各种行政行为的程序，这样，就不得不面对程序制度与行政行为在章节结构上如何处理的问题。如果行政程序法的章节结构按照行政行为的种类来安排，那就会在每一种行政行为中都详细规定它所运用的程序制度，这部行政程序法就如同各类行政行为程序法的"汇编"，不但篇幅冗长、内容重复，而且不能形成一个有机整体。如果行政程序法的章节结构按照程序制度来安排，那么各种行政行为的区别就体现不出来。

在学者提出的三种专家建议稿中应当说基本采用的是以行为种类而非程序制度为主线的立法架构思路，但又兼顾各类行为都需适用的重要制度。在马怀德教授版和《湖南省行政程序规定》中有两章是按照程序制度规定的，而且都是听证制度和公开制度。

据此，未来中国行政程序法的程序性规定的立法架构可以考虑遵循以下立法思路：

第一，以行政行为的种类为主线安排各章的顺序。每一种行政行为构成独立一章，对每一类行为的程序作出完整、系统规定。包括行政决定、制定行政规范性文件、行政合同、行政指导各章。

第二，在每章中又以程序的进程为线。在每章之下又按照程序的开始——进行——结束的发展过程规定相应的程序制度。

第三，将公开制度和听证制度单独列章规定，理由已如前述。

第四，内部行政程序规定在行政程序中的主体中。内部行政程序的规定条款少，可以在第二章行政主体部分加以规定。

五、中国行政程序法典的立法路径

从 1990 年《行政诉讼法》提出"符合法定程序"是行政行为合法性的必要条件之一后，从此确立了行政程序在行政法治中的地位，这就必然要求加快行政程序立法。鉴于当时制定统一法典的条件尚不成熟，因而立法机关先从各类行政行为的程序着手，经过 10 余年的努力，先后完成了行政处罚、行政许可，即不利处分和授益处分两大类行政程序，基本上也完成了行政立法程序。在此期间，各地方、各部门也制定了许多有关程序的规定。同时，对国外行政程序的研究也日益广泛深入。可以说，制定统一行政程序法的条件正日趋成熟。但随之而来的问题是：中国是一个大国，各地情况很不一样，中国的行政程序法典的立法路径是走"先地方、后中央"，还是走"先中央、后地方"，曾成为中国行政程序法典立法过程中争议很大的一个问题。尽管尽早出台统一的行政程序法典是学界的主流观点，但在数次国际性、全国性行政程序法研讨会上，都受到来自实际部门的人士的质疑。来自地方人大和各级行政机关的与会者中的很多人认为，行政管理领域性质差异较大，加之中国地区之间经济发展水平不平衡，以及不同层级执法人员的素质差异太大，统一的行政程序法典不及分散立法更能适应中国的实际情况。在相当一段时间里，尽管理论和实务工作者不断努力草拟行政程序法草案，但自 2003 年 12 月 17 日《十届全国人大常委会立法规划》将行政程序法位列第二类规划后，虽然单行法中有关程序的规定日益增多，人们的程序意识明显增强，但行政程序法典的制定工作在全国人大没有进展，直至 2008 年 4 月 17 日，《湖南省行政程序规定》的正式公布才打破了统一行政程序立法沉闷的局面。也正是这部启动中国统一行政程序立法破冰之旅的地方政府规章同时也终结了学界很多人所主张的"先中央、后地方"的设想。地方立法已然先行，且人们没有理由不等待更多地方立法为国家立法积累经验和提供教训，主张"先地方、后中央"的少数人事实上成了胜利者。

《湖南省行政程序规定》可谓近年来日益增长的地方行政程序立法的集大成者，是地方行政程序立法发展到一定时期的产物。当法律层面仍然在为是否启动行政程序法典的制定而反复论证时，部分省、市的地方人大已经悄然开始了本区域内统一行政执法程序规则的立法工作，如《广西壮族自治区行政执法程序规定》《福建省行政执法程序规定》。而在黑龙江、吉林、河北、河南、山西、湖北、湖南、四川以及石家庄、乌鲁木齐、济南、宜春、南昌、延安、新余等市制定的《行政执法条例》中，80%以上的条款都是程序性规定。在程序制度立法方面，听证与信息公开是近年来行政法立法的两大重要区域：《行政处罚法》和《行政许可法》出台后，地方层面制定了大量的关于听证的细化规定；在政府信息公开立法方面，自广州市人民政府于2002年11月6日颁布首部地方性立法《广州市政府信息公开规定》，截止到2007年1月，我国共计颁布地方性政府信息公开立法40余部，政府信息公开立法走的正是"先地方、后中央"的立法路径。目前，地方行政程序立法仍在迅猛发展之中。应当说，正是地方在行政管理体制改革过程中的各种创新尝试推进了行政程序法的立法进程，并为国家层面的行政程序法典立法积累宝贵的经验。

中国的行政程序法典已然走了一条"先分散、后统一"，"先地方、后中央"的立法路径，目前的问题是中央层面在条件成熟时下一步是定位在全国人大制定行政程序法典，还是如政府信息公开立法那样，先由国务院制定行政法规？由于行政程序法典以行政权为调整对象，且被定位为规范行政权的基本法，因此，由全国人大制定行政程序法典是最为理想的，似乎也是多数人所认为的应然选择。但如果考虑到行政在中国社会中的地位，包括它在法治推进过程中扮演的角色，以及我国很多法律的完成都是先行政，由国务院先制定行政法规试行，后法律，待条件成熟时再上升为法律的现实立法途径，先由国务院制定行政法规，首先完成全国层面的统一规范，再上升为法律，也许不失为破解国家层面行政程序立法基本停滞局面的现实之策，因为只有在动态中才能寻求发展的机会和可能性。

以行政的公正、公开、参与、高效为立法目标的行政程序法，是现代国家规范行政权力的基本法，它的制定对国家机关之间的关系、国家与公民之间的关系有着深远影响。当今社会，无论中外，行政权力空前强大，一国如果没有建立起完善的行政权力规范机制，法治的实现无从谈起，公民权利的保障难以实现。尽管各国的行政程序法典的制定莫不历经艰难历程：日本、意大利从第一部法律草案出台到正式法典颁布，历经 30 余载；美国、德国等国家及地区莫不经过十几年之努力，立法方成功。在中国这样一个有着悠久"重实体、轻程序"法律传统的国度里，在一个民众权利意识尚薄弱的社会中，要想构建植根于西方文明中的现代行政程序制度，其遇到的困难只会更多，路只会更漫长。然而，在国家层面完成统一程序立法，于今天的中国，一方面这是建设现代法治国家、保护公民权利的时代要求，是完成建设有中国特色社会主义法律体系的必要条件；另一方面，30 年的改革既加深了完成此项任务的紧迫性，也成就了完成这项任务各种现实条件。因此，可以说中国在国家层面制定统一的行政程序立法的时机已经完全成熟，统一行政程序立法应当尽早踏上征程！

从依法行政到建设法治政府

行政监督责任

论行政法律责任[*]

近年来，随着我国法制建设的加强，立法机关注意加强和完善有关法律责任的立法。除了传统的刑事法律责任和民事法律责任以外，还有关于行政法律责任的规定。这是我国行政管理法制化的体现。在行政法律责任的立法上和实践中，需要理论界给予关注和研究。

一、行政法律责任的含义

"责任"一词，是指分内应做之事，它同"义务"一词本是同义。由于社会实践的需要，在法律责任中，责任一词转化为由于没有履行某种义务而必须承担的一定的法律后果。法律责任就是指由于不履行法律所规定的义务，即违法行为，包括作为的和不作为的违法行为，所应当承担的法律后果。法律责任以违法行为的存在为前提。

法律责任因违法行为的性质不同可以分为刑事法律责任、民事法律责任和行政法律责任。行政法律责任是法律责任的一种，即指因违反行政法律规范所要承担的法律后果。因此，行政法律责任可以表述为：由于不履行行政法律规范所规定的义务而必须承担的法律后果。

行政法律责任的主体也就是行政违法行为的主体。由于行政法律关系主体的特殊性，行政法律责任的主体也有其特殊性。行政法律关系主体的双方当事人，一方必须是作为管理者的行政机关，我们称为行政主体，另一方是作为被管理者的公民或各种组织，我们称为相对人。行政主体同相对人之间的关系构成了行政法律关系，双方是管理和被管理的关系，这同民事法律关系主体双方法律地位平等的情况也不相同。另外，在行政主体这一方，又有代表行政机关进行管理活动的行政工作人员。行政工作人员与行政主体之间不能划等号，行政工作人员的行为不等于行政机关的行为。这样，在行政管理活动中，就有行政机关、行政工作人员和相对人三个方面，这三个方面都有可能违反行政法律规范，成为行政违法的主体，从而成为行政法律责任的

---

　　* 本文载于《法学研究》1990 年第 3 期。

承担者。但是，由于三者的法律地位不同，他们各自所承担的法律责任也是不同的。因此，我们在论述行政法律责任的特点和形式等问题时，不能不从三个方面分别说明。

二、行政法律责任的结构

行政法律责任的结构，是指行政法律责任由哪些部分组成。行政法律责任一般由三大部分组成，这就是：制裁性法律责任、强制性法律责任和补救性法律责任。

制裁性法律责任。行政机关、行政工作人员和行政相对人在行政违法时，都将依法受到行政制裁。制裁就是惩戒、处罚，是各种违法所共有的法律责任。不同性质的违法的制裁形式是各不相同的，行政违法的制裁有其特有的形式；同时，行政法律关系不同主体在行政违法后承担的制裁后果的形式也不相同。但是，在社会主义国家里，任何人在行政违法时都必将受到惩戒。这一点又是相同的。它是法律面前人人平等的原则的具体表现。

强制性法律责任。强制是指迫使违法者履行原有的法定义务或新追加的作为惩戒的义务，这与制裁不同。从法律的权利义务的角度说，惩戒实际上是一种对违法者的权利的损害（合法的损害），或者是使违法者承担一项新的义务，目的是使违法者引以为戒，今后不再犯。强制却不是如此。一般说，强制是强迫违法者履行法定义务，包括因惩戒而引起新的义务在内。从这一点说，强制又是使违法者承担责任的最后手段。

由于法律责任的实施和制裁的实现都以强制为后盾，因而常常使人们感到法律规定的义务和法律制裁似乎与强制已融为一体，尤其是制裁，似乎制裁本身就带有强制的因素，以至很少有人把强制作为法律责任加以探讨。细加分析，制裁与强制确实在很多情况下密切结合以至难以区分，使人误以为并无加以区分的必要，但实际上显然是可分的。就行政法律关系三类主体来说，其中对行政机关和行政工作人员的制裁措施，一般都无需特别强调强制性法律责任。强制性法律责任通常只有在追究行政相对人的法律责任时才需要强调。毫无疑问，从实践出发，这样做并无不妥。因为实际上不履行作为制裁的义务的，主要是行政相对人。但这样说并不排除行政机关或行政工作人员违法时承担强制性法律后果的可能性与现实性。《行政诉讼法》第65条规定，在行政机关拒绝履行判决、裁定时，一审人民法院就可以强制执行。第65条第1项，为强制划拨，第2项为执行罚，都是典型的强制执行措施。当然，这里所说的是人民法院的强制执行，而不是行政机关对违法的行政机关或行政工作人员的强制执行。但这毕竟说明了，对行政机关或行政工作人员说，制裁与强制也是完全可以分离的。

补救性法律责任。行政法律关系的三类主体，在行政违法造成损害时，要承担补救性法律责任。一般是指行政机关在侵犯相对人合法权益造成损害时的赔偿责任。一般很少对相对人在行政违法造成国家或公共利益受到损害时的补救性法律责任进行研究。这主要是因为这种责任在很多情况下都与制裁性法律责任融合在一起。有些法律或论著甚至干脆作为"罚则"看待。

三类法律责任之间不是互不相关、没有联系的。它们实际上是一个完整的结构。首先，这三类法律责任是互为补充的。法律责任是因违反法定义务而引起的法律后果。一般说，法定义务可分为两种：一种是禁止性义务，一种是履行性义务。违反法定义务是引起制裁性法律后果还是强制性法律后果，要看所违反的法定义务的性质。属于必须履行，非履行不能终结的义务，即履行性义务，如纳税、服兵役、拆除违章建筑等。当法定义务人不履行该项义务时，执法者就需要使之承担强制性法律责任，强迫其履行义务。属于禁止性义务，当事人违反法律法规所禁止的行为，对社会和公共利益带来危害时，如违反交通规则，执法者就需要使之承担制裁性法律责任，用惩戒的办法使违法者今后不再重犯。违反法定义务，给国家、集体和公民造成实际损害时，尚需承担补救性法律责任。三类不同的行政法律责任，将使各种行政违法行为都不能逃避承担法律后果。

其次，这三类法律责任的内部关系是紧密联系的。强制性法律责任一般是制裁性和补救性法律责任的后盾。因为制裁与补救实际上是使违法者因违法而承担一项新的履行性义务。如果违法者不接受或不履行制裁性和补救性法律责任，也就是不履行一项新的义务时，执法者同样可以用强制的办法强制其履行义务。正因如此，人们把法律规范的基本特点归结为法律的强制性，不是没有道理的。实际上，人们大都知道如不履行法定义务就可能引起强制性法律后果，因而能主动履行法定义务。所以，虽然强制性法律责任并不到处可见，但加强对这一法律责任的研究却是十分重要的。

三、行政法律责任的形式

行政法律责任的形式要从行政机关、行政工作人员、行政相对人三类主体以及制裁性、强制性和补救性三个组成部分分别加以研究。

行政机关的制裁性法律责任的形式，尚无专门法律法规规定。从目前个别法律法规的规定与实际做法有：通报、改组、撤销和经济制裁等。对行政机关一般不需要强调强制性法律责任问题。行政机关承担法律责任主要是补救性法律责任。我国的实际做法有以下几种：承认错误、赔礼道歉、恢复名誉、消除影响、履行职务、撤销违法决定、纠正不当行为、返还权益、赔偿等。

从国内外的法律实践看，赔偿是行政法律责任中最主要的形式之一，是一种非常重要的补救措施。行政工作人员的制裁性法律责任有专用术语，就是"行政处分"。其具体形式有：警告、记过、记大过、降级、降职、撤职、开除公职等。在一般情况下，这种制裁又是与强制融为一体，无需再单独强调强制性法律责任。

行政工作人员补救方面的法律责任形式主要是赔偿。与行政机关的赔偿责任不同：其一，在某些国家的法律实践中，有行政工作人员直接向相对人赔偿的做法。但现在的一般做法是，即使在行政机关无过错，而行政工作人员有故意或重大过失的情况下，也是先由行政机关向相对人赔偿，然后再由行政机关向行政工作人员追偿。行政工作人员的赔偿实际上是向行政机关的赔偿。其二，行政工作人员的赔偿，根据法律规定，视其过错程度和经济状况，可以全额赔偿，也可以部分赔偿。我国《行政诉讼法》对此已有明确规定。

相对人在制裁方面的行政法律责任通常称为行政处罚，其形式很多，大致可分为四类：

（1）申诫罚。是行政机关对违反行政法律规范的相对人的谴责和警戒，如警告、训诫、通报、具结悔过等。

（2）财产罚。是剥夺违法者的财产权的处罚，如罚款、没收违法工具及非法所得、停止财政拨款、冻结银行存款、销毁违禁物品、拆除违章建筑等。

（3）行为罚，又称能力罚。即剥夺或限制相对人原有的从事某种行为的能力，如吊销驾驶执照、吊销许可证、责令停业停产、关闭、驱逐出境等。

（4）人身罚。即短期内限制或剥夺人身自由，如行政拘留。行政相对人强制性法律责任，根据我国法律法规的规定，大致有下列几类：

第一，间接强制，又可分为：

（1）代履行。即相对人本人不履行法定义务，可以由第三人代为履行并达到同一执行目的的，由行政机关委托他人代为履行，然后由相对人承担一切费用。如拆除违章建筑、拆除障碍物等，可以采取这种方式。代履行是强制性法律责任中最常用的形式之一。

（2）执行罚。即对不履行法定义务的相对人采取逐日处罚的方式以促使相对人履行法定义务。例如对不履行纳税义务的，处以每天5%的滞纳金，直至缴纳税款为止。

第二，直接强制。

在用代履行或执行罚都不能达到使相对人履行义务目的，或由于情况紧急，行政机关无法采用代履行、执行罚等强制措施时，行政机关也可以依据法律规定，对相对人采用直接强制的办法。直接强制可分为人身强制与财产强制两大类。人身方面的直接强制的形式有：强制拘留、强制履行、强制传唤、强制治疗、强制戒毒等。财产方面的直接强制的形式有：强制划拨、强制拆除、强制许可、强制扣缴、强制清除、强制退还、强制收兑、强制检定、强制销毁、强制铲除、强制变卖财产、扣除工资或扣押财物折抵、强制收购、强制出售等。在强制方面，有一类方式叫"即时强制"。与上述强制方式不同。即时强制是由于发生自然灾害或重大事故，公共安全、交通、卫生等处于紧急状态，或遇有可能影响国家、公民、法人或其他组织重大利益的紧急事件，行政机关来不及按法定程序作出行政强制决定，或依情况的性质作出决定也难以达到目的时，行政机关可以依照法律、法规的规定，立即对人身、财产等采取即时强制措施。相对人的补救性法律责任，是指相对人的违法行为损害国家和公共利益时应承担的补救性义务，多数以赔偿形式出现，且常与制裁性法律责任相融合。

四、追究行政法律责任的原则

（一）依法追究行政法律责任的原则，或简称为"责任法定原则"

它的中心意思是违法者承担的法律责任要有法律上的明文规定。法律没有规定的就不能或无法追究责任。这是社会主义法制的重要原则。从我国目前的实际情况看，由于我国法律没有对行政法律责任的设定权作出明确的划分，而法律或行政法规在法律责任方面的规定又不全不细，以至各级政府，包括某些县、乡政府也都作了许多法律责任的规定，特别是对行政相对人的制裁性法律责任的设立，严重影响了我国法制的统一和对行政相对人合法权益的保护，这是我国目前在行政法律责任方面存在的最大问题之一。

依法追究法律责任还包括这样的意思：其一，只有法定的国家机关才能追究违法者的责任。非法定的国家机关或非依法律授权与有权机关委托的任何机关或组织，无权追究法定义务人的行政法律责任。其二，法律规定的行政法律责任。当然同样也要约束执法人员。执法人员在追究义务人的法律责任时，严格依法办事。超出法律规定的执法，同样也构成违法。

（二）法律责任由违法者本人承担的原则

"本人承担"原则在现代社会不但应当是追究刑事责任的一项原则，它还应当是追究行政法律责任的原则。所谓法律责任由本人承担，就是不能用其他人来替代违法者承担行政法律责任，也不能株连违法者以外的其他人。

（三）法律责任与违法程度相适应的原则

违法者承担法律责任的轻重，应与其违法程度，即过错的严重程度与社会危害的轻重相适应。追究法律责任无论是偏重或偏轻，都会带来不良的社会后果。承担法律责任偏重，将会损害违法人的合法权益；承担法律责任过轻，将损害国家的利益。但要做到"适应"，有赖于执法者的法律意识和政策水平。因为行政法律责任一般在种类、幅度等方面都给予执法者以自由裁量权，由执法者根据违法者过错的严重程度和社会危害的轻重，以及当时的客观形势和具体情况，作出适当的选择。

毫无疑问，相适应的原则也包含了公正的要求。公正是追究违法者责任时的最基本的原则之一。它要求对任何违反行政法律的行为，不管它是何人和何种组织所为，都应同等地无偏私地承担相应的法律责任。衡量行政法律责任的唯一标准只能是违法的程度。任何不公正处理，都将给社会带来不安定。

（四）惩戒与教育相结合的原则

这是社会主义国家追究行政法律责任的一项重要原则。惩戒是在充分地进行教育仍然无效的情况下采取的措施，惩戒的目的是教育。"不教而诛""惩罚主义"是与社会主义法制格格不入的。当然，一味强调教育，对违法者不追究法律责任，不利于正常的社会秩序和经济秩序的建立，同样也是不可取的。

五、完善我国行政法律责任制度的几个问题

法律责任是法律的核心和灵魂。如果说，法制建设也应遵循一定规律性的话，其最主要的规律就是要建立内部结构完善、协调的法律制度。这对于行政法制来说就更是如此。从我国法制建设的实践看，要完善我国的行政法律制度，需要注意下列问题：

（一）要对行政法律关系主体的行政法律责任都作出明确具体的规定，特别是对行政机关和行政工作人员的行政违法责任作出明确具体的规定

任何要付诸实施的法律规范，都应该有明确的法律责任的规定。法律责任是完善的法律制度不可缺少的组成部分。其一，法律如果只讲规范，只提

供行为规则，不规定违反行为规则以后的法律责任，那么这一法律就将是毫无意义和作用的。因为它对人们不产生强制性的拘束力。法律的执行力是以强制性的拘束力为基础的。其二，法律责任不是一般道义上、政治上的责任，而是法律上的责任。行政机关不能超越法律行使权力。法律不作规定，行政机关就会因没有法律根据，无法对违法者追究责任而使执法活动变得软弱无力。

需要指出的是，在立法上，对法律责任的规定必须明确具体。属于自由裁量的，也必须有明确具体的范围、种类、幅度和方式的规定。法律的基本特点是具体性。

由于我国实行多级立法体制，各个层次制定的法律规范的效力等级不同，因此，在规定法律责任时，应该有不同的权限划分。法律责任通常都由最高国家权力机关通过法律来设定。行政机关是权力机关的执行机关，在涉及公民重大权益方面，执行机关以执行权力机关的决定为宜。具体说，三类法律责任，强制性法律责任、补救性法律责任通常都应由法律规定，并指定特定的行政机关执行。制裁性法律责任中关于行政机关或行政工作人员的制裁性法律责任，实质上是国家对行政机关或行政工作人员的管理的一部分，当然也应由法律规定。只有对相对人的制裁性法律责任，因为种类很多，而且责任的轻重也不同，需要在法律以外，或经法律授权的其他法律性规范中作某些规定。这一问题比较复杂，需要探讨。

（二）要明确规定并设置追究法律责任的特定的行政机构

从立法的角度说，这就要求在规定法律责任的同时，必须明确规定设置何种机构来监督法律的执行和对违法者追究责任。只有这样，才有可能使法律法规的切实落实成为可能。

在设置特定的国家机构方面，我国目前立法方面的比较明显的问题是：或者没有规定特定的行政机构，以致无人监督或执行；或者是指定了两个以上的行政机关都有监督和执行的权力，以致两个以上的行政机关同时行使权力，由此产生混乱或冲突。因此，所谓必须有特定的行政机构，也就是要有法律明确授权的"这一个"行政机构。有机构还必须有人，没有足够的执法人员，要使一切违法者的法律责任都得到追究是不可能的。

（三）要建立必要的申诉和诉讼制度

承担法律责任实质上就是要使违法者已有的权利受到影响。毫无疑问，这就可能引起承担者的不满或不服，从而产生各种纠纷和争议，这样，建立申诉和诉讼制度就是完全必要的。解决纠纷和争议的过程，也就是使对承担行政法律责任不满或不服的情绪得到宣泄和处理的过程，这对于保持社会安定是一项重要的措施。对执法机关说，一方面，要严格执法，使一切违法者都无例外地承担法律责任；另一方面，又要注意正确地没有偏差地行使行政权力，保护没有违法的人的合法权益，不致错误地使之承担法律责任。使没有违法的人承担法律责任，其后果与没有使违法者承担法律责任一样严重，甚至有过之而无不及的。申诉和诉讼制度正是为了明辨是非，真正做到"不纵不枉"的一项重要制度。

1990 年 10 月 1 日生效的《行政诉讼法》，建立了行政相对人在不服行政法律责任的追究时可以向人民法院提起诉讼的制度，这将是在对行政相对人正确实施行政法律责任制度方面的重要制度。相比之下，虽然我国在建立申诉制度方面已有数十年的经验，但至今尚未形成规定明确、程序严格的申诉制度。申诉的范围很广，形式也多，其中之一就是行政复议制度。复议是相对人，既包括行政工作人员又包括管理相对人不服追究法律责任的行政处理决定时在行政系统内要求复查和重议的制度。它是一项其复杂程度并不低于诉讼的制度，需要制定专门的复议法律或行政法规，将复议纳入法制轨道，使之成为一项严密的法律制度。

（四）要有对追究法律责任的机构进行法律监督的机关或组织

不仅要有执法者，还要有执法的监督者，这也可以说是我国几十年执法经验的总结。在追究法律责任的过程中，绝大部分行为都是正确、合法的，但这也决不能排除执法者失职或滥用职权的可能性。失职将使违法者逃脱法律责任的追究，滥用职权则将使国家、集体或公民个人的权利和利益受到损害，都对正确追究行政法律责任不利。我国法制建设的实践已经证明，不建立和完善对执行者进行监督的制度，就难于使追究法律责任的工作真正做到有法必依、执法必严和违法必究。近几年，我们正在不断加强审计、监察以及执法检查等，就是这一法制任务的必然要求。

（五）完善追究行政法律责任的程序

程序是保障实体法正确落实的基本条件之一。同样，在对违法者追究行政法律责任时，也需要严格地按程序办事。例如，以最常见的行政处罚而言，有些执法者常常不遵守"要式"程序，处罚前不制作处罚决定书，处罚后不开收据，以致使处罚者无法申诉或起诉，罚款是否上缴也难以说清，等等。目前我国在追究行政法律责任方面的程序立法还很不完备。追究行政法律责任的步骤、顺序、时限以及必要的形式等程序要素，一般都很少有明确或完整的规定，应该说，这也是当前难以正确和严格执法的原因之一。即将生效的《行政诉讼法》第54条规定，"符合法定程序"是法院对具体行政行为作出维持判决的三大条件之一。"违反法定程序"的具体行政行为，人民法院就可能予以撤销或部分撤销，并判决重新作出具体行政行为。《行政诉讼法》对行政程序问题提出这样严格的要求，应该引起我们在规定行政法律责任时的充分重视。

随着我国法制建设的加强和发展，行政法律责任问题正日益得到重视。但从立法和实践两方面都可以明显地看出，人们的注意力大多集中在相对人的制裁性法律责任，尤其是行政罚款方面。三类主体的三类行政法律责任不协调、不配套，个别责任形式畸形发展，这是造成我国执法困难和疲软的原因之一。加强对行政法律责任的研究，对我国行政法制建设将有重要的现实意义。

论责任社会与政府责任[*]

一、责任社会

责任，对于人类社会的发展至关重要。责任是一种融合剂，增强社会的凝聚力、维护社会的稳定；责任是一种力量，推进民族的发展和社会的进步。当下，中国许多社会问题都反映出社会责任感的缺乏，以奶粉三聚氰胺事件为代表的食品安全事件、山西尾矿库溃坝特大事故等频频发生的矿难事件，更可以说明直接根源在于企业，尤其是大企业、著名企业，对社会不负责任和社会责任的逃避和推卸。

从长远来看，一个可持续发展的社会，应该是充满活力又富于秩序的，应该能够调动一切社会主体、发掘一切社会财富。然而，社会责任感的缺乏，会导致人与人之间的冷漠甚至防备、对欺骗与腐败的默认甚至追逐、对社会不公的无原则宽容等。所有这些会逐步影响一代代社会主体的思维模式和行为模式，并最终在深层次上影响社会的持续发展。如何理解责任社会、提升社会责任感，是一个必须加以重视并刻不容缓地采取措施的重大社会问题。令人欣慰的是，这个问题正在引起全社会越来越热切的关注。防控甲型 H1N1流感中，公众对山东首例确诊患者行为的质疑，体现出对公民社会责任的严格追究。愈演愈烈的高管问责风暴，不仅是政府对自身责任的担当，更是政府对全社会责任意识的回应和提升。

那么，应该如何理解"责任社会"呢？"责任社会"有两个需要强调的问题。其一，何谓"责任"。从本意来看，"责任"有前后相继的两层意思。一是，分内应做之事；二是，做不好分内应做之事而应当承担的后果。从"责任社会"的角度看，"责任"是为了形成和维护正常的社会秩序，全社会成员应当对他人和社会承担的最基本、最起码的公共生活准则。这就引出了"责任社会"强调的第二个问题：责任社会，责任是全社会的。也就是说，从责任主体和责任对象者两个角度考虑：责任社会的责任主体广泛，一切社会

* 本文载于我国澳门地区《"一国两制"研究》2009 年第 2 期。

主体都是责任主体，都要做好分内应做之事，否则应当承担相应的后果；责任社会的责任对象广泛，一切社会主体都要对自己负责、对他人负责、对社会负责。

所以说，责任社会就是一个人人承担责任、做好分内应做之事，对自己负责、对他人负责、对社会负责的社会。

大体来说，责任社会的责任主体主要包括公民、企业、社会公共组织和政府。不同的责任主体有各自的"分内应做之事"，应当承担与各自的社会角色相适应的社会责任。

（一）公民

公民是最基本的社会主体。公民最基本的社会责任就是遵守宪法和法律，依法行使自由和权利、履行责任和义务。此外，公民还应该尊重和遵守社会公认的道德准则。

根据《宪法》，公民的基本义务包括：其一，维护国家统一和全国各民族团结；其二，遵守宪法和法律，保守国家秘密，爱护公共财产，遵守劳动纪律，遵守公共秩序，尊重社会公德；其三，维护祖国的安全、荣誉和利益，不得有危害祖国的安全、荣誉和利益的行为；其四，依照法律服兵役和参加民兵组织；其五，依照法律纳税。除了《宪法》规定的义务以外，公民的法律义务更多来自法律的规定。公民有权享受广泛的权利。但在责任社会中，公民的权利只能行使到法律规定的边界为止。法律的任务之一就是为公民权利的行使设定边界。公民必须依法行使自由和权利，否则就负相应的法律责任。

除法定义务外，还有道德规范和公序良俗等，它们的内容比较广泛，各民族、各国家都会有些不同。但是，良好的道德准则，是保证社会凝聚力和人与人和谐相处的极为重要的社会责任的组成部分。

（二）企业

企业是社会最主要的经济主体。社会责任是企业赖以生存和发展的重要基础。积极履行社会责任，把社会责任理念和要求全面融入企业发展战略、企业生产经营和企业文化，有利于创新企业发展理念、转变企业发展方式，有利于激发创造活力、提升品牌形象，有利于提高职工素质、增强企业凝聚力，是企业发展质量和发展水平的重大提升。从社会的角度看，企业积极履行社会责任，有助于解决就业问题，有助于保护资源和环境、实现社会可持续发展，有助于缓解贫富差距、消除社会不安定的隐患。在经济全球化日益深入的新形势下，履行社会责任的状况和程度已经成为国际社会对企业评价的重要内容。

各个国际组织对企业社会责任的认识，既有共同认可的内涵，也有不同的侧重和差异。联合国在 2000 年启动的"全球契约"计划中要求，跨国公司重视人权、劳工标准、环境保护和反腐败，以克服全球化进程带来的负面影响。欧盟把社会责任定义为，公司在自愿的基础上把对社会和环境的关切整合到它们的经营运作以及它们与其利益相关者的互动中。世界银行提出，企业社会责任是企业与关键利益相关者的关系、价值观、遵纪守法以及尊重人、社区和环境有关的政策和实践的集合，是企业为改善利益相关者的生活质量而贡献于可持续发展的一种承诺。世界经济论坛认为，作为企业公民的社会责任包括四个方面：一是好的公司治理和道德标准，二是对人的责任，三是对环境的责任，四是对社会发展的广义贡献。国际标准化组织认为，社会责任是指一个组织在开展任何活动时都要负责任地考虑对社会和环境的影响，其活动应当满足社会和可持续发展的需要，符合社会道德标准，不与法律和政府间协议相抵触，且全面贯穿到该组织开展的活动之中。不同国际组织对企业社会责任的差异说明，企业社会责任的界定不是一概而论的，既要与国际接轨，又要结合本国国情和企业实际。

概况而言，中国企业的社会责任主要体现在以下三个方面：

第一，法律规范的自觉遵守，这是企业必须履行的社会责任。国家制定的环境保护、资源节约、安全生产、职工权益保障、消费者权益保护、市场经济秩序等法律规范，企业必须自觉遵守，这是经济社会健康、稳定、协调发展的基本保障。

第二，企业价值的充分体现，这是企业应当履行的社会责任。企业价值体现在多个方面：对股东要不断完善公司治理，优化发展战略，合理配置资源，提高持续盈利能力；对消费者要切实提高产品质量和服务水平，提供优质安全健康的产品和服务，最大限度地满足消费者的需求；对职工要提供安全、健康、卫生的工作条件和生活环境，保障职工职业健康；对自然环境要给予更好的保护，提高资源综合利用效率，实施清洁生产；对国家和社会要诚实守信，遵守社会公德、商业道德以及行业规则，创造财富、提供就业岗位、及时足额纳税等。

第三，道德伦理的高尚追求，这是企业在自愿的基础上履行的社会责任，讲操守、重品行，保持高洁的道德伦理追求，是中华民族一直重视的传统美德。企业在遵守法律规范，体现企业价值的基础上，还应该对社会承担更大的义务，要有善心、有善意、有善举，热心参与社会公益事业，关心支持教育、文化、卫生等公共福利事业，在发生重大自然灾害和突发事件的情况下，积极提供财力、物力和人力等方面的支持和援助。

（三）社会公共组织

社会公共组织是在一定程度上和范围内行使公共管理职能的社会组织，包括行业协会、专业协会等行业组织，公共事业单位，居民委员会、村民委员会等基层群众性自治组织，工会、妇联等人民团体。社会公共组织行使公共管理职能，管理政府不该管、不好管、管不了、管不好的事情，是对"政府失灵"的应对和对"有限政府"的补充。

社会公共组织在本组织内部行使公共权力，其行为对于本组织成员具有比较重大的权益影响，甚至直接涉及他们的宪法性基本权利的限制与剥夺。因此，社会公共组织必须合法行使公共权力，不得侵犯本组织成员的合法权益。

社会公共组织代表本组织成员的共同利益，应该关心所属成员，最大限度地实现并促进本组织成员的共同利益，防止和调解本组织成员之间的利益冲突。

社会公共组织行使公共管理职能，应该发挥充分的教育、规范和监督作用，教育、规范和监督本组织成员遵守宪法和法律，遵守行业道德和职业道德，尊重社会公德，承担社会责任。

（四）政府

尽管越来越多的社会公共组织在一定程度上和范围内行使公共管理职能，但是，政府仍旧是最主要和最重要的公共权力主体。所以，政府是责任社会最重要的责任主体。从这个角度上说，对一个负责任的政府有两个层次的要求：一是一个负责任的政府应当是责任政府，也就是对人民负责，对社会负责的政府，对所有的公务员及其行为负责的政府，对其所制定的公共政策以及所作出的行为负责的政府；二是一个负责任的政府应当是责任社会的实践者、示范者、培育者和维护者。

责任政府是法治政府的基本内涵之一，是对于一个负责任的政府的第一个层次的要求。对于政府来说，职权法定，而且职权和职责是统一的，权力和责任是统一的。因此，政府的"责任"有两方面的要求：一是职权法定，不能超越法定权限，不能滥用法定职权，也不能不履行法定职责，这个"职责"就是政府的"分内应做之事",如果政府没有做好分内应做之事,超越职权、滥用职权、怠于履行职责,要承担相应的法律责任。二是权力与责任是统一的,有多大权就要承担多大责。有权无责将导致滥用权力,有责无权将造成逃避责任,都不可能建立起责任社会。

具体来说,责任政府的基本要求有以下方面:

第一,合法行政。政府实施行政管理,应当由有权的行政机关在法定的职权范围内依照法定程序进行;没有法律、法规、规章的规定,行政机关不得作出影响公民、法人和其他组织合法权益或者增加公民、法人和其他组织义务的决定。

第二,合理行政。政府实施行政管理,应当遵循公平、公正的原则,行使自由裁量权应当符合法律目的,排除不相关因素的干扰;所采取的措施和手段应当必要、适当,应当避免采用损害当事人权益的方式。在行政实践中,教育、帮助、指导等"柔"性执法方式可以更加有效地解决一些涉及民生的轻微违法违规行为,服务型政府应当予以充分的重视。

第三,程序正当。行政程序应当坚持公正、公开、参与的原则,除涉及国家秘密和依法受到保护的商业秘密、个人隐私外,应当公开;依法保障公民知情权、参与权、表达权和监督权;行政机关违反法定程序的,要承担相应的法律责任。

第四,高效便民。政府实施行政管理,应当遵守法定时限,积极履行法定职责,提高办事效率,提供优质服务,方便公民、法人和其他组织。

第五,诚实守信。行政机关公布的信息应当全面、准确、真实。非因法定事由并经法定程序,行政机关不得撤销、变更已经生效的行政决定;因国家利益、公共利益或者其他法定事由需要撤回或者变更行政决定的,应当依照法定权限和程序进行,并对相对人因此而受到的财产损失依法予以补偿。

第六,清正廉洁。要确保行政权力正确行使,必须让权力在阳光下运行。要坚持用制度管权、管事、管人,建立健全决策权、执行权、监督权既相互制约又相互协调的权力结构和运行机制。健全组织法制和程序规则,保证国家机关按照法定权限和程序行使权力、履行职责。

二、责任社会与政府的关系

尽管不同的社会主体有各自的"分内应做之事",承担各自的社会责任,普遍的社会责任感却是社会发展必不可少的融合剂和凝聚力:依靠它,可以形成人人促成社会发展的合力;缺失它,会导致社会陷入一盘散沙的状态。

在这个问题上，政府应当发挥实践者、示范者、培育者和维护者的多重力量：一方面，一个责任政府是其他责任主体的表率和示范，有利于倡导和培育公民、企业和社会公共组织的社会责任意识；另一方面，政府对于所有社会主体履行社会责任的监督，是对责任社会的有力维护，有利于营造公民、企业和社会公共组织积极履行社会责任的外部环境和社会氛围。这是对一个负责任的政府的第二个层次的要求。

（一）政府与公民的社会责任

宪法意义上公民身份的拥有，并不意味着公民都能够合法地行使自由和权利、履行责任和义务。事实上，公民社会责任感的缺乏正是中国当下存在的一个不容否认和忽视的社会问题。主要表现为：公民法治观念的淡薄，缺乏对法律的信仰；公民权利、义务观念的片面，只强调权利而回避义务，不知道或者不愿意遵守权利的边界；公民规范意识不强，缺乏对职业道德、家庭美德、社会公德等社会规范的尊重和自觉遵守。最为严重的是，现实中对社会责任感缺乏问题的见怪不怪，并逐渐形成逃避、违背社会责任的不良的社会风气。政府应当通过合理的制度安排，引导和培育公民社会责任感的普遍确立。

第一，深入开展法制宣传教育，维护社会公平正义，维护社会主义法制的统一和尊严，树立社会主义法制权威，弘扬法治精神，形成全体公民自觉学法、守法、用法的社会氛围。将公民的基本责任和义务通过法律、法规等规范性文件予以明确，通过法律责任的强制性，强化公民的规则意识，树立正确的权利、义务观念，依法行使自由和权利、履行责任和义务。

第二，并不是所有的社会责任都需要体现为法律责任。对于那些不需要或者不合适法律化的社会责任，通过各种形式的责任意识教育，褒奖忠实履行社会责任的行为，谴责逃避、违背社会责任的行为，以增强诚信意识为重点，倡导爱国、敬业、诚信、友善等道德规范，加强社会公德、职业道德、家庭美德、个人品德教育，培育文明风尚，弘扬社会正气，塑造自尊自信、理性平和、积极向上的社会心态，营造积极健康的社会氛围，引导公民自觉履行法定义务和社会责任。责任意识教育是一项长期的、系统性的工作，工作的重点尤其在于青少年，要动员社会各方面共同做好青少年责任意识教育工作，为青少年健康成长创造良好社会环境。

需要强调的是，社会责任感是公民在社会生活中逐渐生成和树立的。所以，政府应当引导公民参与社会规范的制定和社会生活的管理，扩大公民有序的政治参与，保障人民依法管理国家事务、管理经济和文化事业、管理社会事务。让公民在民主参与中，意识到自己的社会主体地位，并充分发挥积极性和主动性，树立和增强社会责任感。

（二）政府与企业的社会责任

改革开放 30 年来，中国企业改革发展取得了重大的成就，企业对社会责任的认知和实践也经历了一个由片面到全面、由自发到自觉、由理念到行动的演进过程。同时，社会各界也越来越关注企业的社会责任。《公司法》第 5 条明确要求，"公司从事经营活动，必须遵守法律、行政法规，遵守社会公德、商业道德，诚实守信，接受政府和社会公众的监督，承担社会责任"。中国共产党十六届六中全会明确提出"广泛开展和谐创建活动，形成人人促进和谐的局面。着眼于增强公民、企业、各种组织的社会责任"。胡锦涛同志在APEC 第十六次领导人非正式会议上，提出企业应该树立全球责任观念，自觉将社会责任纳入经营战略，遵守所在国法律和国际通行的商业习惯，追求经济效益和社会效益的统一。

然而，中国企业在社会责任的履行上还存在着种种问题：一些企业没有认识到履行社会责任对于企业增强市场竞争力、提升品牌形象、实现自身可持续发展的重要意义；一些企业仅仅把履行社会责任作为口号，没有真正落实到企业的决策和经营中，甚至出现不履行慈善承诺的行为；一些企业为了追求眼前利益，置社会责任于不顾，以致出现安全生产事故频发、食品安全危机严重等重大社会问题，损害社会公众的利益和国家的利益，并最终损害企业自身的利益。

企业社会责任的认知和履行，需要企业、政府和社会的协同互动。在这方面，政府应当加以适当干预，承担主导性作用。

第一，政府应当对企业社会责任给予明确、统一的界定，这样既有利于企业参照实施，更可以实现政府对企业履行社会责任的依法引导和监督。国务院国有资产监督管理委员会 2007 年 12 月 29 日发布了《关于中央企业履行社会责任的指导意见》，明确企业履行社会责任，应当坚持与促进企业改革发展相结合、与企业实际相适应、与创建和谐企业相统一的原则，中央企业社会责任的主要内容包括坚持依法经营、诚实守信、不断提高持续盈利能力、切实提高产品质量和服务水平、加强资源节约和环境保护、推进自主创新和技术进步、保障生产安全、维护职工合法权益、参与社会公益事业八方面，提出包括树立和深化社会责任意识、建立和完善履行社会责任的机制体制、建立社会责任报告制度、加强企业间交流与国际合作、加强党组织对企业社会责任工作的领导五项中央企业履行社会责任的主要措施。这是中国政府在企业社会责任界定方面做出的积极探索和实践，获得了国内外的热烈反响和积极评价。

第二，政府应当推动相关规则的制定、完善、执行和监督，推动企业社会责任履行的制度化、法律化，强化对企业社会责任履行的监管。推行严格的企业产品强制认证标准和特殊行业市场准入制度，确保企业向社会提供优质安全健康的产品和服务，最大限度地满足消费者的需求。从社会、经济、环境和可持续发展等各个方面，建立企业社会责任履行的评估和审核制度，定期将结果向社会公布。依法打击企业的违法行为，对不讲诚信、不讲社会责任的企业依法予以处罚和制裁，对优秀企业进行扶持和帮助。通过"扶优治劣"，引导、督促企业守法经营、诚信经营，自觉履行社会责任。

第三，政府应当完善社会公益机制，出台相关的政策、法规和相应的激励措施，为企业履行社会责任、积极参与社会公益事业提供制度保障。税收优惠是国际上鼓励企业进行捐赠的通用方法，中国也应该适时制定有利于企业捐赠的税收政策，从制度上倡导和肯定企业对社会公益事业的投入。

第四，政府应当广泛宣传企业的社会责任，通过对国际通行的企业社会责任标准的研究，引导企业深化社会责任意识，提高企业履行社会责任的自觉性。同时，通过舆论宣传提高社会公众对企业社会责任重要性的认识，达成对企业社会责任的社会共识，形成对企业社会责任多层次、多渠道的监督体系，为企业履行社会责任提供良好的外部环境和浓郁的社会氛围。

需要强调的是，政府和社会都应该充分理解企业的营利性质，考虑企业在当前中国市场经济体制尚不完善、竞争日趋激烈环境下的处境，不能单纯向企业提出要求或施加压力，更不能片面地以捐款多少作为衡量企业履行社会责任的唯一标准。否则，社会责任很难得到企业的支持与配合，甚至会遭到企业的消极抵制。政府应当创造开放竞争有序的现代市场体系，尊重企业的合理要求，保护企业的合法权益，让企业能够生存、发展、壮大，引导企业以合作的态度切实履行社会责任。

（三）政府与社会公共组织的社会责任

目前，中国社会公共组织的发育和成长还是相当缓慢的，而且频频发生以"公益"名义从事产品推介等营利性活动，甚至从事欺诈性活动；组织行业垄断破坏公平竞争秩序，侵害消费者权益；滥用公共管理职能，侵害本组织内部成员的合法权益等引发严重的信任危机的事件。这类事件实质上体现出社会公共组织存在的社会责任缺失的问题。

对于社会公共组织的社会责任缺失的问题，政府应当承担培育发展和管理监督的责任。这也是转变政府职能、减轻政府压力，发挥社会力量、缓解社会矛盾的过程，有助于建立一个"小政府、大社会"的社会结构。

第一，培育社会公共组织，首先需要明确社会公共组织的权力来源。社会公共组织在一定范围内行使公共权力。问题在于，社会公共组织的公共权力从何而来。从现在的状况来看，社会公共组织的公共权力来源于法律、法规的明确授权。但是，从"有限政府"的"小政府、大社会"的发展趋势来看，现在的授权要求过于严格，使得一些实际上行使公共权力的社会公共组织却游离于公法的限制之外，既不利于组织成员权利的保护，也不利于社会公共组织的发展。因此，可以将公共权力的来源扩展到组织成员的共同的权利让渡，这个权利让渡必须通过合法、有效的组织章程予以明确，并且经过有关国家机关的确认。

第二，发展社会公共组织，应该制定和完善培育扶持和依法管理社会公共组织的法律、法规和公共政策，保证社会公共组织在法制的框架内发展，充分发挥社会公共组织提供公共服务、维护成员利益、反映成员诉求、规范成员行为的作用，支持社会公共组织依照法律和各自章程行使公共管理职能，参与社会管理和公共服务。

第三，培育社会公共组织，政府应该逐步从兴办事业的角色中退出来，实现政府与社会公共组织分开，减少政府对社会公共组织的具体干预，使社会公共组织在机构、财务和人员等方面摆脱对政府的行政依附关系，让社会组织以主体姿态，以自助、自治的方式组织起来，参与社会管理，参与社会矛盾的解决。

第四，政府是社会公共组织的监管者，应当依法监管社会公共组织的建立和运作，引导社会公共组织加强自身建设，提高自律性和诚信度，确保社会公共组织实现并维护本组织成员的共同利益，监督并保证本组织成员遵守宪法和法律，遵守行业道德和职业道德，尊重社会公德，承担社会责任。同时，建立对社会公共组织的评估机制，并将评估结果通过一定方式向社会公开，以此来加强社会公共组织的社会责任感，促使其履行社会责任。

人类社会是责任社会。现代社会更是责任社会，需要普遍的社会责任感作为社会的融合剂和凝聚力，作为支撑社会发展的精神动力。

在责任社会，责任是全社会的，主要是政府的。不能将政府的责任仅仅限制于责任政府，而是应该将政府置于最重要的责任主体的地位，将政府的责任拓展到整个责任社会、拓展到普遍的社会责任感的树立中，充分发挥政府的主导性作用，担当社会责任的实践者、示范者、培育者和维护者。有什么样的政府就有什么样的社会。

但是，强调政府在建立责任社会中的作用，并不意味着各社会主体对建立责任政府不起作用。在一定意义上说，有什么样的社会也会有什么样的政府，它们的关系应该是相互的。毕竟政府不能脱离社会而存在，政府的观念、行为要受到社会环境的深刻影响。在建立责任社会的过程中，要形成一种良性的互动关系。每一社会主体以至每一公民，都要为建立责任社会贡献力量！

从依法行政到建设法治政府

行政救济法

构建行政纠纷解决制度体系[*]

一、我国行政纠纷的现状

当下，我国正步入一个经济快速发展，社会主体利益日益多元化的时期。在政府继续强势推进经济发展的过程中，行政机关与老百姓之间矛盾多发，纠纷频出，尤其是近些年来"群体性行政争议较为突出"，[1]严重影响了社会稳定。

然而，现有的行政纠纷解决制度面对数量众多、种类各异的行政纠纷时，却遇到了如下一些问题：首先，大量行政纠纷不能得到及时有效的解决，老百姓的合法权益没有获得有力保障；其次，对所有行政纠纷的处理缺乏通盘考虑，各种行政纠纷解决制度缺少配合，相互之间脱节现象严重，未能发挥制度群体的组合优势；再次，重复处理行政纠纷，一些纠纷经过了重重程序却长期不能得到解决，没有一种最终的纠纷解决机制为行政纠纷的处理划上一个圆满的句号；最后，所有行政纠纷解决制度都面临权威性不足的困境，行政纠纷解决的结果很难得到当事人的信服。

可见，我国当前行政纠纷的形势较为严峻，现有的纠纷解决制度没有发挥应有的作用。在建设法治政府、构建和谐社会的目标下，认真审视和思考行政纠纷和行政纠纷解决制度，显得极为重要和迫切。

二、理性、认真地对待行政纠纷

自 2006 年 12 月初至 2007 年 3 月底，全国行政复议工作座谈会、全国行政审判工作会议和全国信访工作会议分别在重庆和北京召开。在构建和谐社会的过程中，如何完善行政复议、行政审判和信访制度，公正、高效地解决行政纠纷，成了上述会议的关键议题。显而易见，日益严峻的行政纠纷问题已经引起了中央的高度重视。

---

* 本文载于《国家行政学院学报》2007 年第 3 期。

〔1〕 田雨、贾楠、肖扬在第五次全国行政审判工作会议上强调："保护民权、减轻民负、解除民忧、保障民利、实现民愿"，［DB/OL］，载新华网，http: news. xinhuanet. comlegal2007-0328content5908 986. htm.

在设计解决行政纠纷的制度之前，务必要树立正确的纠纷观，理性、认真地对待行政纠纷。从古今中外的人类社会发展史可以知道，正确的纠纷观至少应当包含三个方面的内容：首先，只要有人际交往，就会有纠纷，只要有政府管理，就会有行政纠纷。尤其在当代中国，政府承担着市场监管、经济调节、社会管理和公共服务等大量职能，国家广泛的介入经济生活和社会生活，行政纠纷的产生更加不可避免。因此，我们必须清醒地认识到，和谐社会不是一个没有纠纷的社会，任何国家都不可能根除纠纷。其次，要从源头上减少行政纠纷。尽管行政纠纷不可避免，但是过多的行政纠纷却会影响社会稳定，甚至给整个国家带来灾难。我们应当从源头上预防行政纠纷的产生，减少行政纠纷的数量。具体而言，一方面，要继续推进依法行政，建设法治政府，尤其是用完备的正当程序来规范行政权力的运作过程；另一方面，要继续开展普法宣传和加强法律教育，提高全民的法律素养。最后，要有一套完善的制度来应对已经发生的行政纠纷，确保所有行政纠纷都能得到公正、高效的解决。

社会主义社会不仅要解放和发展生产力，而且要推进社会公平与正义，"特别是让正义成为社会主义制度的首要价值"。[1]然而，正义的实现，离不开一套完善的行政纠纷解决制度体系。在构建和谐社会的进程中，当务之急是要建立一套内容完整、相互配合、公正高效、权威性强的行政纠纷解决制度体系，及时有效地化解各类行政纠纷，达至官民和谐，实现社会正义。

"他山之石，可以攻玉。"在论述如何构建我国的行政纠纷解决制度体系之前，让我们先来看看域外在解决行政纠纷方面积累的经验。

三、域外解决行政纠纷的经验及其启发

在政府职能膨胀、国家与个人的关系日益交错的当代世界，如何解决行政纠纷是各国和地区面临的共同课题。英美等传统法治国家在解决行政纠纷的历程中，已经积累了丰富的经验。亚洲的韩国经历了20世纪后半段的迅速发展之后，在解决行政纠纷的制度建设上也取得了显著成就。综观英国[2]、美国和韩国的行政纠纷解决历史和现状，可以得出以下几个基本认识：

第一，任何纠纷解决制度的关键问题是公正。凡是用来解决纠纷的制度，都应当是能实现公正的制度。无论是英国的行政裁判所，还是美国的行政法

---

〔1〕 温家宝在十届全国人大五次会议举行的记者招待会上答记者问的内容。

〔2〕 本部分关于英国的资料来源于 2006 年 3 月应松年等赴英国考察行政裁判所制度的考察团形成的考察报告。

法官制度，甚至韩国的行政复议制度，都以实现公正为首要目的。为了确保公正，所有纠纷解决制度应当至少要满足以下几个要求：首先，纠纷解决机构尽可能地中立，[1]纠纷解决人员的身份和待遇要有保障。中立的纠纷解决机构是纠纷解决制度的灵魂，缺乏中立的纠纷解决机构的纠纷解决制度很难说得上是公正的制度。其次，纠纷解决过程要公开，所有利害关系人都有权参与到纠纷解决程序中来。最后，采用对抗式程序，各方当事人对所有证据进行当庭质证，对所有争议法律问题进行当庭辩论。

第二，发挥行政机关等法院之外的纠纷解决机构在解决行政纠纷中的重要作用。在英国，绝大多数行政纠纷是由行政裁判所解决的。从英国行政裁判所受理案件的数量看，每年在60~100万件，纠纷范围大、数量多。但行政裁判所发挥了良好的解决纠纷的作用，绝大部分案件都通过裁判所得到了解决，只有极少数案件（5000件左右）才提起上诉。在美国，行政机关被认为是解决行政纠纷的主要力量。通过合适的听证程序，行政机关可以预防和解决绝大多数行政纠纷。美国自联邦行政程序法确立行政法法官制度以来，行政法法官在确保正式裁决的事实认定能客观、中立、正确，在保护当事人的合法权益、化解纠纷方面起到了积极作用。而非正式裁决的听证主持人——非行政法法官们，尽管独立地位比不上行政法法官，但是也逐渐更加中立客观，非正式裁决的程序保障也愈加完善。加上20世纪70年代以后，内部复审机构在很多联邦行政机关的建立，行政纠纷主要在行政系统内部得到解决成为现实。1996年《行政纠纷解决法》颁布之后，美国行政机关解决行政纠纷的探索和努力更加深入，开始倡导尽可能更早地将行政纠纷解决，以及通过替代性的纠纷解决方法来解决行政纠纷。[2]

第三，纠纷解决制度需要整合和完善。以英国为例，英国解决社会纠纷机制是由法律规定的法定途径，并且是逐步发展、完善而来的，其中不同制度之间分工精细、彼此配合、衔接良好，基本上不存在纠纷解决的空白地带，且以司法解决为终点，使得整个社会在有序中平稳前行。再以美国为例，替代性纠纷解决方式、行政裁决或者听证与法院司法审查相互配合共同作用，形成了美国的行政纠纷解决制度体系。如何整合和完善我国纠纷解决机制是

---

〔1〕 各国在保障纠纷解决机构的中立性方面的做法不大一样，英国行政裁判所的首席裁判官由大法官任命，美国的行政法法官实行集中管理制度，使其尽量摆脱行政机关的控制，而韩国则在行政复议委员会中，广泛地吸收行政机关之外的人士参加，以确保行政复议机构的中立性。

〔2〕 王静："美国行政法法官制度研究"，中国政法大学2007年博士学位论文。

目前我们面临的最紧迫问题之一，英国和美国的经验值得借鉴。

第四，法院最终解决纠纷的作用很重要。司法审查是所有纠纷解决的最后关口，司法最终原则须得到贯彻。尽管在英国和美国能够进入法院进行司法审查的案件数量并不多，但是由于奉行司法最终原则，法院在整个纠纷解决机制中处于最为权威和最终的环节，对其他环节起到很好的监督和制约作用。

四、构建我国行政纠纷解决制度体系

（一）我国行政纠纷解决制度体系的制度构成

1978 年以来，针对经济发展和行政管理过程中出现的各类社会纠纷，我国陆续设立或沿用了一些社会纠纷解决制度，如人民调解制度、仲裁制度、信访制度、民事诉讼、刑事诉讼和行政诉讼制度等。特别是在行政管理领域，相继出现或延续了适用于不同领域的各式各样的纠纷解决制度。具体而言，有适用于大部分行政领域的行政复议和行政诉讼制度，有适用于许多领域且可供当事人自主选择的调解制度，有适用于部分行政领域的普通行政裁决制度，也有适用于极少数行政领域的专门行政裁决制度，如专利、商标领域的专利复审制度和商标评审制度，还有仅适用于劳动争议领域的劳动争议仲裁制度，当然，更有在各个行政领域全面适用的信访制度。近年来，为了及时有效地化解大量出现的征地补偿安置争议，我国正在探索设立征地补偿安置争议裁决制度，由省级人民政府和国务院对市县人民政府与被征地人之间的征地补偿安置争议进行裁决。另外，2005 年出台的《公务员法》还建立了人事争议仲裁制度，专门解决聘任制公务员与行政机关之间因履行聘任合同而发生的争议。还值得注意的是，自 2005 年 9 月 1 日开始施行的教育部《普通高等学校学生管理规定》中首次要求各高校成立学生申诉处理委员会，负责受理学生对取消入学资格、退学处理或者违规、违纪处分的申诉。学生申诉处理委员会由学校负责人、职能部门负责人、教师代表、学生代表组成。

可以看出，经过几十年的努力，我国在行政管理领域已经建立起门类齐全的纠纷解决制度。现有的问题已不再是该不该设立某种纠纷解决制度，而是如何完善已有的各种纠纷解决制度，如何扩展各种纠纷解决制度的适用范围，以及如何对现在所有的纠纷解决制度进行通盘考虑组建出一个完善的纠纷解决制度体系，让每一种纠纷解决制度都能充分发挥其优势，各尽其用。也就是说，上述的行政管理领域的各种纠纷解决制度都可以成为将来纠纷解决制度体系中的一员。此外，还可以将学生申诉处理委员会制度加以推广，在相应领域建立专门的纠纷解决委员会制度。

（二）各种行政纠纷解决制度在体系中的地位和作用

行政纠纷解决制度体系中包括调解、行政裁决、行政仲裁、行政复议、行政诉讼、信访和专门的纠纷解决委员会制度等一系列制度。大致可以把这些制度划分为三个层次加一个补充，即调解位于第一层次，行政裁决、行政仲裁和行政复议等准司法性制度位于第二层次，行政诉讼位于第三层次，信访作为补充。另外，根据解决纠纷的层级，可以把专门的纠纷解决委员会制度放入第一层次或者第二层次。

位于行政纠纷解决制度体系第一层次的首先是调解制度。在实践中，调解又被称为和解、协调等，不管使用什么称谓，其核心含义仍然是指在纠纷解决机关的主持下，双方当事人自愿协商，达成协议，从而心平气和地解决纠纷。自愿、友好、平和地解决纠纷是调解制度的一大特色，之所以把调解制度置于纠纷解决制度体系中的第一层次，就是想充分利用其特色，尽可能地使纠纷在当事人之间以自愿、友好、平和的方式得到解决。基于调解的自愿性，在进行制度设计时，应当将调解设置为行政裁决、行政仲裁、行政复议和行政诉讼的附属制度，在这些制度的运作过程中，如果当事人愿意通过调解来达成协议解决纠纷的，纠纷解决机关应当尊重当事人的意愿，启动调解程序。如果通过调解能够圆满解决纠纷，那么行政裁决、行政仲裁等程序就可以到此终止，不必再进行下去了。

其次，上文提到的学生申诉处理委员会制度应当引起我们的重视。为了贯彻中央一贯主张的将纠纷解决在基层的方针，可以考虑在基层设立各种专门的纠纷解决委员会。在我国的非政府公共组织领域，如公立高校、行业协会、农村基层自治组织等，目前大量行政纠纷找不到解决途径。如果能够在这些组织内部设立一个独立的委员会，专门负责解决成员与组织之间的行政纠纷甚至其他纠纷，那么存在于基层的大量社会纠纷便找到了一条解决之路。例如，可以考虑在公立高校内设立一个由行政人员、教师、学生和校外人士组成的委员会，专门负责审理学校职工、学生与学校之间的各种纠纷，并提出处理建议，再由校长根据委员会的建议作出最后处理决定。又如，可以在农村基层自治组织成立一个由本村德高望重的老人组成的委员会，专门负责解决村民与村委会之间的各种纠纷。由于这些专门的纠纷解决委员会解决的是基层的行政纠纷，所以将其列入行政纠纷解决体系的第一层次。

位于行政纠纷解决制度体系第二层次的是行政裁决、行政仲裁和行政复议等准司法性的制度。这三项制度有一个共同点，都是以行政机关作为纠纷解决的主体。在现代社会，仅仅依靠法院来解决纠纷已不可能，行政机关理应成为解决社会纠纷不可缺少的重要力量，甚至是主要力量。认为解决纠纷只是法院的事情，这种观念已不适应现代社会的发展和要求。而且，行政纠纷因行政机关的行政管理行为而起，行政机关有义务先行处理行政纠纷，而不应当将自己引发的纠纷全部甩手给法院。现有的行政裁决、行政仲裁和行政复议制度存在的主要问题是对解决纠纷的制度必须以公正为核心的理念没有完全树立，导致现有制度中缺乏最基本的程序保障。将来的主要任务是增加这三项制度的公正性的程序设置，使绝大部分社会纠纷消化于这一层面。但是，必须指出，行政裁决、行政仲裁和行政复议都不能具有终局效力，当事人如果对其决定不服，都有权向人民法院提起行政诉讼。

此外，在我国的公务员管理领域，一直以来缺乏一个比较中立的机构来处理非聘任制公务员与所属机关之间发生的各种纠纷，致使公务员的权利在受到损害时得不到有效救济。在和谐社会的构建过程中，不应当忘记塑造国家机关内部公务员与所属机关之间关系的和谐。公务员对所属机关作出的影响自身权益的决定不服时，也应当有权请求一个较为中立的机构来裁决。为此，可以考虑在国家机关内部设立一个专门的委员会，负责解决公务员与所属机关之间的纠纷。而且，委员会的组成人员应当尽量多元化，行政机关之外的人士应当占合理的比重。

位于行政纠纷解决制度体系第三层次，也是最后一个层次的是行政诉讼。行政诉讼是解决行政纠纷的最后一道关口。所谓最后，一是对前已处理的行政纠纷不服的，都可以向法院提起诉讼，二是法院的裁判是终局裁判。在进行制度设计时，还要注意至少两个问题：一是行政裁决、行政仲裁和行政复议是否前置。鉴于行政裁决和行政仲裁一般发生在专业性和技术性较强的领域，可以考虑行政裁决和行政仲裁以前置为原则，当事人对行政裁决和行政仲裁的决定不服时，再向人民法院提起行政诉讼。行政复议和行政诉讼是大多数行政领域的通用纠纷解决方式，原则上可以将纠纷解决方式的选择权交给当事人，由当事人自主选择是先申请行政复议还是直接提起行政诉讼。二是尽可能地扩大行政诉讼的受案范围，将行政管理领域的所有法律纠纷都纳入到行政诉讼中来，让所有法律纠纷都由法院来最终把关，使得当事人对行政机关作出的纠纷解决结果不服时，都有寻求法院救济的机会。

另外，信访制度是新中国成立以来形成的一项纠纷解决制度。在行政纠纷解决制度体系中，可以将信访制度作为前述三个层次的补充。当事人对行政机关的任何决定不服，都可以向信访机关提出信访申请。信访机关针对当事人的申请应区分两种情况分别对待：其一，如果信访事项属于行政裁决、行政仲裁、行政复议和行政诉讼的受案范围且未过时效，那么应当告知和说服申请人向具体的行政机关和法院提起行政裁决、行政仲裁、行政复议和行政诉讼。如果信访事项已过行政裁决、行政仲裁、行政复议和行政诉讼的时效，那么应当耐心做其思想工作，劝服其息访。其二，如果信访事项不属于行政裁决、行政仲裁、行政复议和行政诉讼的受案范围，可以由信访机关向申请人说明情况，并向有权机关提出解决问题的建议。

五、法院——行政纠纷解决制度体系中的最后一道防线

在任何法治国家，法院都是公平正义的象征。在解决纠纷制度体系中，法院至少扮演着三种角色：其一，法院一直都是解决法律纠纷的不可替代的场所，而且法治国家都尽可能地将社会纠纷通过立法机关立法或法院的判例转化为法律纠纷，纳入到法院的管辖范围。其二，法院是其他解决纠纷主体的外部制约力量，尽管法院没有能力来解决所有纠纷，但是法院的存在，可以给其他纠纷解决主体以有力的鞭策，促使纠纷尽可能地在法院之外得到公正解决。其三，法院是行政纠纷解决制度体系中的最后一道防线。在纠纷解决制度体系中，各种制度都要充分发挥其作用，但是必须有一种最终的纠纷解决制度和一个负责最终解决纠纷的主体。这个最终的纠纷解决制度就是诉讼制度，相应地，负责最终解决纠纷的主体就是法院。如果没有法院作为最终解决纠纷的主体，任何组织和个人都可以对经过法院判决的事项进行处理，那么社会纠纷的解决将遥遥无期，任何纠纷都可能一拖再拖，久拖不决。只有让法院坐镇纠纷解决的最后一关，让法院的判决成为终局的决定，纠纷才有完结之日，正义才有实现之时。

要让法院成为最终解决纠纷的主体，就必须提升法院的地位，强化法院的权威，增强法院判决的权威性。为此，必须做到以下几点：首先，排除一切外来干涉，使法院能够独立地受理案件、审理案件和作出判决；使法官能够安心地秉公办理案件，免除后顾之忧。其次，法院自身要加强内部建设，提高法官队伍的业务素质和道德修养。再次，除了法院自身经过合法程序可以对判决作出撤销和改变外，任何组织和个人都无权否定、撤销或改变法院的判决。最后，法院的判决必须得到执行。法院判决作出以后，在判决规定的期限之内，如果判决义务人不自觉履行义务的，判决执行机关要及时执行法院判决，落实判决内容。只有做到以上几点，才能塑造出权威的法院，让权威的法院作出权威的判决，权威的判决获得当事人的信服，从而使纠纷得到最终的解决。

从依法行政到建设法治政府

行政诉讼

行政诉讼的基本原则*

行政诉讼的基本原则,是宪法和法律规定的,反映我国行政诉讼的基本特点,对行政诉讼具有普遍指导意义,在解决和处理行政案件时必须遵循的基本行为准则。

研究探索行政诉讼的基本原则,是当前正在讨论的建立具有中国特色的行政诉讼制度的核心问题。因为任何法律的制定,都必须首先搞清该法律的基本原则,才可能对各项具体制度作出规定。本文试图对行政诉讼的原则作一比较全面的探讨,希望得到批评和指正。

一、行政诉讼基本原则的意义、特点、影响因素和分类

(一)研究行政诉讼基本原则的意义

研究行政诉讼的基本原则,在《行政诉讼法》颁布以前,将对制定法律起指导作用。

我国正在研究和讨论制定《行政诉讼法》,对基本原则的研究和讨论,是其中的核心部分,也是主要的难点所在。基本原则讨论清楚了,其他问题都将易于解决。

研究和掌握行政诉讼的基本原则,在《行政诉讼法》颁布以后,将帮助人们领会我国行政诉讼制度的精神实质,把《行政诉讼法》正确地适用于各个具体案件,保证法律的统一和正确实施。在《行政诉讼法》对某些问题缺乏具体规定时,基本原则将为解决审判实践中出现的新问题提供方向,以期最终完善我国的行政诉讼制度。

(二)行政诉讼基本原则的特点

第一,行政诉讼的基本原则必须由法律所规定。规定行政诉讼基本原则的法律主要是:宪法、人民法院组织法、人民检察院组织法、民事诉讼法和行政诉讼法。例如,《宪法》规定中华人民共和国人民法院是国家的审判机关,这是人民法院主管行政诉讼原则的宪法根据。《民事诉讼法(试行)》

---

* 本文载于《政法论坛》1988 年第 5 期。

第 3 条第 2 款关于法律规定由人民法院审理的行政案件，适用本法的规定，这是人民法院在行政诉讼中实行特定主管原则的法律依据。集中规定行政诉讼基本原则的应该是《行政诉讼法》，但由于我国尚未制定《行政诉讼法》，因而此处所说的行政诉讼的基本原则，还只能从宪法、法律规定的精神和我国国情的特点中概括和归纳出来。这一特点必然使我们在论述行政诉讼的基本原则时，比之论述其他诉讼的基本原则，更富探索性，因而也更易引起争论。

第二，行政诉讼的基本原则必须具有概括性。这包含两层意思：一是要概括行政诉讼与其他诉讼（刑事诉讼和民事诉讼）的共性与个性；二是要概括出与本国的政治、经济制度和法制传统相联系的我国行政诉讼的特点，例如，人民法院特定主管原则就是一个概括了行政诉讼的特殊性并反映了我国行政诉讼特点的基本原则。

第三，行政诉讼的基本原则必须具有普遍的指导意义。基本原则是行政诉讼中人民法院的审判活动和诉讼参加人的诉讼活动所必须遵循的行为准则。这些准则有些贯穿于诉讼的全过程，例如人民检察院参加行政诉讼的原则；有些则涉及行政诉讼中极为重要的阶段，例如人民法院不享有司法变更权，就主要是审判阶段的原则等。这里需要强调的是：任何普遍性都不可避免有其例外和特殊性。

法律的任务和困难就在于作出普遍规定的同时，明确指出其例外情况。我们在探讨基本原则时，也应该注意对例外情况的研究。

第四，由于行政诉讼的基本原则体现了特定的国情和行政诉讼的特殊性，因而它较之一般的程序和制度就更有稳定性。

（三）影响行政诉讼基本原则的主要因素

行政诉讼的基本原则并不是主观随意的产物，它植根于行政诉讼的客观发展规律。从总体上说，影响行政诉讼基本原则的主要因素，应该是一国的国情。它包括：国家的经济制度和政治制度、司法实践和法制传统以及行政诉讼法律关系的特殊性等三个方面。

1. 我国的经济制度与政治制度

行政诉讼是商品经济和民主政治发展的产物。但我国几十年产品经济形成的政治结构，曾长期把企业事业单位作为行政机关的附属物，使行政管理在经济发展中处于决定地位，同时也使个人对组织的从属性和依附性大大增强。这就产生了两个结果：一是行政纠纷数量很多，二是解决这种纠纷的行政诉讼却难以顺利开展。在这种条件下，我国的行政诉讼就需要强调人民法院独立行使审判权，强调诉讼中的支持原则和检察院参与行政诉讼等基本原则。

我国的政治制度是人民民主专政的制度，人民通过人民代表大会行使国家权力，并且设置行政机关与司法机关来分别行使行政权和司法权。行政机关和司法机关都对人民代表大会负责并报告工作，它们相互间的关系不是三权分立和制衡的关系，而是相互尊重和监督的关系。行政诉讼是对行政机关的管理活动进行司法监督的重要环节。由于行政机关担负着直接组织和管理国家事务的任务，与国家的命运和人民的幸福息息相关。因此，通过行政诉讼，加强司法机关对行政行为的监督，保护公民的合法权利和利益，同时监督和保障行政机关依法行使职权，是十分必要的。正如行政机关必须充分尊重法院在行政讼诉中行使司法权一样，这一监督也要建立在寻求行政机关充分行使行政权的基础之上，并最终向权力机关负责。这些特点对我国行政诉讼产生了深刻的影响。人民法院独立行使审判权、行政机关负主要举证责任、复议前置、诉讼不停止执行原则，等等，都是在这一基础上产生的。

2. 法制传统和司法实践

一国的法制传统和司法实践，常常对行政诉讼的基本原则产生重大影响。英国的法制传统和司法实践，产生了以行政裁判所为处理行政争议的主要机构和普通法院具有处理行政案件的最后决定权，以及英国不分行政争议和民事纠纷的诉讼特点。法国的法制传统和司法实践则产生了明确划分民事纠纷和行政争议，建立独立的行政法院系统以处理行政案件的诉讼特点。这两个国家的行政诉讼制度，对世界各国的行政诉讼产生了广泛的影响，形成了英美法系和大陆法系两大行政诉讼体系。我国的法制传统和司法实践却不同：其一，我国《宪法》规定了审判权由人民法院行使，因而不可能另设行政法院；其二，我国的法制传统是对民事纠纷和行政争议的明确划分，因此，必须由人民法院内设置的行政庭来处理行政争议。司法监督成为行政法制监督的重要组成部分，由此产生了人民法院主管行政诉讼的原则。

3. 行政诉讼法律关系的特殊性

行政诉讼法律关系与刑事和民事诉讼法律关系的不同在于，人民法院主持下解决的行政争议，是行政机关在行政管理活动中与公民和社会组织之间发生的争议。行政机关作为被告参加诉讼，原由行政机关管理的相对人，在行政诉讼中成为原告。原与行政机关处于平行地位的法院，现在成为行使司法监督权、主持处理争议的裁判者，行政机关必须遵守诉讼的一切法定程序，执行人民法院的裁判。与此同时，行政机关作为国家机关的地位，即使在进入诉讼阶段以后，也会在诉讼中有所反映。法律关系中的这些特殊性，必然要求行政诉讼有不同于民事和刑事诉讼的基本原则，例如，被告诉讼权利有限原则等。

（四）行政诉讼基本原则的分类

行政诉讼的基本原则，按不同的标准，可以有不同的分类。

1. 根据基本原则的性质，可以分为组织原则和职能原则两大类

组织原则就是规定人民法院在行政诉讼中的组织活动的，也可以称之为组织制度，如公开审判原则、回避原则、使用民族语言文字原则等。职能原则就是规定诉讼活动必须遵循的基本准则的。有些对诉讼参与人都有关，例如，当事人诉讼权利平等原则；有些与人民法院审判活动有关，如不适用调解原则；有些与某些诉讼参与人有关，如人民检察院参加行政诉讼原则等。

2. 根据基本原则所由规定的法律不同，可以分为宪法、组织法规定的基本原则，行政诉讼法规定的基本原则和其他法律规定的基本原则三大类

宪法和人民法院、人民检察院组织法规定的基本原则，一般适用于各类诉讼。行政诉讼法规定的基本原则则更多地反映了行政诉讼的特点。其他法律，如民事诉讼法与某些法律，也可能对基本原则作出规定，有些则可能对基本原则的例外情况作出规定，从而影响与丰富基本原则的内涵。

3. 根据基本原则的适用范围，可以分为一般原则和特殊原则两大类

一般原则指民事、刑事和行政诉讼都适用的基本原则，或适用于民事诉讼和行政诉讼的基本原则。特殊原则是行政诉讼所特有，与刑事、民事诉讼，特别是民事诉讼相区别的基本原则。由于这种分类方法叙述比较方便，本文将依此对行政诉讼的基本原则逐一进行分析和探讨。

二、行政诉讼的各项基本原则

（一）行政诉讼的一般原则

一般基本原则有三种情况，一是对刑事、民事、行政三类诉讼都适用的基本原则；二是适用于民事和行政诉讼的基本原则；三是适用于三类诉讼，同时又含有行政诉讼特殊性的基本原则。

1. 以事实为根据，以法律为准绳

这是我国各类诉讼共有的基本原则。它们基本要求是：人民法院在审理案件时必须查清案件的事实真相，以有关的法律为衡量标准，辨明是非曲直，

作出正确的裁判。它是实事求是和依法判案这一指导思想的体现。行政诉讼和其他诉讼所不同的是，行政诉讼是对行政机关的行政处理决定的审查。行政处理决定本身就是对一定的事实适用法律规定，因此，在行政诉讼中，所谓以事实为根据，就是人民法院要查明行政机关据以作出处理决定的事实是否符合客观情况，所谓以法律为准绳，就是要查明行政机关据以作出处理决定的法律规定，是否运用正确。上述任何一点的肯定或否定，都将是人民法院作出维持或撤销裁定的根据。正是因为这一特点，引起了事实审还是法律审的争论。笔者认为，用事实审还是法律审，似由人民法院自行决定为好。案情比较简单清楚的，人民法院可以以法律审为主；案情比较复杂确实尚需查证的，也可以进行事实与法律两方面的审查。

2. 诉讼当事人在适用法律上一律平等

这是宪法规定的公民在法律面前一律平等的社会主义法制原则在诉讼上的体现，它是我国各类诉讼所共有的公正，同样，也不能因强调保护公民的合法权益而对行政机关有任何歧视或不公正。

3. 公开审判

这是我国各类诉讼共有的基本原则。是指除涉及隐私或机密的案件外，一律公开审理，行政诉讼并无例外。

4. 回避

这是我国各类诉讼共有的基本原则。是指承办本案的审判人员和其他人员，如是本案当事人或当事人的近亲时，或是与本案有利害关系以及与本案当事人有其他关系，可能影响对案件的公正审理的，必须自动退出本案的审理，当事人也有权申请更换，行政诉讼也无例外。

5. 使用本民族语言文字

这是我国各类诉讼中共有的基本原则。是指各民族都有用本民族语言文字进行诉讼的权利，是《宪法》规定的我国各民族人民平等原则在诉讼中的具体表现，行政诉讼也并无例外。

6. 人民法院依照法律规定独立行使审判权

这是我国各类诉讼所共有的基本原则，但对于行政案件尤为重要。因为行政诉讼的被告是行政机关，在行政法治意识还比较淡薄的情况下，仍有相当一部分人把行政机关的败诉，看成是"丢脸"和"丧失威信"的事情，而没有认识到这是对公民或社会组织的合法权益的保护，是维护提高了行政机关的威望，因而他们想方设法动员各种力量，从各个方面对主持审判的人民法院施加影响，其严重程度远远超过其他诉讼活动，已成为顺利开展行政诉讼的不可忽视的障碍。因此，强调人民法院依照法律规定独立行使审判权的基本原则，对于干扰这一原则的行政机关、团体和个人，作出具体的严格的制裁性的规定，是必不可少的。

7. 保障诉讼当事人平等地行使诉讼权利

这是行政诉讼和民事诉讼共有的基本原则。在刑事诉讼中，有保障诉讼参与人的诉讼权利的原则，主要是指由于诉讼参与人在刑事诉讼中的诉讼地位各不相同，因而法律赋予他们的权利也不同。这些诉讼权利依法应得到保障。但在民事诉讼中，应该保障的是诉讼当事人平等地行使诉讼权利的原则，不允许当事人的任何一方享有比另一方更多的权利。这种平等可以表现为双方当事人在某些方面享有相同的诉讼权利，在某些方面享有并不相同的诉讼权利，但后者必须互相对等，彼此适应，不能因享有诉讼权利的不同而影响双方当事人在诉讼地位上的平等。在一定意义上说，行政诉讼中当事人平等行使诉讼权利的原则较之民事诉讼更为重要。这是因为，行政诉讼双方当事人在进入诉讼以前，一方当事人（行政机关）是依法享有单方意思表示并行使管理权的管理者，另一方当事人则是必须接受行政机关的意思表示和服从管理的被管理者。一旦进入诉讼，则原来管理与被管理者之间的行政争议，转为由人民法院主持解决的原告与被告之间的争议，将双方关系转变为三方关系，其核心内容是人民法院依法对被诉行政机关所作的处理决定是否合法进行审查。行政机关（被告）在行政诉讼中只享有与原告平等的诉讼权利。人民法院对诉讼当事人平等地行使诉讼权利给予保障。例如，原告与被告都有委托代理人、申请回避、提供证据和进行辩论的诉讼权利。原告有变更或放弃诉讼请求的权利，被告有承认或反驳诉讼请求的权利，等等。进一步说，不仅行政机关在行政诉讼中不享有特别的优越的诉讼权利，相反，由于行政机关进入诉讼以前享有单方意思表示并拥有监督和强制相对人接受这种意思表示的权力。除法律另有规定外，并不需要第三者的力量。因此，行政诉讼只能是由不服行政处理决定，但自身又没有能力推翻或改变这一处理决定的相对人提起，所以，在行政诉讼中，行政机关总是被告，管理相对人总是原告。相对人享有起诉权，行政机关既无起诉权又无反诉权，相反，只有按期应诉，并主动提供据以作出行政处理决定的事实和法律根据的义务。从这一特点说，在行政诉讼中实行的是行政机关的诉讼权利有限的原则，这又是与民事诉讼很不相同的。

8. 支持起诉

这是民事诉讼与行政诉讼共有的基本原则，是指机关、团体、企业事业单位对损害国家、集体或者个人合法权益的行政行为，可以支持受损害的单位或者个人向人民法院起诉。在民事诉讼中，支持起诉内容限于侵权行为引起的民事案件，支持者限于机关、团体、企业事业单位，不包括个人，并且必须是受害人没有起诉的。支持起诉原则在行政诉讼中有着更加重要的意义。这是因为，在行政法律关系双方当事人之间是一种管理与被管理的关系。被管理者由于害怕受到有权的管理者的报复或顾虑"官官相护"，常常不敢提起诉讼。因此，通过各类组织支持相对人提起行政诉讼，有利于更好地维护公民或社会组织的合法权益，有利于深入监督行政机关的行政行为。值得注意的是，支持起诉原则的理由虽然非常清楚，但实践中还有许多具体问题需要解决。例如，支持起诉者在法庭上处于什么地位，有什么权利和义务？支持起诉者与被支持者之间是什么关系？等等，还有待于总结实践经验作出明确规定。

9. 人民检察院参加行政诉讼

在《民事诉讼法（试行）》中，对这一基本原则的表达是人民检察院对审判活动实行法律监督。这一点也完全适用于行政诉讼。对于行政审判活动中产生的问题，例如，应该受理的行政案件不予受理，不应受理的案件却予受理，感服于外界压力或诱惑，作出不公正的判决或裁定，以及违反诉讼程序的规定进行审判，等等，人民检察院都应进行监督。但是，在行政诉讼中，人民检察院不仅仅只是实施上述形式的法律监督。其一，在行政诉讼中，人民检察院如何实现对法院审判活动的监督？是否也可以与刑事诉讼一样，地方各级人民检察院对第一审案件的判决或裁定，认为有错误时，按照上诉程序提出抗诉，最高人民检察院对各级人民法院，上级人民检察院对下级人民法院已经发生法律效力的判决或裁定，如果发现确有错误，按照审判监督程序提出抗诉？回答应该是肯定的。根据《人民检察院组织法》的规定，人民检察院是专职的法律监督机构。人民检察院提出抗诉的权力不只限于刑事诉讼。同样也适用于行政诉讼和民事诉讼，因为《人民检察院组织法》第17条、第18条两条规定，实际上泛指所有的诉讼，并不局限于刑事争议。其二，由于行政诉讼中双方当事人中有一方是有权的国家行政机关，被管理者出于各种考虑，常有可能对损害其合法权益的行为不敢提起行政诉讼，还有一些行政行为，并不损害个别公民的权益，但却使集体甚至国家利益受到损害。人民检察院作为专职的法律监督机构，在行政机关的行为严重损害国家、集体或公民的权益但却无人提起诉讼的时候，就应积极干预，主动支持，甚至以自己的名义向法院提起行政诉讼，并对诉讼后果负责。其三，对行政机关在行政诉讼中是否严格遵循行政诉讼法规定的程序，例如，行政机关是否按时应诉，并将答辩书和有关证据、卷宗移交法院，是否按时出庭并遵守法庭秩序，在人民法院作出不利于行政机关的判决或裁定时，是否依法执行等，也都可以进行法律监督，把违法者的情况告诉监察部门或行政机关的上级机关，并建议给予一定的行政处分。如果上述观点能够成立，那就应该将"人民检察院对审判活动实行监督"的基本原则的提法，改为"人民检察院参加行政诉讼"的原则。

（二）行政诉讼的特殊原则

这里是指不适用于其他诉讼而仅为行政诉讼所特有的一些基本原则。或者说，这是一些使行政诉讼区别于其他诉讼的基本原则。

1. 人民法院特定主管原则

与刑事案件、民事案件统归人民法院管辖不同，行政案件只有一部分归人民法院管辖。特定主管的含义，一是人民法院只主管法律规定主管的那一部分行政案件，而不是全部行政案件，二是法律规定由人民法院主管的行政案件，必须由人民法院管辖。

（1）人民法院主管行政案件的范围。目前，人民法院主管哪些行政案件，根据《民事诉讼法（试行）》第3条第2款的规定，是由各个实体法具体规定的。这些法律法规的总数已过百，多数规定相对人不服行政机关的行政处罚决定的可以提起诉讼，个别的规定相对人在不服授予权利或承担义务时，可以提起诉讼，还有个别的法规规定在损害相对人合法权益时，可以提起诉讼。由于这种列举式的规定与我国人民民主发展的进程不相适应，对相对人的合法权益只保护某一部分而不保护其他部分，且由各个法律法规逐一规定，既累赘又很不统一，为此，现在无论是实务界还是理论界对此都很不满意，认为：其一，必须改变目前这种规定方式，最好是制定行政诉讼法对此作出统一规定；其二，扩大人民法院受理行政案件的范围。至于受理范围扩大到何种程度，由于各人所依据的理由很不一样，因而分歧也很大。归纳起来，主要的分歧在于：人民法院主管行政案件的范围，是应该根据目前法院在人力、物力方面的承受能力，还是根据我国政治体制的特点，以法院应不应该和可不可以受理为准？毫无疑问承受能力是应该考虑的。但是，这毕竟只是一个带有技术性的问题，无非就是增加经费与培养人才的问题。对我们这样一个社会主义国家来说，行政诉讼已经列入政治体制改革的范围，只要下决心，应该并不是一个不可解决的困难。人民法院主管行政案件的范围问题实际上就是人民法院是全部还是有选择地保护人民合法权益的问题，是一个反映社会主义民主的广度和深度问题。从这样一个角度来考虑，人民法院对行政案件的主管范围应该是全面的，凡属损害公民或社会组织的权益的行为，都应在人民法院受理范围之内，既不应在内容方面加以限制（即不管这些处理决定是授予权利还是承担义务，包括给予处罚），也不以法律法规有否规定为界，而应以行政机关的具体处理决定是否损害公民的合法权益为审查目标。

需要说明的是：我国政治体制的特点是人民代表大会领导下由行政机关和司法机关分别行使行政职能和司法职能。行政机关在管理其内部事务时发生的争议，例如，行政机关内部的职权争议，地方行政机关间关于乡界、县界、省界的边界区划争议，行政机关内领导与公务员之间的争议，虽也都称为行政争议，由于并不直接影响到公民的权利义务，因此一般都不应进入行政诉讼的渠道，不属司法监督的范围。在这里，我们实际上是把行政争议划分为内部争议与外部争议两大部分。只有后者，即行政机关在管理国家事务时与公民发生的争议，才属于行政诉讼的范围。这是我国行政诉讼制度的重大特色之一。为此，人民法院主管行政案件的范围仍旧是有限制的，这就是特定主管的含义。国际通例，政府的政治性行为，如外交、军事等，都不属于行政诉讼的范围。

顺便指出，行政机关内部的行政争议，应该通过另一些渠道解决。例如行政机关之间的职权争议和行政区划争议，可以通过它们的上级机关或特定主管机关来解决，数量最多的行政机关内领导与公务员之间的行政争议，常常具有两重性，它既是行政机关的内部事务，又经常涉及公民的某些权利和义务，可以由监察部主管解决。我国的实践证明，这些争议由行政机关自己解决，比较方便，也比较顺当。问题是要将这一解决途径法制化。

（2）行政机关与公民之间的行政争议，除法律另有规定外，最终都必须由人民法院主持解决。我国的法制传统是严格划分民事纠纷和行政争议，由人民法院统一行使审判权，单设行政庭以主持解决行政争议，设民庭以主持解决民事纠纷，而不设独立的行政法院系统。在进入诉讼阶段以前，一般行政争议都可向上级行政机关申请复议，不服复议的，再向人民法院行政庭提起行政诉讼。最终解决外部行政争议的权力统一由人民法院行使。这将是一项具有我国自己特色，同时又贯彻了一定理论原则的行政诉讼制度。

2. 复议前置原则

行政复议就是由行政机关主持解决行政争议，复议前置，是就行政复议与行政诉讼的关系而言的。即行政争议在进入诉讼阶段以前，要将复议作为一个必经阶段。未经复议的行政争议，除法律另有规定外，人民法院不予受理。复议前置原则是行政区别于刑事诉讼和民事诉讼的重大特点之一。

复议前置原则是为行政争议的本身性质所决定的。行政争议是行政机关与被管理相对人之间发生的争议。作为一方当事人的行政机关，是一个具有严格的层次结构的统一行使行政权的系统。为此，其一，行政机关有权，也有能力解决因自己的管理行为引起的争议；其二，上级行政机关对下级行政机关的行政行为具有监督检查的权利和义务。这就有可能使行政争议通过行政复议的途径来解决。不经行政复议就立即交人民法院解决，不仅使行政机关失去了纠正自己的缺点和错误的必要机会，也将剥夺上级行政机关对下级行政机关的行为进行监督检查的权利和义务，显然不利于行政权的行使和行政效率的提高，也影响人民法院对行政机关的尊重。此外，行政复议有利于较快解决行政争议，特别是专业性技术性较强的争议，有利于减轻法院的负担，等等，也是确定复议前置原则的重要原因。国外也有很多国家实行这种原则，如美国，有所谓穷尽原则，实际上相当于这里说的复议前置原则。

我国的司法实践已经证明，复议前置是一条行之有效的基本原则，例如，《治安管理处罚条例》规定的复议前置原则，既有利于公安机关提高办案质量，保护当事人的合法权益，又有利于解决争议，提高效率，并减轻法院的压力。

3. 人民法院在行政诉讼中不适用调解的原则

与民事诉讼不同，在行政诉讼中不适用人民法院着重调解和以调解为结案方式的原则。因为行政争议的双方当事人中，相对人一方虽然享有处分其实体权利和诉讼权利的自由，但另一方当事人，即行政机关却在多数情况下并不享有这类自由。行政机关的处理决定，包括处罚决定，是代表国家依法作出的，本质上是一种执法行为，不能随意处分。因此，人民法院在审理行政案件时，就不能像民事诉讼那样，为了求得争议的解决而要求行政机关在依法作出的处理决定方面作出某些让步。如果作出让步，就构成了行政违法。人民法院在审理行政案件时，只能就行政处理决定是否符合事实和是否依法作出判决或裁定。最早规定不适用调解原则的是最高人民法院"关于人民法院审理经济行政案件不应进行调解的通知"（1985 年 11 月 6 日），显然，这一精神也适用于经济行政案件以外的其他行政案件。

但是，需要注意的是，不适用调解的原则并不排斥人民法院可以在判决或裁定以前，对双方当事人做思想工作这种工作的结果，有可能使原有错误的一方认识错误。如果是相对人认识错误，就要由相对人主动撤诉。如果是被告认识错误，就可由被告主动撤销行政处理决定，取得相对人谅解，再由相对人撤诉。从司法实践看，例外的情况是行政赔偿。一般来说，如行政赔偿是金钱赔偿，而法律法规多数也很难对金钱赔偿的数额作出明确的规定，这就可能需要先通过调解，然后由法院作出判决。

4. 人民法院在行政诉讼中不享有司法变更权

人民法院在行政诉讼中对被诉行政机关的处理决定，只能作出维持或撤销的裁定，不得变更。这是行政诉讼不同于民事诉讼的重大特点之一。不享有司法变更权最早见于最高人民法院 1986 年 10 月 24 日发布的《人民法院审理治安行政案件具体应用法律的若干问题的暂行规定》第 4 条规定："人民法院只就公安机关后一次裁决是否符合事实以及是否合法进行审查，依法分别作出维持或者撤销的裁定。"这一规定具有普遍意义，对其他行政案件同样适用。

（1）不得变更的范围。在民事诉讼中，人民法院享有撤销、维持或变更民事实体权利义务的全面的审判权。但在行政诉讼中，人民法院只享有维持或撤销的权力，在一般情况下，不能改变行政处理决定的内容，即不享有司法变更权。这主要是指：①法律法规对可以作出行政处理决定的事项有明确的种类和幅度的规定，而被诉行政处理决定又是根据这一法律法规作出并在法定的幅度以内。②法律法规规定的可以作出行政处理决定的幅度极宽，如《食品卫生法》规定的对违反《食品卫生法》者的罚款可以从 20 元到 3000元。但据此作出的行政处理决定并不失之公允。③法律法规对可以作出行政处理决定的事项没有具体明确的种类和幅度的规定，但据此作出的行政处理决定并不畸重。人民法院对符合上述情况的行政处理决定，可以从是否符合事实和是否合法进行审查，作出维持或撤销的裁定，一般不应变更。

（2）不得变更的原因。司法机关的任务主要是审查行政处理决定是否违法，同时也查证是否符合事实，而不是审查行政机关根据法律规定，针对当时情况，在法定幅度以内所行使的自由裁量权。如果事实和证据清楚，适用法律也合适，分歧仅在于处理决定的量度方面，司法机关就不能也不应变更。

因为，在这种情况下，其一，在幅度内选择的行政处理决定，纯属行政机关的职责，司法机关不能代替行政机关工作，不能以司法职能代替行政职能；其二，在合法的情况下，如何使用自由裁量权，最有经验最有发言权的，毕竟是行政机关，司法机关不宜越俎代庖。

（3）不得变更的例外。在司法变更权方面，不得变更是原则，可变更是例外，不得变更的例外主要是指：①行政机关的处理决定是在幅度以内，但法院有确凿的证据证明行政机关所作的决定受到了不相关因素的影响，或明显失之公允，以致损害了相对人的权益时，法院可以变更。②在我国的具体情况下，很多法律法规常常没有具体的幅度规定，完全由行政机关自由裁量。在这种情况下，就很难判断行政机关的行为是属于违法还是不当。对此可以有两个处理办法：一是提请原制定机关，用实施细则或立法解释，及时作出明确的幅度规定，为法院提供办案依据；二是在没有提供具体幅度以前，如果人民法院根据实际情况，认定确实是处理畸重，并且影响相对人的合法权益，可以作出变更的判决。③属于行政赔偿的诉讼，特别是金钱赔偿的数额，如果是行政机关单方决定而相对人又不满意的，可以由人民法院判决，作出变更的决定。

5. 行政机关负主要举证责任原则

民事诉讼中当事人对自己的主张负有提出证据，以证明其主张的真实性的责任。《民事诉讼法》并没有规定双方当事人中哪一方负有主要举证责任，但一般要求原告应当证明他提出诉讼请求所依据的事实。如果提不出证据，法院也查不出证据，则原告有败诉的可能。被告也有对自己的答辩提供证据的责任。答辩的证据推不倒原告提供的证据，则被告可能败诉。行政诉讼证据原则与此不同。在行政诉讼中，被告行政机关要负主要举证责任。这是因为：其一，行政处理决定是行政机关单方面作出的，法律关系一般也由行政机关单方面主张和决定。行政机关作出处罚决定的过程，实际上是一个收集和运用证据并适用法律的过程。相对人在这里是被动的，常常不很明白行政机关作出决定所依据的事实和法律。在这种情况下，原告提起诉讼后，虽然同样也要提供证据，但主要的举证责任却在行政机关这一方。行政机关有责任提供作出处理决定的事实和法律根据。其二，同一原因，由于被诉行政处理决定是由被告作出的。如果原告在诉讼时提供的证据不足或难以说明问题，与民事诉讼中原告因此可能败诉的情况不同，在行政诉讼中，原告不一定因此败诉，还要看行政机关是否能提供出足以证明其处理决定是正确的事实和所依据的法律。如果被告无法证明其行为是正确的，被告仍有可能败诉。可见，在行政诉讼中，实行的是行政机关负主要举证责任的原则。根据这一原则，人民法院在审理行政案件的过程中，就不能要求原告负主要举证责任，不能在原告提不出足够的证据时就判原告败诉。例外情况是，对属于因行政机关不作为而提起的诉讼，原告就有提供被告应该作出决定但并未作出决定的事实和法律根据的责任。因为在这种法律关系中，采取主动行为的是原告而不是行政机关。

6. 起诉不停止执行原则

这是指在行政诉讼中，原行政处理决定并不因为原告提起诉讼而停止执行，这是行政诉讼的特殊原则。不停止执行的主要原因在于：行政管理具有连续性，不能因提起诉讼而中断或贻误。事实上，如果行政处理决定可以因起诉而中断，那就有可能在起诉的情况较多时，使整个行政管理陷于瘫痪，这是不利于国家和公众的利益的。正因如此，行政处理决定在法律效力上就具有公定力和执行力，它不会因提起诉讼而中断。我国有很多法律对此作了明确的规定，例如，《食品卫生法》第38条规定，在当时人提起诉讼时，"对食品控制的决定应当立即执行"。起诉不停止执行的例外情况是：①法律明确规定的，一般属于行政机关自己没有强制执行的权力，需要申请人民法院强制执行的那一类行政处理决定，由于尚需经过法院审查后才可强制执行，故在规定的起诉期限内，实际上只能停止执行。②各国法律一般都规定，当事人在起诉时申请暂停执行，经法院批准，可以全部或部分停止执行。③法律另有规定的。如治安行政诉讼中，规定在当事人交纳保证金或提供担保人时原处罚决定可停止执行。

7. 权力机关监督原则

我国政治体制的特点，决定了权力机关必须对行政诉讼实施监督。我国的行政机关与司法机关都是由权力机关产生，对它负责，受它监督。权力机关对行政诉讼的监督，包含如下主要内容：其一，行政机关虽然是被告身份，但仍有可能产生不遵守诉讼中某些规定的情况，例如不提供证明，不作答辩书，不出庭辩论，等等，或不服从司法机关不利于行政机关的判决或裁定。例如，在法院撤销原行政处理决定后，另以其他办法处理相对人，不执行法院行政赔偿的判决，对司法机关变更行政处理决定的司法建议书置若罔闻，等等。在这种情况下，司法机关是否可以像民事诉讼一样采取强制措施。例如拘传、从银行划拨等，强制措施是否行得通，对行政机关与司法机关今后的关系会有什么影响等，都是需要认真研究的问题。但不管如何，权力机关作为产生和监督行政机关与司法机关的人民意志的代表机关，有权利也有义务，要对这类情况作出反应。如果司法机关认为行政机关违反了行政诉讼法的规定，或者不执行人民法院的裁定和判决，在司法机关已向行政机关的上级机关或监察部门提出但并未见效的情况下，司法机关可以向同级权力机关提出报告，请求权力机关行使它对行政机关的监督权，以求得问题的解决。其二，在行政诉讼中，司法机关在审查行政处理决定时，如果发现行政机关据以作出决定的法规、规章或其他规范性文件本身就是违宪或违法的，司法机关又无权撤销法规、规章或其他规范性文件时，一般只能由权力机关提出，请求权力机关行使撤销权。其三，在某些特殊情况下被告行政机关对法院的判决或裁定不服，通过审判监督程序也没有解决的，行政机关也可以向权力机关提出，请求权力机关行使对司法机关的监督权。

权力机关对行政诉讼的监督方式，主要是对行政诉讼中违法的行政机关或司法机关的法定代表人提出质询或行使罢免权和对不合法的规范性文件行使撤销权，等等。权力机关对行政诉讼的监督及监督的方式方法，实际上都是宪法所规定的，是宪法所规定的权力机关权利义务在行政诉讼中的具体化。

关于进一步修改《行政诉讼法》的建议

一、关于行政诉讼法的立法目的

建议在第 1 条加上"正确及时解决行政争议"。为此，可以从三个层面予以把握：首先，从条文的结构上看，正式、及时审理行政案件只是手段，行政诉讼的目的一方面是要解决行政争议，另一方面是要监督行政机关依法行政。其次，从对行政诉讼的功能定位上看，行政诉讼在很大程度上也是以公民、法人和其他组织为保护自己的权益形成的争议提起诉讼。最后，从立法的历史上看，1989 年的《行政诉讼法》写入"保证人民法院公正、及时审理行政案件"，是从制定一部《行政诉讼法》从而给法院提供一个审理行政案件的规则的角度而言的。因此，解决行政争议应该算是另外一个问题，可以单独拿出来。人民法院解决行政争议，目的还是保护公民权利，监督行政机关。

二、关于行政诉讼的诉权

建议第 2 条关于法定诉权的内容增加"其他行使公共职能的组织"的内容。这是因为，《修正案（草案）》目前使用的"法律法规授权的组织"的概念不能较好地体现党的十八大特别是十八届三中全会对于"公共治理"的要求。如果将来社会组织行使公共治理职能都要经过法律法规授权，这恐怕并不符合公共治理的客观需要。因此，在中央提出国家治理体系和治理能力现代化的今天，有必要将公共管理行为和公共服务行为整合在一起来调整，有必要将行使公共治理职能的社会组织的有关行为也一并纳入行政诉讼中进行调整。

另一方面，考虑到公共治理对于社会组织的治理能力要求较高，但有些社会组织目前还不成熟，它还没有自治和自律的能力。这实际上也对目前修改《行政诉讼法》提出了非常难的要求。但是从发展方向来看，显然应该把公共治理的要求补充进去。

从立法体例上看，由于第 2 条是从原则上框定行政诉讼的诉权范围，因此，措词上不必太过具体，可以考虑修改为"公民、法人或者其他组织认为行政机关和其他行使公共职能的组织行使公共职能或与行使公共职能有关的行为侵犯其合法权益，有权依照本法向人民法院提起诉讼"，也可以在保留现有《修正案（草案）》的基础上，在第 2 条单列一款："其他行使公共职能的组织行使公共职能的行为，视作行政机关作出的行政行为"。

三、关于行政诉讼的基本原则

第一，建议在保留"合法性审查"的原则的基础上，进一步扩大对于明显不合理的行为开展司法审查。实际上，从立法的历史来看，1989 年立法的时候就讨论过合法性审查与合理性审查的问题，但在当时，司法审查的范围还是限定在合法性审查比较好。从目前的情况来看，固守传统的合法性审查原则可能不能完全适应行政法发展的需求，因此可以考虑将司法审查的触角适当地推进至有限合理性审查。但考虑到行政诉讼制度和行政复议制度既要互补互治，但同时它们在行政纠纷化解中又要采取不同的定位、承担不同的角色等问题，我们建议只将司法审查限定于"明显不合理"的行为之上，以示与行政复议制度相区别，从而发挥各自的特点和优势，共同形成化解行政纠纷的合力。

第二，建议增加"起诉后停止被诉行政行为执行"的原则。司法最终裁决的原则已为法治实践的历史经验所肯定，行政诉讼制度就是对司法最终裁决原则的一个确认，也是从根本上缓解我国目前权利救济领域"信访不信法"现象的法门，其重要意义已无需赘述。在今后《行政复议法》的修改中，要加强与行政诉讼制度的衔接，尽可能取消复议终局的纠纷解决途径，让司法真正成为裁决纠纷的最后关口。除此之外，具体于现行《行政诉讼法》中，"起诉不停止执行"的原则建立在行政有权最终决定的基础之上，也是与司法最终裁决原则相冲突的。毫无疑问，行政行为具有执行力，但其完全生效，必须是在司法对此作出裁决或起诉期限已过之时。一旦原告在起诉期限内提起诉讼，行政行为的效力就需要等待法院的最终裁决。因此，"起诉不停止执行原则"应该变更为"起诉停止执行原则"。但遇紧急状态，行政机关也可以要求法院加急审理，并规定时间。

四、关于行政诉讼的受案范围

关于行政诉讼的受案范围，从现行《行政诉讼法》来看，肯定的部分是列举的，否定的部分也是列举的。但从行政诉讼实践来看，受案难的最大问题就在于两个列举之间存在的这个巨大的灰色地带。实际上给了法院一个选择性受理的权力，不利于保障相对人的行政诉权。经过仔细研究，实际上还应该这么说，虽然现行《行政诉讼法》里规定的肯定和否定两个都是列举，但实际上只有一个列举，这就是肯定式列举的。这些案子我可以受理，其他所有的案子我可以不去受理。虽然否定的部分列出来了，但只要是法律没有明确肯定的案件，即使是没有否定的案件法院也往往采取不予受理的态度，这对于相对人来说，显然是不利的。因此，建议修改成"概括肯定+列举否定式"的立法体例，即"人民法院受理公民、法人或者其他组织对行政机关或其他行使公共职能的组织作出的行政行为不服而提起诉讼的案件。但下列事项不属于行政诉讼的受案范围：（一）国防、外交等国家行为；（二）尚未对公民、法人或者其他组织合法权益产生实际不利影响的行为；（三）行政机关或其他行使公共职能组织对其内部工作人员作出的除开除、辞退以外的人事管理行为；（四）法律规定人民法院不作为行政诉讼案件受理的其他事项"。

即便基于目前改革发展中的一些特殊原因，不能采取"概括肯定+列举否定式"的立法体例，而不得不保留列举肯定的方式，目前的《修正案（草案）》中关于肯定的列举部分也极不科学，需要进行较大幅度的修改。总体来看，即便需要继续沿用正面肯定方式的，也应取消人身权和财产权的限制。只要合法权益受到侵害，都可以提起诉讼。

五、关于行政诉讼的管辖

从排除法院受到干预的压力出发，管辖的问题就相对集中在级别管辖上面。而级别管辖动作相对较大的是在中级法院这一级作调整，基层法院和高级法院、最高法院的级别管辖问题不应调整。

首先，建议第 16 条写上"基层人民法院管辖一审行政案件，本法另有规定的除外"。之所以为第 16 条增加例外条款，是为了解决中级法院可能受案量过多的问题。在管辖方面进行制度设计时需要落实便民原则和诉讼均衡的原则。由于在中级人民法院管辖县级以上人民政府的案件中不动产登记案件所占比例较大，考虑到目前不动产登记国务院也正在推进，所以这一类案件应该在级别管辖中间除外，还是属于基层法院一审管辖比较合理。相应地，规定高级法院管辖问题的第 16 条第 2 款和第 26 条可以保留。

此外，复议机关该不该作被告的问题也影响到级别管辖的案件集中度的问题。如果行政诉讼法将来把复议机关经过复议的案件行政机关都作被告，那么由中级法院来管辖的案件就相当多了。因此，管辖问题和进行司法体制改革相关，在目前大的体制没有改的情况下，管辖的问题还不能作较大程度的变革。

六、关于行政复议与行政诉讼的衔接问题

行政复议应该作为解决纠纷和进行救济的重要机制，它跟行政诉讼制度是配套的，这是一个大的基本定位。在这个定位之下，从行政诉讼审查的根本上来说还是原来的行政行为，只有相对人对复议机关应当受理复议而不予受理的不服，或者受理以后迟迟不作出决定，或者受理以后对复议应该履行的职责本身不履行的，不服申请提起诉讼，复议机关才作被告，除此以外其他的都应该是复议机关不作被告，原机关作被告。

当然，复议机关不作被告的前面有一个条件，这个条件就是复议机关必须是比较公正的。如何保证复议机关相对比较公正呢？那就是希望复议机关能够往司法化方面前进一步，能够做得比较公正。这也就是英国的裁判和美国的行政法官一样走的道路，能够使老百姓相信你是公正的。复议天生就可能让老百姓怀疑你是官官相护的，所以就必须从体制机制上面作出很多改变，使得复议的决定确认能够比较公正，从而赢得老百姓的信任，也能够在解决行政争议这个体制当中担当起更大的任务来。

考察域外，英国的行政裁判所、美国的行政法法官、法国的行政法院，各种不同的体制，我们从亚洲这个角度来看，东亚的就是韩国和我国台湾地区搞的复议委员会，而且看起来这个复议委员会有可能比较适合我们中国大陆的这个情况。国务院法制办搞行政复议委员会要解决的根本问题也是使复议机关显得更加公正，更加靠近司法公正，更加相当于法院的一审。所以从理念上来看，怎么能够使复议机关公正起来应该是个核心问题。因此从这方面来讲，《行政诉讼法》和《行政复议法》应该同步进行，通过配套来修改。单独改《行政诉讼法》，可能与《行政复议法》的修改出现错位，从而造成更多的麻烦。

七、关于举证责任

举证责任制度是一种与不利的法律后果相联系的制度，其意义在于确定举证不能所带来的败诉的风险由何方当事人承担的问题。举证责任虽经长期发展，但至今并未脱离于古老的罗马法所确立的"谁主张、谁举证"的基本要求。考诸域外，无论是大陆法系国家还是英美法系国家，无论是民事诉讼、刑事诉讼还是行政诉讼，在举证责任上都实行"谁主张、谁举证"。只不过举证责任的分配必须服从于具体的诉讼目的。申言之，民事诉讼以解决平等主体之间的争议为目的，其举证责任是典型的"谁主张、谁举证"；在刑事诉讼中，由检察机关代表国家对犯罪行为提起公诉，所以检察机关就要承担举证

证明犯罪行为该当、违法和有责的责任；行政诉讼以公正及时化解行政争议、审查行政行为是否合法、保障公民、法人和其他组织合法权益为目的。由于行政行为是行政主体作出的，故而行政主体必须自己举证证明行政行为的合法性，否则就要承担不利的后果。

不难发现，在行政诉讼中，只能由一方当事人来承担举证责任。如果让双方都承担举证责任，或者让一方承担主要举证责任，让另一方承担次要举证责任，都将无法实现设定行政诉讼举证责任的目的。虽然我们同意"在起诉被告未履行法定职责的案件中，原告应当提供其向被告提出申请的证据"，但在诉讼中，被告仍应举证证明其为什么不履行法定职责。如被告举证不能，就应当被判履行法定职责，或确认被告违法。至于原告，则仅仅须承担证明其符合起诉条件的初步证明责任，与被告所要承担的举证责任不可同日而语。司法实践中，有很多行政法官并不是以审查行政行为合法性为己任，反而事实上与行政机关站在一起审查原告的行为是否合法。如果进一步明确所谓"原告的举证责任"，不仅其理论基础可疑，而且在实践中很有可能带来大的倒退。

八、关于行政诉讼中的法律适用

行政诉讼中的法律适用问题关系到行政诉讼内在的运转和行政诉讼的成效，关系到国家权力的分配（既包括与行政机关之间的权力分配，也包括与立法机关之间的权力分配）。本质而言，这关系到司法的功能与司法权威问题。

大体而言，被诉行政行为的审查涉及两大问题：事实问题与法律问题。如果说在事实问题的审查上世界各国有不同做法，而在法律问题上的审查则有很强的一致性，即法院具有独立的审查权和最终的决定权。之所以如此，最根本的原因在于，法院是法律问题的专家，法院所接受的训练和日常工作都是法律事务，在法律适用问题上法院的解释和判断是最后的、最权威的。当然，这并不排除在一定的情形下，法院对行政机关的法律解释和判断的尊重。

《行政诉讼法》规定，人民法院审理行政案件，以事实为根据，以法律为准绳；如认定具体行政行为适用法律、法规错误，可以判决撤销或部分撤销。从这些规定看，法院在法律适用上有很大的权力。但结合我国《行政诉讼法》其他规定，尤其是我国整个国家机关权力关系及其运作和法律解释制度来看，法院在行政诉讼中对行政行为所涉及法律问题的权力相当有限。例如，不认可一般人民法院缺乏在个案中阐释法律（广义）的权力，不（敢）认可法院有明确的适用冲突适用规则的权力。这些认识背后潜存的观念是，认为或者担心赋予法院相关权力会"赤裸裸地篡夺立法职责"。然而，这些认识混淆了立法本身与法律适用、抽象解释与个案解释。法院的功能在于通过解释、判断把一般的规则适用于具体案件，其本身不是立法，不同于制定机关制定或者提供一般性规则，在个案中的法律问题法院拥有解释和判断权，而不是将此问题再行交由制定机关去解释、解决。

不过，考虑到这一问题不仅存在于行政诉讼中，也存在于刑事与民事诉讼之中，以及这一问题的复杂性。此次《行政诉讼法》的修订，可以考虑增加两条内容：一是涉及被诉行政行为的法律适用，人民法院有独立的判断决定权；二是人民法院在审理行政案件时有权依据《中华人民共和国立法法》等法律规定的冲突适用规则选择适用应适用的法律规范。

九、关于规范性文件的审查问题

关于规范性文件的审查，《修正案（草案）》增加规定了一种对规范性文件的"附带审查"，即第14条、第66条的规定。这相对于现行《行政诉讼法》完全排除当事人可以请求对规范性文件的审查而言，显然是一个重大的突破。尽管如此，但是我们认为，与现实的需求相比，《修正案（草案）》所迈出的步伐还不够大，所设计的制度还不够完善。对规范性文件完整、理性的审查制度设计应当包括"独立审查""附带审查"与"职权审查"三种审查制度（"三审并存"），而不能仅仅限于"附带审查"。也就是说，当事人认为规范性文件不合法的，既可以在对具体行政行为提起诉讼时，一并请求对该规范性文件进行审查，也可以单独对该规范性文件提出审查请求。同时，法院在审理行政案件中，如果发现被诉具体行政行为所依据的规范性文件违法，即使当事人没有对该规范性文件提出审查请求，也应当主动依职权加以审查和处理。

据此，应首先将草案第14条修改为："公民、法人或者其他组织认为下列规范性文件对其合法权益造成损害的，可以单独对该规范性文件提出审查请求，也可以在对具体行政行为提起诉讼时，一并请求对该规范性文件进行审查：（一）国务院部门的规定；（二）县级以上地方各级人民政府及其工作部门的规定；（三）乡、镇人民政府的规定。"本条修改将原规定的"附带审查"进一步扩大到"独立审查"与"附带审查"并存，创设一种单独提请审查之诉。理由是，有些规范性文件可以通过具体行政行为也可以通过相对人的行为得以实现，还有的只能通过相对人的行为实现而无需具体行政行为的存在。在这样的情况下，违法的规范性文件不通过具体行政行为也可能侵犯相对人的合法权益。而按照"附带审查制度"，由于没有相应的具体行政行为的存在，即使其权益受到这种规范性文件侵犯的相对人也无法提起诉讼。这最终导致的结果还可能是促使相对人去违反其不服的规范性文件，以便相关行政机关据此对其作出相应的具体行政行为，并由此获得对该规范性文件提出附带审查的权利。这显然与行政诉讼制度的宗旨相悖。因此，仅有"附带审查"仍然存在较大的局限性，应当明确创设一种单独提请审查之诉。至于规范性文件的范围，从目前实际情况来看，似乎不宜范围太大。可以考虑与行政复议法对接，把"规章以下的规范性文件"纳入受案范围。

此外，还应将草案第66条修改为："人民法院在审理行政案件中，应当对具体行政行为所依据的本法第14条规定的规范性文件进行审查，经审查认为规范性文件有下列情形之一的，应当不作为认定具体行政行为合法的依据，并在判决、裁定作出后转送有权机关依法处理：（一）超越权限的；（二）与上位法规定相抵触的；（三）严重违反法定程序的；（四）内容明显不合法、严重不适当的；（五）规范性文件失效的。经过审查，规范性文件合法有效的，人民法院应当作为认定具体行政行为合法的依据。"本条修改之所以增加三项内容，一是从"附带审查"扩大到"附带审查"与"职权审查"相并存。也就是说，法院不仅仅只是对当事人一并提出请求的规范性文件进行审查，还应当对当事人没有提出请求的其他作为被诉具体行政行为依据的规范性文件主动依职权进行审查。二是明确审查的标准为五种情形。三是处理方式。经过审查认为规范性文件合法有效的，应当作为依据，认为不合法的应当不作为依据，但不能直接予以撤销或变更，也不能等有权机关依法处理后再作出判决、裁定，而是"在判决、裁定作出后转送有权机关依法处理"。

除此之外，还应增加一条规定："公民、法人或者其他组织依据本法第14条的规定对规范性文件直接提起审查请求，被诉规范性文件具有本法第66条所列情形之一的，人民法院应当判决确认违法或失效（难度较大）；被诉规范性文件合法的，人民法院应当判决驳回诉讼请求。"之所以建议增加本条的规定，在于明确当事人对规范性文件单独提请审查时法院审查的标准和判决形式。

十、关于行政诉讼应否适用调解

《行政诉讼法》第62条是对审理行政案件不适用调解的规定。通说认为，行政诉讼中的被告是依法行使行政管理职权的行政机关，它所作出的具体行政行为是法律赋予的权力，是代表国家行使职权，因此，作为被告的行政机关应当依法行政，没有随意处分的权力。

然而，通说并不适用于行政自由裁量权、行政合同的情形；且即使在羁束行政行为中，行政机关更正错误也是行政权的当然权力。此外，通说中将公权力的处分作为否认行政诉讼中的和解不符合实际情况。一些情况下，当事人的和解并不是以处分公权力为前提的，比如涉及原告与第三人之间的利益关系，因为第三人的行为而导致和解撤诉。因此，所谓的"行政机关没有随意处分权因此不能够调解"的逻辑并不成立。公权力的不可处分问题，并不是一个公理，即便是追究犯罪的刑事诉讼中，辩诉交易的结构设计，就是公权力可处分的力证。

资料表明，"在英国，大多数行政案件是通过调解而非判决结案的"。"在美国，越来越多的现象是，行政尽量通过协商、谈判等方式解决纠纷。美国的行政执行程序是开放的，主要目的是促使当事人磋商，以达到问题的解决。"而大陆法系国家在行政诉讼中，也不同程度地允许当事人和解或法院进行调解，《德国行政法院法》第87条规定："审判长或指定之法官，为使争诉尽可能一次言词辩论终结，于言词辩论前有权为必要之命令。其有权试行参与人为争诉之善意解决之和解。"日本、瑞士等国虽然未明确规定法院在行政诉讼中可以进行调解，但从有关法律条文仍可以推知，允许法官进行一定程度的调解。因此，国外审判实践已经为我们提供了在行政诉讼中适用调解的成功现实。从我国行政诉讼法实践来看，亦存在着行政诉讼的撤诉、行政复议的调解等多种制度，并实际有利于快速解决争议，有利于实质上解决争议，有利于节约各方成本，有利于社会的和谐稳定。

明确行政诉讼中可以进行调解需要解决以下几个技术问题：一是诉讼中调解的结案形式问题。在没有将行政合同引入行政诉讼的范畴之前，建议保持现状，以当事人之间达成一致，记入笔录；原告申请撤诉的方式结案；如能够将行政合同引入行政诉讼，可以考虑采用行政调解书的形式结案。二是调解的适用范围问题。建议不作明确限制，由法官根据个案进行裁量。三是调解的审查机制问题。调解达成的和解内容不能违反法律、不损害公共利益和第三人利益，在立法中应当明确公共利益、第三人利益的审查的原则。四是针对第三人权利的保障。确保第三人参与和解程序，第三人认为和解影响其合法权益的，是有权要求继续进行审判，还是对行政调解书进行诉讼，需要有明确的制度设计。五是要明确调解时限和程序限制。为避免法院久调不决的情况，建议立法中明确在法院开庭审理之前可以进行调解以及开庭后进行调解，调解的时间不超过 10 天，这样有利于行政争议的及时解决。

十一、关于起诉是否停止执行的问题

关于现行法律规定的起诉不停止执行的原则，普遍认为是基于行政行为先定力的理论，即由于行政行为关系公共秩序或者公共利益，其一经作出，即视为有效，效力即为确定，对包括行政机关在内的所有当事人即具有拘束力，其内容不得更改；有执行内容的，当事人应当履行，拖延履行将会使公共秩序或者公共利益受到损害。但在认真研究的基础上不难发现，这一理论在诉讼是否停止执行问题上的运用，大可商榷：其一，按照行政法治的要求，特别是建立了对行政行为进行司法审查的行政诉讼制度之后，行政行为的先定力实际是行政行为的形式效力，也就是说，在可以对行政行为进行起诉的法定期限内，其效力是暂时的，而不是最终的，因为行政行为面临着被提起司法审查，法院否定其合法，从而消灭其效力风险；而当行政行为被起诉之后，这种风险又大大向前推进了一步。因此，在行政行为有可能被法院否定其效力的情况下，放任行政行为继续执行而导致公民、法人或者其他组织的权利遭受本可以避免的损害，这无论对于国家还是个人，都是不负责任的。其二，起诉后停止执行，并不全面否认行政行为的先定力，而只是就其是否应当继续执行作出了暂时性安排，其拘束力和确定力仍然存在，此前行政机关为保证其效力实现的法律措施仍然是有效的，而且任何人都无权随意更改其内容。（原告起诉后，被告变更或者撤销被诉的行政行为，是行政机关自行否定其行为的效力。如果允许这种情况存在，更应当强调起诉后停止执行。）其三，起诉不停止执行的原则也不符合第二次世界大战以后的世界各国的立法趋势。综合上述分析，行政诉讼应当以保护公民、法人或者其他组织的权利为价值取向，现行规定的"不停止执行为原则、停止执行为例外"的制度安排，不能有效地预防和制止违法行政行为继续或者加重对原告权利的损害，不利于这种价值取向的实现；而无论在立法上还是法律的实施上，均难以精确地确定停止执行的情形；基于行政法治背景下行政行为存在形式效力与实质效力的理论区分，为更加合理处理权利保护和行政秩序之间的关系，应当进行制度反转，即：停止执行为原则，不停止执行为例外。基于上述论证，建议将《行政诉讼法》第 44 条修改为："公民、法人或者其他组织提起行政诉讼的，应当停止被诉行政行为的执行，但下列情形不停止执行：（一）法律

规定不停止执行的；（二）被告认为停止执行会造成难以弥补的损失，或者损害社会公共利益，向人民法院提出不停止执行的申请，经人民法院裁定准许的。被告申请不停止执行，应当在答辩期内提出。"

十二、关于行政公益诉讼

建立行政公益诉讼，一是有助于破解行政诉讼现实困境、实现行政诉讼目的、充分发挥行政诉讼制度功能。这样不仅可以直接增加诉讼类型和案件数量，对社会也有强烈的宣示作用，将会引导更多的人信任和选择行政诉讼制度，促进其他案件数量的增加。二是有助于推进国家治理体系和治理能力现代化建设。行政诉讼制度本身就是一项突破传统模式的现代治理制度。增设行政公益诉讼制度，不仅通过诉讼方式、司法途径解决行政机关与老百姓的纠纷，而且对行政机关的监督、制约也通过老百姓看得到的、法定的程序来实现，对各国家机关和全社会强化法治思维、运用法治手段具有强烈的示范和促进作用。三是有助于弥补现行行政诉讼制度缺乏公共利益保护机制的缺陷，是保护公共利益的现实需要。四是设置行政公益诉讼可以获得较大的司法效益，符合制度建构的经济原则。虽然行政行为侵害公益的行为可以有多种救济方式，但行政诉讼是一种好的选择，既符合法治原则，又符合经济和效益原则。因为在违法的行政行为侵害公共利益的情况下，通过行政诉讼，不仅可以使受侵害的公共利益得到救济，而且可以使违法的行政行为（包括行政不作为行为）得到监督和纠正，从而得到双重的效益。

从设置行政公益诉讼制度的可行性上看，设置行政公益诉讼制度与我国现行的诉讼的理论、实践，与我国国家机关的权力、职能配置等相关制度体系都不相冲突。《民事诉讼法》业已规定了公益诉讼制度，从国家诉讼制度的整体协调性来说，《行政诉讼法》也应当规定公益诉讼制度。从实践上看，许多地方检察院已经通过检察建议对行政违法行为或行政不作为进行了监督，不少检察院探索开展了环境等公益诉讼，个别地方检察院还尝试过起诉行政机关的公益诉讼等，这些都为行政公益诉讼的开展积累了经验。此外，国外也有类似的制度可借鉴。

在行政公益诉讼制度的构建方面，考虑到公益诉讼作为一种客观诉讼，不同于侧重于权利救济的主观诉讼，其范围也应有区别。有关行政公益的纠纷不适合一步到位地纳入行政公益诉讼。建议通过列举的方式明确可以提起行政公益诉讼的事项：导致自然环境和自然资源遭到破坏的行为；导致违法出让、转让国有资产，或者非法侵占、毁坏公共财产的行为；导致食品、药品等公共卫生、公共安全受到危害，致使社会公众的人身权、财产权遭受到严重威胁的行为；导致行政相对人违法受益的行为；导致或者加剧垄断，干扰社会经济秩序的行为。这些事项主要是行政行为违法损害重大公共利益、又没有适格原告、现实需求也较为迫切的几类案件。考虑给行政公益诉讼制度的发展留下空间，可设兜底条款明确：对于"其他法律规定可以提起行政公益诉讼的情形"也可以提起公诉。

在提起行政公益诉讼的原告资格问题上，建议参照《民事诉讼法》的相关规定，法律、法规规定的社会组织可以提起行政公益诉讼。同时明确检察机关可以提起行政公益诉讼。基于我国现有的司法架构，让检察机关有权提起行政公益诉讼，不仅契合检察机关法律监督的宪法地位和提起公诉的法定职能，而且具有较小的制度成本。关于公民个人的原告资格争议比较激烈。我们认为，公民个人提起行政公益诉讼的权利不能简单地从诉权的角度来理解，因为公益诉讼对公民个人而言不具有权利救济的性质。限制公民的公益诉讼提起权，不光是防范滥诉的风险，更重要的还是一种现实可行性的考虑。还要考虑不当诉讼对行政机关工作的过度干预而影响行政效率。放宽对有关公民权利救济的起诉资格，并不必然适用于维护公共利益的起诉资格，在大陆法系国家的行政诉讼中，都采取较为严格的态度，存在一定程度的限制。公民、法人或者其他组织发现行政行为违法需要提起行政公益诉讼的，可申请上述两个主体提起。

关于行政公益诉讼的程序。由于行政公益诉讼与一般行政诉讼的性质不同，相应地，在诉讼程序方面也应当与传统的诉讼模式作出不同的制度安排。同时由于提起主体的不同性质在程序安排上也应有所区别。程序上的特殊性主要体现在以下方面：一是关于管辖。为便于检察机关就地调查案件情况，履行公诉的职责，在地域管辖上应规定行政公益诉讼案件由被告所在地的人民检察院受理，在级别管辖上则与法院的审判管辖协调一致。但考虑到公益社团并非按地域设置，也不存在级别设置的问题，因而对其管辖问题没有必要作出限制性规定。二是关于调查权。为了证明其诉讼主张，检察机关在办理行政公诉案件时应当享有调查取证权。检察机关在行政公诉中的调查取证权与在刑事诉讼中的调查取证权存在不同。在行政公诉中，检察机关不应采用刑事侦查中讯问、搜查等带有强制性质的侦查措施和手段。三是关于检察机关提起公诉的前置程序。检察机关提起行政公诉是抗衡行政违法的最后手段，这种方式耗时较长且成本较为高昂，非确有必要不应发动。如果行政机关在检察机关提起公诉前能及时纠正违法行为，行政公诉的目的即已实现。因此，只有在检察建议不足以阻止违法行为的情况下，检察机关才能提起公诉。四是关于诉讼临时禁令制度。临时禁令制度在我国知识产权保护领域已经普遍建立起来。由于行政诉讼是一个程序繁琐、期间较长的过程，为避免违法行政行为的进一步实施可能给国家和社会公共利益带来的无法挽回的重大损失，应当规定诉前临时禁令程序，经检察机关、公益社团甚至公民个人的申请，由法院审查决定迅即暂停该行政行为，是一种必要的诉前救济措施和制度安排。五是关于支持起诉制度。对于公益诉讼案件，各国一般均设有较为完备的支持起诉制度。根据我国有关法律，特定的组织（例如，消费者协会、工会、妇联）或者个人对于特定类型的案件也具备支持起诉的资格。在行政公益诉讼中，也可以规定检察机关和公益社团具备支持起诉的资格，以更好地实现行政公益诉讼的价值目标。

此外，行政公益诉讼还需要其他一系列配套的程序或相关制度。比如，行政公益诉讼不应收取费用；应当改造和完善诉讼代表人制度；审理程序和裁判形式以及判决结果的承担方式等方面都应与传统的行政诉讼有所区别。

十三、关于行政诉讼的执行

第一，应当突出法院在非诉执行程序中的审查与监督地位及其职权职责，而将法院审查后裁定准予执行的行政行为，一般情况下规定交付行政机关组织实施或者规定允许也可以由行政机关组织实施，因为行政行为的内容是行政机关依据行政职权职责作出的，由行政机关具体实施更具有可行性；但同时也规定某些特殊情形下的行政行为实施只能由法院进行，这主要是针对那些涉及金融领域以及公开公平竞拍方式执行的事项。故建议增加一个条款规定"裁执分离"模式，即基本内容如下："人民法院裁定准予执行的行政行为，一般由申请执行的行政机关组织实施，必要时也可以由人民法院执行。行政机关组织实施行政行为时，应当按照人民法院裁定的范围、内容和方式进行。人民法院应当对行政机关的实施行为进行监督。有关需要采取划拨、拍卖等方式执行的，应当由人民法院执行。"

第二，应当就法院审查标准增加一个条款，具体建议内容如下："行政行为具有下列情形之一的，人民法院应当裁定不予执行：（一）明显缺乏事实根据的；（二）明显缺乏法律、法规依据的；（三）明显超越职权的；（四）其他明显违法并损害被执行人合法权益的；（五）具有法律、法规规定的其他属于无效情形的。"

十四、关于涉外行政诉讼

随着我国改革开放进程的加快，在经济社会等各个领域与国际接轨，涉外实践活动日益增多，这种现实状况要求完善我们的涉外行政诉讼体系和具体程序，以明确司法实践中的法律依据。

第一，对国际条约的适用方式问题。基于国家主权原则，我国法院不能直接适用包括 WTO 规则在内的国际条约或者协定，只能将有关条约或规定内容转化为国内法规范。所以我们认为，现行《行政诉讼法》对这个问题的规定不妥。该条规定"中华人民共和国缔结或者参加的国际条约同本法有不同规定的，适用该国际条约的规定。……"虽然这一条文中体现了"条约优先适用规则"，但是其表述方式却隐含了在国内进行行政诉讼时可以直接适用条约内容，忽略了条约不能直接适用的基本准则，因为即便是我国已经参加的国际条约，法院审理案件也不能直接适用条约的规定，只能将我国参加或缔结的国际条约的内容内化为国内法中的规定，才能在司法实践中适用援引。所以建议本条修改为"人民法院审理涉外行政案件应当遵守中华人民共和国缔结或者参加的国际条约的规定，但中华人民共和国声明保留的条款除外"。至此，将"适用条约规定"修改为"信守国际条约规则"，以避免产生法律理解方面的歧义和法律适用方面的争议。

第二，明确审理国际贸易行政案件的规则。在经济全球化趋势下，国际贸易往来日益增多，由此带来的不仅仅是平等主体之间的经济贸易联系和在这个过程中可能发生的争议，同样不能回避的是外方民事主体与主权国家的行政主管部门之间的行政法律关系以及可能发生的行政争议。所以有必要对国际贸易行政案件应当遵循的特别规则在《行政诉讼法》中予以明确。为此，我们的修改建议包括以下几个方面：首先，提高国际贸易案件的审级。国际贸易案件一般影响面比较广，专业性比较强，案情重大复杂，因此应当适当提高该类案件的审级，由中级人民法院作为一审管辖法院较为适当。其次，明确审理国际贸易案件的依据和参照的规范。由于我国的历史文化传统及特殊国情所决定，我国的立法体制纵横交错，立法层级较多，既有中央立法，又有地方立法，同时，立法机关的立法与行政机关的立法并存，因而有必要明确审理国际贸易案件的法律适用规则，即在审理国际贸易行政诉讼案件时，要依据法律、法规，参照行政规章和地方政府规章等规范性文件。

第三，明确审理反倾销、反补贴行政案件的规则。反倾销、反补贴是世贸组织规则允许成员方采取的保护本国产业的基本手段之一。但同时，为了防止成员方滥用反倾销、反补贴措施，世贸组织又设置了包括对反倾销、反补贴行为进行司法审查在内的一系列规范成员方行为的规则。为了应对此类诉讼，最高人民法院颁布了《关于审理反倾销行政案件应用法律若干问题的规定》和《关于审理反补贴行政案件应用法律若干问题的规定》两个司法解释，上述两个司法解释对反倾销、反补贴行政案件的特别诉讼程序作出了明确规定，解决了司法实践中的难题。在修改《行政诉讼法》的过程中，我们将上述两个司法解释中的成功经验吸纳到行政诉讼的立法中来，以保证法制的统一。

检察专论行政诉讼检察监督制度的改革与完善[*]

　　行政诉讼检察监督制度当前正面临着不少亟待解决的问题：首先，立法不完善的问题始终没有解决；其次，在理论界，完善和强化检察监督与弱化甚至废除检察监督的争论从来没有间断过；最后，在司法实践中，检察机关和审判机关对这一原则的理解也存在较大差异。仅就检察机关自身而言，对于这项工作，无论是人力、物力的投入，还是实际开展的情况都差强人意。因而，进一步加强对行政诉讼检察监督工作重要性的认识，深化这一领域的理论研究，对于完善相关立法规定，推动司法实践仍具有积极的意义。

一、改革和完善行政诉讼检察制度的现实意义

（一）强化行政诉讼检察监督是完善专门法律监督体系的需要

　　我国《宪法》和《人民检察院组织法》规定，人民检察院是国家的法律监督机关。一方面，在我国的宪法框架下，检察机关作为独立于行政和审判机关的法律监督机关，是国家权力的重要组成部分。另一方面，我国检察机关作为专门的法律监督机关的性质，也在刑事诉讼法、民事诉讼法、行政诉讼法等重要诉讼法律中有着充分体现。我国检察机关绝不仅仅是国家的刑事公诉机关，更是享有法律赋予的监督职权的机关。虽然由于立法的滞后性，使得民事和行政诉讼检察监督的内容没有能够在先行制定的《人民检察院组织法》中反映出来，但《民事诉讼法》和《行政诉讼法》都在总则部分对检察监督原则作了与《刑事诉讼法》类似的规定。刑事诉讼检察监督的完整规定恰恰说明了我国检察机关的法律监督权是完整的、全面的。这种法律监督权在民事诉讼、行政诉讼的运用中同样应该是完整的、全面的。这也是人民检察院作为专门法律监督机关的应有之义。在此基础上探索不同诉讼体系中检察监督的不同特点，正是完善我国专门法律监督体系的基本要求。

（二）强化行政诉讼检察监督是完善行政诉讼制度的需要

　　行政诉讼是一种具有司法审查性质的诉讼活动，其诉讼标的是行政行为

　　* 本文是中国政法大学应松年教授主持的最高人民检察院理论研究重点课题"行政检察监督与法治政府建设"（GJ2013B01）的阶段性研究成果。

的合法性。这表明行政诉讼的目的与法律监督的目的具有同质性，都是为了维护国家法律的正确、统一实施。同时，由于行政机关行使的是国家行政权，其职权和职责是统一的，必须由国家法律授予和确定，必须在法律规定的权限范围内、以法律规定的方式和程序行使，不能自由处分，因而更需要进行监督和制约。

强化行政诉讼检察制度有多重作用：一是监督人民法院公正行使审判权，为防止审判权滥用，纠正错误裁判提供可能；二是增强人民法院对行政行为进行司法监督的整体效力，切实保障行政相对人的合法权益；三是促进行政诉讼制度的良性发展。针对当前"行政官司难、行政官司少"的问题，〔1〕不少学者已主张发展新的诉讼类型，以增强诉讼的活力。〔2〕如检察机关能够采用更为积极的方式更多地参与行政诉讼活动，无疑将对打破目前行政诉讼的困境具有积极意义。

（三）强化行政诉讼检察监督是促进依法行政的需要

党的十五大提出了依法治国，建设社会主义法治国家的基本方略。而"依法治国的核心、重心和难点是依法行政"〔3〕。提高依法行政水平的一个重要环节就是完善行政权力制约和监督体系，特别是完善行政权力的外部制约和监督机制。

在我国，对行政活动的监督并非由某一特定机关独享，也不仅仅是国家机关的职能，而是包括党内监督、人大监督、民主监督、行政监督、司法监督、审计监督、社会监督、舆论监督在内的完整体系。在以上完整监督体系中，检察机关作为法律监督的专门机关，无疑具有至关重要的作用。不过，在检察机关开展监督的具体形式方面，重新恢复1954年《宪法》所规定的"一般监督"，既不科学，也不现实，充分利用和完善行政诉讼这一制度资源，是最经济、最有效的办法。通过由检察机关扮演行政诉讼监督程序的启动力量，使具有"不告不理"特征的审判机关在司法监督中发挥更加积极有效的作用。

（四）强化行政诉讼检察监督是维护公益的需要

我国目前正处于转型时期。由于社会和经济的迅速发展，新科技的广泛适用，生产规模不断扩大，经济活动的涉及面越来越广，社会的一体化进程

---

〔1〕 郑传坤、刘群英："行政公诉初探"，载《现代法学》1994年第6期。
〔2〕 余向阳："行政诉讼法第十条之理解及适用"，载《人民司法》1996年第9期。
〔3〕 应松年："依法行政论纲"，载《中国法学》1997年第1期。

日益加剧，涉及国家、社会公益的事务和领域越来越多，对行政管理活动也提出了更高的要求。而行政机关在这些活动中，没有很好地履行职责，因违法行政和行政失职损害国家、社会、公共利益的现象大量存在。但由于这些损害中，有的没有直接的受害人，有的是当事人由于各种原因不能很好地行使权利，致使国家、社会公共利益不能得到切实保护。

相反，在特别强调保护私有财产、个人利益的西方国家，却十分重视对公共利益的保护，一般以检察机关作为公益代表人。《德国行政法院法》第35条规定："在联邦行政法院内任命一名检察长，以维护公共利益。"在高级行政法院和行政法院内也都有公益代表人，作为行政诉讼参与人，参与诉讼，提出上诉或要求变更。[1]在英国，总检察长是王权的代表，而王权又代表社会，对于公共机构越权损害公益的案件，总检察长可以随时介入诉讼；同时总检察长可以授权公民以其名义提起诉讼。[2]《美国法》第28卷第518条第2款规定："联邦总检察长可参与或争议他认为美国利益要求他参与的任何民事或行政案件。"联邦最高法院也通过判例确立了一些原则："无论什么时候被控的行为影响到整个国家利益，涉及宪法要求关心的国家事务；或涉及国家有确保全体公民平等权利的义务等，联邦总检察长都有权提起民事、行政、甚至刑事诉讼。"[3]另外，国会有权以法律形式指令检察长以外的其他当事人就行政行为申请司法审查，主张公共利益。这就是重要的"私人总检察长"理论。[4]借鉴西方国家的公益代表人制度，建立和健全具有我国特色的公益代表人制度，强化行政诉讼检察监督，使检察机关通过对行政诉讼行使检察监督权，对行政机关违法行使职权造成国家和社会公共利益损失的行为进行监督，避免权力及监督权力活动的黑箱运作，具有透明度、公开性，符合民主与法制的发展潮流，也更有助于社会主义市场经济秩序的建立。

（五）强化行政诉讼检察监督是防止司法腐败的需要

客观地讲，我国审判人员的素质整体上还不够高，相当一部分审判人员的法律知识、业务水平和职业道德水平都有待于提高。行政审判活动中徇私

---

〔1〕 行政立法研究组编译：《外国国家赔偿、行政程序、行政诉讼法规汇编》，中国政法大学出版社1994年版，第353页。

〔2〕 王名扬：《英国行政法》，中国政法大学出版社1987年版，第192~193页。

〔3〕 ［美］维瑞·兰格：《三大法系检察官在公益方面的作用》，转引自金明焕主编：《比较检察制度概论》，中国检察出版社1991年版，第623页。

〔4〕 ［美］伯纳德·施瓦茨：《行政法》，徐炳译，群众出版社1986年版，第422页。王名扬：《美国行政法》，中国法制出版社1995年版，第623页。

情，属于权势枉法裁判，甚至收受贿赂违法犯罪的情况时有发生，这一状况不可能在短期内改变。就审判人员而言，仅靠其自律是不够的，还必须加强监督和制约。而检察人员介入行政诉讼活动可以进一步规范行政审判工作，增强办案人员的责任感，从而减少由于疏忽而造成的审判程序上和适用法律上缺陷，也可以减少行政审判人员徇私枉法行为的发生概率，保证行政审判活动中的违法行为能及时得到纠正，进而提高行政诉讼的整体质量。

（六）强化行政诉讼检察监督是推进依宪治国建设的需要

党的十八大、十八届三中全会对全面深化改革作了部署，十八届四中全会对推进法治中国建设作出新的安排，提高运用法治思维和法治方式治国理政的能力，推进国家治理体系和治理能力的现代化，已经提高到一个新的高度。在法治中国建设中，进一步健全和完善现有的法律和司法手段、途径，充分发挥其在推进国家治理体系和治理能力的现代化过程中的作用，应当是这一轮司法改革的题中之义。由于肩负监督和制约行政权力的司法职能，同时也是一项社会职能、政治职能，是"监督、制约国家权力"的依宪治国精神的集中体现[1]，故而在已经叠床架屋的权力监督机构和权力监督规则中，行政诉讼以其"本身所蕴含的思想意义、制度意义与技术意义"，更有可能成为"当代中国依宪治国建设的突破口"，一个"逻辑起点"。通过行政诉讼制度，可以把政治性的权力制约问题和权力监督问题，技术性地转化为法律问题、诉讼问题。[2]为实现这些目标，由检察机关利用行政诉讼的现有制度开展行政诉讼检察监督无疑是一个便利、可行的途径。

二、行政诉讼检察制度应当具备的时代品格

（一）权利救济的理念

在不同国家的检察制度模式中，对权利救济的传统认知是不同的。总体上说，苏联以监督为主线的检察制度模式和大陆法系以权力为主线的检察制度模式，注重的是对权力的监督和制约，虽然客观上也可以起到权利救济的效果，但不以权利救济作为直接出发点；而英美法系以权利为主线的检察制度模式，则以权利救济为制度的基点。

作为大陆法系国家，我国如能在传统权力监督的理念之上，进一步强化权利救济的理念，必将对行政诉讼检察监督制度的改革和创新产生重大的影

---

〔1〕 参见［美］斯科特·戈登：《控制国家——西方宪政的历史》，应奇等译，江苏人民出版社2001年版。

〔2〕 喻中：《权力制约的中国语境》，山东人民出版社2007年版，第177~190页。

响。其一，权利救济的理念要求保障每个受损害的权利都有机会得到救济，也就是要保障救济渠道的健全和畅通。一方面，要在立法上适当降低起诉的门槛，使更多的行为能够进入诉讼的环节，获得司法救济；另一方面，由于审判权"不告不理"的消极被动性，可以通过检察机关的参与，由其主动提起诉讼，从而也使更多的行为能够进入诉讼的环节，获得救济。其二，权利救济的理念要求保障每个受损害的权利都实际地得到救济。这就要求在行政诉讼活动中，不仅要注意纠正违法的行政行为，还要同时注意保障因行政活动而受损害的权利都切实地得到补偿和赔偿。仅监督和纠正违法的行政行为，并没有实现行政诉讼的全部目的。

（二）谦抑的理念

传统的检察监督理念是基于消除一切违法行为，保障法制统一的崇高理想之上的。而行政诉讼检察中的谦抑理念，则是对这种传统理念的修正。其一，就制度设计而言，行政诉讼检察监督的范围应该是有限的，不应该是对所有的行政诉讼活动的监督，也不可能是对所有的行政行为的监督，要将行政诉讼检察监督的范围限定在确有必要监督的事项和内容之上。其二，就制度的功能定位而言，要抛弃过高的定位和不切实际的幻想。要清醒地自知，检察监督制度只不过是国家、社会监督体系中的一个环节，而不是全部，不要期望通过行政诉讼检察监督活动纠正所有的违法行为。其三，要有自我克制的态度，慎用检察监督干预权。虽然与"不告不理"的审判权相比，检察权具有一定的主动性，但检察权的这种主动性毕竟不同于行政权的主动性。故不宜像传统的监督模式中那样，主动出席其他部门的会议、检查监督、介入其他部门的活动中。即使是对于监督范围内的事项，也要注意把握好主动干预和自我节制的尺度。其四，谦抑所针对的不是法定应当干预的情形，而是指在法律没有明确规定，可干预可不干预情况下的一种态度。要求是该干预的一定要尽到职责，不该干预的就自我克制。如何能够准确地判断哪些情形该干预，哪些情形不该干预，实际上也对检察官提出了更高的素质要求。

（三）维护公益的理念

检察机关是国家的法律监督机关，是代表国家进行法律监督的，必须坚持以维护国家利益和社会公共利益为出发点和落脚点。维护公益的理念，从消极的意义上讲，要求检察机关在审查受理申诉和决定是否抗诉时，要从法律监督职责的性质出发，居于独立公正的立场，不能先入为主，仅从申诉人的角度来考虑问题，更不能沦为当事人的代理人；若被赋予提起行政公诉的权利，也要恪守公益的原则，不宜仅仅为行政相对人的个人权益提起诉讼，而应将诉讼严格地限于公共利益的范围。而从积极的意义上讲，则要求检察机关不断完善行政诉讼检察制度和机制，在法律的框架内努力探索新的监督方式，对于严重损害公共利益的行为，要运用法律手段积极主动地实施干预。

（四）尊重和维护审判独立与裁判权威的理念

尊重审判独立与尊重裁判权威是由审判行为的性质决定的。人们之所以走进法院，将纠纷提交给法官裁决，是因为相信能够从法庭上获得正义。而这种正义正是源自审判权的独立。因此，审判行为的性质本身，要求人们尊重审判独立、尊重裁判权威。检察机关作为法律监督者，更应该自觉地尊重和维护审判的独立和司法的权威，因为这本身就是法治建设的重要组成部分，是法律监督所要追求的目标之一。如果检察机关和审判机关相互攻讦[1]，互相鄙视，司法的独立和权威乃至法治的建成将遥遥无期。尊重和维护审判独立和裁判权威的理念，对行政诉讼检察而言，可以归纳为几个要求：其一，检察机关要遵循谦抑的原则，在提出抗诉等干预活动中，恪守维护司法公正和维护公益的理念，限制在必要的范围内；其二，在出席法庭审理的程序活动中，严格遵守法庭规范，尊重审判人员；其三，尊重法院对抗诉的生效判决，抗诉只有再审程序的启动权，除此之外不能附加别的认识，不能把抗诉权理解为纠正权，一定要求法院按抗诉意见纠正，检察官就成了"法官之上的法官"，是与法治原理相冲突的；其四，在接待对法院生效裁判的申诉中，对于正确的裁判要主动做好息诉工作，维护裁判的权威性。

三、完善行政诉讼检察的具体制度

在新的时代背景下改革和完善行政诉讼检察制度，涉及许多方面，是一项复杂而细致的技术工作。基于学术研究的立场，本文仅从法理角度对两个最重要的问题提出改革意见。

（一）合理规制对生效裁判的抗诉权

检察机关对人民法院已经发生法律效力的裁判，认为确有错误的，有权提起抗诉。这一制度构造的目的，在于保证判决的正确性。不过，也需同时处理好判决正当性与法的安定性的平衡。作为国家公权力强制性解决纠纷的制度，法的确定性和安定性体现在裁判的终局性方面，即裁判的存在及内容

---

[1] 实践中这种情况屡有发生。刘荣军认为，检察监督权是中国宪法规定的重要法律制度，在没有修改的前提下针对宪法规定进行司法变更，可以视为对宪法制度的冲击。参见刘荣军："民事诉讼中'新职权主义'的动向分析"，载《中国法学》2006 年第 6 期。

不能轻易地被动摇或改变。如果法院对一项纠纷的判决可以一再被推翻或改变，或者可以对一项纠纷反复进行裁判，法的确定性和安定性就无法实现。

终局性在大陆法系国家体现为既判力规则，即法院对实质性问题作出的终局性判决对于双方当事人及其他利害关系人是结论性的，据此构成对涉及相同请求、要求或诉因的后来诉讼的绝对禁止。[1]既判力的依据是讼争不应该无止境地拖下去。当事人已享受司法组织审理层次的保障，法官的判断会有错误，新的判决同样会有错误，所以最好的办法是，如果第一次判决是在所有正规保证已经做到的情况下作成的，就视为讼争已经得到一次性的解决。[2]但是，也有学者认为，判决所产生的既判力，是以判决具有正当性作为前提的。如果判决不具有正当性，即判决出现事实认定或者法律适用错误，或者出现程序瑕疵，这将导致判决的既判力基础发生动摇。故而各国的诉讼程序中都设置再审程序以对错误裁判进行救济，就是为了确保判决的正当性。

我国目前在价值的选择上偏重于实体正义的实现，在制度的建构上，对诸多主体赋予了提请再审权，对再审的理由和期限缺乏必要的限制，导致大量案件进入到再审程序。这种单方面强调实体正义的价值取向，忽略了对秩序价值的关照，使得再审程序原本作为对司法错误进行事后弥补的非常救济渠道有了常规化的倾向，破坏了法的安定性，也在某种程度上对法的效率价值造成损害。有的学者指出，再审程序对司法终局性和权威性的破坏已严重威胁到整个社会对司法的信心，从根本上动摇着司法的正当性。[3]但是，中国司法目前的状况也要求不宜过分强调对秩序价值的维护，一是因为司法官整体素质没有达到贯彻这种理念的要求；二是冤错案件在各地的法院判决中时常发生，社会公众还没有接受这种理念的心理基础。因此需要认真分析研究目前司法的实际状况，科学地进行价值的衡平和选择，在价值选择的基础上，指导再审法律制度的设计。

基本的观点是，要通过合理规制对检察机关提起再审的权力，进一步限制再审的提起。一是要明确提起抗诉的主体，基层法院对同级法院的裁决的抗诉，只能提请上级检察院向其同级法院提起，也就是将抗诉权限由分、市级以上人民检察院行使，不放大到基层检察院。二是要限制行政抗诉案件的

---

〔1〕 参见《布莱克法律词典》对既判力的定义。

〔2〕 沈达明编著：《比较民事诉讼法初论》（上册），中信出版社 1991 年版，第156页。

〔3〕 参见傅郁林："审级制度建构原理——从民事程序视角的比较分析"，载《中国社会科学》2002 年第4期。

范围。新修订的《行政诉讼法》改变旧《行政诉讼法》对行政抗诉案件范围没有限制的规定，明确最高人民检察院对各级人民法院已经发生法律效力的判决、裁定，上级人民检察院对下级人民法院已经发生法律效力的判决、裁定，发现有本法第91条规定情形之一，或者发现调解书损害国家利益、社会公共利益的，应当提出抗诉。地方各级人民检察院对同级人民法院已经发生法律效力的判决、裁定，发现有本法第91条规定情形之一，或者发现调解书损害国家利益、社会公共利益的，可以向同级人民法院提出检察建议，并报上级人民检察院备案；也可以提请上级人民检察院向同级人民法院提出抗诉。从而一方面有利于增强、维护法院的既判力和判决裁定的严肃性；另一方面也能够保证确有错误、有影响的裁判得到纠正。

（二）赋予检察机关提起行政公诉的权力

关于检察机关提起行政诉讼问题的争论由来已久，《行政诉讼法》起草颁布之初，赞成和反对的两种意见就已尖锐对立。赞成的人认为，为保护公共利益，必须赋予检察机关作为公诉人提起行政诉讼的权力；[1]反对的人认为，由于存在提起诉讼后，检察机关的地位及权力义务不好确定等问题，不应赋予检察机关提起行政公诉的权力。[2]近年来，学术界对于行政公诉问题有了新的认识，尽快建立行政公益诉讼制度已经成为行政法学界的共识。《中共中央关于全面推进依法治国若干重大问题的决定》亦明确指出："检察机关在履行职责中发现行政机关违法行使职权或者不行使职权的行为，应该督促其纠正。探索建立检察机关提起公益诉讼制度。"

1. 关于检察机关作为行政公诉提起主体的问题

尽管将检察机关作为行政公诉的提起主体的主张在我国历来存在争议，但直接赋予检察机关提起行政诉讼的职权是可行的。一是由于我国社会主义法制的性质，法律监督和维护公共利益在性质上是完全一致的，即使是抗诉，其目的也在于维护司法公正，维护公共利益；二是我国《检察院组织法》第2条本身就规定了检察机关保护各种利益包括国家、集体利益的任务；三是检察机关有较强的诉讼能力和专门人员；四是检察机关不从属于行政机关，直接对权力机关负责，可以代表国家、代表人民和公共利益。相应地，在行政公益诉讼中，应当规定检察机关具备支持起诉的资格，以更好地实现行政公

---

〔1〕 参见杨佳君、房佳时："浅议检察机关对行政诉讼的法律监督"，载《现代法学》1989 年第4 期。

〔2〕 参见章志远、汪秋慧："行政公诉质疑"，载《行政法学研究》2002 年第 2 期。

益诉讼的目标。

2. 关于检察机关提起行政公诉的范围

行政公益诉讼案件与目前《行政诉讼法》规定的行政案件具有完全不同的性质。从我国现有的立法体制来看，无论是民事诉讼还是行政诉讼，其制度设计均仅限于传统诉讼法建立于"诉讼利益"理论之上的"被害者诉讼"，而公益诉讼中原告起诉并不是因为自己的权利或利益受到某种直接的侵害，而是为了维护客观的法律秩序或普遍的公共利益，因而是一种他益形式的客观诉讼。

与"被害者诉讼"以权利救济作为根本目的、以司法救济作为最后的救济手段不同，客观诉讼所涉及的案件主要是以监督为目的，对法律秩序和公共利益的维护手段也不限于司法渠道。上级机关的层级监督、权力机关的监督等都是我国的法定监督形式。因此行政公益诉讼的范围不仅"应遵守司法审查的有限性原则，以确保行政的自主性"[1]，而且要结合我国的政治、经济、文化发展水平，综合考虑与其他制度的价值、功能和结构的融洽与和谐，以及司法的承受能力、社会各个层面的接受程度等诸多因素。

具体而言，有关行政公益的纠纷主要集中于行政规划、行政公产管理、公共服务、国有资产保护、行业竞争监管、自然资源保护、公共工程建设、政策性行政垄断、产品质量监管、环境监管、医疗损害监管等领域。不过，并非这些领域的所有公益侵害都适合一步到位地纳入行政公益诉讼。考虑到我国法治建设的特殊阶段，在规定行政公益诉讼的范围时，应采用列举加兜底的方式。其中，应明确列举的事项有：导致自然环境和自然资源遭到破坏的行为；导致违法出让、转让国有资产，或者非法侵占、毁坏公共财产的行为；导致食品、药品等公共卫生、公共安全受到危害，致使社会公众的人身权、财产权遭受到严重威胁的行为；导致行政相对人违法受益的行为；导致或者加剧垄断，干扰社会经济秩序的行为。这些事项主要是行政行为违法损害重大公共利益、没有适格原告、现实需求也较为迫切的几类案件。

关于行政公益诉讼的范围，还有两个尚需说明的问题。其一，关于对抽象行政行为提起行政公诉的问题。对抽象行政行为的行政公诉，尚有争议，但多数学者从建立和完善具有中国特色的违宪违法审查机制的角度出发，认为应予规定，具体审查范围则可与《行政复议法》的规定一致起来，即排除

---

〔1〕 马怀德主编：《行政诉讼原理》，法律出版社 2003 年版，第 7 页。

行政法规、规章和国务院的规范性文件。可提起诉讼的范围应当是国务院各部门及其所属机构、地方人民政府和其工作部门以及所属机构、其他公共管理机构的规章以外的其他规范性文件违反法律、行政法规的。规章以上的法律文件则按照《立法法》的规定进行监督。其二，关于兜底条款的问题。行政公益诉讼制度尚处于探索阶段，范围不宜过宽，考虑给行政公益诉讼制度的发展留下空间，兜底条款中可以将其他具体案件范围留给其他法律来规定，即明确：对于"其他法律规定可以提起行政公益诉讼的情形"也可以提起公诉。

3. 关于检察机关提起行政公诉的程序

由于行政公益诉讼与一般行政诉讼性质不同，相应地，在诉讼程序方面也应当作出与传统的诉讼模式不同的制度安排：

第一，关于管辖。为便于检察机关就地调查案件情况，履行公诉的职责，在地域管辖上应规定行政公益诉讼案件由被告所在地的人民检察院受理，在级别管辖上则与法院的审判管辖协调一致。

第二，关于调查权。为了证明其诉讼主张，检察机关在办理行政公诉案件时应当享有调查取证权。这种调查权在性质上是检察机关享有的法律监督权的具体体现，有关单位和个人不能拒绝。只不过，检察机关在行政公诉中的调查取证权与在刑事诉讼中的调查取证权存在不同。在行政公诉中，检察机关不应采用刑事侦查中讯问、搜查等带有强制性质的侦查措施和手段。

第三，关于检察机关提起公诉的前置程序。检察机关提起行政公诉是抗衡行政违法的最后手段，这种方式耗时较长且成本较为高昂，非确有必要不应发动。如果行政机关在检察机关提起公诉前能及时纠正违法行为，行政公诉的目的即已实现，也就没有进一步提起行政公诉的必要。作为行政公诉必经的前置程序，先由检察机关向相关行政机关发出检察建议。只有在检察建议不足以阻止违法行为的情况下，检察机关才能提起公诉。检察建议本质上是一种程序性的行为，并不要求行政机关必须按照检察机关的意见作为，其实质是提醒行政机关对行政决定重新进行审慎的考量。事实上，检察机关不能代替行政机关变更或撤销它认为违反法律的行政行为，也不能要求行政机关直接作出某种行为。接受检察建议的行政机关应当在规定期限内作出处理，并书面回复人民检察院。不回复或不作出处理的，检察机关审查后可以作出是否提起公益诉讼的进一步决定。

第四，关于审查起诉的期限和救济。鉴于检察机关的公权属性，提起行政公益诉讼不仅是其权力也是一种职责，为体现对公权的约束和限制，应规定其审查起诉的期限。具体期限的设置既要保证检察机关能够对案件进行全面、深入审查，也要充分考虑提高诉讼效率和节约司法成本，并维持与其他诉讼环节有关办案期限的协调和平衡，以 60 日为宜，重大复杂案件，可以延长 30 日，但要明确延长办案期限的决定主体和程序。由于公民、法人或者其他组织申请检察机关向人民法院提起行政公诉，是公民行使民主权利监督行政权力的一种重要方式。因此，检察机关是否决定提起公诉，不仅具有程序意义，而且具有实体意义，故仍应规定可向上一级检察机关进行复议的救济程序。

第五，关于诉前临时禁令制度。由于行政诉讼是一个程序繁琐、期间较长的过程，为避免违法行政行为的进一步实施可能给国家和社会公共利益带来的无法挽回的重大损失，应当规定诉前临时禁令程序。即经检察机关提出，由法院审查决定迅即暂停该行政行为，以作为一种必要的诉前救济措施和制度安排。

此外，行政公益诉讼还需要其他一系列配套的程序或相关制度。比如，明确行政公益诉讼不收费的制度；改造和完善行政诉讼代表人制度；改革相应的审理程序和裁判形式以及判决结果的承担方式等。

行政公益诉讼试点亟待解决的几个问题[*]

在《行政诉讼法》修改过程中，是否规定行政公益诉讼制度是一个贯穿修订论证全过程、引起持续而热烈争议的热门话题。争议点主要集中在两个方面：一是关于必要性与可行性；二是关于制度具体构建的问题，其中第一个方面是问题的焦点。十八届四中全会明确提出"探索建立检察机关提起公益诉讼制度"，习近平总书记在全会上还专门就这一问题作了说明，阐述了提出这一构想的缘由以及构建这项制度的一些基本考虑，包括案件的范围、主要程序等。这之后，结合着会议文件的解读和贵州金沙县"行政公益诉讼第一案"等相关个案的宣传，行政公益诉讼问题迅速成为舆论关注的热点，但学术争议的焦点却发生了明显的转变：制度构建中可能面临的问题及解决方案成为大家关注的新焦点，而必要性与可行性问题则退居其次。当前，试点工作启动在即，无论是相关的基础理论，还是具体的程序制度、机制，都面临着不少亟待解决的问题，以下几个方面尤其值得关注：

一、关于检察机关提起行政公益诉讼的必要性

十八届四中全会之后，虽然必要性的问题已经无关试点工作开展与否，不再是试点中首要的问题，但依然是一个十分基础的问题。一方面，对必要性的认同程度，会对试点工作产生重要影响。如果行政公益诉讼的必要性能够逐步得到相关部门、单位和社会各界充分的认同，试点工作就能得到方方面面的协调、配合和支持，就有可能顺利开展。反之，试点工作将困难重重。另一方面，对必要性的认同程度，也关系到未来的立法。试点工作不仅是对这项制度的尝试，也应当是一个不断凝聚共识的过程。如果通过一定时间的试点，依然不能就这项制度的必要性凝聚起足够的共识，其未来的发展前景恐怕也很难令人乐观。

习近平总书记在说明中对必要性作了清晰的阐述，明确说明这项制度的提出，是因为现实生活中存在的一些行政机关违法行使职权或者不作为造成

---

* 本文载于《人民论坛》2015 年第 24 期。

对国家和社会公共利益侵害或者有侵害危险的案件，由于没有适格的原告，"使其无法提起公益诉讼，导致违法行政行为缺乏有效司法监督，不得促进依法行政、严格执法，加强对公共利益的保护"，体现了鲜明的问题导向。必要性中另一个层面的问题是，为什么要赋予检察机关提起行政公益诉讼的权力？从我国的宪法框架看，检察机关是《宪法》规定的法律监督的专门机关，与行政机关又不具有隶属关系，无论是从国家权力结构，还是从检察职能的性质和运行机制等方面看，检察机关比其他现有的国家机关都更适合担当提起公益诉讼的职责。

二、关于检察机关提起行政公益诉讼的案件范围

习近平总书记在全会说明中列举了三类案件，即国有资产保护、国有土地使用权转让、生态环境和资源保护等。从现实情况看，这些案件主要是行政行为违法损害重大公共利益、又没有适格原告、现实需求也较为迫切的几类案件。遵循这样的标准，我们可以更加明确地确定公益诉讼范围。建议通过列举的方式明确可以提起行政公益诉讼的事项：导致自然环境和自然资源遭到破坏的行为；导致违法出让、转让国有资产，或者非法侵占、毁坏公共财产的行为；导致食品、药品等公共卫生、公共安全受到危害，致使社会公众的人身权、财产权遭受到严重威胁的行为；导致行政相对人违法受益的行为；导致或者加剧垄断，干扰社会经济秩序的行为。考虑给行政公益诉讼制度的发展留下空间，可设兜底条款明确：对于"其他法律规定可以提起行政公益诉讼的情形"也可以提起公诉。

当然，在试点阶段，从推进试点工作顺利开展考虑，案件范围不宜一下子铺得太大，可以根据实践中问题的严重程度和公益诉讼的必要性、紧迫性再确定一两类重点案件的范围。

三、提起行政公益诉讼的主体问题，即原告资格问题

此次全国人大常委会正式授权开展检察机关提起公益诉讼试点工作，但赋予检察机关提起行政公益诉讼的权力，是否意味着这项职权由检察机关独享呢？修订后的《民事诉讼法》已赋予相关公益社团提起公益诉讼权利，应当是可以为行政公益诉讼借鉴的。在《行政诉讼法》就行政公益诉讼制度作出修改之前，除授权检察机关外，在未来一段时间里，可以考虑通过某些单行法律、法规的制订和修改，赋予消费者权益保护、自然资源和环境保护等特定的公益社团享有相关行政公益诉讼的起诉权。

关于公民个人的原告资格争议一直比较激烈。我们认为，公民个人提起行政公益诉讼的权利不能简单地从诉权的角度来理解。因为限制公民的公益诉讼提起权，不光是防范滥诉的风险，更重要的，还是一种现实可行性的考虑——不当诉讼对行政机关工作的过度干预而影响行政效率。放宽对有关公民权利救济的起诉资格，并不必然适用于维护公共利益的起诉资格。在大陆法系国家的行政诉讼中，都采取较为严格的态度，存在一定程度的限制。公民、法人或者其他组织发现行政行为违法需要提起行政公益诉讼的，可申请检察机关等有权主体提起。

四、关于检察机关提起行政公益诉讼的程序

关于管辖。为便于检察机关就地调查案件情况，履行公诉的职责，在地域管辖上应规定行政公益诉讼案件由被告所在地的人民检察院受理，在级别管辖上则与法院的审判管辖协调一致。

关于调查权。为了证明其诉讼主张，检察机关在办理行政公诉案件时应当享有调查取证权。检察机关在行政公诉中的调查取证权与在刑事诉讼中的调查取证权存在不同。在行政公诉中，检察机关不应采用刑事侦查中讯问、搜查等带有强制性质的侦查措施和手段。

关于检察机关提起公诉的前置程序。检察机关提起行政公诉是抗衡行政违法的最后手段，这种方式耗时较长且成本较为高昂，非确有必要不应发动。如果行政机关在检察机关提起公诉前能及时纠正违法行为，行政公诉的目的即已实现。建立诉讼前置程序，一是能够节约司法资源；二是体现了对行政自制的尊重；三是采取非诉讼形式解决社会矛盾，有利于促进社会和谐。

关于诉前临时禁令制度。临时禁令制度在我国知识产权保护领域已经普遍建立起来。由于行政诉讼是一个程序繁琐、期间较长的过程，为避免违法行政行为的进一步实施可能给国家和社会公共利益带来无法挽回的重大损失，应当规定诉前临时禁令程序。经检察机关、公益社团甚至公民个人的申请，由法院审查决定迅即暂停该行政行为，是一种必要的诉前救济措施和制度安排。

关于支持起诉制度。对于公益诉讼案件，各国一般均设有较为完备的支持起诉制度。根据我国有关法律，特定的组织[1]对于特定类型的案件也具备支持起诉的资格。在行政公益诉讼中，也可以规定检察机关和公益社团具备支持起诉的资格，以更好地实现行政公益诉讼的价值目标。

---

〔1〕 此类组织包括消费者协会、工会、妇联等。

通过试点工作推进行政公益诉讼制度构建[*]

今年7月，全国人大常委会正式授权最高人民检察院在部分地区开展公益诉讼试点工作，这既是对党的十八届四中全会关于"探索建立检察机关提起公益诉讼制度"要求的落实，也回应了社会各界的关切，体现了在法治轨道上推进改革的路径选择。

在《行政诉讼法》修改过程中，是否规定行政公益诉讼制度，是一个贯穿修订论证全过程、引起持续而热烈争议的话题。争议点主要集中在两个方面，一是关于必要性与可行性；二是关于制度的具体构建问题。前者是争议的焦点。党的十八届四中全会明确提出"探索建立检察机关提起公益诉讼制度"，习近平总书记所作的《关于〈中共中央关于全面推进依法治国若干重大问题的决定〉的说明》专门就这一问题作了说明，阐述了构建这项制度的一些基本考虑，包括案件的范围、主要程序等，对这项工作提出了明确的要求。

党的十八届四中全会以后，结合会议文件的解读和贵州省金沙县"行政公益诉讼第一案"等相关个案的宣传，行政公益诉讼问题迅速成为舆论关注的热点，而制度构建中可能面临的问题及解决方案成为关注的新焦点。

当前，为推进试点工作顺利开展，无论是相关的基础理论，还是在具体的程序制度、机制方面，都面临着不少亟待解决的问题。以下几个问题尤其值得关注。

一、必要性

关于检察机关提起行政公益诉讼的必要性，行政法学界作过不少论述，也有相当的共识。党的十八届四中全会之后，虽然必要性问题不再是试点中的首要问题，但依然是一个十分基础的问题。一方面，对必要性的认同程度，会对试点工作产生重要影响。如果行政公益诉讼的必要性能够逐步得到相关部门、单位和社会各界充分的认同，试点工作就能得到方方面面的配合和支持，就有可能顺利开展。反之，试点工作将困难重重。另一方面，对必要性

＊ 本文载于《检察日报》2015年10月19日，第3版。

的认同程度，也关系到未来的立法。试点工作不仅是对行政公益诉讼制度的尝试，也应当是一个不断凝聚共识的过程。要通过一定时间的试点，就这项制度的必要性凝聚起足够的共识。

习近平总书记在说明中对必要性问题作了清晰的阐述，明确说明这项制度是针对现实中存在的突出问题，根据实际需要提出的，体现了鲜明的问题导向。具体而言，是因为现实生活中存在着一些行政机关违法行使职权或者不作为造成对国家和社会公共利益侵害或者有侵害危险的案件，由于没有适格的原告，"使其无法提起公益诉讼，导致违法行政行为缺乏有效司法监督，不利于促进依法行政、严格执法，加强对公共利益的保护"。制度构建的价值目标也是十分明确的，即"优化司法权配置、完善行政诉讼制度，也有利于推进法治政府建设"。简言之，建立这项制度不是理论推演的结果，而是现实的需要，其出发点就是为了解决现实中的问题，弥补现行行政诉讼制度中的缺陷。

必要性中另一个层面的问题是，为什么要赋予检察机关提起行政公益诉讼的权力？其实，从我国宪法框架看，这一点并不难理解。检察机关是宪法规定的法律监督机关，与行政机关不具有隶属关系，无论是从国家权力结构，还是从检察职能的性质和运行机制等方面看，检察机关比其他现有的国家机关都更适合担当提起公益诉讼的职责。

二、案件范围

公益诉讼作为一种客观诉讼，与侧重于权利救济的主观诉讼不同，其范围也有所区别。习近平总书记在说明中列举了几类案件，即国有资产保护、国有土地使用权转让、生态环境和资源保护等。从现实情况看，这些案件主要是行政行为违法损害重大公共利益、没有适格原告、现实需求也较为迫切的几类案件。遵循这样的标准，我们可以更加明确地确定公益诉讼范围。建议通过列举的方式明确可以提起行政公益诉讼的事项：导致自然环境和自然资源遭到破坏的行为；导致违法出让、转让国有资产，或者非法侵占、毁坏公共财产的行为；导致食品、药品等公共卫生、公共安全受到危害，致使社会公众的人身权、财产权遭受到严重威胁的行为；导致行政相对人违法受益的行为；导致或者加剧垄断，干扰社会经济秩序的行为。考虑到给行政公益诉讼制度的发展留下空间，可设兜底条款：其他法律规定可以提起行政公益诉讼的情形。

当然，在试点阶段，为推进试点工作顺利开展，案件范围不宜一下子铺得太大，可根据实践中问题的严重程度和公益诉讼的必要性、紧迫性再确定一两类重点案件。

三、提起主体

全国人大常委会赋予检察机关提起公益诉讼的权力，是否意味着这项职权只能由检察机关行使？修订后的《民事诉讼法》已赋予法律规定的机关和有关组织提起公益诉讼的权利，这可以为行政公益诉讼所借鉴。在《行政诉讼法》就行政公益诉讼制度作出修改之前，除授权检察机关外，在未来一段时间里，可以考虑通过某些单行法律、法规的制定和修改，赋予消费者权益保护、自然资源和环境保护等特定的公益社团享有相关行政公益诉讼的起诉权。

关于公民个人的原告资格，争议一直比较激烈。我们认为，限制公民个人提起行政公益诉讼的权利不能简单地从诉权的角度来理解，因为限制公民的公益诉讼提起权，不光是防范滥诉，更重要的还是出于一种现实可行性的考虑——不当诉讼对行政机关工作的过度干预可能影响行政效率。放宽对有关公民权利救济的起诉资格，并不必然适用于维护公共利益的起诉资格，在大陆法系国家的行政诉讼中，都采取较为严格的态度，存在一定程度的限制。公民、法人或者其他组织发现行政行为违法需要提起行政公益诉讼的，可申请检察机关等有权主体提起。

四、提起程序

由于行政公益诉讼与一般行政诉讼的性质不同，相应地，在诉讼程序方面也应当作出与传统的诉讼模式不同的制度安排。

（一）关于管辖

为便于检察机关就地调查案件情况，履行提起公益诉讼的职责，在地域管辖上应规定行政公益诉讼案件由被告所在地的检察机关受理，在级别管辖上则与法院的审判管辖协调一致。

（二）关于调查权

为了证明其诉讼主张，检察机关在办理行政公益诉讼案件时应当享有调查取证权。检察机关在行政公益诉讼中行使的调查取证权与在刑事诉讼中行使的调查取证权不同。在行政公益诉讼中，检察机关不应采用刑事侦查中讯问、搜查等带有强制性质的侦查措施和手段。

（三）关于检察机关提起行政公益诉讼的前置程序

检察机关提起行政公益诉讼是抗衡行政违法的最后手段，这种方式耗时较长且成本较高，非确有必要不应启动。如果行政机关在检察机关提起行政公益诉讼前能及时纠正违法行为，行政公益诉讼的目的即已实现。建立诉讼前置程序，一是能够节约司法资源；二是体现了对行政自制的尊重；三是采取非诉讼形式解决社会矛盾，有利于促进社会和谐。因此，应将检察机关向相关行政机关发出检察建议，作为行政公益诉讼必经的前置程序。只有在检察建议不足以阻止违法行为的情况下，检察机关才能提起行政公益诉讼。

（四）关于检察建议的效力

我们认为，检察建议本质上是一种程序性的行为，并不要求行政机关必须按照检察机关的意见作为，其实质是提醒行政机关对行政决定重新进行审慎的考量。检察机关不能代替行政机关变更或撤销它认为违反法律的行政行为，也不能要求行政机关直接作出某种行为。因此，检察建议的效力只是引起一定的程序，即接受检察建议的行政机关应当在规定期限内作出处理，并书面回复检察机关。不回复或不作出处理的，检察机关审查后可以作出是否提起行政公益诉讼的决定。

（五）关于诉前临时禁令制度

临时禁令制度在我国知识产权保护领域已经普遍建立起来。由于行政诉讼是一个程序繁琐、期间较长的过程，为避免违法行政行为的进一步实施可能给国家和社会公共利益带来无法挽回的重大损失，应当规定诉前临时禁令程序，经检察机关、公益社团甚至公民个人的申请，由法院审查决定迅即暂停该行政行为，是一种必要的诉前救济措施和制度安排。

（六）关于支持起诉制度

对于公益诉讼案件，各国一般均制定了较为完备的支持起诉制度。根据我国有关法律法规，特定的组织（如消费者协会、工会、妇联）对于特定类型的案件也具备起诉的资格。在行政公益诉讼中，也可以规定检察机关和公益社团具有起诉的资格，以更好地实现行政公益诉讼的价值目标。

此外，行政公益诉讼还需要其他一系列配套的程序或相关制度。比如，行政公益诉讼不应收取费用；应当改造和完善诉讼代表人制度；审理程序和裁判形式以及判决结果的承担方式等方面都应与传统的行政诉讼有所区别。

增设行政公益诉讼制度，需要大量的程序性规范，在试点阶段，建议由最高人民法院、最高人民检察院出台司法解释。在制定司法解释时，一要考虑具有可操作性，明确相关的基本问题；二要考虑作为一项新的诉讼制度，由于没有实践基础，不一定规定得过于细密，这样可以为实践发展留出一些空间。

试点的开展，标志着我国行政公益诉讼迈出了实质性的一步，这不光是检察事业发展中的大事，也是行政诉讼和行政法治建设中的大事。但是，试点还只是一种探索。试点的效果不仅与试点过程中程序机制的设计紧密相关，也有赖于与其他检察职能以及行政监察、审计等其他行政监督制度的协调配合与良性互动，更取决于检察官和法官们实际工作的效果。我们期待着，通过试点地区检察官和法官们的积极探索，为行政公益诉讼制度的全面建立奠定扎实的基础，为加强对行政的监督、维护公共利益、促进法治政府建设开辟新的有效途径。

完善行政诉讼，筑牢法治政府的基石[*]

一

　　行政诉讼，又称行政救济或司法审查。行政诉讼是司法三大诉讼之一，其特点是解决行政机关与公民、法人或者其他组织等相对人之间的行政争议。被告恒定为行政机关，原告是认为自己权利受到行政机关的行政行为侵害的一方。因此，行政诉讼具有通过司法保护相对人权利的性质，此谓行政救济。为此，司法机关必须对被诉行政机关的行为进行审查，如发现其违法，侵害相对人权利，就要判决败诉，因此又称为司法审查。

　　1990 年 10 月 1 日起施行《行政诉讼法》，是我国依法行政的第一块里程碑；第 1 条立法宗旨就明确写上：保护公民、法人和其他组织的合法权益，监督行政机关依法行使职权。由于这种保护和监督是广大人民通过切身感受来监督行政机关依法行政，其监督的广度和深度都必然高于其他的行政监督；因而行政诉讼对行政机关依法行政的促进作用是十分明显和巨大的。1993 年《中共中央关于建立社会主义市场经济体制若干问题的决定》和 1995 年政府工作报告，都提出各级政府必须依法行政、依法办事的要求。此后，依法行政在我国迅速发展。根据我国具体情况，为完善行政法治，许多重要的法律法规逐步制定实施，行政执法全面展开，作为理论研究的行政法学也蓬勃兴起。2004 年，国务院发布《全面推进依法行政实施纲要》，提出了建设法治政府的奋斗目标，并明确了建设法治政府的基本要求。2014 年，党的十八届三中全会进一步明确要求，要在 2020 年基本建成法治政府，再次提出了建成法治政府的几项主要措施。依法行政在我国的高速发展，是与我国经济的跨越式发展相一致的，同时也体现了中央对建设法治政府的高度自觉。这在世界上几无先例。有趣的是，虽然世界各国行政法治的体制和形式差别很大，但有一个共同点，即都是从建立行政诉讼制度开始。典型如被称为"行政法

---

　　* 本文载于《中国法律评论》2016 年第 3 期。

母国"的法国，其行政法的许多原则和理论，都从行政法院的判决中总结和衍生所得。正因此，行政法和行政诉讼是紧密联系的、不可分割的一门学科，不像刑法和刑事诉讼法或民法和民事诉讼法可以独立门户。

二

中国行政诉讼制度充分研究、吸收各国行政诉讼的共性，根据本国的政治、经济、文化特点构建。从法院审理行政案件的体制方面看，大陆法系国家一般设行政法院，不过有的是作为普通法院内的专业法院，如德国；有的是在行政系统内设立行政法院，但其裁判活动是完全独立的，如法国。

英美法系国家则将行政裁判纳入普通法院，与民事审判放在一起，不单独列出。当然，它们在审理时是按照行政审判的特点进行的。我国行政审判不是在行政系统内，而是放在普通法院；但又独设行政庭，而不是民行不分或设行政法院。将大陆法系和英美法系两大行政诉讼的特点交融在一起，吸收各自的优点，这当时在世界上独具特色。

我国法律中《行政诉讼法》第一次明确提出了合法行政行为的三大标准，即证据确凿，适用法律、法规正确，符合法定程序。前两者即"以事实为根据，以法律为准绳"，这与其他性质案件的审理判决原则一致。但《行政诉讼法》又加上了"符合法定程序"，这一点完全是行政诉讼的特殊内容。行政诉讼要审查行政行为是否违法，不仅要实体合法，还要程序合法。行政程序在行政法中具有特别的内容和地位，是行政机关作出实体决定和实施决定的程序；程序不仅要保障实施决定的正确落实，而且要保障实体决定能正确作出。因此，可以说，"法治，就是程序之治"。我国长期以来一直是重实体、轻程序的国家，程序观念淡薄，程序立法缺乏。《行政诉讼法》把符合法定程序规定为行政行为的三大合法条件之一，确实极具远见。自此以后，程序观念逐步提高，法律中有关程序的规定迅速增加。党的十七大、十八大都提出，健全组织法制和程序规则，确保国家机关按照法定权限和程序行使权力、履行职责。十八届四中全会又明确提出，"完善行政组织和行政程序法律制度，推进机构、职能、权限、程序、责任法定化"，并单独提出"健全依法决策机制"和"全面推进政务公开"两大程序建设。应该说，完善行政组织法律制度和行政程序法律制度，至今仍是我们在建设法治政府进程中必须努力加强的。

《行政诉讼法》进一步明确了我国行政法上独具特色的行政强制执行体

制：既不采用由作出决定的行政机关自行强制执行，也不采用全部向法院起诉由其决定强制执行，而是在"公民、法人或者其他组织对具体行政行为在法定期限内不提起诉讼又不履行的，行政机关可以申请人民法院强制执行，或者依法强制执行"。实务上称之为"非诉强制执行"。这就是说，我国的行政强制执行以申请人民法院强制执行为常态，以行政机关自己执行为例外。也就是说，行政强制执行大部分都要经过法院的审查。法律上虽未明确是实质审还是形式审，但从设置这一制度的本意就可看出，应该是实质审。由于行政强制执行对相对人一方权利的影响一般比较严重，因此由法院审查一下是有好处的，避免出错。而且，《行政诉讼法》规定的是"申请"，而不是起诉；程序上比较简明迅速，以提高效率。《行政强制法》也采用了这一制度。不过有一点没有明确，即法院裁定可以强制执行，具体的执行者是法院还是仍交由行政机关执行？按照裁执分离的原则，似应以交行政机关具体执行为好，法院可以监督。

《行政诉讼法》设置复议制度，与美国的行政争议必须经复议，不服再提起诉讼不同：可以先经复议，不服再提起诉讼；也可以不经复议，直接向法院提起行政诉讼。法律规定必须复议前置的，从其规定。同时，由于当时国家赔偿制度尚未建立，《行政诉讼法》还单设了"侵权赔偿责任"一章，对行政赔偿作原则规定。随后，规定行政复议的条例和法律、规定国家赔偿的法律相继出台，行政救济制度立法全面完成。

举证责任是行政诉讼中带有关键性的制度。2014年新《行政诉讼法》第34条第1款规定："被告对作出的行政行为负有举证责任，应当提供作出该行政行为的证据和所依据的规范性文件。"在三大诉讼中，民事、刑事、行政诉讼的举证责任各不相同。民事诉讼是谁主张谁举证，举证责任平等。以民事诉讼举证责任作为基础，刑事诉讼的举证责任一般由公诉方即原告承担。行政诉讼则相反，因为被诉行政行为是被告即行政机关作出的，被告有什么证据和法律依据作出该行政行为，举证责任当然应由被告承担。不过，举证责任是一个复杂的问题，有许多特殊或例外情况，如近年来讨论的行政合同问题，但总的规则应如上述。

三

经过20多年的行政诉讼实践，也由于经济社会和法制环境的发展，对原《行政诉讼法》中存在的问题和不足，都有了相当的认识。同时，人民法院通过司法解释和案例分析对司法实践的不断总结，也对行政诉讼中存在的问题和解决途径做出了很大的贡献。

（一）关于解决行政争议

行政诉讼是解决行政争议的，而争议和纠纷得到顺利解决，才能构建和谐社会。社会和谐稳定是小康社会必要条件之一，而社会矛盾能否顺利解决，只能依靠法治之途。依靠法治才能公正，公正才能使矛盾得到顺利和比较彻底的解决。依靠人治，矛盾只会越解决越多，这已为我国近年来的实践所充分证明。社会矛盾中，最容易扩大或激化的矛盾之一是行政争议。因此，健全行政争议的解决机制，包括行政诉讼、行政复议以及基层解决行政争议的机制，是建立法治国家、法治政府和法治社会最重要的内容之一。因此，我们必须十分重视和完善行政诉讼、行政复议和基层行政争议解决机制的法制建设，使得行政争议通过这三层把关从而被完全化解。行政诉讼是最后一道关口，应该成为公正的权威。为此，必须把解决行政争议作为行政诉讼的目的之一，化解矛盾，维护稳定、和谐。在解决争议中保护行政相对人的权利，监督和促进行政机关依法行政，这是修改后《行政诉讼法》的亮点之一。

（二）关于治理体系现代化

十八届三中全会提出要促进国家治理体系和治理能力的现代化，治理体系就是"党委领导、政府负责、社会协同、公众参与"。就行政诉讼而言，政府是行政主体，也就是诉讼的被告。由于原《行政诉讼法》制定时还有一些社会组织和公众也在行使行政权力，有些有法律法规授权，有些则是行政机关自己授权，比较乱。对此，必须加以规范。新《行政诉讼法》规定，有法律法规授权的，可以视为行政主体，当被告；没有法律法规授权，而由行政机关自行委托的，一律称为行政机关委托，发生争议时，只能由委托的机关当被告，承担责任。经此梳理，非行政机关行使行政权力的情况大为改善。在治理体系语境下，实现政府治理和社会自我调节、居民自治良性互动的社会治理方式。社会协同与公众参与，应如何处理？在当前情况下，似仍为法律法规授权下可成为行政主体、担当被告为妥。但需适当扩大授权的范围，为此，新《行政诉讼法》加上"规章"，成为"法律、法规、规章授权的组织"，从而加速从管理向治理方式的转化。

（三）关于立案

行政诉讼的立案，一直比较困难。原因有二：一是受当时法制环境的限制，原《行政诉讼法》在受案范围上采取了肯定与否定列举的办法，哪些案件可以受理,哪些不能受理,一一列举。这就使对公民权利的保护只以列举的为限,不能做到无漏洞保护。同时,由于受案类型是列举式的,有些法院就以不在列举范围为由拒绝受理。二是当时在立案时,采用立案审查制,立案法院如不想受理可以托词拒绝受理。全国有多少案件没有受理,因没有登记,无法知道主要是哪些案件被拒绝。2014年修改后的新《行政诉讼法》中,虽然受案范围仍采用列举制,但范围大为扩大;同时,把立案审查制改为立案登记制。因此,法院立案数量急剧增加,开阔了公民提起行政诉讼之途。

（四）关于管辖

管辖应该说是2014年修法中变动较大的内容之一,因为从我国的实际情况看,管辖是涉及公正司法的大事。此前,为了避开行政干预,通过司法解释曾实行异地管辖和提级管辖。新法作了两条重要修改:一是,中级人民法院管辖"对国务院部门或者县级以上地方人民政府所作的行政行为提起诉讼的案件",这在减少地方干预、增加司法公信力方面起了很好的作用。二是,经最高人民法院批准,各级人民法院可以根据审判工作的实际情况,确定若干人民法院跨行政区域管辖的行政案件。如北京设立了第四中级人民法院,上海设立了第三中级人民法院。有关这方面的改革目前尚在进行之中。

（五）完善行政诉讼程序

由于原维系诉讼法稳定的诉讼程序比较简单,2014年修法在最高人民法院总结有关实践经验的基础上,新《行政诉讼法》又作了若干修改,如延长审理期限、增加简易程序、规定上诉审也以开庭审理为原则、增加完善判决形式、改不适用调解为裁量案件可以调解的原则、完善民事和行政交叉案件的处理机制等。这些在实践中曾使人们困惑的制度,得到了一定程度的解决。

（六）加强司法审查力度

2014年修法明显加强了司法审查的力度。如建立行政机关负责人出庭应诉制度,规范性文件附带审查制度,对行政机关不履行法院判决不仅可以罚款,还可以公告甚至拘留等这些修改,有利于进一步发挥行政诉讼制度的功能。

新《行政诉讼法》实施一年有余,《中国法律评论》编辑部组织专题文章,包括一周年回顾与展望,以及典型行政诉讼案例评析,并嘱我撰写卷首语。新《行政诉讼法》的成绩是显著的,在保护公民权利、推进法治政府建设方面发挥了更强的作用。但是,还存在需要进一步完善的方面,如受案范围还做不到无漏洞保护；独立公正审判、完全排除外来干扰问题；行政诉讼与国家治理体系现代化，特别是社会协同、公众参与的关系问题；行政公益诉讼问题；行政复议与行政诉讼的关系问题；等等。应该说，2014 年修法仍带有一定的阶段性，需要我们继续努力；在实施好新《行政诉讼法》的同时，进一步总结实践经验，推进国家法治环境更加完善与建设法治中国同步推进行政诉讼制度更加完善！

从依法行政到建设法治政府

行政复议

把行政复议制度建设成为我国解决行政争议的主渠道[*]

一、关于行政复议

行政复议是我国特有的概念，各国在性质上都有类似我国行政复议的制度，但名称和机制不同。在我国，行政复议是指公民、法人或其他组织认为行政机关的行政行为侵犯其合法权益、依法向有复议权的行政机关申请复议、复审的法律制度。

行政复议具有双重性：（1）行政性。行政复议是在行政系统内，上级行政机关对下级行政机关所作行政行为的审查，具有行政监督的性质，行政复议制度是一种监督制度。同时，复议机关在审查中发现下级行政机关所作行为违法或不当时，有权加以纠正，因此，这种监督和审查又具有行政机关自我纠错的性质。（2）准司法性。司法的特点就是由特定的第三方依法居间解决双方的纠纷，属三方关系；行政的特点是双方直接发生法律关系。行政复议是由具有复议权的行政机关作为第三方，居间解决因不服下级行政机关的行政行为，由公民、法人或其他组织申请而引起的下级行政机关与公民、法人或其他组织之间发生的行政争议，通过解决纠纷保护公民、法人或其他组织的合法权益，同时也实现对行政机关的监督，因而带有司法行为的性质。但它由行政机关作出，与完全的司法行为还是有区别的，故称为准司法行为。行政复议是行政性与准司法性的结合。

二、我国行政复议的发展与现状

1999 年《行政复议法》的颁布实施标志着我国行政复议制度进入了一个新的发展时期。回顾《行政复议法》颁布 10 余年来行政复议制度走过的历史进程，行政复议工作成绩突出，主要表现在：

（1）行政复议已成为解决行政争议的重要渠道，为化解社会矛盾、推进政府依法行政、维护社会和谐稳定，做出了重要贡献。

（2）行政复议制度得到了进一步完善。行政复议制度建立较早，《行政复

---

* 本文载于《法学论坛》2011 年第 5 期。

议法》的颁布实施，其后国务院又颁布了《行政复议法实施条例》，完善了行政复议制度，提高了复议制度在我国法律体系中的地位。此后，地方性法规和规章又对行政复议制度的各个方面进行了充实和完善，从而保证行政复议工作的深入开展。

（3）行政复议系统在全国范围内普遍建立。从中央到地方的各级各类行政复议机关逐步建立，并不断充实人员，从而为进一步加强行政复议工作提供了组织保障和人力资源的储备。

（4）对行政复议功能的认识更趋于一致。10 年前制定《行政复议法》时，大家对行政复议功能的认识还存在很大分歧：一种意见认为，行政复议是一种监督制度；另一种意见认为，行政复议是一种救济制度；还有一种意见认为，行政复议是解决行政争议的制度。经过 10 余年的理论研究和实践探索，应该说，现在的认识已经逐渐趋于一致。行政复议的功能应该是多元的，它既是一种监督制度，又是一种救济制度，还是一种解决行政争议的制度。从行政复议申请人、被申请人和行政复议机关构成的三方关系看，行政复议更多是一种解决行政争议的制度。

这些都说明，《行政复议法》实施 10 余年来，已经为行政复议制度更广泛、深入地适应新形势需要，获得新的发展奠定了基础。但是，从行政复议目前情况看，相对于行政复议制度内在的功能和作用，相对于当前社会普遍存在行政争议的数量，行政复议的优势和潜力，还远远没有发挥出来，申请行政复议的数量远不如提起诉讼的人多，更不用和信访的人数相比了。在正常情况下，一个国家解决行政争议最主要的渠道应该是行政复议。

三、境外行政复议或与复议类似制度的发展

应该说，社会矛盾的增多，是世界各国在经济、社会得到较快发展的同时，政府对社会和经济事务的干预大为增加以后所产生的共同现象。社会矛盾的增多以及矛盾所涉及的专业性、技术性增强，使传统包揽处理全部矛盾纠纷的法院面临巨大的压力，在这种情况下，由行使公权力的行政机关同时担负起解决因其自身行为所产生的争议，进而将一些与社会政策相关的民事纠纷也一并解决，使社会得到稳定，就成为必然的发展趋势。解决行政争议和与行政相关的民事纠纷，已成为行政机关职能的一部分。

世界各地都有复议性质的制度，大都由不服行政行为的当事人向作出行政行为的上级机关申请，但除此以外，有些国家和地区还创造了各有特色的行政复议（行政司法）制度，且取得显著成效。笔者认为，英国的行政裁判所，美国的行政法法官，法国和德国的行政法院和韩国等国家及地区的复议委员会，是很有特色且很有成效的。

（一）英国的行政裁判所

英国的行政裁判所，在当前世界各国解决社会纠纷方面，是一项很有特色且获得成功的制度。英国的行政裁判所主要是 20 世纪的产物。在市场失灵、社会矛盾纠纷大量涌现的背景下，英国社会立法迅速发展，政府干预社会事务增多，社会纠纷涉及的专业性、技术性增强，从而为行政裁判所的产生和发展提供了客观需要。英国行政裁判所是在"一法一所"的条件下产生的。到 20 世纪 50 年代，英国行政裁判所的数量已经逾千。1955 年议会任命以弗兰克斯为首的委员会，对裁判所制度进行专门的调查研究，1957 年提出报告认为，行政裁判所的存在是必要的，它是司法体系的补充。行政裁判所的组织和程序不需要和法院一样。但为了达到裁判的公正，所有行政裁判所的活动必须以三个原则作为指导，即公正、公平和无偏私。后来制定为《英国裁判所和调查法》（1958 年）。

裁判所通常由议会通过的法律直接创立。裁判所的组织独立于行政机关，裁判所主席在由大法官或大法官同意的人员名单中任命，成员由裁判所主席从大法官或部长、大臣批准的人员名单中任命；裁判所独立办案，不受行政机关及其官员干预；裁判所既管辖行政案件，也管辖与行政或社会立法相关的民事案件；裁判所审理案件的程序较司法程序方便、快捷，且廉价；赋予当事人就特定裁判所决定向高等法院提起申诉的权利。

这样，英国就创立了一个独立的行政裁判所体系。英国行政裁判所在英格兰和威尔士就设有各种"审理型"裁判所 70 多个，雇员 3500 人。每年处理的案件都在 100 万件左右，2001 年为 121 万多件，而同期向法院起诉的行政案件只有 5000 件（包括不服裁判所裁决和直接向法院起诉的）。2007 年通过了《英国裁判所、法院和执行法》，从此，关于裁判所性质的争论告一段落，裁判所将是司法体系的一员。裁判所将成立两个新的裁判所，即初审裁判所和上诉裁判所。裁判所的人员由法律人士和专家组成，分别授予"裁判所法官"和"裁判所成员"的身份；享有完全独立的司法权，为确保裁判所公正、独立处理案件，专设裁决所程序委员会。

（二）美国的行政法法官

美国行政法法官是 1946 年《美国联邦行政程序法》建立的制度，原称为"听证审查官"，1972 年后改称为行政法法官。美国的行政法法官是行政系统内的官员。主要职责是，主持行政机关作出裁决之前的听证，并按听证记录作出初步裁决。就职能而言，美国行政法法官类似于我国的复议机构。但值得注意的是，美国行政法法官的发展历史，可以说是一部追求公正的历史。美国在设置听证审查官时，就已把调查、追诉的职责与听证审查官分开，听证审查官独立办案，但这些审查官原本是该机关内的官员，这就必然引发这些听证审查官是否独立、中立，因而也就可能不够公正的争议。因此，美国后来将听证审查官改为行政法法官，希望他们和"法官"一样公正。这些行政法法官服务于某行政机关，但不从属于该行政机关，他们的奖惩、任免单独由州人事管理部门负责，雇用他们的行政机关如果对其工作不满，只能向功绩制保护委员会提出，以此来保证这些行政法法官的独立公正办案。

但是，有些州对此还不满意，认为行政法法官虽然人事管理权归州人事管理部门统一管理，但在该机关工作，仍有可能受到该机关的影响，因而有些州成立了行政法法官办公室，集中起来分头办理案件，进一步使其不受干扰，以期独立、公正地办案。这种集中起来以行政法法官办公室的形式办理案件，正在联邦各州得到发展。

根据 20 世纪 80 年代的统计，社会保障方面，向州政府提出的申请约 125 万件，被拒绝后要求州政府重新审查的 25 万件，然后由联邦行政法法官主持听证的为 15 万件，不服上诉至社会保障署的约 2.5 万件，再上诉至联邦法院的每年约 1 万件。

（三）法国和德国的行政法院

法国和德国虽然都叫行政法院，但性质不同。法国根据他们对分权原则的理解，普通法院不能干涉行政机关的活动，也不能受理关于行政争议的诉讼。因此，1799 年拿破仑设立了国家参事院，除起草和审查法律、法规外，还受理行政申诉案件，以国家元首的名义作出裁决。从 1972 年开始，国家参事院成为最高行政法院。

法国也存在行政法院以外的其他救济途径，包括议会救济、行政救济和调解员救济，但主要是行政法院。行政法院虽然属行政系统，院长由总理兼任，但实践已证明它是完全独立的司法系统，严格按司法程序办案。行政首长，包括拿破仑，从不干预行政法院办案，由于它能公正处理案件，因而在法国民众中有很高威望，正因此，法国在解决行政争议方面，虽有其他各种手段，但主要是行政法院。

德国的行政法院是法院系统内的专门法院。与法国一样，德国也设有其他救济途径，包括议会救济、行政救济等，德国行政法院也包揽了解决大部分行政争议的任务。

（四）韩国的行政复议委员会

韩国行政复议的工作特点是在行政系统内设置复议机构并在行政复议机构中设复议（诉愿）委员会。韩国经 2008 年改革后，已将复议由各部门分散复议改为统一复议，称为国务总理行政审判委员会，为国民权益保护委员会的一部分，是行政组织外的第三者机关。总理行政审判委员会包括委员长 1 人、常任委员 2 人、委员共 50 人构成。审理案件的会议由委员长、常任委员指定委员等 9 人召开，通过过半数出席和出席人员过半数赞成的方式形成决议，9 名委员中至少 5 人必须是外部委员（具有律师资格、大学教授等）。总理审判委员以外的一般审判委员会，由 1 名委员长在内的 15 人以内委员组成，召开会议时，由 7 人组成，其中 4 人以上为外部委员，大总统令规定了行政审判人员的身份保障。审判时实行回避原则，当事人申请口头审理时，必须口头审理。以釜山市为例，釜山市 2000 年复议案件 1479 件，申请人败诉 958 件（占 64.8%），其中 225 件（23.4%）提起诉讼，88 件胜诉（占 39.1%）。

（五）我国台湾地区的"行政诉愿审议委员会"

我国台湾地区称为行政诉愿。1990 年修改后，由二级诉愿改为一级诉愿，仍为诉愿前置。对诉愿不服，向"行政法院"提起诉讼。"行政法院"改为二级："高等行政法院"与"最高行政法院"。前者为事实审，后者为法律审。诉愿设"行政诉愿审议委员会"，裁决时必须有过半数委员会委员出席和过半数同意才能作出决议。委员由具有法律专业知识、本机关高级职员以及外部委员（社会公正人士、学者、专家不得少于 1/2）组成。参加审议的委员实行回避制；申请人要求口头辩论的，不得拒绝。诉愿管辖机关原则上为行政行为的上级机关。

四、行政复议与行政诉讼

中国的实践和外国及地区的经验都表明，在解决行政争议方面，行政复议制度的地位和重要性十分突出，如上所述，行政复议是行政性和准司法性的结合，由此带来行政复议与纯行政行为或纯司法行为的差异和不同，呈现出明显的优点和不足。

其优点是：

第一，作为一种行政监督制度，其受理案件的范围远较诉讼广泛。从理论上说，无论是外部行政行为，还是内部行政行为；无论是制定规范的行为，还是具体行为；无论是羁束行为，还是裁量行为；无论是合法性审查，还是合理性审查的行为，除法律另有规定外，都应该在可监督、可救济的行政复议范围以内。特别应该指出的是，在现代社会立法迅速发展的情况下，西方有些国家把与行政有关的一些民事纠纷，也列入了行政机关解决的范围。

第二，专业技术上的优势。科学技术的发展，使现代社会纠纷涉及的专业性、技术性大为增强，行政机关本身拥有各行各业的专家，能处理和应付各方面与专业技术问题相关的矛盾纠纷。

第三，较之诉讼程序，行政复议的程序相对简便快捷。虽然复议也引入了一些类似法院司法的机制，但又比法院司法程序简便，操作灵活，能较快解决纠纷，安定社会。

第四，廉价。行政复议一般都不收费。

第五，减轻法院负担。随着经济、社会的发展，民生问题必然突出，社会立法迅速增加，与此相关的行政与民事纠纷大量涌现，法院将难以承受其压力，发展行政司法势在必行。

第六，有利于树立政府的公信形象。行政复议是行政机关的一种自我纠错机制，如能公正处理行政争议，必将大大增强政府的公信形象。

但另一方面，行政复议较之行政诉讼，也有其明显的欠缺和不足，其核心是公正问题。任何解决纠纷的制度，其核心要求都是公正，公正是司法或准司法行为的灵魂。由于行政复议是在行政系统内解决行政机关与公民、法人或其他组织之间的行政争议，这就必然带有"官官相护"或各种干预过多之嫌，事实也常是如此。因此，要使行政复议制度在解决社会纠纷中充分发挥作用，使行政复议成为公民首选的救济途径，最关键的是保证行政复议制度的公正性。

第一，要保证复议机构和人员的中立性和独立性，复议机构和人员必须是看得见的独立和中立，能平等对待各方当事人，无偏私、不歧视，排除不相关因素的干扰，尤其是权力和人情的干扰。世界各国在增大"复议"机构解决社会纠纷的作用中，普遍采用加强复议机构和人员的独立和中立，保证其行为的公正性。法国在建立行政法院时，英国人就曾讥讽为自己当自己法官的制度，但是后来法国行政法院以其公正办案赢得了人民的信任，也折服了英国人；美国行政法法官的几次改革，追求的就是独立、中立，以保证实现公正的目标。

第二，要保证复议程序的公开性。实践证明，司法的公正性，很大程度依赖于程序的公开，公开审理是原则，只有在涉及国家机密、商业秘密和个人隐私，以及申请人不要求公开审理时才可能有不公开审理的例外。公开是公正的保障。

第三，行政复议的非终局性，即使在已经尽可能保证复议机构和人员的公正性的情况下，行政复议也不应该成为终局决定，因为不管如何，行政复议毕竟是在行政系统内解决行政争议，因此必须赋予公民在不服复议决定时再向法院提起行政诉讼的权利。复议的非终局性其实有利于促进和保证复议的公正性。

行政复议制度由于其自身的一些特点和优点，因而发展迅速，在解决社会纠纷的法治体系中成为极为重要的力量，当然这并不意味着它可以替代行政诉讼，相反，它只能是解决社会纠纷法治体系中的一部分，而且是极为重要的一部分。正是由于行政诉讼所体现的司法公正和法院司法的终局和权威，才能促进和保证行政复议的公正，从而保障行政复议的发展，在解决社会纠纷法治体系中发挥重要作用。

五、完善行政复议的制度建设

近几年，我国行政争议大量增加，行政案件影响大，解决困难，有些还酿成群体性事件，甚至发展为恶性案件。但是，实践中许多案件或者告状无门，或者解决得难以服人，使矛盾积久难消。对此，除了需要从源头上减少争议产生的根源外，重要的是要加强解决行政争议的法治途径的建设。其中关键的措施之一，是完善我国的行政复议制度，充分发挥行政复议在机制、制度上的优势，使行政复议成为解决我国行政争议的主渠道。

第一，切实落实《行政复议法》规定的应该遵循"公正"原则。行政复议制度能否成为解决行政争议的主渠道，其关键在于能否真正落实公正原则。为此，必须保证复议机构和人员的中立地位，保证在办案中不偏私、不歧视，排除不相干因素的影响，包括权力和人情的干预。为了保证行政复议机构和人员的中立地位，我国有些地方正在试行的行政复议委员会制，有望成为落实公正原则的有效制度，需要在总结经验的基础上，加以完善和确立。

第二，扩大行政复议的受案范围。作为带有监督性质的制度，行政复议的受案范围远比行政诉讼宽泛。除法律另有规定外，凡行政机关影响公民权利的行为都应该纳入复议的范围。

第三，在程序方面，要坚持以公开审理为原则，除国家机密、商业秘密、个人隐私外，凡当事人要求，或复议机关认为应公开审理的，都应公开审理。为提高效率，可设简易程序。

第四，严格行政复议工作人员的资格管理。为了提高行政复议的质量，对行政复议工作人员应该实行资格管理制度，建议行政复议工作人员应通过司法考试取得资格，以确保行政复议人员的法律素质。

第五，理顺行政复议与行政诉讼的关系，包括受案范围、被告问题，等等。

《行政复议法》颁布10余年来，我国的行政复议工作取得了巨大成绩，但随着经济、社会的发展，社会矛盾急剧增加。我国行政复议制度远不能满足时代的要求，迫切需要改革和完善，归结为一句话，就是要通过修改《行政复议法》，完善行政复议制度，坚决贯彻公正、公平参与和效率原则，在人民群众中树立行政复议的公信力，使之逐步成为解决行政争议的主渠道。应该说，修改《行政复议法》的时机和条件已经成熟。

从依法行政到建设法治政府

行政赔偿

国家赔偿立法探索*

随着我国民主与法制建设的不断发展，国家赔偿立法已势在必行。本文仅从我国立法的实践出发，对国家赔偿立法理论进行一些探索，提出一些不成熟的意见。有关国外的赔偿立法情况，附于注释，以便于比较研究。

一、关于国家赔偿立法的意义和指导思想

国家赔偿制度是国家机关及其工作人员执行职务时的违法行为造成公民和组织合法权益损害的，国家负责赔偿的规则体系。我国是人民民主专政的社会主义国家，一切权力属于人民。当人民的合法权益受到损害时，国家应予保护，这是我国的根本制度决定的，也是长期历史经验的总结。早在民主革命的井冈山时期，毛泽东同志亲自制定的"三大纪律 八项注意"就有"不拿群众一针一线"和"损坏东西要赔"的规定，并从此成为我们党、国家和军队的优良传统。中华人民共和国成立以后，1954 年《宪法》和 1982 年《宪法》都作了国家机关和国家工作人员侵犯公民合法权益必须予以赔偿的规定。1954 年《宪法》规定："中华人民共和国公民对于任何违法失职的国家机关工作人员，有向各级国家机关提出书面控告或者口头控告的权利。由于国家机关工作人员侵犯公民权利而受到损失的人，有取得赔偿的权利。" 1982 年《宪法》对此重新作了规定："由于国家机关和国家工作人员侵犯公民权利而受到损失的人，有依照法律规定取得赔偿的权利。"增加了"依照法律规定"几个字，就是说，要实现公民取得赔偿的宪法权利，国家还必须提供可依据的法律：国家赔偿法。没有国家赔偿法，公民取得赔偿的权利将无法实现。这是宪法向有关立法机关提出的任务。

建立国家赔偿制度，对于促进国家机关依法行使职权，克服和消除国家机关中存在的不正之风，保护公民、组织的合法权益都有特殊的作用。我国从 1982 年《宪法》制定以后，通过《民法通则》《治安管理处罚条例》和《行政诉讼法》等法律，从不同方面对国家赔偿制度作了规定。但要使国家赔偿从原

---

* 本文与马怀德合作，写于 1991 年 6 月，载于《中国法学》1991 年第 5 期。

则成为真正切实可行的可操作的具体法律制度，还必须制定《国家赔偿法》。

我国的赔偿法，应该充分总结和反映我国的传统和特色，同时，又要借鉴各国赔偿制度的有益经验。既要考虑全面保护公民、组织合法权益，又要考虑国家的实际财力；既要有利于调动公民、组织的积极性，又要照顾国家的承受能力，并促进国家工作人员恪尽职守，勇于负责。

二、国家承担赔偿责任的原则

国家依据什么原则承担赔偿责任是赔偿立法应当解决的首要问题，也是区分国家赔偿与一般民事赔偿的关键点。理论界有以下主张：

第一种主张：国家赔偿应当采用过错原则。国家机关及工作人员主观上有故意或过失是国家负赔偿责任的前提。这种观点实际上把一般民事侵权责任的理论套用到国家赔偿中来，虽易被人接受，但却忽视了国家赔偿本身的特性。因为以国家作为赔偿责任主体，国家机关为赔偿义务机关，要在每一赔偿案件中确定责任主体的主观要件显然不利于解决赔偿问题，也不便于受害人行使赔偿请求权，达到受偿目的。

第二种主张：国家赔偿应采用故意、过失违法原则即过错违法原则。许多国家赔偿法均采用这种表述。[1]实际上，过错违法原则是一种采用主客观双重标准确定国家赔偿责任的原则，与简单的过错责任和无过错责任相比具有很大进步性。但是，国家赔偿不同于民事赔偿，因侵权责任主体是国家，国家意志无法以自然人意志加以衡量，所以用主观标准确定国家赔偿与否是比较困难的。而且双重标准意味着缺少任何一项标准都不发生赔偿[2]，即公务员无故意和过失而违法侵害人民自由权利的，不发生国家赔偿，这显然是说不通的。

第三种主张：我国国家赔偿法应确立"违法与明显不当原则"。[3]这种观点简化了"过错违法"原则，使双重标准成为单一标准。即国家机关及工作人员执行职务中违法或明显不当行为造成他人损害的，国家应负赔偿责任。该原则考虑到了与行政诉讼法协调，取消了难以把握的主观标准，以违法和明显不当为国家负赔偿责任的前提，显然是进了一步。但目前对显失公正或

---

〔1〕 如《奥地利国家赔偿法》规定，国家机关"执行法令故意或过失违法侵害他人财产或人格权时，……由官署负赔偿责任"。《日本国家赔偿法》、《韩国国家赔偿法》及《美国联邦侵权赔偿法》均作了类似规定。

〔2〕 参见马怀德：《国家赔偿法的理论与实务》，中国法制出版社1994年版，第387页。

〔3〕 《国家赔偿法的原则》，载《中日法学》1991年第2期。

明显不当还缺乏一个明确的判断标准，而且对明显不当的合法性问题理论界仍有争论。我们认为，明显不当可作两种区分，如果是因为滥用职权、主观恶意造成的，就可视为"违法行为"，纳入违法原则，对这种明显不当的行为造成的损害，国家负责赔偿；如果明显不当是因技术、设备、其他客观条件造成的，属于合法范围内的行为，对此造成的损失，国家予以补偿。

因此，确立明显不当的国家赔偿原则不仅实践中难以把握，而且理论上也有待研究。

笔者认为，国家赔偿原则是整个赔偿立法的基石，采用哪种原则不仅关系到与本国法律传统和客观条件的协调问题，而且也涉及赔偿实践的可操作性问题，在我国，只有"违法原则"才是赔偿立法的适当选择。所谓违法原则就是指国家机关及工作人员违反法律执行职务造成他人权益损害的，国家负责赔偿；合法行为造成损害的，国家不予赔偿。违法原则与其他原则相比，优点较突出。首先，与《宪法》的规定相一致，同时也与《行政诉讼法》的规定相协调。其次，该原则简单明了，易于接受，可操作性强。再次，避免了过错原则中的主观方面的认定困难。最后，避免了过错违法原则的双重标准。很多国家和地区学者也意识到了过错违法原则的弊端，开始寻找以违法原则代替故意过失违法原则的途径。实践中也出现了这种做法[1]，违法原则摆脱了民法原理中的某些束缚，正在日渐被国家赔偿法所接受[2]。

三、国家赔偿责任的构成

虽然国家赔偿以违法为原则，但并不意味着只要存在违法行为就发生赔偿。国家承担赔偿责任还需满足其他几个要件，主要有以下几项：

（一）造成损害的行为必须是国家机关及国家工作人员执行职务的行为

该要求有两层含义：其一，只有在国家机关或国家机关工作人员侵犯他人权益的情况下，国家才可能负责赔偿。除非授权或委托，非国家机关、非

---

〔1〕 如德国国家责任立法已经开始把国家责任分为"合法侵害的损失补偿责任"和"违法侵害的损害赔偿责任"。《德意志联邦共和国基本法》第34条规定，"被委任行使公务的人，违反对于第三人的职务时，其责任原则上由所属的国家或公共团体承担，遇有故意或重大过失时，保留求偿权"。日本也以违法与合法为标准区分国家赔偿和补偿责任（田中二郎：《赔偿与补偿》，第6页）。《瑞士联邦责任法》第3条以及《美国联邦侵权赔偿法》第1346（b）条也有类似规定。

〔2〕 城仲模认为，故意或过失仅在机关内部求偿时才有其衡量价值。应以客观违法造成损害结果的事实作为一国家赔偿的基本条件，而裁量行为中滥用职权与违法概念并没有区别，也不必成为赔偿原则所考虑的内容。参见城仲模：《行政法之基础理论》，三民书局1980年版，第107页，引自《台大法学论丛》1975年第5期。

公务员的行为不引起国家赔偿。其二，只有国家机关及国家工作人员执行职务的行为才可能引起赔偿。对国家机关及国家工作人员非执行职务的一般民事行为、犯罪行为，国家不负赔偿责任。执行职务的行为又可以分为：（1）职务上的行为。包括执行职务行为、执行职务的方法、手段等。国家工作人员刑讯逼供就属这种情况。（2）职务予以机会的行为。包括滥用职务行为，如邮差私拆他人信件；与执行职务的时间、处所有密切关系的行为，如查账时乱扔烟头烧毁账簿行为。

（二）造成损害的行为必须是违法行为

国家只对国家机关及国家工作人员违法执行职务造成的损害负赔偿责任。对合法行为造成的损失不予赔偿，只予以适当补偿。"违法"具体包括以下内容：违背权限、超越或滥用权力，不适用或误用法律、与法律规定的要求相抵触、冲突等。我国行政诉讼法将行政违法归结为"主要证据不足、适用法律法规错误、超越权限、滥用职权、违反法定程序、不履行或拖延履行法定职责"[1]等。违法包括作为和不作为两种，但一般说，不作为违法以法律规定有作为义务为限。

（三）被害人因国家机关及公务员行为遭受损害

除违法执行职务等要件外，国家承担赔偿责任还必须以损害事实出现为前提。只有违法行为，未造成损害事实，国家不负赔偿责任。确定违法行为与损害事实之间有必然的直接的联系，是国家承担赔偿责任的必要条件。损害既包括物质损害，也包括精神损害，但必须是实际已经出现的。遭受损害的既可以是自然人，也可以是法人。

（四）须有法律规定

国家承担赔偿责任的范围、条件和程序都有法律规定，并非国家对任何时候的所有违法执行职务行为都承担赔偿责任。在很多国家，对立法行为、行政裁量行为、司法非犯罪行为、国家统治行为造成损害的，国家不予赔偿。超过诉讼请求时效提起的赔偿要求，国家也不会满足。我国《国家赔偿法》颁布前，哪些行为应当赔，哪些行为不能赔，均由法律特别规定，目前规定国家赔偿责任的法包括《宪法》《民法通则》《行政诉讼法》《治安管理处罚条例》《邮政法》等。只有法律规定应予赔偿的行为国家才承担赔偿责任，这

---

〔1〕 如《美国联邦侵权赔偿法》第 1346（b），中国台湾地区"国家赔偿法"第 2 条均规定了不作为行为造成损害的国家赔偿责任。

也是国家赔偿区别于民事赔偿的基本特点之一。

四、国家补偿责任

社会主义国家对公民承担的责任应当是全面的，也就是说，国家赔偿立法应该有一个总体考虑。不论是国家机关违法行为还是国家机关合法行为造成的损失，国家都应负责填补。这也是衡量一个国家民主法制发展水平的重要标准。我国的国家赔偿法不仅要规定国家机关和国家工作人员违法行为造成损害的赔偿，也应该而且必须对合法行为造成损失的补偿作出规定。虽然新中国成立以来制定的许多法律都有国家对合法行为致害予以补偿的条款，但是，仍有很多行为造成的损失法律未予规定，受害人也无法取得赔偿。已有的补偿责任在范围、标准、程序等方面也不够具体和统一，估计短期内国家也没有专门制定补偿法的可能，所以从我国立法进程看更有必要在制定国家赔偿法时规定有关补偿责任条款。根据我国的实际情况要立法统一规定的除补偿的标准、程序、费用外，还应包括国家补偿的对象和范围。例如，公民协助执行公务受到损失的；军事演习、训练、巡逻、执勤造成损失的；戒严制止骚乱或采取其他紧急措施造成不应有损失的；正当防卫超过必要限度造成损失的，国家都应予以补偿。

五、国家赔偿责任的限制

国家赔偿责任是以国家为赔偿主体的，为了保证国家某些特定职能的顺利实现，减少该制度对国家主权行为的不利影响，不能不对国家赔偿责任作出某些限制性规定，这也是国家赔偿与民事赔偿不同的特点之一。国家不予赔偿或免于赔偿的事项主要有：

（一）立法行为

对立法行为造成的损害，国家不予赔偿是赔偿制度建立以来长期固守的原则。立法行为有时是立法机关制定法律的行为，有时也指行政机关或地方团体制定法规规章的行为，依据各国立法体制而定。[1]在我国，立法行为受宪法和最高权力机关的约束和监督，是表达国家意志的行为，并不针对确定

---

〔1〕 法国行政法院在 1938 年的一个判例中主张，因立法机关制定法律所受损害，不得请求赔偿。直至 1938 年"牛奶公司"一案，行政法院的态度才有所变化，认为因公益原因制定法律致被害人损害，应由公共团体负责赔偿。不过以立法行为产生的国家赔偿责任，仅以经济性立法之他人损害为限，其他立法行为发生损害的，不得请求国家赔偿（参见马怀德：《国家赔偿法的理论与实务》，中国法制出版社 1994 年版，第 208 页）。英国惯例为，国王对上下议院立法行为造成的损害不负赔偿责任（参见马怀德：《国家赔偿法的理论与实务》，中国法制出版社 1994 年版，第 232 页）。

的具体对象，因此造成的损害也不能由国家赔偿。

（二）统治行为

国家赔偿制度把有关国防、外交、议会等行为排除在赔偿范围之外，原因是这些行为都是以国家名义作出的，具有高度的政治性，也是国家主权豁免原则的体现，就此所致损害国家当然无赔偿义务。对统治行为造成的损害国家不予赔偿，这是世界各国的惯例。[1]我国《行政诉讼法》规定的法院不予受理的事项就包括国防、外交等国家行为。因此，我国也应当确定国家对统治行为不负赔偿责任的原则。

（三）司法行为

司法行为，包括刑事与其他（民事、行政）司法行为造成的损害，国家是否赔偿，各国规定不一。一般都规定只有刑事司法行为造成损害的，国家才负赔偿责任（或称冤狱赔偿）。对其他司法行为造成损害的只有在法官犯罪或有过失的情况下，国家才对其裁判致害行为负赔偿之责。[2]从我国具体情况看，对刑事司法行为违法造成损害的国家予以赔偿是十分必要的。学术界也早有论述和呼吁。实践中，因刑事司法行为违法造成损害予以赔偿的也不乏其例。《国家赔偿法》似也应明确作出赔偿规定，诸如违法拘留、对无罪公民逮捕判刑、超过法定刑期判刑的、判处死刑已执行的、执行错误造成损害的、刑讯逼供等违法行为造成损害的。至于其他司法行为造成的损害，国家是否赔偿，似也以审判员的行为是否构成犯罪为前提比较适宜。

（四）其他法定行为

从我国情况看，国家赔偿的范围不可能太宽。对行政自由裁量权、法院判决中的裁量行为、军事行为、其他管理行为造成的损害，只要该行为合法，国家就不负赔偿责任。对邮政、土地征用、规划行为造成损失的则依特别法有关补偿的规定办理为妥。世界各国赔偿法对一些法定事项也都有例外规定。[3]

---

〔1〕 各国对统治行为理解不尽一致，如法国统治行为范围较广，凡属政治领域内的法律争议、机构之间行为均包含在内，英国则以对外关系为限，西德以属于吸纳法领域内的国家指导为限。在某种意义上，统治行为还包括议会行为、关于国会与政府的关系行为、关于政府基本组织行为、外交行为（如缔约、领土的承认、国家的承认、外交使节的接收均属于统治行为）。

〔2〕 日本、韩国等国家及地区都有《冤狱赔偿法》。《西德国家赔偿法（草案）》第7条规定，司法上权利侵害，仅于法官有故意时，始使用本法。《奥地利国家赔偿法》第2条规定"宪法法院、最高法院及行政法院的判决不予赔偿"。《英国王权诉讼法》也规定，因行使司法权致生损害者，国王对执行司法性质的职务或司法程序有关的作为与不作为发生的损害不负赔偿责任。

〔3〕《美国联邦侵权赔偿法》第2680（a）和《英国王权诉讼法》第9条、第10条、第11条对此有所规定。

（五）国家免于或部分赔偿的情形

在一些特定情形下，国家责任可以免除或减轻。（1）通过其他途径得到全部或部分赔偿或补偿的，国家可以免除或减少赔偿责任。[1]这就是赔偿法理论中"损益相抵"原则，即损害赔偿的目的在于填补被害人所受损失，如果被害人就损害已通过其他途径，如补偿、保险、抚恤等获得利益，则应从所受损害可得赔偿金中扣除，以确定赔偿范围。例如，国家工作人员执行拆迁任务中错拆了房屋，在赔偿受害人时可以扣除拆后所得的材料。（2）受害人或第三人对损害应负责任的，国家可以免除或减轻赔偿责任。这就是赔偿法理论中的"过错相抵"。[2]例如，被害人因违反交通规则在高速公路上行走被撞死伤，国家可免责。（3）因不可抗力等原因造成损失的，可减轻国家赔偿责任。[3]

六、赔偿请求权人与赔偿义务机关

国家赔偿责任不是自发的，须以受害人提出赔偿请求，赔偿义务机关支付赔偿费用为起始和终结点。

（一）赔偿请求权人

指由于国家机关及工作人员执行职务的行为遭受损害向国家提出赔偿请求的人。各国对请求权人范围规定基本一致，大都以直接受害人为第一请求权人，依次排列。为了有利于保护公民的合法权益，我国赔偿立法中似应尽可能地扩大请求权人的范围，并依次序予以列举。其次序可为：受害人及法定代理人、受害人的继承人、受害人生前扶养的人、法人或其他组织终止时承受其权利的法人或其他组织。

（二）赔偿义务机关

虽然国家赔偿责任主体为国家，但是实际上负担赔偿义务、支付赔偿费用的都是具体的国家机关。由于现代国家机关为数众多，职责繁杂，发生损害后，被害人很难确定应当赔偿的机关，个别赔偿义务机关也借此互相推诿，致使赔偿请求人难以实现其请求权。为此，许多国家及地区的赔偿法明确规

---

〔1〕 如《奥地利国家赔偿法》第2条规定："被害人以普通民事诉讼、行政诉讼获得赔偿者，不得使用本法的请求权。"

〔2〕 英美法中称为"共同过错"，德国民法称为"过错相抵"。被害人或第三人对损害的发生于扩大有过错的，法院可以减轻赔偿金或免除该项赔偿。

〔3〕《西德国家赔偿法（草案）》规定，"如因权利受害人较轻微或由于损害的不可预见性，或由于损害过大及其他类似原因引起的责任，认为减轻赔偿义务较合适的，应斟酌减轻之"。

定了赔偿义务机关。有的是实施侵权行为的公务员所属的机关，有的为特别的赔偿审议机关。[1]

我国法律对国家赔偿义务机关并没有统一规定。实践做法也不尽一致，有些部门和地区也出现了权利请求人索求无门、国家赔偿机关互相推诿的现象。目前急需法律予以统一规定。在许多原则方面，似可与《行政诉讼法》的规定相一致。首先，国家机关和国家机关工作人员执行职务时造成他人损害的，应由该国家机关或该工作人员所属的国家机关承担赔偿义务、支付赔偿费用。其次，两个以上国家机关共同作出同一违法行为造成损害的，他们为共同赔偿义务机关，对赔偿承担连带责任，请求权人可以向其中任何一机关提出赔偿请求，被请求的机关不得拒绝或推脱，可以在支付赔偿费用后向另一有责任的机关求偿。再次，法律、法规授权的组织执行职务时违法行为造成他人损害的，该组织为赔偿义务机关。最后，受国家机关委托的组织或个人执行职务时作出违法行为造成损害的，委托的机关为赔偿义务机关。

在我国，确定赔偿义务机关还必须考虑不同的赔偿种类。行政赔偿由于受行政复议影响，所以其赔偿义务机关与司法赔偿或军事赔偿有较大差别。司法赔偿由于涉及侦查、检察、审判及执行多个环节，赔偿义务机关也较有特色。

1. 行政赔偿义务机关

行政机关的违法行为造成损害的，该行政机关为赔偿义务机关，行政机关工作人员违法行为致害的，该工作人员所属的行政机关为赔偿义务机关，这是行政赔偿义务机关的一般特点。遇有行政复议的情形，赔偿义务机关发生一些变化，按《行政诉讼法》的规定，复议维持的，作出原具体行政行为的行政机关是被告。赔偿义务机关是否可与此一致？但如作此规定，由于赔偿经费是各级财政列支，为避免承担赔偿责任，复议机关就有可能一律作出维持决定。因此我们认为，经过复议的具体行政行为造成损害的，复议机关与作出原行政行为的行政机关应为共同赔偿义务机关，对赔偿承担连带责任。因为复议是行政机关内部解决争议，上级机关对下级机关监督的一种形式，

_____

〔1〕 如《奥地利国家赔偿法》规定，有赔偿责任的官署为赔偿义务机关，包括故意和过失违法执行法令的联邦、各邦、县市、乡镇及其他合法之团体及社会保险机构（简称官署）。我国台湾地区的"法律"规定，违法执行职务的公务员所属的机关为赔偿义务机关。《韩国国家赔偿法》规定，设置于法务部、国防部的赔偿审议会是具体的赔偿义务机关。《西德国家赔偿法（草案）》第11条规定：多数公权力主体共同侵害他人权利者，该多数公权力主体对于受害人应负连带债务之责任。

复议机关经复议作出的决定代表了复议机关的意思表示，也包含着原行为作出机关的意思表示，可以视为共同行为表示。根据一般的赔偿原则，国家机关共同侵权的，负连带责任。无论复议机关的违法行为加重或减轻了原损害事实，复议机关都必须承担赔偿责任。这与《行政诉讼法》关于复议机关被告资格的规定显然有区别。换言之，即使复议机关维持了原行政行为而不作行政诉讼被告，也可能作为赔偿义务机关成为赔偿诉讼的被告。

2. 司法赔偿义务机关

我国司法机关指行使侦查、检察、审判、执行等职能的各类机关，包括公安机关、检察机关、法院、劳改机关等。司法机关及其工作人员违法执行职务造成他人损害的，该司法机关为赔偿义务机关。如果某一损害是由几个司法机关的接连行为所致，如何确定赔偿义务机关呢？有人主张几个机关为共同赔偿义务机关，也有人主张最后作出违法决定的机关为赔偿义务机关，还有人主张，由几个机关共同组成的司法赔偿委员会负责赔偿。我们认为，确定司法赔偿义务机关，既要考虑各司法机关之间的关系，也要考虑方便受害人行使赔偿请求权。我国司法机关行使职权的原则是分工负责、互相配合、互相制约。每一机关的行为与另一机关存在相互依赖、彼此连接的关系。所以，对违法行为负有责任的司法机关共同承担赔偿责任更为可取。当赔偿义务机关就责任发生争议时，可由各机关共同组成的司法赔偿委员会裁决。

3. 军事赔偿义务机关

军事机关和军事人员违法执行职务造成他人损害的，作出违法行为的军事机关为赔偿义务机关。我国军事机关以团为基层单位，由团以上的军事机关为赔偿义务机关是现实可行的。军事赔偿列入国家赔偿的范围主要原因在于：在我国的赔偿实践中，军事赔偿的负担极为沉重。由于没有赔偿方面的明确法律规定，常常是非法行为造成的损失，也被无理要求，不断纠缠，为照顾大局，迁就"军民关系"，军事机关不得不作出赔偿的让步。将军事赔偿纳入《国家赔偿法》规定的规则中，将有利于维持军队的正常活动，纠正敲国家大头的坏风气。

七、国家赔偿的方式、范围及费用

（一）赔偿方式

从各国赔偿制度看，赔偿方式无外乎金钱赔偿和恢复原状两种，大多数国家法律均采用金钱赔偿为主、恢复原状为辅的原则。[1]金钱赔偿比较有利于被害人，可以使其要求得到迅速满足，也便于国家机关进行赔偿，免受请求权人无理要求恢复原状的纠缠，而且适用于任何形式的损害赔偿。恢复原状的方式比较复杂，适用范围也有限。

我国采用何种赔偿方式尚无定论。有学者认为"赔偿应是全面赔偿，其宗旨在于恢复受损害的合法权益"，所以采用恢复原状的赔偿方式更有利于保护受害人。[2]这种看法有一定道理。我国现有体制和传统习惯决定了恢复原状比金钱赔偿更适于填补被害人损失，恢复受害人合法权益，如恢复工作、职务、工资级别、户口、住房等往往比金钱赔偿更重要。当然，恢复原状是一种比较复杂而冗长的赔偿方式，可能影响赔偿义务机关的工作效率。所以，在无法恢复原状的情况下，采用金钱赔偿方式也是必要的。除此而外，对某些案件的赔偿还可以甚至必须采用赔礼道歉、消除影响、恢复名誉或荣誉等赔偿方式。赔偿方式的多样化，是我国国家赔偿制度的重要特色之一。

（二）赔偿范围

民法上，损害赔偿的范围较宽，包括所受损害和所失利益，又称为直接损失和间接损失。所受损害指损害事实发生造成财产利益减少；所失利益指本可以获得的利益因损害事实发生而未能取得。[3]加害人既要对现有财产的直接减少进行赔偿，也要对在正常情况下，实际上可以得到的利益即间接损失进行赔偿。[4]国家赔偿范围与民事赔偿是否一致？各国法律无明确规定，学术界仍有不同看法。有人认为，国家赔偿的范围不宜过宽，因为此种赔偿以国家机关为诉讼被告，为了顾及国家财力的负担，似不宜采用民事赔偿范围的规定，赔偿所受损害即可，不必赔偿所失利益。[5]也有学者认为，"现代工商社会，由于不法行为造成的损害，所失利益往往大于所受损害，因而对所失利益的赔偿，益见其必要"。[6]我们认为，国家赔偿和民事赔偿，最终结

---

［1］《奥地利国家赔偿法》规定："损害赔偿采用金钱赔偿方法。"《西德国家赔偿法（草案）》规定："公权力主体对受害人侵权行为所受的损害，应以金钱赔偿。公权力主体对受害人因侵权行为造成不利状态的，应予恢复原状。受害人有权以金钱赔偿代替恢复原状。"瑞士和我国台湾地区也有类似规定。

［2］肖峋："关于国家赔偿法的几个问题"，载《中外法学》1991年第1期。

［3］刘春堂：《国家赔偿法》，三民书局1994年版，第69页。

［4］杨立新、韩海东：《侵权损害赔偿》，吉林人民出版社1988年版，第199页。

［5］林纪东：《行政法新论》，五南图书出版有限公司1985年版，第353～354页。

［6］刘春堂：《国家赔偿法》，三民书局1994年版，第70页。

果都应当一致，即填补受害人损失。损害事实不同，赔偿范围也不同。就财产损害而言，国家赔偿只需恢复到损害发生前的原状即可，一般不包括所失利益，这是大多数国家的做法。就身体或生命损害而言，除了恢复被害人达到原有状态外，还须对因此所致的可得利益损失予以赔偿。

我国在确定国家赔偿范围时，必须兼顾直接损失和间接损失两方面内容，同时也要区分不同的损害事实应予赔偿的范围。财产损害的赔偿以直接损失为原则；健康损害赔偿不仅要弥补受害人因此受到的直接损失，而且还应当考虑健康无法恢复情况下合理的可得利益损失；[1]侵害权利人的名誉权、姓名权、荣誉权、肖像权、名称权造成损害的，可在赔礼道歉、消除影响、恢复名誉或荣誉的同时，适当给予金钱赔偿。

（三）赔偿费用

采用金钱赔偿方式的，国家必须通过有效形式支付赔偿费用；采用恢复原状方式的，国家也需要一定费用采取恢复原状的措施。国家财税体制决定赔偿费用的来源及支付形式。[2]

从我国目前财力和赔偿范围看，由各级政府预算单列赔偿费用是必要的。但是完全由各级财政列支，赔偿义务的机关就会丧失其责任感，失去国家赔偿制度的监督意义，有时甚至放纵公务人员的违法行为。因此，可以考虑在国家财政承担大部分赔偿费用的前提下，要求赔偿义务机关从其预算外资金或行政经费中支付一小部分赔偿费用。美国支付国家赔偿费时，2500 美元以下，由机关经费中支出，超过 2500 美元以上部分，由国家支付。实践中，还有许多国家的地方政府采取向保险公司投保，再由保险公司支付赔偿金的做法来解决赔偿经费的来源问题。有人还建议，设立国家赔偿基金，由各级国家机关罚没款构成，赔偿基金统一支付赔偿费用。

八、赔偿程序

赔偿程序是国家承担赔偿责任的步骤与方法，也是赔偿请求权人获得赔偿的途径和手段。国家赔偿程序不同于一般的民事赔偿，有其自身的特点：

---

〔1〕 如美国关于死亡赔偿法则规定，损害赔偿应补偿身亡者生命如果继续下去所能够获得的合理的期待利益（参见马怀德：《国家赔偿的理论与实务》，中国法制出版社 1994 年版，第 254 页）。

〔2〕 在韩国，以国家为被告的赔偿费用由中央政府按年编列预算；以地方自治团体为被告的，赔偿经费由自治团体自筹，如无经费可支，中央可在年度总预算中予以补助。我国台湾地区的"国家赔偿费用"由各级政府编列预算支付。也有不单独预算列支的国家，如新加坡的国家赔偿费用编列在总检察署行政经费中，无专向预算，必要时可动用政府预备金。

（一）程序上的先行主义

权利人提起赔偿诉讼前须经过赔偿义务机关先行处理，这是许多国家赔偿制度的一个重要特点。[1] 赔偿程序采用赔偿义务机关先行处理的形式，一方面可以减轻法院诉讼压力，减少赔偿诉讼来源；另一方面可以使被害人得到迅速赔偿。我国《行政诉讼法》已规定采用这一程序。国家赔偿立法似也可如此。

（二）赔偿诉讼的特定管辖

赔偿事件经国家机关先行处理未果的，仍可采用诉讼程序解决，我国法院系统属单一的四级体制，实行二审终审制，因此，赔偿诉讼也应由基层法院管辖，在地域管辖上，以赔偿义务机关所在地法院管辖更为妥当，便于解决纠纷。赔偿义务机关为人民法院的，由其上级法院管辖赔偿诉讼为宜。

（三）赔偿请求的消灭时效

赔偿请求的消灭时效有两种，一种是被害人请求赔偿的时效；另一种是国家赔偿义务机关向有故意或重大过失公务员及受托人求偿的时效。对此，各国和地区规定的时效期并不相同。[2] 我们认为，规定赔偿请求时效和求偿时效应当考虑两方面因素，一是便于被侵害人行使请求权；二是保护国家机关的工作效率，防止出现赔偿义务机关被多年旧案纠缠干扰的现象。同时注意缩短求偿有效期，保护公务员的工作热情。我国的赔偿请求权时效可确定为2年，自请求权人知悉损害行为被确认违法之日起算，赔偿义务机关行使追偿权的时效也不宜过长，1年为宜，自支付赔偿金或恢复原状之日起算。

（四）举证责任中的"初步证明责任理论"

国家赔偿诉讼中的举证责任不同于民诉中"谁主张、谁举证"的一般原则。一方面，因赔偿诉讼以国家机关为被告，作为原告的受害人对损害产生的依据、内容不甚了解，掌握不了充足的证据，因而无法行使有效的举证权，

---

〔1〕《奥地利国家赔偿法》第8条规定，"被害人应先向有赔偿责任的机关，以书面请求赔偿。书面送达机关3个月后，被害人才可以提起民事诉讼"。《美国联邦侵权赔偿法》第26条、第75条规定，除非请求权人先向有关联邦行政机关提出赔偿请求，而且被请求机关作出终局拒绝，不得对美国政府提起赔偿诉讼。

〔2〕就赔偿请求时效而言，以知悉损害起算，奥地利为3年，德国为5年，美国为6个月，我国台湾地区为2年。从损害发生时起算，以上各国和我国台湾地区分别为10年、30年、2年、5年。赔偿义务机关行使追偿权的时效也不一致，奥地利为6个月，我国台湾地区为2年，请求赔偿的时效一般自违法判决或处理被确定时起算；求偿时效自赔偿义务机关支付赔偿金或恢复原状3个月起算。

也难以承担"主张者举证"的责任。另一方面，作为一种赔偿请求，也不能完全采用《行政诉讼法》中规定的"被告负举证责任"的原则。为了保护原告实体和诉讼权利，适应赔偿诉讼的特点，需要在国家赔偿诉讼中对举证责任另作规定。我们认为，可以采用"初步证明责任"理论，这就是：请求权人在提出赔偿请求时，必须证明损害事实的存在，以及损害事实与执行职务的违法行为之间的因果关系。至于证明执行职务行为的合法或减免赔偿责任的事由的证明责任，则由作出该行为的国家机关承担。[1]

九、公有公共设施损害的赔偿

公有公共设施又称公共营造物，指道路、河川、港埠、自来水、下水道、机关办公处所、公共场所等。公有公共设施致害的赔偿问题，在以私有制为基础的国家，是国家赔偿的重要组成部分。我国以公有制为主，公有公共设施的范围十分广泛。占有、使用、管理这类设施的绝大部分都为国家机关和国营企业事业单位，同时，公共设施一般都由有关管理单位独立管理和经营，自负盈亏。因此，因公有设施管理或设置欠缺受到损失的，被害人可以依照《民法通则》通过民事诉讼获得赔偿，无需《国家赔偿法》予以特别规定。这也正是社会主义国家赔偿法的特点之一。

---

〔1〕 初步证明责任理论源于德国，在日本和我国台湾地区也有一定影响，国家赔偿诉讼中，被害人举证存在诸多困难，为了减轻原告负担和举证责任，诉讼中只需原告提出初步证据，如果该证据提出后，即足以认定待证事实的真伪与否，被告如果不能证明该证据不实之处，法院应判决被害人胜诉（参见城仲模：《行政法之基础理论》，三民书局 1980 年版，引自《台大法学论丛》1975 年第 5 期）。也有人将该理论解释为，原告提出的证据虽然没有直接证明待证事实，但依通常事理进展过程而论，有该证据所证明的事实，即有待于事实的存在（参见曾世雄：《损害赔偿法原理》，中国政法大学出版社 2001 年版，第 252~253 页）。

十年行走思变[*]

——《国家赔偿法》实施情况调研报告

1995 年 1 月 1 日颁布实施的《国家赔偿法》是我国民主法制建设的里程碑，国家赔偿从无到有，从小到大，渐趋发展。《国家赔偿法》的实施，一方面昭示国家赔偿制度的确立，明确国家责任的承担，督促国家机关依法行使职权；另一方面切实尊重保障人权，促使公民权利保障体系日益完善。但《国家赔偿法》实施的 10 年也遭遇诸多问题，在依法治国、走向法治，加强政治文明建设的今天，[1]《国家赔偿法》的修改与完善渐趋走入人们的视野。总结国家赔偿 10 年来取得的经验，调查国家赔偿制度存在的问题，了解社会各层对国家赔偿改革的态度和意见成为前提，为此在全国人大法工委的指导下，由行政立法研究专家小组牵头，组成以应松年教授担任组长的《国家赔偿法》实施情况调查组，于 2004 年下半年，先后赴北京、上海、辽宁、山西、广东、四川六省市，对《国家赔偿法》自 1995 年 1 月 1 日颁布以来在该地区的实施情况进行调研。调查的内容围绕三个方面，即：一是《国家赔偿法》自 1995 年颁布以来本地区、部门贯彻实施的情况；二是《国家赔偿法》在实施过程中存在哪些问题；三是对进一步完善《国家赔偿法》的具体意见与建议。调查采用座谈的方式，参加座谈的有省、市人大法工委、政府法制办、法院、检察院、公安、财政等部门负责国家赔偿工作的相关人员以及部分专家、学者、律师等。现将座谈中各界人士发表的意见和建议分类归纳如下：

一、《国家赔偿法》的实施状况

我国自 1995 年《国家赔偿法》颁布实施以来，国家赔偿制度初步确立，并取得长足的发展，仅就法院处理国家赔偿的案件数量来看：自 1995 年 1 月

---

* 本文与杨小军、岳志强、向文农合作，载于《律师文摘》2005 年第 6 期。

〔1〕 2004 年宪法修正案明确将"国家尊重和保障人权"原则写入宪法。完善发展国家赔偿法是贯彻落实这一宪法原则，切实保障公民权利的需要。

1 日《国家赔偿法》生效以来，全国各级法院共受理国家赔偿案件 15 867 件，审结 15 315 件，其中决定赔偿的案件 5442 件。

现就《国家赔偿法》的实施机构、国家赔偿案件的受理情况、国家赔偿案件的处理情况、国家赔偿费用的支付情况等几个方面对《国家赔偿法》的实施状况作一说明。

就《国家赔偿法》的实施机构来看，自《国家赔偿法》颁布实施以来，被调查地区逐渐设立实施机构，加强组织建设。法院自 1995 年《国家赔偿法》颁布实施逐步建立赔偿委员会，设立赔偿办公室，配备资深法官专门处理国家赔偿案件，且其地位日益独立；对于法院自身赔偿案件的办理，则由审监庭确认，赔偿委员会决定；检察院在实践中多由控申部门负责办理国家赔偿案件，公安机关多由复议处负责办理国家赔偿案件，其他政府部门对于国家赔偿案件多由其法制部门办理。

就《国家赔偿法》的宣传贯彻与制度建设来看，被调查地区认真组织学习《国家赔偿法》，加强宣传，或者采取办培训班，或者采取以会代训，或者组织专题讲座，或者组织调研，或者建立协调机制，四川法院赔偿办还创办《国家赔偿研究》，编辑司法赔偿手册等。通过学习、宣传，切实理解《国家赔偿法》规定的精髓，统一认识，明确《国家赔偿法》的实施目的在于：促进国家行为的规范化、合理化，保障百姓权利，推动我国的民主法制建设进程，从而切实保障《国家赔偿法》的贯彻实施。在贯彻实施的过程中，规范程序，建章立制，加强制度建设，保障《国家赔偿法》的有效实施。如四川制定《四川省公安机关国家赔偿工作程序规定（试行）》《四川省高级人民法院赔偿委员会工作规则（试行）》《赔偿办审理赔偿案件时限的规定》以及《关于审理司法赔偿案件程序的暂行规定》《关于审理司法赔偿案件听证程序的规定》，广东省已经制定《广东省法院司法赔偿案件办案规程（试行）》，并准备制定《广东省公安机关办理国家赔偿案件规定》等。

就国家赔偿案件的受理情况看，国家赔偿案件数量渐趋增长，从最初1995 年的零星几件甚或没有至今上升到每年上百件，国家赔偿制度稳步发展，如 1995~2004 年山西法院和赔偿委员会审理的刑事、非刑事赔偿案件 394 件，受理案件从 1995 年 9 件，至 2003 年 53 件呈上升趋势；辽宁省人民法院 1995 年受理 3 件，1996 年 8 件，2000 年 130 件，2003 年 159 件。原因在于以下两个方面：其一，法制逐渐完善，依法治国渐趋深入人心，国家的行为逐渐规范化、法制化；其二，公民的权利意识提高，对国家违法行为侵害其合法权益的敢于要求国家承担责任。但是就已经受理的案件和实际发生的案件相比，差别很大，以法院为例，10 年中，全国共发生有据可查的冤案（即改判的无罪和直接宣判的无罪）多达 20 万起，但提起国家赔偿申请的仅有 1 万多，差别的对比透露出国家赔偿的艰难。

就国家赔偿案件的处理情况看，涉及国家赔偿的案件数量很多，提起申请的不多，对于这些不多的赔偿申请，能够通过确认的更少，如广东省人民检察院 1995~2004 年 7 月总共受理刑事确认案件 174 件，确认 48 件，不予确认的 126 件。对于确认违法的赔偿案件，决定赔偿的占 25.88%，决定不赔偿的占 35.29%，维持或者作其他处理的占 38.83%，如四川全省法院及赔偿委员会共受理各类司法赔偿案件 1356 件，审结 1275 件。其中决定赔偿 330 件，决定不赔偿 450 件，维持或者作其他处理 495 件。由此可见国家赔偿的案件处理出现赔偿申请的多，确认的少，决定赔偿的更少的现象，获赔困难。

对于国家赔偿案件的处理，实践中还出现调解结案的情形，即赔偿义务机关承认其行为侵害申请人的合法权益，但却不循国家赔偿程序解决，而是采取程序之外调解方式解决，其费用自然也不能通过正常的财政渠道申请拨付，大多由自身经费解决。如四川省公安机关为了规避追偿等执法过错责任，大量采用程序外赔偿。

表 1　四省市国家赔偿义务机关实施国家赔偿法情况

	人民法院	人民检察院	公安机关
北京	10 年来受理国家赔偿案件 89 件，审结 87 件，决定赔偿的 40 件，赔偿金额 2 191 353.12元。	1995~2004 年 11 月，受理赔偿申请 135 件，决定给予赔偿 25 件，法院赔偿委员会决定给予赔偿的 15 件，支付赔偿金额 195.5 万元。	《国家赔偿法》实施以来共发生 13 起实际赔偿案件，赔偿金额共计 500 785.87 元。
广东	1995~2003 年，共审理赔偿案件 1173 件，决定赔偿的 211 件。	1995~2004 年 7 月，受理刑事确认案件 174 件，确认 48 件，不予确认 126 件。立案 167 件，决定赔偿 46 件，赔偿金额 233.04 万元；不予赔偿 94 件。	1996~2003 年，共办理国家赔偿案件 196 起，赔偿金额 1446.68 万元，其中支付赔偿金 764.62 余万元。2000~2003 年，通过各种方式补偿受害人 600 多万元。

续表

	人民法院	人民检察院	公安机关
四川	截至目前，全省法院及赔偿委员会共受理各类司法赔偿案件 1356 件，审结 1275 件。其中决定赔偿 330 件，赔偿金额 848.55 万元。	1995~2004 年，受理赔偿申请 771 件，立案办理 545 件，办结 490 件，决定赔偿 150 件；赔偿金额 249.94 万元。	1995~2003 年，国家赔偿案件 238 件，国家赔偿费用 887.23 万元（支付赔偿金 505.94 万元，返还财产 381.29 万元）。
山西	法院和赔偿委员会审理的刑事、非刑事赔偿案件 394 件，审结决定赔偿的 165 件，占 41.9%，赔偿金额 330 余万元。审理 448 件行政赔偿案件，决定赔偿 103 件，占 23%，赔偿金额 228 万余元。	办理国家赔偿案件 38 件，实际赔偿 31 件，赔偿金 36 万元，返还财产达 100 多万元。	2000~2003 年国家赔偿案件 33 件，赔偿金额 16.70 万元。

就国家赔偿费用的支付情况看，自《国家赔偿法》实施以来，各级政府大多根据本地区的实际情况，确定一定数额的国家赔偿费用，列入本级财政预算，如表 2 所列城市均有国家赔偿财政预算；但也有部分地区财政困难，不肯或不能为赔偿费用作出单独预算，如西部地区部分城市。对于已有的财政预算，辽宁、上海、广东自赔偿法实施以来赔偿义务机关就没有向财政部门申请拨付赔偿金额，山西 2002 年以前没有支出过，没有申请，没有支出，国家赔偿预算形同虚设。然现实中 1995~2003 年广东省人民检察院支付赔偿金额 233.04 万元，公安机关共履行赔偿 1446.68 万元；四川省 1995~2003 年人民检察院支付赔偿金额 249.94 万元，公安机关支付赔偿金 505.94 万元，法院支付赔偿金额 691.97 万元等。由此可见，一方面赔偿义务机关支付了大量的赔偿费用，另一方面国家赔偿的财政预算无人申请，现行的国家赔偿费用的支付体制虚置。实践中国家赔偿费用如何解决，调查表明赔偿义务机关大多出于维护政绩和形象的考虑，多自身解决，如广东省公安机关 1996~2003 年通过各种方式补偿受害人有据可查的就有 600 多万元。就已经实现的国家赔偿而言，国家赔偿费用偏低，甚或不足保障公民的基本生存权，国家赔偿费用的效果失却。

表 2　四省市国家赔偿财政列支情况表

	预算情况	支出情况
广东	每年都有财政预算，市级财政多在办公经费中安排，没有单独处理。	自国家赔偿法实施以来没有办理过，年年在预备金中有所安排，年年财政无安排。
辽宁	2004 年开始设立国家赔偿专项基金，由于国家赔偿不可预算，省级财政先预算 500 万给同级政府，超过由财政预备金补充。	被执行人申请过，但没有划拨过。
山西	每年均有财政预算。	2002 年前，没有支出过，到现在共 4 笔，赔偿金额不到 15 万元。
上海	财政局设有国家赔偿金科目，一般放在其他预备金下设的科目中。	1995 年以来没有申请过一起，赔偿义务机关从别的项目申请过，没有从国家赔偿这个科目支出。

二、《国家赔偿法》存在的问题

《国家赔偿法》实施 10 年取得很大发展，但也存在诸多问题。这里既有《国家赔偿法》条文之外的制度、文化原因；也有《国家赔偿法》自身规定的不足。与会各界人士对《国家赔偿法》自身存在的问题发表意见，提出建议，现归纳为以下几个方面：

（一）《国家赔偿法》的归责原则

我国目前《国家赔偿法》仅以违法为国家赔偿的归责标准，比较单一，存在的问题如下：其一，国家赔偿的归责原则在总则中规定为违法原则，但对其后的刑事赔偿实践却实行事实上的过错原则。前后相互矛盾，导致实践中国家赔偿范围的认定分歧，如对宣告无罪的案件，法院认为，只要是宣告无罪，就应当给予被羁押人国家赔偿，但检察机关却坚持认为，对于那些存疑宣告无罪的案件，不应该赔偿。其二，在违法归责原则的前提下，国家对因合法原因造成的非法损害，则不承担赔偿责任，国家补偿制度缺失。其三，违法归责原则仅限于作为违法，并不涵盖不作为违法，体现在其后的赔偿范围中未对不作为作出规定，不作为违法造成的损害无从救济，无从赔偿。

（二）国家赔偿的范围

调查表明，国家赔偿的范围窄是目前《国家赔偿法》存在的突出问题，也是人们关注的焦点所在。具体体现如下：

（1）国家仅对部分行政行为、部分司法行为造成的损害予以赔偿，不包括立法行为等其他行为。

（2）对行政行为、司法行为赔偿范围的规定采取肯定列举和否定列举的方式，优点在于便于操作，缺点在于不周延，诸多行为被排斥在国家赔偿的范围之外。

（3）行政赔偿未将行政不作为造成的损害纳入；行政合同造成的损害能否纳入不明确；对公有公共设施因管理、设置不善而造成的损害，则不在国家赔偿范围之内；不可抗力、第三人的过错未能成为行政赔偿的免责事由。

（4）就刑事赔偿来看，监视居住、取保候审等变相超期羁押造成的损害不赔。刑事赔偿免责事由中虚伪供述内涵不明确，导致实践中无从认定，如某案件最后判决无罪，前面的供述是否为虚伪供述。

（5）只赔偿财产损失，不赔偿精神损失。

（6）只赔偿直接损失，不赔偿间接损失。利息、营运损失、经营损失和为寻求国家赔偿所支出的必要合理性费用等都没有列入。

（三）国家赔偿的标准

调查中反映的情况是：我国国家赔偿的计算标准的突出问题不是国家财政负担不起，而是赔偿标准太低，受害人的损失远远不足弥补，既不足以慰抚受害人，消除受害人的意见，也不能有效地遏制违法，促进国家机关依法行政职权。具体问题如下：

第一，关于侵犯人身自由的赔偿标准。普遍认为目前平均主义的赔偿有失公平，理由在于：其一，羁押24小时相当于工作8小时，用生产创造价值来确认人身价值这种计算方式不合理。其二，地区差异明显。在西部地区计算赔偿金国家规定的日平均工资偏高，得不到赔偿义务机关和财政部门的认可。在其他地区，日平均工资的计算标准明显偏低。其三，国家日平均工资往往在次年的四五月份财政才能确认，以此为标准，则四五月份之前的国家赔偿无从实现。

第二，关于侵犯公民身体健康权的赔偿标准。目前我国对于侵犯公民身体健康权的赔偿标准是参照工伤鉴定标准，以此认定部分丧失或者全部丧失劳动能力，法院对损失认定的自由裁量权过大。而且依照工伤鉴定标准确定的赔偿金额偏低，无法实现国家赔偿保障生存权的初衷。

第三，关于侵犯财产权的赔偿标准。目前存在的问题在于：国家侵犯财产权造成的损害只赔偿直接损失，不赔偿间接损失。如对错误扣押的财产返还时并不返还利息等，扣押财产拍卖多少赔偿多少，中间的价格差损失不赔；行政许可被吊销，仅赔偿直接损失工本费，但行政许可被吊销造成的损害显然不仅仅是工本费，等等。

（四）国家赔偿的程序

调查表明，关于国家赔偿的程序实践中认为存在的问题如下：

1. 确认程序与赔偿决定程序分设不合理

理由如下：其一，二者分离导致赔偿的因果分离，审因的失去了审果的机会，审果的失去了审因的前提，造成司法资源的浪费。其二，就司法赔偿而言，确认与决定分离，确认失去监督，当事人只能寻求申诉解决；确认与决定分离徒增司法成本，加大司法赔偿的难度，影响正常赔偿。其三，确认程序实际是国家赔偿的一个环节，确认前置程序违背了司法审理的基本精神即一个司法程序作出一个决定的原则。

2. 确认程序弊端严重，成为提起赔偿的障碍

第一，在确认主体方面，无论是行政赔偿确认还是刑事赔偿确认均将违法行为的确认权赋予赔偿义务机关自身。应当承认立法的原意是给予赔偿义务机关一个有错必纠的机会，以维护其形象和威信。但此举无疑违背了程序正义的基本要求——任何人不得成为自己案件的法官，自己审自己，结果的公正性很难得到保证。实践中由于缺乏有效的规制，赔偿义务机关自己确认自身行为违法的规定异化，良法初衷失却。

第二，赔偿义务机关的确认缺乏规制。赔偿义务机关繁多，无统一的确认主体；确认违法各机关没有统一的程序，申请的时限、确认的时限、确认的形式、确认的内容、逾期不确认的救济等确认程序的诸多方面，《国家赔偿法》均缺乏明确规定，确认程序不规范，导致实践中确认权的滥用。或者收到确认申请久拖不决；或者给予口头确认但不赔偿；或者拒不确认，致使当事人无从启动赔偿决定程序；在刑事赔偿中由于赔偿义务机关与赔偿决定的人民法院对确认的内容认识分歧，相互牵制，国家赔偿无从实现。如法院认为检察院作出不起诉决定就视为对侦查行为违法的确认决定，而检察院则认为应按违法确认程序由申请人向检察机关申请确认。确认的内容单一，具有局限性，如在刑事赔偿中，宣判无罪的，一般只对人身的刑事决定确认为违法，通常没有对其财产性质界定。当事人还需对财产的违法确认，不便民，也浪费司法资源。没有明确规定不予确认的法律责任，在此前提下不确认并不承担法律责任，赔偿义务机关往往不予确认，导致赔偿决定程序无从启动，国家赔偿流于空谈。

对于行政赔偿义务机关确认不服，《国家赔偿法》规定可以提起诉讼；但对于刑事赔偿义务机关的确认不服，《国家赔偿法》规定可申诉。但问题在于

如何申诉《国家赔偿法》无进一步的规定。申诉的程序规定缺失，向何种机关申诉、采取何种形式、申诉的期限均缺乏详细的规定。在此前提下，申诉的效果甚微。大量的赔偿案件因无法通过确认程序进入赔偿决定程序。

3. 赔偿决定程序缺陷甚多

根据我国《国家赔偿法》的规定，我国目前实行由中级人民法院内部设置的赔偿委员会审理司法赔偿案件，存在的问题在于：

第一，审判机构不合理。赔偿委员会属于法院的内部机构，其设置不需要程序，由此可见国家赔偿的审判机构不是由人大审批设立的，不具独立性。

第二，决定无程序，实践中操作无所适从。法院立足于实际创设听证制度，但缺乏法律依据，遭到公安机关、检察院的质疑。

第三，对赔偿委员会的决定不服的救济机制缺失。按照现行的《国家赔偿法》国家赔偿是用赔偿决定书的形式作出，赔偿程序相当于一决终审，没有监督机制。当事人对此不服，无从救济。

4. 执行程序欠缺

无赔偿决定的执行条款。在赔偿义务机关拒不执行的情况下，法院无法采取强制措施执行，因无法律依据，法院只能花费大量的时间、精力来协调。

在执行中也面临一些难题：如法院判决后当事人又有新的证据或者检察院提起抗诉的，如何执行。

追偿制度缺失，导致赔偿义务机关垫付赔偿金后往往出于各种考虑不追究公务员的责任。即使追偿，但追偿的标准无规定，对追偿决定不服的救济机制缺失，追偿也不能很好地实现。

（五）国家赔偿的方式

调查表明，我国国家赔偿的方式存在的问题在于：

（1）未将恢复名誉、消除影响、赔礼道歉等作为赔偿方式，而是作为其他侵权责任加以规定。

（2）返还财产的规定太粗，对于什么样的财产需及时返还、返还财产执行不回来如何处理均缺乏明确规定。

（3）赔礼道歉应在什么范围、用什么方式进行、赔偿决定书本身是否就是赔礼道歉；恢复名誉，恢复的方式，如何执行，以及什么情况才达到恢复的效果等均未明确规定。

（六）国家赔偿的费用

调查表明，关于国家赔偿的费用，实践中存在的问题在于：

（1）部分地区财政困难，在财政正常费用难以保证的前提下，国家赔偿的财政预算往往落空，赔偿费用的来源得不到保证，导致应当赔的赔不起。

（2）部分地区有财政预算，但却没人要。

（3）赔偿义务机关先行垫付再向财政申请的做法不合理。在收支分离的前提下，赔偿义务机关自身的经费有限，不具备先行垫付的能力。强行垫付，必将挤占办公经费、工资等，部分地区甚至出现法官个人借钱给法院，帮助法院支付国家赔偿费用的先例。

三、《国家赔偿法》的完善

针对上述《国家赔偿法》实施存在的问题，实践中提出诸多完善的建议与意见，现整理分析如下：

（一）国家赔偿的指导思想

实践中主张国家赔偿的理念应转化，应将公民的合法权益放至首位，国家的行为是否违法是第二位的事情。只要公民的合法权益受到国家行为的侵害，就应得到救济。国家赔偿的宗旨应当在于救济公民被国家行为侵害的权益，破财消灾，维护社会稳定。

（二）国家赔偿的归责原则

调查表明我国单一的违法归责原则已不适应社会的发展，国家赔偿的归责原则需完善，如何完善，各界人士的建议是：第一种思路认为国家赔偿的归责原则不应单一，应更多地体现过错原则如给付行政行为和抽象行政行为可适用过错原则。第二种思路为国家的赔偿法的归责原则修改为过错原则。第三种思路为行政赔偿适用违法归责原则，刑事赔偿适用过错原则。最后一种思路认为国家赔偿法的归责原则应体系化，或者认为应以违法原则为主，过错原则和无过错原则为辅的赔偿归责原则；或者认为应以违法和明显不当为主，以无过错为辅的归责体系；或者认为应以违法为归责原则，以无过失责任为补充。还有人提出应当实行违法兼结果原则。

（三）国家赔偿的范围

国家赔偿的范围需要扩大。对此凡参加调研座谈会的人员已经达成共识，并提出三种解决方式：

（1）根本解决方式：采取概括的方式规定所给予赔偿的事项，以列举的方式规定国家不承担赔偿责任的事项。

（2）渐进的解决方式在于逐步扩大赔偿范围。行政赔偿方面，将规章以下的规范性文件纳入赔偿范围，理由在于：行政复议、立法法的规定及其实践积累了对其审查的经验；规范性文件违法损害公民权益的现象比较严重。将行政不作为、行政执法中适用法律不当、行政合同（其中的公权损害）、违法的奖惩任免等内部人事管理行为和公有公共设施致害纳入赔偿范围。刑事赔偿方面，监视居住、变相超期羁押、轻罪重判、取保候审及违法没收保证金的行为纳入赔偿范围。至于国家免责的事项应逐步明确。

（3）将当事人因错判、申请国家赔偿而增加的费用纳入国家赔偿的范围，例如当事人因错判而支出的鉴定费、交通费、住宿费、误工费、律师代理费等。

（四）国家赔偿的标准

针对国家赔偿标准低的问题，实践认为应提高赔偿标准，具体建议如下：

关于侵犯人身自由的赔偿标准。实践中有人认为应提高国家赔偿的计算标准，赔偿考虑地区差异，赔偿金应与当地的实际生活水平相适应。赔偿金如果不能与当地的实际生活水平相适应，则达不到国家赔偿的应有效果。如有建议侵犯公民人身自由的，每日的赔偿金，按照国家上年度日平均工资的 1~3 倍计算。

还有一种思路建议除现行法律规定的抚慰性赔偿标准外，可以实行一定程度的惩罚性标准。对国家机关和国家机关工作人员故意侵权行为设立惩罚性赔偿，有助于遏制违法，伸张国家赔偿的功能。

关于侵犯公民身体健康权的赔偿标准，建议参照《民法通则》的规定对受害人的实际损失予以赔偿。

关于侵犯财产权的赔偿标准，建议对造成财产损害的，不应仅赔偿直接损失，还应赔偿间接损失。

关于精神损害赔偿，主张应对精神损害进行赔偿。

（五）国家赔偿的程序

针对国家赔偿程序存在的问题，实践中的完善建议如下：

1. 立法模式方面

一种思路建议设立单独的赔偿程序法，对国家赔偿程序统一规定；另一种思路建议完善现行的国家赔偿程序规定。

2. 完善发展国家赔偿程序规定的主要体现

第一，关于确认程序与赔偿决定程序的关系：一种思路建议确认程序和赔偿决定程序合一，不再分设。一种思路则主张确认前置程序改为当事人选择程序，也适用两审终审。

第二，确认程序方面：首先是确认的主体，一种观点建议行政赔偿的确认主体由其上级机关承担，即行政主体自己违法行为造成的损害不再自身确认，改由行政主体的上级机关承担，行政主体不予确认或者逾期不确认的直接纳入司法确认；刑事赔偿的确认主体均授权人民法院确认。赔偿请求人要求赔偿义务机关确认，赔偿义务机关不确认或者确认不存在的，请求人可向法院赔偿委员会要求确认提出赔偿请求。对于法院自身违法行为的确认实行提级确认，如对于审判机关作出的裁判行为，赔偿请求人可依上诉程序及再审程序申请确认；对于审判机关在诉讼过程中采取的诉讼强制措施、保全措施、执行措施以及其他违法职责的行为，赔偿请求人可向上一级人民法院申请确认。事实上最高法的司法解释已经作出规定基层法院的违法行为由上级法院来确认。另一种观点建议统一行政赔偿与刑事赔偿的确认主体，由人大设立独立的赔偿确认主体，以彻底摆脱自身确认的嫌疑，或者由人大组成调查组来确认。其次完善确认程序应从以下几个方面考虑：（1）明确规定申请的时限，申请人应在此期限内提出确认申请，逾期将不再受理；（2）明确规定确认的期限，行政赔偿逾期不确认直接寻求司法确认，司法赔偿逾期不确认进行申诉；（3）明确规定确认的形式和内容，行政赔偿应当采取确认文书的形式，确认的内容应全面，需要确认的内容均应涵盖；（4）明确规定不予确认的法律责任，通过对法律责任的追究督促确认主体依法确认；（5）完善对刑事赔偿义务机关的确认不服而提起的申诉程序。明确规定申诉的受理主体、申诉的程序、申诉的形式、申诉的时限等，从而及时解决确认争议，保证赔偿案件能顺利通过确认程序启动赔偿决定程序。

第三，决定程序方面：对于审判的机构，一种观点建议将赔偿委员会独立，设置隶属于人大常委会，从而避免审判机构设在任何一家司法机关的尴尬，且使得赔偿案件的处理处于人大的监督下，保证其公正性。赔偿委员会由本级人大的法律委员会及本级法院、检察院、司法行政部门、公安、国安部门以及律师界的代表组成，其有权最终确认无法进入审判程序的行为的合法性。另一种观点则主张赔偿委员会仍设置于人民法院内，但应明确其地位，加强其职能，制定审理赔偿案件的程序。还有一种观点主张在中级以上人民法院设立国家赔偿审判庭，专门审理国家赔偿案件。

关于赔偿决定的程序问题。一种观点主张赔偿委员会的决定应纳入诉讼程序，应采用合议式的审判机制。另一种观点主张引入听证制度，并将听证法定化。明确告知制度，侵权行为发生并经确认后，确认机构有义务告知受害人或其近亲属有提起国家赔偿的权利。

关于赔偿决定的救济机制。按照现行的规定，赔偿委员会的决定为一决终局，为充分保障申请人的合法权益，应当设置赔偿争议双方对赔偿决定不服寻求救济的渠道。

第四，执行程序方面：国家赔偿主体形式上是赔偿义务机关，实质上是国家，如何保证国家赔偿决定的执行是一个严肃的问题。现实状况是发生法律效力的赔偿决定不能完全如期执行。因此有人主张由当事人直接向财政部门申请，财政部门只要确认法律文书的真实性就先支付，然后再与相关机关解决其他问题。还有人主张应设立明确的监督保障机制和追究赔偿义务机关的领导者不执行赔偿决定的责任追究制，以保证赔偿决定的落实。

对于法院作出赔偿判决或决定后，当事人又有新的证据或者检察院提起抗诉的，如何执行？对此应区别情形对待，原则停止执行，特殊情形不停止执行。

完善追偿制度，明确责任的承担，追偿的标准，追偿的程序，公务员不服的救济途径。

（六）国家赔偿的方式

实践中建议国家赔偿的方式应扩充，恢复名誉、消除影响、赔礼道歉等应从其他侵权责任形式转化为赔偿方式。

国家赔偿的方式应该细化，明确区分返还财产的急迫程度，对于维持生产经营、生活所必需的应及时返还；适当的情况下，考虑让第三人直接承担返还财产责任，但应对第三人的信赖利益进行保护。赔礼道歉、恢复名誉均应在造成损害的范围内，采取为公众所知悉的方式进行，如在相应范围的报刊上赔礼道歉、恢复名誉等。明确规定拒绝赔礼道歉、恢复名誉的法律责任并规定追究的程序，若赔偿义务机关仍拒绝，则可由作出赔偿决定的机关强制执行，如采取刊发赔偿决定书、向赔偿义务机关的上级机关或有关部门提出建议，建议追究赔偿义务机关的领导者责任等方式，由此产生的费用由赔偿义务机关承担。

（七）国家赔偿的费用

针对存在的问题，实践中的解决思路在于：

（1）扩大国家赔偿金的来源，实行统一财政、设立基金、商业保险等多种方式。对赔偿费用的预算列支加强监督，人大在审议预算时，赔偿金的预算应成为审核标准。对于地区经济困难的，国家财政拨付赔偿补助金。

（2）对于国家赔偿金的支付问题，实践中主张由省级财政统一支付，赔偿请求人凭赔偿决定书直接向省级财政机关申请赔偿金，无需赔偿义务机关先行支付再向财政机关申请核拨，以免除赔偿义务机关的种种顾虑，也保障赔偿请求人实现其赔偿请求权。或者主张设立专门的理赔机构，赔偿机构应单列，把赔偿与责任分开，利于追究责任人。

从依法行政到建设法治政府

行政法学

中国行政法学的回顾与展望[*]

　　老师们、同学们，非常感谢上海交通大学的邀请和款待，我欣喜地看到，上海交大法学院在法学学科建设和研究方面发展非常快。很高兴和大家一起对中国行政法学做一回顾与展望。

　　今天之所以选择这样一个题目，是因为我在给博士生上课时，同学们经常问我这样一个问题，就是中国行政法是怎么样发展过来的。这是个很好的题目，我也可以讲讲。为什么呢？因为中国当代行政法的产生过程、经历、发展的历史，年轻的同志可能不知道，而我是过来人，曾参与其中，回忆一下我国行政法治是如何发展过来的，讲一讲历史，对我们展望行政法学未来的发展有好处。

　　中国行政法从现代法治意义上讲（现代法治把重点放在保障公民权利和规范政府行为上），我们一般都从 1989 年《行政诉讼法》[1]的颁布实施算起。可以说，《中华人民共和国行政诉讼法》是我国第一部以保障公民合法权益为目标的法律，算起到现在也不过十多年的时间。实际上，在《行政诉讼法》制定之前正是行政法学教育的重新恢复和发展时期。我记得，大概是 1981、1982 年的时候，我们国家一个很有名望的法学方面的领导王岷灿同志[2]，他有一个基本的观点认为：粉碎"四人帮"后拨乱反正，法制建设要上马，要建设法制就要有人才，没有人才怎么进行法制建设，因此首先要有教师，没教师怎么可能有学生，怎么能培养适应新时代需要的法律人才？因此，他的思路是，首先要编教材，通过编教材来恢复法学教育，同时，编教材的过程也正是个培养教师的过程。后来的事实证明他是非常有远见、很有战略眼光的。当时，司法部成立了法学教材编辑部。后来教育部发现这个事情很好，

---

　　* 本文为 2004 年 11 月 22 日在上海交通大学的学术报告。

　　〔1〕《中华人民共和国行政诉讼法》1989 年 4 月 4 日第七届全国人民代表大会第二次会议通过。

　　〔2〕 王岷灿（1918~1995），法学家，广东澄海莲下镇人。中国政法学会理事，参与《中华人民共和国宪法》《选举法》的起草制定工作。中国科学院法学研究所研究员，《政法研究》副主编，《辞海》编委，组织编撰《法学词典》，主编《中国大百科全书》法学卷以及第一本行政法学教材《行政法概要》等。

在法学教材编辑部的前面又加上了教育部,变成"教育部司法部法学教材编辑部",在北京租了一个地方,开始编教材,并邀请了一批当时很有影响力的学者参加,比如最早的由高铭暄同志等人来编写教材。就这样刑法、刑事诉讼法、民法、民事诉讼法、宪法教材相继一本一本地出来了。在此之前,行政法始终没有得到很好的发展。50年代,我们学苏联,当时我在华东政法学院读书,上课时拿的一捆书,全是苏维埃民法、苏维埃刑法,但就没有苏维埃行政法。中国人民大学作为文科学校当时曾请了一个苏联人——司徒节尼金,来讲苏维埃行政法,后来分上下两册出版。后来中国人民大学也出过一本书,《中华人民共和国行政法学总论资料》(实际上是把有关行政法的法律汇编在一起)。当时北京有几个高校开过这门课,但奇怪的是不知为什么后来销声匿迹了。

到80年代恢复法学教育的时候再寻找这些老教师和专家学者,希望他们参与。但大多数人已经转行了,他们在自己的专业领域已经很有名,不来了,所以实际上后来我们编写第一本《行政法概要》一书的人都是新手。当时,王岷灿自己任主编,有十几位教师参加编写了一本《行政法概要》[1],这本书现在看来当然是不够成熟的。但毕竟是开创性的,其中有些章节也写得不错。如行政行为是王名扬[2]老师写的。"行政行为"这套理论始终有用,到现在我们在讲具体行政行为、抽象行政行为、自由裁量权,等等,都是从王老那儿来的。这样通过编写教材确实培养了一批师资,我本人就是得益于此。

各高校也纷纷开设行政法课程。行政法学这个学科就这样逐步发展起来了,为我国当代行政法和行政法学的发展奠定了基础,因为有教材有学者有搞行政法的人,才能促进行政法的发展。

这里我还要讲第二个人,陶希晋先生[3]。《民法通则》颁布以后,陶老说,我们有了民法、民事诉讼法、刑法、刑事诉讼法,还缺一个行政法。因此他提出一个"新六法"的概念,在宪法领导下的我们中国的民法、民事诉讼法、刑法、刑事诉讼法加上行政法和行政诉讼法,他称之为"新六法"。国民党

---

〔1〕 法律出版社1983年6月第1版。

〔2〕 王名扬,1916年生于湖南衡阳县,当代著名行政法学家,中国政法大学教授,主要著作有《英国行政法》《美国行政法》《法国行政法》等。

〔3〕 陶希晋(1908~1992),江苏溧阳人,曾任全国人大常委会法制委员会副主任、第六届全国人大法律委员会顾问。

时期有个《六法全书》[1]，建国后我们把它废除了。当时的历史条件下，提出这样一个观点来是很有见地的。新六法还缺行政法和行政诉讼法，他认为搞行政法学的人不多，力量不强，需要将不多的力量整合起来。于是陶老在全国人大法工委之下成立了一个"行政立法研究组"，任务就是"为全国人大法工委提供重要的行政立法的毛坯"，这个思想也是很了不起的。他自己当时做顾问，搞《民法通则》时他很欣赏江平的才能，点名让江平做组长，北京大学的罗豪才老师、中国政法大学的我做副组长。由于历史的原因，中国政法大学当时已经开始招硕士，也比较多，所以具体工作由中国政法大学多做一些。江平老师也在中国政法大学，但不具体过问这件事。有了这个组，陶老就开始制订计划，提出像《民法通则》一样先制定行政法，可以叫行政法大纲、行政法通则。那么这有没有根据？有的同志说不行，提出疑问。各位可以看看我们的行政法教材怎么说行政法的特点的。"没有统一的行政法法典，由成千上万的法律法规组成。"陶老提出这样一个想法行不行呢？我本人持赞成态度，因为我想民事法律关系比行政法律关系复杂得多却为什么可以有个民法典呢？行政法，为什么不可以搞个行政法法典呢？我当时就说"非不能也，是不为也"，是你没去干，如果有一个拿破仑，是否也可能有一个行政法典。（笑）当时，动用了我们所有的硕士研究生和教师们，大家一起行动，分成几个组，分组起草大纲，比如说行政行为一编、行政诉讼法一编，等等，然后作整理，再讨论具体怎么办。当时都还在探索当中，没有头绪。1986年在重庆开行政法年会[2]时，这是主题之一。陶老也专门来了一次，希望动员我们所有的行政法学界的人来制定行政法大纲。但遗憾的是，这次会结束后，陶老一病不起，不能说话，我们只能通过汇报方式征求他的看法。

其间，突然有一个消息说《民事诉讼法（试行）》[3]要修改成为正式的《民事诉讼法》。《民事诉讼法（试行）》第3条第2款说：法律规定的行政案件人民法院可以受理，按民事诉讼法的规定进行。这实际上就是开了一个口子，这口子开得不容易啊！当时我们有《治安管理处罚条例》[4]非常明确

---

〔1〕《六法全书》即国民党政府的基本法律制度，指除《宪法》之外的《刑法》《民法》《商法》《刑事诉讼法》《民事诉讼法》等。参见李铁："国民党南京政府的六法"，载中国政法大学中国法律史研究所编：《中华法史丛谈》，中国政法大学出版社1988年版；薛梅卿、叶峰：《中国法制史稿》，高等教育出版社1990年版等。

〔2〕指中国法学会行政法学研究会1986年年会。

〔3〕《民事诉讼法（试行）》1982年第五届全国人大常委会第二十二次会议通过。

〔4〕指1957年10月22日公布的《中华人民共和国治安管理处罚条例》。

地规定了治安行政案件人民法院不能受理。起草《民事诉讼法（试行）》时民事诉讼法学者说应该有行政诉讼这一章，就有教授起草了这一章，但当时的领导同志认为这样起草出的行政诉讼是个空中楼阁。他提出了个意见"开个口子"：法律规定的行政诉讼可以受理，然后用单行法作规定，等积累一定经验后再作较细的规定。到 1987 年、1988 年的时候单行法律法规已经有 40 多个。特别值得注意的是《治安管理处罚条例》〔1〕（1987 年 1 月 1 日生效）在民主与法制快速发展的背景下就作了修改，规定：治安行政案件可提起行政诉讼，规定可以向法院起诉。但适用《民事诉讼法》的规定不方便，并不好走，后来最高人民法院出台了一个这方面的司法解释，提供了一个可具体操作的途径。所有这一切都为《行政诉讼法》的出台创造了条件，这样我们就提出干脆修改《民事诉讼法》第 3 条第 2 款，制定《行政诉讼法》。首先，这件事上，江平老师起了很大的作用。他说"根据其他部门法的立法经验，先有程序法后有实体法可能是一个规律"，他建议行政立法研究组将主要精力先放在研究起草行政诉讼法上来，他说的很有道理，后来请示全国人大法工委，顾昂然同志〔2〕说你们先起草，到底是制定单独的行政诉讼法，还是作为《民事诉讼法》的一章，先干着，到时再说。1987 年开始起草行政诉讼法，1987 年、1988 年两年，1989 年就出台了。但民事诉讼法那个时候是什么样子还不知道。各位知道正式的《民事诉讼法》是在其后好几年才出台，但《行政诉讼法》却迅速出台了，这说明了什么问题？历史的现象值得研究。我想，是由于当时政治体制改革正在迅速往前推进，《行政诉讼法》恰好适应了这个需要。可以这样看，《行政诉讼法》是政治体制改革的产物，它是一个民主的法，保护人权的法，它的作用现在看来在中国法制建设的进程中是怎么评价都不过分的。1989 年《行政诉讼法》有了那么一句话：维护和监督行政机关依法行使行政职权。从 1989 年提出来，到了 1993 年李鹏总理就提到要"依法行政"〔3〕；继续往前走，党的十五大明确提出："一切政府机关都必须依法行政"；今年 4 月，国务院制定了《全面推进依法行政实施纲要》，计划用 10 年左右的时间基本建成法治政府。《行政诉讼法》从 1990 年开始生效到现在，15 年的时间，从一个行政诉讼法开始，回过头来看看，法制建设可以说是非

---

〔1〕　指 1986 年 9 月 5 日第六届全国人民代表大会常务委员会第十七次会议通过的《中华人民共和国治安管理处罚条例》。

〔2〕　顾昂然，时任全国人大常委会法制工作委员会主任。

〔3〕　参见 1993 年第八届全国人大第一次会议通过的李鹏同志所作的政府工作报告。

常的快，所以我说我们行政法的回顾是有话可说的，15、20 年的时间我们经历了这么迅速的发展时期，实现了从无到有的重要突破。

现在有人说 21 世纪是行政法发展的最好时期（当然，别的部门学者也有类似观点，这并不矛盾），世界上还没有见到哪个国家的政府自己提出来，只有中国政府提出来说"依法行政"。用 10 年的时间建设成一个法治政府，这说明我们的政府在法治建设上是自觉的，而且是有决心的。别的国家有过吗？没有！只有中国才有。从这个意义上讲，总体的方向没有错，既然提出来了要依法行政，那么如果哪一级政府哪一个领导不依法行政了，我们就可以按这个标准来要求他，可见行政诉讼法提出的依法行使行政权力的思想是了不得的。我相信今后 20 年一定比过去 20 年发展得还要快，这是可以预见的。

《行政诉讼法》制定完以后进一步做什么？行政诉讼法是从监督的角度来促进行政机关依法行政的，那就必须给行政机关提供合法行为的标准，我想核心问题就是程序，关键是要有一套程序。在《行政诉讼法》出台之前，很少有人认为行政机关是执法机关，但《行政诉讼法》明确提出行政行为必须合法，并给出明确的标准，其一是证据确凿，其二是适用法律、法规正确，其三是符合法定程序，如果行政行为有违这三种情况之一，就要被全部撤销或者部分撤销。我们的《行政诉讼法》规定一个行政行为合法不但要符合实体法还要符合法定程序，这是件了不起的事情。

因为从世界上看英美国家重程序，大陆国家比较重实体，有意思的是第一批制定行政程序法的国家是大陆国家，最早是 1889 年西班牙行政程序法典。为什么是大陆法系国家有行政程序法，而英美这些重视程序的国家反而没有程序法典？这是不是由于英美国家有重程序的传统，所以无需再制定规范行政程序的法律，而欧洲国家不太重视程序所以要有一个法来规范？是不是可以加上一句，东方亚洲国家更不重视程序，中国也更不重视程序（笑）。不仅是思想上不重视，实际立法也不够重视。写在条文上的只有简单一个目标但却没有具体程序，实体如果没有程序作保障那是句空话。从这个楼到那个楼，如何走？如果从上海去苏州，我不给你提供车，也不告诉你有车，怎么走？到不了啊！最好一步到位，有个行政程序法典。但我们又考虑到中国的实际情况，我们叫"没有本土资源"，当时研究后认为改"批发为零售"，怎么个零售法？市场经济条件下，政府行为影响最大的是哪些？当时有"行政处罚、行政收费、行政强制、行政许可"四个主要的类型化的行政行为。

是不是这样呢？先一个一个制定，等有经验了再制定统一的法典。所以，按照这样一个思路，就先选取亟待规范的领域下手了，而以当时的眼光看，政府行为对经济发展影响最大的首先是行政处罚。

行政处罚的本质是对人身权、财产权加以合法地限制和剥夺，人身权、财产权是《宪法》规定的权利，我们有没有这样一个规则来规定哪一类的、哪一级的国家机关才可以制定法规给你人身权、财产权一个合法的"损害"呢？当时上至法律下到乡政府的布告都可以设定处罚。可是从宪法上讲，只有一个机关，也就是全国人大——人民自己选出来的代表——才可以说，"老百姓你不可以这样做，做了要处罚你"，行政机关不能这么做，行政机关你是保护老百姓权利的呀，怎么能限制公民的权利呢！但中国有中国特殊的国情，毕竟我们法律的覆盖面还不够，所以要通过授权立法方式完善，比如授权给国务院在法律没有规定的情况下可以自己制定有关行政法规设定处罚，但有些是不能授权的，比如限制人身自由，这就是法律保留，可以授权的称为相对保留，不可以授权的称为绝对保留（财产权就是相对保留，而人身权就是绝对保留）。所以我们可以看到，《行政处罚法》第一次在行政处罚领域里表达了行政法中极为重要的一项基本原则：法律保留原则。在立法上也可称为设定权。

后来制定了《立法法》，有一条就是涉及对公民政治权利的剥夺、限制人身自由的强制措施和处罚只有全国人大及其常委会才可以规定[1]，对法律保留原则的内容作了更为全面的规定。此后，国务院主动废除了《收容遣送条例》，我觉得国务院做得很不错。

宪法中有许多东西，它是需要活的行政法来推动的。在行政立法实践中迫切需要法律保留原则，这样我们就有一个宪法性文件——《立法法》就把这个问题解决了。还有若干这类的事情，将来比如说"正当程序"，宪法也没有完全明确。将来还可以通过法律，比如通过行政程序法，把正当程序确立为一个原则。这是逐步在往前发展的。

行政处罚法除了在上述方面的成就之外[2]，更多地体现在程序上。比如，行政处罚法一多半篇幅讲的是程序，它把程序分为简易程序和一般程序。因为从效率角度看，简易程序是必要的，我甚至觉得，将来的行政诉讼，行

---

〔1〕 参见《中华人民共和国立法法》第8条第5项。

〔2〕 指《中华人民共和国行政处罚法》第9条"法律可以设定各种行政处罚。限制人身自由的行政处罚，只能由法律设定"。

政强制执行是否也要有些简易程序呢，毕竟行政机关从事社会管理时，需要尽快解决问题，要讲效率，那么，这个快速的程序对它有好处，有必要，世界各国都有这个做法，就是分为简易程序和一般程序。在一般程序里确定某些原则，这也是将来所有的立法当中都应注意到的。比如说，作出决定的人和作调查的人分开，调查的人可以调查事实，但调查清楚以后不能由自己作出决定，要由另外的人作决定，这有利于公正；作出决定的人和执行的人也要分开，裁执分离，不能说我判你罚款，这款就自己收，这就可能产生腐败。裁执分离，这个原则在行政处罚法里就已很明确了；还有一个很重要的原则，那就是，一般程序里我们引进了听证程序。我在《行政处罚法》出台的时候曾经说过一句话：听证程序进入我们中国的立法，行政处罚法只是一个开始，将来在中国一定会取得非常大的发展。事实证明确实是这样的，因为这是一个民主的程序，使各方能够参与到行政活动当中，能够促进行政机关公正执法。事实也证明，我们现在有了物价听证，《立法法》规定了立法听证，最近《行政许可法》又规定了听证，听证的形式越来越多。不过立法工作跟不上听证本身的发展，比如说，许可可以听证，那么，许可的听证与行政处罚的听证又有什么区别呢？二者显然是不一样的，其中有很大的区别。因为许可听证的种类更多，那么不同种类的许可就应该适应不同的程序。行政处罚的听证有一个很大的缺陷，它就是没有清楚地规定一条，即：听证结束后领导人在作出一个是否予以处罚的决定时，只能在听证的笔录范围之内，即"案卷排他原则"。这条没写上去，我们学者有责任，因为我们经常说这个"案件排他原则"，但是在立法时，脑子里只想着如何把听证程序规定到处罚法里去，只想怎么能争取写进去，觉得能写进去已经很了不得了，等到回过头来（几个月后，在上海市法制办举行的一个会议上才列了这个问题），才发现漏掉了这一点，深以为憾。

关于程序，行政诉讼法中提到了两个原则："起诉不停止执行"和"不适用调解"。这是二次大战之前用的一些原则，制定《行政诉讼法》时我们对国际上行政诉讼法的这方面的发展情况掌握的不多，受到的影响还是老的观念，因此写上去了，现在看来也不行。可以调解现在已达成共识，但起诉不停止执行要改成"起诉要停止执行"，这是一个了不得的事，因为现在有相当多的实体法都规定了起诉不停止执行，现在要改过来，可能相当困难。比如强制拆迁，政府裁决要求住户搬迁，若不履行，就可以强制拆迁。如果政府裁决一经作出就要执行，把房子拆掉了，一起诉如果法院认定政府裁决错误，怎么办？行政机关把房子修好？这已不可回转了，能行吗？而且，行政机关做出的行政行为，这个行为最终什么时候才能生效呢？按法治理念来说，行政机关作的行政行为，如果没人提出诉讼，那到了起诉期满，行政行为就可以最终生效，行政行为的效力就完全确定下来；一旦提起诉讼，行政行为的效力就是不确定的，司法最终裁决，要等法院判决才能算。因此，无论从哪个角度来说，起诉应该停止执行。德国人在二战后已经改过来了。我很希望下次能让有一个改正的机会，在《行政诉讼法》修改时把它改过来。

《行政处罚法》是第一部提出要收支两条线的法律，那是最起码的要求。如果行政机关不收支两条线，罚款可以返还，就会促使行政机关去多罚了，制度本身就是有问题的。就《行政处罚法》来看，我们执行了几年，应该说是有很大的进步。与当时情况来比较，行政处罚有了较大的好转，但是其中有一条，就是收支两条线这条，还有很多地方没做到。

《行政处罚法》颁布实施以后，就开始制定《行政许可法》，后来由国务院法制办，过了几年才出台了这部法律（在这期间，我们在起草行政强制法）。各位可以看到，《行政许可法》的思路与《行政处罚法》的思路有接近之处，首先强调的也是行政行为的设定权，这个设定权在《行政处罚法》中取得了成效，是有效的办法，关于设定权最大的特点就是把部委的许可砍掉，中央部委无权设定行政许可[1]。这也是一件了不得的事情。这件事是朱镕基总理拍的板。理由也很充分，如果各个部委可以自己设定的话，行政机关自己就既是一个设定机关，又是一个执行机关，也就是说，行政机关自己给自己授予权力，这是大忌，因为行政法的一个基本原则就是自己不能给自己授予权力。按这个原则，各部委不能有许可设定权。法律作出这样的规定后就有许多后续工作要做，以前各部委已设了几千项许可，当然不可能全部取消，因为其中某些确实是有必要存在的，怎么办呢？这就需要由国务院以决定的形式来承认这些许可，有些还要保留，第一次国务院依法保留并设定行政许可500项[2]，后来又保留部分非行政许可审批项目211项[3]等。

在处罚法和许可法制定先后问题上，我们先制定《行政处罚法》，因为我们当时发现处罚问题影响中国的市场经济发展比较大。但实际上，许可问题可能比处罚问题更加严重，更影响到中国市场经济的发展。这个问题很容易

---

[1] 参见《中华人民共和国行政许可法》第17条。

[2] 国务院令第412号《国务院对确需保留的行政审批项目设定行政许可的决定》。

[3] 国办发〔2004〕62号《国务院办公厅关于保留部分非行政许可审批项目的通知》。

理解，比如我要投资一个项目，要立个项目，结果要盖 100 个章 200 个章（这不是夸大其词）。这样还有效率吗？一边是讲行政效率是如何如何的重要，而换了个角度，涉及自己的权力时，就不要效率了，不着急，慢慢来。所以国外对我们这个许可的意见很大，人家要来投资，你却要先盖几十个章，上百个章。在每个章的后面还可能有"我得看着办"。因此，过多过滥的行政许可本身就大大地影响了经济的发展，对老百姓来讲也非常不方便，而且还极可能是腐败的温床。进一步说，许可制度本身还涉及我们政府职能转变的问题。我们中国的特点是市场经济是政府推动的，是政府主导型，这个政府主导型里面有另外一个问题，就是在市场过程当中，几乎所有的资源都掌握在政府手中，如果你要资源就要有相应的许可，其实很多事情完全可以由市场自己来调节。政府只管那些市场失灵和社会不能解决的事情。因此，对这些许可我们都要问个为什么，要问这个许可到底是有利于市场经济发展还是不利于其发展。要从实质上考察，某一特定事项到底是不是需要许可。《行政许可法》是一个好法，这个许可制度全世界都有，但好像还没有哪个国家有专门的一部行政许可法，这是为什么？只有我们中国制定了一个《行政许可法》。其实，《行政处罚法》也有点类似，因为制定处罚法的国家也并不多，很少的几个国家有。有的英美法系的教授都弄不懂什么是行政处罚。在制定《行政处罚法》时，请了一位澳大利亚的女教授来讲讲他们国家的行政处罚制度，我给她解释了半天，她才明白《行政处罚法》是怎么一回事，因为他们很多处罚案子是由法院来解决的，不是由行政机关自己来做的，也很少有行政处罚。这是一个很值得探讨的历史现象，为什么我们要有一个《行政许可法》，而其他国家都没有，而事实上许可制度各国都是存在的？你们各位可以来研究这个问题，这对我们国家法治建设是一件有意义的、有影响的事情。

我最近在想这个问题，我想有没有这个因素？就是世界各个国家法治的发展都是和市场经济发展基本上同步的，因为市场经济一定会要求有法律规范，必须是法治经济，这个命题我是赞成的。怎么来规范市场，只能靠法治。比如说公用事业，城市要发展肯定要有很多公用事业，大家都来争，你给谁啊？不可能一个城市有 10 个煤气厂，上海也不可能有 10 个自来水厂，这是个自然垄断行业，行政许可制度会随着市场经济的发展自行调整。这个单行法规定一点那个单行法规定一点就逐渐形成了行政许可制度。美国加州有 500多个行政许可，但没有听说老百姓抱怨不方便，这也是个互相磨合的过程，最终形成了适应市场经济需要的许可制度，所以它不需要专门的法律作规定。

那么中国的行政许可制度能不能也这么等着呢，等着市场往前发展，来逐步地进行自我调节，行不行？我看这不行，时间上不容许我们，刚才说我们的市场经济是政府推动下的市场经济，是政府主导型的市场经济，与之相适应，我们也应当有一套相应的法律制度，我们不可能等到自然磨合成为一套健全的法律制度。那怎么办呢？最好的办法是我们吸收世界各国行政许可制度的好处、长处、优点和行之有效的经验，再加上我们中国有些已经成功的经验，也注意摒除缺点和有些失败的教训，把两方面结合起来，先总结出一套规则来，出台一部《行政许可法》。

虽然《行政许可法》经历了7年才制定出来，时间是比较长的，但不管怎么说，我个人的看法，跟许可法将来实施的过程相比较，立法的过程还是比较快的。我们的处罚法的速度比许可法的速度还要快，现在事实已经证明，处罚法是适应中国需要的，虽然个别条款需要改，但基本上是可行的。一个法律从制定到实施，实施的时间要更长，困难也比立法过程多得多。我不知道各位同意不同意我的观点，就像我们的经济要加速发展，要跨越式发展，要跨过一个阶段，我们的法治建设实际上也是一样的，跳跃式发展，也是一个过程，要跨过去。将来的难度在哪呢？我想，制定出一个《行政许可法》，我们把许可法付诸实施，按照法律的规定在中国建立起一套跟我国社会主义市场经济相适应的许可制度，这个建设的过程要比我们的立法要难，所以21世纪也许是我国行政法发展的最好时期，一个最重要的任务是探讨法律怎样在中国得到很好的实施，很好地贯彻下去，这个过程无疑是艰辛的。现在我们的老百姓也有这个期望，觉得我们的法律制定了不少，可是没有很好地贯彻落实。贯彻实施的过程将来是一个艰难的历程，这件事会很不容易，道理很简单，因为失去一个许可可能就会失去一个资源的控制权，这是与利益相联系的，因此，这是一个很困难的、艰巨的、长期的过程。中央政府已经决定用10年的时间建设成法治政府，10年时间能不能建成？我本人比较乐观，这个进程可能会比较快。不像别的国家经历了几百年自然的过程才形成了"法治国"，形成了法治政府，我们的政府很自觉，进程会更快一些。

李鹏同志在一些会议上说过这样的话：我们要制定《行政许可法》《行政强制法》《行政收费法》，在此基础上制定行政程序法，现在我们已经到了出台行政程序法的时候了。大家对程序已经有了重要的认识，"零售要改批发"了。此外，我们对国外行政程序法的介绍和研究也做得很不错，主要国家的行政程序法已经介绍过来，工作也做得比较细，甚至某些国家《行政程序法》

以前是什么样现在是什么样也有研究，许多学者对不同的程序制度作了比较和分析。我们对国内情况的调查也做了不少（虽然不能说很彻底），因此，我们可以说行政程序法的制定条件已经成熟。行政强制法、行政收费法还没有出台。这些法律以后还是需要的。但制定行政程序法的时机已经来临，我们的专家学者共同努力已经起草了一个比较成形的行政程序法草案，就是专家意见稿，这个月就有一个会议专门讨论看将来能不能提供给立法机关用来征求更广泛的建议和意见。但我知道这个立法很难，因为行政程序归根结底，就是行政机关行使行政权力的程序，行政程序法是规定行政机关程序义务的法律，行政机关一旦承担程序义务，老百姓就享有程序权利，因而行政程序法的制定过程肯定会有困难、会有反复。这一历程，世界各国的经验都可以证明。日本行政程序法制定了近 30 年，起草了 30 年才制定出这么一个法，我问他们总务厅的长官，为什么你们要花这么长的时间制定一部法律，他用外交辞令回答：你问得非常好，但我没有办法回答。实际上我们也知道这是因为行政机关不同意。好在我们国家的中央政府有这个自觉性，《行政处罚法》和《行政许可法》的颁布实施为制定行政程序法打下了非常好的基础。

除此以外，已经制定的《行政诉讼法》《国家赔偿法》，我们要以历史的眼光看，当时的历史是什么条件，10 年时间了，从行政法的角度看我们的制度建设已经有了很大的发展。比如《国家赔偿法》存在的问题比较多，也迫切需要修改，但还有很重要的一点是，《国家赔偿法》有问题，但是其他有些制度与《国家赔偿法》有冲突，使得《国家赔偿法》无法完全落实，因此必须对这些制度进行协调。比如说，错案追究制度，它的一个客观后果是，赔偿机关想尽办法躲开国家赔偿。因为你承认了国家赔偿等于承认了自己的行为是错误的，那么在年终一票否决的情况下，为了逃避其他责任，就会选择回避国家赔偿。我们最近调查，在有些地方，国家拨了 100 万的国家赔偿财政预算，但没有人要，拨的钱没人花。然而事实上，肯定有要花钱的地方，只是赔偿的钱的来源变了。那就是私了，我给你 10 万你别起诉了，这样就没有记载，我不会承担错案的责任，用自己的小金库承担，不去申请国家赔偿的专门财政拨款。这就是制度之间的不配套引发的问题。

我和叶必丰教授讨论过，21 世纪行政法要发展，有一个事情就是部门行政法的发展，它们之间的制度设计不能有冲突。共同的法律已经完成，但要落实用 10 年时间很不容易，因为部门法的问题更多，都要让它们逐步符合市场经济发展的需要。

行政法在我们建立法治国家的发展进程中处于一个非常重要的地位。实际上，我国民事、经济上的很多问题都与行政机关的行为有关系。所以有人说，行政法学正在成为显学，这话有一定的道理。

如果说要展望行政法的发展，第一句话就是我充满信心。我们花了不到20年的时间就已经取得了这么大的成绩，而且现在思路越来越清晰明了，我们有更加坚定的信念在今后取得更大的成绩。第二句话就是还有许多事情要去做，行政法研究的视野要拓宽。比如对公共行政中的行政机关，行使行政权力的社会组织的研究，目前就十分需要。现在这方面的研究比较少，要进一步加强研究。立法工作和法律修改工作也需要抓紧，但更重要的是法律的执行和落实。这需要我们全体都动员起来、共同努力。

总之，行政法的发展，基础好，势头也好，我希望对行政法有兴趣的同学们都涉足这个领域，投身到这项事业来。

中国行政法学的当代使命*

——在中国法学会行政法学研究会 2005 年年会上的讲话

同志们、同仁们：

今天，2005 年 8 月 16 日，中国法学会行政法学研究会在美丽的博鳌迎来了她的 20 岁生日。行政法学界的前辈新秀、新老朋友 200 多人汇聚一堂，这是行政法学界一个空前的盛会。

按古人的说法，20 岁是弱冠之年；对中国的行政法学来说，这也是她告别少年、满怀憧憬地走向成熟的开始。这次学术年会，将是行政法学界回顾行政法学和行政法治的过去、反思现状和展望未来的一届年会。

在这两天的会议过程中，与会者将就前面的主题各抒己见，共同探讨。我在这里先简单地回顾一下行政法学的历程，并就行政法学的使命和今后行政法学研究中的问题，提一些个人意见。

一、行政法学的创业历程和基本现状

中国当代的行政法学肇始于 20 世纪 80 年代初期。当时，法学教育刚刚恢复，法制建设百废待兴，一批来自不同背景的学者开始为建立行政法学、加强行政法制奔走呼号。但与法学其他部门法相比，行政法学是一个后起的学科。

在法学教育恢复数年后，北京大学、中国政法大学、西南政法学院、西北政法学院、安徽大学等陆续开设了行政法课程。除了民国时期的一些著作和 50 年代翻译的几本苏联著作，当时全国没有一本行政法学教材；多所高校的教师自己编写行政法讲义，汇编国内外各种资料。1983 年出版了新中国第一本行政法统编教材《行政法概要》。虽然以今天的眼光来看，那本书的绝大部分内容已经过时，但它标志着行政法作为一个法学部门学科的诞生。

---

　* 2005 年 8 月 16 日，"中国行政法二十年博鳌论坛"暨纪念中国法学会行政法学研究会成立二十周年大会、中国法学会行政法学研究会 2005 年年会讲话，载《中国行政法之回顾与展望——中国法学会行政法学研究会 2005 年年会论文集》，中国政法大学出版社 2006 年版。

也是在那个时期，安徽大学、中国政法大学等校开始招收行政法研究生。司法部还在中国政法大学分别举办了"行政法研究班"和"行政法师资进修班"。这两个培训班为新生的行政法学培育了一批教学骨干，凝聚了行政法学的人气和力量。行政法学研究日渐兴旺。

中国法学会行政法学研究会成立于行政法学的初创时期，是当代行政法学创建过程的一部分。1985 年 8 月 16 日，这个行政法学界最为重要的学术团体在江苏常州成立。中国行政法学会成立后，积极地组织包括学术年会在内的各种活动，紧密地团结起全国各地的行政法学者和实务部门的专家，共同研讨。成立至今，中国行政法学会先后举行了 18 次学术年会；从 1992 年起，一年一度，从未间断。上海、辽宁、广东等许多省市也分别建立了地方性的行政法学术团体，并开展经常性的学术活动。除此之外，各个法律院校、研究机构和国家机关组织了大量的活动。

1986 年 10 月，成立了由行政法学者和实务部门专家组成的行政立法研究组。研究组一边编译外国立法资料，一边拟订《行政基本法》的草案，热火朝天、紧锣密鼓地推动行政立法工作。虽然制定《行政基本法》的目标由于当时社会条件和立法技术不够成熟而搁浅，但行政立法研究组组织广大行政法专家和学者，参与和推动了一系列重要行政法律的制定。行政法学自身也在这个过程中获得空前的发展。

据不完全统计，截至 2004 年，出版行政法学教材、专著、工具书和普法读物 1269 种，发表论文 12 536 篇；先后有 94 人获得行政法博士学位，3279 人获得硕士学位（包括撰写行政法论文的法律硕士）。目前有行政法专业的博士学位授予点 8 个，硕士点更是难以确切计数。自 1993 年创办迄今唯一的部门法学刊物《行政法学研究》已经出版 50 期，目前与行政法相关的连续出版物多达六七种。多个学校建立了以行政为重点内容的研究中心或者研究所。行政法学曾是法学部门中冷门学科之一，现今成为研究生招生中的热门专业之一。在法学分支学科中，它是一门晚起的学科，却证明是最有活力的学科，并正在成为法学中的一门"显学"。

在老一辈的培养和帮助下，行政法学新人辈出。80 年代一批年轻的行政法专业的学生，现在已经迅速成长为学术研究和教学的骨干，有些成为著名学者，有些还担任各种行政领导职务。一批更年轻、受过良好学术训练的年轻人，也开始脱颖而出，为行政法学的持续发展提供了鲜活的力量。行政法学界已经形成一支老中青三代结合、以中青年为主、共同推动行政法学发展的优秀队伍。

行政法学理论工作者与实务部门的专家建立了密切的交流，共同研讨，互相学习。这些专家为行政法学研究提供了丰富的营养和启迪，他们自身也成为行政法学研究的重要力量。中国当代的行政法是理论与实践相结合的典范。今天的会议，有很多来自法院、政府法制机构的专家参与，就是一个明证。

行政法学者还与我国台湾地区和国外的同行建立了密切的交流渠道，国际性、地区性的学术交流空前活跃。几乎每年都有几次同美国、欧洲、日本等国的学术交流活动，东亚行政法学研讨会和海峡两岸行政法学研讨会更是形成了两个稳定的学术交流平台。经常性的学术交流开阔了中国行政法学的视野，为行政法治建设提供了有益的启示；同时，中国的法治建设经验也引起了外部同行的关注。

学术的发展都是在前人肩膀上的攀登。回首20多年的道路，我们应当感谢那些曾为行政法学的发展做出贡献的人们，尤其是像陶希晋、王岷灿、龚祥瑞、王名扬、张尚鷟、陈安明等行政法学的先驱者。他们有的已经淡出学术舞台，有的已经离世而去，但他们的名字应当铭记在行政法学人的心中。借着今天这个机会，让我们对所有曾经为行政法学奠基铺路的人们，再次表示我们心中的敬意和感谢！

二、行政法学的历史是一部行政法治的发展史

中国的行政法学从诞生之日起，就肩负着在中国建立行政法治的使命。

面对行政法极不完备的现实，行政法学者把大量的精力投注到研究和推动行政立法上，先后参与和推动了《行政诉讼法》《国家赔偿法》《行政处罚法》《行政复议法》《立法法》《行政许可法》等一批重要行政法律的制定。这些法律与部门行政法一起，初步建立起我国的行政法体系。

1989年《行政诉讼法》的出台无疑是当代中国法治进程中最为重要的事件之一。行政诉讼为行政相对人提供了救济渠道。从1990年10月《行政诉讼法》施行以来，各级法院审理行政案件已超过100万件，几十万的公民、法人获得救济。通过这些诉讼，行政诉讼制度向社会公众和政府官员弘扬了法治理念。"民不能告官"的观念在很大程度上已经破除，"政府应当守法"的观念已经普及。

行政诉讼的实践还有力地促进了行政法体系的完善。特别是，《行政处罚法》《行政许可法》等法律规范了行政立法的权限，明确了行政机关的职责，完善了行政行为的程序，为今后的行政立法提供了重要的经验。

国务院于 2004 年颁布的《全面推进依法行政实施纲要》，明确提出建设"法治政府"的目标。它再次宣示了我国政府推进依法行政的愿望和决心，是我国行政法治事业新的里程碑。行政法学会曾受国务院法制办委托，起草了《全面推进依法行政实施纲要》的专家建议稿，密切参与了这份政策性文件的制定。

在参与和推动行政立法之外，行政法学者还通过法律教育、宣讲、咨询、个案研讨等各种方式，从不同角度和层面推动行政法治的事业。法律院系的毕业生源源不断地充实到法律实务部门。行政法学者还直接参与了政府法制干部的培训、行政法官的培训和领导干部依法行政的培训。目前，一个由行政法学者和实务部门专家为主体的法律共同体正在形成，他们四处播撒行政法治的种子，努力捍卫行政法治的原则。

虽然还有这样或者那样的不如意，但中国法制尤其是行政法制发展和进步的迅速，是任何人都不能否认的。从 20 世纪 70 年代末中央提出"有法可依、有法必依"，90 年代党和政府先后提出"依法行政""依法治国"，直到最近国务院颁布《全面推进依法行政实施纲要》，行政法治的方向愈益坚定，目标愈益明确。以一系列重要立法为标志，行政诉讼、行政复议、国家赔偿等现代法律制度得以建立，行政法律体系的框架已经具备。随着法律实践的深入发展，依法行政开始成为广大公民的强烈共识和政府官员的自觉行动。依法行政正在从口号变成现实，法治政府的建设正在快速推进之中。

行政法学者有理由对行政法治的发展感到欣慰。我们欣喜地看到，行政法学所倡导的一些制度和原则，也已经写入法律条文和政策性文件，或者被法律实践所采纳。例如，几年前还纯粹是学术探讨话题的"听证"制度和"信赖保护"原则，已经进入立法，并已经或者正在成为老百姓耳熟能详的概念。所有曾经为行政法治摇旗呐喊、添砖加瓦的人们，也有理由为自己的参与感到自豪。所有正在从事和将要从事行政法学教学、研究和行政法律实践的人，更应从行政法学的发展中感到鼓舞。这是一个呼唤行政法治的时代，也是行政法治如大江涌流、不可逆转的时代。这是行政法学能够有所作为、推动社会发展的时代，也是行政法学者展现才华和奉献精力的时代。

三、今后一段时间行政法学的任务

回顾 20 多年的历程，中国的行政法学在推动法治进程中起了巨大的作用，它自身也与行政法治的实践一同成长。在今后一段时间里，行政法学还要继续为推动行政法治而不懈努力。

第一，行政法学应当继续探索行政法治的基本原理和原则，进一步宣传、普及依法行政的理念，捍卫行政法治的信念。这是时代赋予我们的特殊任务。

第二，行政法学者还要继续推动和参与重要的行政立法，为完善我国的行政法律体系而努力。当前，我们要努力推动《行政强制法》的制定，推动《行政诉讼法》和《国家赔偿法》的修改。我们还要推动信息公开制度的建立和行政组织的法制化。我们尤其要努力促进《行政程序法》这部基本行政法的制定。《行政程序法》是法治国家标志性的立法，也可能是迄今最为宏大和艰难的行政立法。为完成上述任务，行政法学学者需要更多的宣传和呼吁，需要更多的知识积累和调查研究。

第三，行政法学需要进一步拓宽研究范围，增强研究深度，尤其要关注和解决当前行政法实践面对的迫切问题。在现有的行政组织法、行政行为法和行政救济法体系内外，行政法实践提出了许多新的问题。例如，转型时期政府的职能和行政法的功能问题，政府对经济和社会各个具体领域的管制问题，公共行政扩展与非政府组织的地位问题，WTO 规则在行政法中的具体落实问题，国有资产的管理问题，等等。这些领域也是当前行政法学研究中比较薄弱的环节。行政法学者应当加强与实务部门的沟通，及时发现和回应法律实践中出现的新问题，为法律实践提供指导。法学研究需要理论抽象，需要批判和超越现实的勇气，可以在不同层次上展开，但归根到底必须建立在对实践的洞察和关怀上。离开对鲜活生动的实践的关注，行政法学将成为无生气的空谈。

第四，在今后的行政法学研究中，需要进一步加强学术研究的规范意识和创新意识，完善学术的评价机制。学术研究需要遵守一定规范，没有规范、自说自话的讨论无助于学术的积累。学术研究更要创新，创新是学术的生命，没有创新的文章是没有价值的文章。在当前学术繁荣的同时，低层次的重复现象仍然比较严重，而对一些新问题缺乏关注，对一些新的研究方法缺乏把握。这跟学术规范和学术创新意识的薄弱、学术评价机制的不完善，有一定关系。我们期盼在今后的研究中，能够少一些水分和泡沫，多一些扎扎实实的学术精品。

　　同志们、同仁们，在今天中国法学会行政法学研究会成立 20 周年这一特殊日子里，我们满怀欣悦地回顾行政法学和行政法治的历程、满怀憧憬地展望它的未来。同时，我们也清醒地认识到，中国的行政法治建设将是一个比较长期的历史过程，行政法学推动行政法治发展任重而道远。让我们共同努力，为进一步繁荣我国的行政法学研究、推动行政法治建设而继续奋斗！

其他

从依法行政到建设法治政府

行政权与物权之关系研究[*]

——主要以《物权法》文本为分析对象

2007 年 3 月《中华人民共和国物权法》的通过（以下简称《物权法》），不仅是我国民法领域的一件盛事，也是我国行政法领域的一件大事。尽管《物权法》第 2 条宣称"因物的归属和利用而产生的民事关系，适用本法"，但是《物权法》中频繁出现涉及行政权或行政机关的条文，行政权或行政机关通过多种形式和途径渗透进了物权的设立、变更、转让和消灭的全过程。从行政法学的视角来看，哪里有行政权的运作，哪里就应当有行政法的规范。因此，本文将以《物权法》文本为主要分析对象，先梳理《物权法》中行政权或行政机关与物权的复杂关系，然后从行政法的视角对《物权法》中呈现出的行政权或行政机关与物权的复杂关系进行重点探讨。

一、《物权法》中行政权与物权关系之梳理

在《物权法》的全部 247 个条文中，至少有 40 多条直接涉及行政机关或行政权。通读《物权法》全文，可以发现物权与行政权或行政机关的关系极为复杂。本文将《物权法》中物权与行政权或行政机关的关系作了如下梳理：

（一）物权排斥行政权

《物权法》第 2 条第 3 款对物权作出了界定，物权是指"权利人依法对特定的物享有直接支配和排他的权利"。物权的该定义至少包含两层意思：[1]其一，物权是权利人对特定物的直接支配权，权利人无需借助他人的力量，便可以凭自己的意思和能力实施对特定物的占有、使用、收益和处分，从而实现物的使用价值，满足权利人对物的需求，也就是说，对特定物的占有、使用、收益和处分是物权人自己能力范围之内的事情，行政权没有必要向物权人伸出援助之手；其二，物权是对世权，具有排他性，权利人之外的任何人都是物权的义务人，任何人不得妨碍权利人享有和行使物权，更不得侵犯物

---

[*] 本文载于《中国法学》2007 年第 5 期。

[1] 参见张俊浩主编：《民法学原理》，中国政法大学出版社 2000 年版，第 384 页以下。

权。因此，享有行政权的主体位于物权排他的"他"的范围之内，当然负有不得妨碍和侵犯物权的义务。

（二）行政权确认物权

为了稳定不动产物权关系，公示不动产物权信息，进而保障不动产交易安全，不动产物权的变动通常要借助不动产交易双方之外的权威第三方——行政机关来对物权变动作出确认。在《物权法》中，行政权主要通过以下几种方式确认物权：（1）以登记作为物权生效的要件。不登记，则物权变动不发生效力。例如，《物权法》第9条规定："不动产物权的设立、变更、转让和消灭，经依法登记，发生效力；未经登记，不发生效力，但法律另有规定的除外。"第139条规定："设立建设用地使用权的，应当向登记机构申请建设用地使用权登记。建设用地使用权自登记时设立。"（2）以登记作为物权买受人对抗善意第三人的要件。不登记不影响物权的生效，但是经过登记确认物权以后，买受人可以凭借登记对抗善意第三人。例如，《物权法》第24条规定："船舶、航空器和机动车等物权的设立、变更、转让和消灭，未经登记，不得对抗善意第三人。"第129条规定："土地承包经营权人将土地承包经营权互换、转让，当事人要求登记的，应当向县级以上地方人民政府申请土地承包经营权变更登记；未经登记，不得对抗善意第三人。"（3）以登记作为优先权的要件。《物权法》第199条规定："同一财产向两个以上债权人抵押的，拍卖、变卖抵押财产所得的价款依照下列规定清偿……抵押权已登记的先于未登记的受偿……"（4）以登记来确认土地承包经营权。例如，《物权法》第127条规定："土地承包经营权自土地承包经营权合同生效时设立。县级以上地方人民政府应当向土地承包经营权人发放土地承包经营权证、林权证、草原使用权证，并登记造册，确认土地承包经营权。"

（三）行政权保护物权

集体所有的财产和私人的合法财产受法律保护，禁止任何单位和个人侵占、哄抢、私分、破坏（详见《物权法》第63条和第66条规定）。当物权遭受来自私人或行政机关的侵害时，物权人既可以自力救济，也可以寻求公力救济。在公力救济中，除了传统的法院救济外，行政机关的救济已经日益成为一种重要的救济方式。《物权法》中涉及物权的行政救济的情形有：（1）在物权受到侵害时，由行政机关出面调解加害人与受害人之间的纠纷，或者由行政机关对二者之间的纠纷进行裁决。例如，《物权法》第32条规定："物权受到侵害的，权利人可以通过和解、调解、仲裁、诉讼等途径解决。"其中，调解包括行政调解；行政裁决属于该条尚未列举出来的一种纠纷解决途径。（2）当物权的归属、内容发生争议时，由法定的行政机关确认物权的归属主体和相应内容。例如，《物权法》第 33 条规定："因物权的归属、内容发生争议的，利害关系人可以请求确认权利。"该条中"请求确认权利"，既可以是向人民法院起诉请求其确认权利，也可以是向法定的行政机关申请确认权利。（3）当物权受到妨害或可能受到妨害时，权利人可以请求法定的行政机关排除妨害或者消除危险。例如，《物权法》第 35 条规定："妨害物权或者可能妨害物权的，权利人可以请求排除妨害或者消除危险。"在实践中，经常发生不动产物权人请求行政机关颁发的行政许可不要妨害其相邻权的情形。（4）公民、法人或其他组织实施的侵害物权的行为，如果违反了行政法的相关规定，则由行政机关对其追究行政责任。例如，《物权法》第 38 条第 2 款规定："侵害物权，除承担民事责任外，违反行政管理规定的，依法承担行政责任；构成犯罪的，依法追究刑事责任。"

（四）行政权消灭物权

导致集体和私人物权消灭的原因有很多，在当下中国，行政权是导致集体和私人物权消灭的一条重要原因。（1）因征收而消灭私人或集体不动产所有权。例如，《物权法》第 42 条第 1 款规定："为了公共利益的需要，依照法律规定的权限和程序可以征收集体所有的土地和单位、个人的房屋及其他不动产。"（2）因征用而在征用期内消灭私人或集体对物的使用权，同时在征用期内行政机关强制取得被征用物的使用权。例如，《物权法》第 44 条规定："因抢险、救灾等紧急需要，依照法律规定的权限和程序可以征用单位、个人的不动产或者动产。被征用的不动产或者动产使用后，应当返还被征用人。"（3）因期间届满而基于法律规定消灭遗失物的私人或集体所有权，同时相应行政机关代表国家取得遗失物的所有权。此种情形不同于前面的因征收、征用而消灭不动产物权的情形，征收、征用是行政机关依法主动消灭物权，因期间届满而消灭物权是行政机关代表国家依法被动取得遗失物的所有权，从而导致原物权消灭。例如，《物权法》第 113 条规定："遗失物自发布招领公告之日起 6 个月内无人认领的，归国家所有。"

（五）行政权填补物权损失

因公共利益需要消灭私人或集体物权时，行政权必须给予原物权人公平补偿，以弥补物权人所受的损失。《物权法》中出现的行政权填补物权损失的情形有：（1）补偿不动产所有权人因征收而遭受的各种损失。例如，《物权法》第 42 条第 3 款规定："征收单位、个人的房屋及其他不动产，应当依法给予拆迁补偿，维护被征收人的合法权益；征收个人住宅的，还应当保障被征收人的居住条件。"（2）补偿不动产或动产用益物权人因征收或征用而遭受的损失，例如《物权法》第 121 条规定："因不动产或者动产被征收、征用致使用益物权消灭或者影响用益物权行使的，用益物权人有权依照本法第 42 条、第 44 条的规定获得相应补偿。"第 132 条规定："承包地被征收的，土地承包经营权人有权依照本法第 42 条第 2 款的规定获得相应补偿。"（3）补偿所有权人因征用而遭受的损失。例如，《物权法》第 44 条规定："……单位、个人的不动产或者动产被征用或者征用后毁损、灭失的，应当给予补偿。"（4）补偿建设用地使用权人因提前收回土地而遭受的损失，例如《物权法》第 148 条规定："建设用地使用权期间届满前，因公共利益需要提前收回该土地的，应当依照本法第 42 条的规定对该土地上的房屋及其他不动产给予补偿，并退还相应的出让金。"

（六）行政机关代表国家行使所有权

我国实行公有制为主体，多种所有制经济共同发展的基本经济制度，国有财产在我国的财产总量中占有相当比重。在《物权法》中，公有制被转化为国家所有权，而国家所有权又主要授权由最高国家行政机关代表行使。《物权法》关于国家所有权的规定主要有：（1）关于国家所有权的客体。其一，某些物只能由国家享有所有权，禁止国家之外的主体取得这些物的所有权。例如，《物权法》第 41 条规定："法律规定专属于国家所有的不动产和动产，任何单位和个人不能取得所有权。"具体而言，矿藏、水流、海域、城市的土地、无线电频谱资源、国防资产等只能由国家享有所有权（详见《物权法》第 46 条、第 47 条、第 50 条和第 52 条第 1 款规定）。其二，农村和城市郊区的土地，野生动植物资源，文物，铁路、公路、电力设施、电信设施和油气管道等基础设施等，法律规定属于国家所有的，属于国家所有。森林、山岭、草原、荒地、滩涂等自然资源，除法律规定属于集体所有的，属于国家所有（详见《物权法》第 47 条、第 48 条、第 49 条、第 51 条和第 52 条第 2 款规定）。（2）关于国家所有权的代表者。国有财产由国务院代表国家行使所有权；法律另有规定的，依照其规定（详见《物权法》第 45 条规定）。（3）关于行政机关对其直接支配的物的物权。行政机关对其直接支配的不动产和动产，享有占有、使用以及依照法律和国务院的有关规定处分的权利（详见《物权法》第 53 条规定）。（4）关于国家所有权的行使。其一，行政机关可以出资举办事业单位或设立企业，国家出资的企业，由国务院、地方人民政府依照法律、行政法规规定分别代表国家履行出资人职责，享有出资人权益（详见《物权法》第 54 条、第 55 条、第 67 条规定）。其二，履行国有财产管理、监督职责的机构及其工作人员，应当依法加强对国有财产的管理、监督，促进国有财产保值增值，防止国有财产损失（详见《物权法》第 57 条规定）。其三，国家所有或者国家所有由集体使用以及法律规定属于集体所有的自然资源，单位、个人依法可以占有、使用和收益（详见《物权法》第 118 条规定）。（5）关于国家所有权的促进和保护。其一，国家所有的财产受法律保护，禁止任何单位和个人侵占、哄抢、私分、截留、破坏（详见《物权法》第 56 条规定）。其二，履行国有财产管理、监督职责的机构及其工作人员滥用职权，玩忽职守，造成国有财产损失的，应当依法承担法律责任（详见《物权法》第 57 条规定）。其三，违反国有财产管理规定，在企业改制、合并分立、关联交易等过程中，低价转让、合谋私分、擅自担保或者以其他方式造成国有财产损失的，应当依法承担法律责任（详见《物权法》第 57 条规定）。其四，国家实行自然资源有偿使用制度，但法律另有规定的除外（详见《物权法》第 119 条规定）。其五，用益物权人行使权利，应当遵守法律有关保护和合理开发利用资源的规定（详见《物权法》第 120 条规定）。

（七）行政权限制物权

尽管物权具有排他性，但是当物权遭遇其他权利或者公共利益时，物权可能需要作出让步。在现代国家，法律通常授予行政机关在一定条件下限制物权的权力。《物权法》中行政权限制物权的情形如下：（1）为了保护耕地而限制土地用途变更。例如，《物权法》第 43 条规定："国家对耕地实行特殊保护，严格限制农用地转为建设用地，控制建设用地总量。"（2）为了保护相邻权而限制不动产的使用权。例如，《物权法》第 89 条规定："建造建筑物，不得违反国家有关工程建设标准，妨碍相邻建筑物的通风、采光和日照。"（3）为了合理利用土地而限制土地用途变更。例如，《物权法》第 140 条规定："建设用地使用权人应当合理利用土地，不得改变土地用途；需要改变土地用途的，应当依法经有关行政主管部门批准。"（4）为了保护和合理开发利用自然资源而限制用益物权。例如，《物权法》第 120 条规定："用益物权人行使权利，应当遵守法律有关保护和合理开发利用资源的规定。"其中，"法律有关保护和合理开发利用资源的规定"主要由相应行政机关负责执行。（5）国务院有权禁止某些物的转让或抵押。例如，《物权法》第 209 条规定："法律、行政法规禁止转让的动产不得出质。"（6）为了保护利害关系人的权利而进行异议登记来限制登记簿记载的权利人的权利。例如，《物权法》第 19 条第 2 款规定："不动产登记簿记载的权利人不同意更正的，利害关系人可以申请异议登记。"（7）为了保护不动产物权受让人的权利而进行预告登记来限制出让人的物权。例如，《物权法》第 20 条规定："当事人签订买卖房屋或者其他不动产物权的协议，为保障将来实现物权，按照约定可以向登记机构申请预告登记。预告登记后，未经预告登记的权利人同意，处分该不动产的，不发生物权效力。预告登记后，债权消灭或者自能够进行不动产登记之日起 3 个月内未申请登记的，预告登记失效。"

（八）行政权或行政机关创设物权

有了国家所有权，就必然会有在国家所有权之上设立的其他物权。在我国，国家掌握着巨大的物质资源，现实中根据国家所有权产生其他物权的现象比比皆是。具体而言，《物权法》中出现的国家所有权产生其他物权的情形包括：（1）通过举办事业单位而使事业单位取得物权，例如，《物权法》第 54 条规定："国家举办的事业单位对其直接支配的不动产和动产，享有占有、使用以及依照法律和国务院的有关规定收益、处分的权利。"（2）通过出资设立企业而使企业获得物权，例如，《物权法》第 68 条规定："企业法人对其不动产和动产依照法律、行政法规以及章程享有占有、使用、收益和处分的权利。"（3）代表国家所有权设立不动产用益物权。例如，《物权法》第 118 条、第 122 条、第 123 条、第 137 条规定的自然资源使用权、海域使用权、探矿权、采矿权、取水权、养殖权、捕捞权、建设用地使用权等用益物权都是由行政机关代表国家在不动产的国家所有权基础上设立的。其中，《物权法》首次将海域使用权、探矿权、采矿权、取水权、养殖权和捕捞权这一系列权利确认为物权，而这些权利此前一直是通过行政机关颁发行政许可（特许）的方式取得的，因此本文将《物权法》把行政许可授予的权利规定为用益物权的现象称之为特许的物权化。（4）延长林地承包经营权的承包期。《物权法》第 126 条规定："……林地的承包期为 30 年至 70 年；特殊林木的林地承包期，经国务院林业行政主管部门批准可以延长。"

（九）行政机关指导和协助物权的行使

《物权法》第 75 条规定："业主可以设立业主大会，选举业主委员会。地方人民政府有关部门应当对设立业主大会和选举业主委员会给予指导和协助。"城市人口的密集加上城市土地的紧张，导致城市不动产产权的交错和相互影响。不动产权利人（业主）为了更好地行使物权和保护物权，可以基于各自的不动产物权而进行联合（设立业主大会，选举业主委员会）。但是，数量众多的不动产物权人之间以及物权人与物业管理人之间难免会发生纠纷，而发生的纠纷又不可能都采用诉讼的途径来解决，这种情况下，由行政机关出面对不动产物权人（业主）行使物权进行指导和协助，将有利于纠纷的及时、有效解决。具体而言，行政机关对业主行使物权进行指导和协助的方式有：开展物权法宣传和教育、指导选举、帮助物业小区建立人民调解委员会等。

二、对《物权法》中行政权与物权的几种关系的探讨

通过上文对《物权法》中行政权或行政机关与物权之关系的梳理，可以看出，作为传统意义上私法的《物权法》其实包含了数量众多的公法内容，物权与行政权或行政机关之间有着千丝万缕的联系。接下来，我们选择几个重点问题对《物权法》揭示的行政权或行政机关与物权之间的复杂关系作一番探讨。

（一）关于物权的自治与他律

物权排斥行政权体现了物权的自治属性，同时，行政权消灭、限制物权又体现了物权受到的外部规制，即他律。显而易见，物权排斥行政权与行政权消灭、限制物权是一对矛盾，但是物权演变的历史和现状告诉我们，既自治又他律的矛盾关系真实地反映了物权与行政权之间的关系。

早在17世纪，近代启蒙思想家们就提出了"天赋人权"或"自然权利"思想，财产权被视为一种天赋人权或自然权利，1789年法国《人权宣言》曾庄严宣告："财产是神圣不可侵犯的权利……"后来，1804年《法国民法典》在"个体本位"理念的指导下确立了近代民法的三大原则——所有权神圣原则、意思自治原则和过失责任原则。其中的所有权神圣原则，也被称为所有权绝对原则。具体而言，《法国民法典》第544条将所有权界定为"所有权是对于物有绝对无限制地使用、收益及处分的权利……"。至此，《法国民法典》以实在法的形式揭示出了所有权的精髓，以所有权为代表的物权的自治属性流传至今。

然而，物权与法律对物权的限制是相伴而生的，即使在1789年法国《人权宣言》中，在"财产是神圣不可侵犯的权利"后面还接着一句话，"除非当合法认定的公共需要所显然必需时，且在公平而预先赔偿的条件下，任何人的财产不得受到剥夺"，也就是说，在一定条件下，财产还是可以被剥夺的。1804 年《法国民法典》第 544 条后半部分还规定："……但法律所禁止的使用不在此限。"1896 年《德国民法典》第 903 条规定："以不违反法律和第三人的权利为限，物的所有人得随意处分其物，并排除他人的任何干涉。"1919 年德国《魏玛宪法》更进一步宣称"所有权负有义务，其行使应同时有益于公共福利"。发展到今天，对所有权的限制比比皆是。[1]

那么，我们应当如何看待物权与行政权的这种矛盾关系呢？从本质上看，物权仍然是一种纯粹的私权，具有自治性和排他性，既不需要行政权提供帮助，又排斥行政权的妨碍和侵犯。甚至可以说，物权本身与行政权无关，没有行政权，物权人能自己实现权利，没有行政权，物权还可以减少一个妨碍和侵犯的主体。尽管德国 1896 年的《德国民法典》将所有权绝对修正为所有权相对，1919 年的《魏玛宪法》宣称"所有权负有义务，其行使应同时有益于公共福利"，甚至在当代世界，物权（所有权）正受到越来越多的限制，尽管中国《物权法》中呈现出了行政权对物权的多方面限制，但是物权的本质并没有变化，物权的自治性和排他性依然是物权亘古不变的核心。或者可以说，自治和排他是物权之所以为物权的依托，不自治和不排他，物权将不再是物权。因此，《物权法》第 2 条第 3 款对物权的界定准确地揭示了物权的本质，将有利于在全社会树立和倡导物权排斥行政权的理念。在当下物权频频受到行政权侵犯的大背景下，树立和倡导物权排斥行政权的理念显得尤为重要。

一言以蔽之，尽管行政权可以在方方面面限制物权，但是在物权排斥行政权和行政权消灭、限制物权这一对矛盾中，物权排斥行政权才是矛盾的主要方面。因此，行政权必须尊重物权。只有在法律有明确规定的条件下，行政权才可以限制或消灭物权。

（二）关于行政权创设物权与行政机关直接促进社会物质财富的增加

在现代国家，除了个人在源源不断地创造物质财富之外，国家也成了物质财富的重要创造主体，尤其在国家所有权盛行的国家更是如此。1964 年美国学者查尔斯·雷齐提出一个至今仍很著名的观点，即各种形式的政府赠与物应被看作一种"新的财产"。政府正在源源不断地创造财富，主要包括：薪水与福利、职业许可、专营许可、政府合同、补贴、公共资源的使用权、劳

---

〔1〕 关于当今世界所有权受到的种种限制，可参见刘凯湘、张海峡："论所有权的限制"，载杨振山、〔意〕桑德罗·斯奇巴尼主编，黄风、费安玲执行主编：《罗马法·中国法与民法法典化——物权和债权之研究》，中国政法大学出版社 2001 年版。

务等。[1]在雷齐所说的"新的财产"中，既有德国行政法上讲的政府对人民的"生存照顾"，又有我们这里谈的政府直接促进社会物质财富的增加。由于政府手中掌握着巨大的物质资源，为了满足民众日益增长的物质需求，政府就不仅仅要对民众进行生存照顾，而且还负有必须利用手中的物质资源来创造更多的物质财富以提高民众的生活质量的使命。《物权法》主要从两个方面来推动行政机关直接促进社会物质财富增加：其一，行政机关代表国家出资设立企业，实现国有资产的保值和增值。但是必须指出，设立国企不能妨碍私企创造社会财富，国企应当只存在于非竞争性领域，也就是人们常说的"官不与民争富"。其二，行政机关在国家享有所有权的土地等自然资源上为申请人设立海域使用权、探矿权、采矿权、取水权、养殖权和捕捞权等用益物权，充分发挥土地等自然资源的效用，创造更多的社会财富。

　　但是，为了合理地利用土地等自然资源，必须注意以下几点：（1）行政机关应当对土地等自然资源进行合理规划，一方面要充分发挥土地等自然资源的使用价值，尽最大可能地在国家所有权之上多设立用益物权，让土地等自然资源尽可能多地创造物质财富，满足当代人的需求；另一方面也要重视土地等自然资源的可持续利用，不能对土地等自然资源进行过度开发，危及子孙后代的生存。也就是说，行政机关作为土地等自然资源的国家所有权的行使者，应当明确哪些资源是可以由当代人开发的，哪些资源是应该留给子孙后代开发的。（2）行政机关负有对土地等自然资源的用途进行监管的职责，用益物权人应当按照用益物权的内容开发利用土地等自然资源，如果要变更用途，必须向行政机关申请并获得行政机关同意。（3）用益物权人负有合理利用土地等自然资源的义务，不得因开发一种自然资源而破坏另外一种自然资源，如不得在采矿时破坏周边的耕地，也不得因开发而减损甚至毁灭自然资源的使用价值，如不得对水生动物资源进行毁灭性捕捞，使其丧失再生能力。

　　当然，除了直接促进社会物质财富的增加之外，行政机关作为公共服务的提供者，还借助于提供各式各样的公共服务来间接地促进社会物质财富的增加。例如，行政机关为劳动者提供技能培训、为企业提供法律咨询和指导、向社会通报市场供求信息等，都在不同程度地为社会物质财富的增加创造

---

　　[1] "Private Property Right and American Constitution", New Haven, Conn, 1977. 转引自梅夏英："当代财产权的公法与私法定位"，载《人大法律评论》2001年第1期。

条件。

（三）关于防止国有资产流失

如何有效防止国有资产流失，是一直以来困扰我国国企监管的一个难题。2003 年国务院发布了《企业国有资产监督管理暂行条例》，同年国务院国有资产监督管理委员会成立。此后，国资委先后发布了《中央企业投资监督管理暂行办法》《中央企业重大法律纠纷案件管理暂行办法》《地方国有资产监管工作指导监督暂行办法》《国有企业法律顾问管理办法》《中央企业财务决算报告管理办法》《中央企业财务预算管理暂行办法》等规章，细化对企业国有资产的监管。《物权法》主要规定了国企的出资人代表、国资监管机构的职责、造成国资损失的各种行为应负的法律责任等内容，这些规定一方面是对国务院和国资委已有监管做法的肯定，另一方面也为将来制定《国有资产监督管理法》奠定了基础。

（四）关于行政许可中特许的物权化

《物权法》首次把海域使用权、探矿权、采矿权、取水权、养殖权和捕捞权等依据行政机关颁发的特许获得的权利确认为用益物权，我们将这种现象称为特许的物权化。特许的物权化具有以下几点重要意义：首先，明确了行政许可申请人获得的特许的物权性质。尽管上述权利是申请人依据公法程序获得的，但权利来源的公法色彩并不能改变权利本身的私权属性。其次，为特许的流转提供了理论基础。2003 年《行政许可法》原则上禁止行政许可的转让，只有法律、法规规定依照法定条件和程序可以转让的除外。鉴于物权原则上是可以流转的，因此，《物权法》明确特许的用益物权性质，为法律、法规允许特许的转让提供了理论准备。再次，特许的物权化增强了被许可人抵御行政机关侵害的能力。物权本身的排他性以及物权所具有的独立价值将会使行政侵权受到阻挡，并且当物权受到行政机关妨害时，被许可人可以基于物权请求行政机关或法院排除妨害。最后，特许的物权化使得被许可人遭受第三人侵害时，可以寻求民法上的救济途径。在特许物权化之前，如果特许受到侵害，被许可人只能寻求行政法上的救济途径，而特许成为物权后，被许可人又多了一条民法上的救济途径。

（五）关于行政权消灭、限制物权与行政法规范行政权

物权可以被行政权限制或消灭，但是行政权必须受到行政法的规范。行政法规范行政权至少可以从以下几个方面着手：（1）物权本质上是一种私权，只有在与公共利益或者其他同等重要的权利相权衡，有必要牺牲物权以实现

公共利益或者其他同等重要的权利时，物权才可以被行政权限制或消灭。这是必不可少的前提，没有这个前提，物权就不能被行政权限制和消灭。（2）公共利益必须是客观存在的。（3）行政权的运作必须遵循正当程序。（4）因征收、征用而限制或消灭物权应当以获得公平补偿为条件。（5）物权人不服，可以寻求公正的行政救济和司法救济。

必须指出，除了《物权法》中提到的行政权消灭、限制物权的几种情形外，在行政法领域还存在多种消灭、限制物权的手段，如罚款、没收违法所得、没收非法财物等行政处罚或者查封、扣押等行政强制措施。随着《物权法》的颁布，物权意识的高涨，我们应当反思上述消灭、限制物权的各种手段。其中，我们尤其应当反思没收非法财物这种行政处罚。笔者认为，应当对"非法财物"作出明确界定，并且明确"没收决定"与"没收决定的强制执行"这两类行为的区别与联系，以防止任意定性非法财物和恣意动用强制手段损害物权人的物权，尤其是那些本已生活多艰的物权人的物权。

（六）保护物权是行政机关的法定职责

物权既可能受到私人的侵犯，也可能遭受公权力的侵犯。在当下中国，公权力侵犯物权的危害性和严重性已经远远超过私人侵犯物权。

当物权遇上私人的侵犯时，在政府充当"守夜人"时代，物权主体一般通过向法院提起诉讼，请求法院保护物权。事实上，当时法院称职地履行着保护私人物权的义务，独立地承担了保护私人物权的使命。后来，大约到20世纪初，由于私人之间纠纷的剧烈增加、专业性和技术性纠纷的大量产生、法院诉讼程序的繁复和成本高昂等，一方面法院在解决为数众多的私人纠纷时越发感觉力不从心，尤其对解决其中一些专业性和技术性日益增强的纠纷感到无能为力；另一方面，民众也越来越难以忍受法院诉讼成本的高昂和效率的低下。在此背景下，行政机关开始分担法院解决私人纠纷的沉重压力，逐步承担起了解决私人物权纠纷、保护私人物权的责任。

当物权遇上公权力的侵犯时，现代国家已经建立起多元化的纠纷解决方式来为物权主体提供全面的保护。这些纠纷解决方式主要有调解、和解、行政裁决、行政复议、行政诉讼等，行政机关和法院是主持解决公权力侵犯物权的纠纷从而保护物权的两大主体。物权人可以在上述各种方式中选择对自己最为有利的纠纷解决方式来平息纠纷、恢复物权。

作为保护物权的两大主体，相比较而言，行政机关和法院在保护物权时存在以下几点差异：（1）法院通常只能为物权提供事后保护，而行政机关既能提供事后保护，也能提供事先保护：通过登记来确认物权、在行政程序中设置听证程序等，都是行政机关为物权提供事先保护的典型方式；（2）两大主体对物权的保护还各有特点：行政机关能更及时、廉价地为物权提供保护，而法院的保护虽及时性不如行政机关，但法院的判决具有终局性，能为物权人提供最终的保护；（3）基于行政机关工作人员和法官知识结构的不同，行政机关在解决专业性和技术性的物权纠纷时显得更加得心应手。因此，与法院相比，行政机关对物权的保护在某些方面更有优势，而法院对物权的保护在人们心目中的公正性则又优于行政机关。

就《物权法》中保护物权的规定而言，对物权的私法保护和公法保护相互补充、缺一不可。鉴于物权的私法保护通常属于民法学研究的内容，本文主要探讨对物权的公法保护。

第一，保护物权是行政机关的法定职责。除了《物权法》中规定的行政机关保护物权的几种情形外，其他法律、法规还规定了行政机关保护物权的多种情形。例如，2005年《治安管理处罚法》专门在第三章第三节对"侵犯财产权利的行为和处罚"作出了规定；1999年1月1日起施行的《土地管理法实施条例》第25条规定了专门的征地补偿安置争议裁决制度。鉴于行政机关保护物权具有上文提到的几种优势，而且众多法律纷纷规定了行政机关保护物权的职责，在当今政府职能转变的大背景下，行政机关应当转变观念，树立保护物权的意识和责任感，清醒地认识到自己负有保护物权的法定职责并积极地履行该职责，坚定不移地为私人物权和集体物权提供强有力的保护。因此，当物权人依法请求行政机关保护其物权或者行政机关发现物权人的权利受到不法侵犯时，行政机关应该启动行政程序，切实有效地保护物权人的权利。

第二，通过登记来确认物权实际上是对物权的事先保护。从不同主体的角度来看，事先保护具有不同的价值：（1）在登记作为生效要件时，受让人可以通过登记合法地取得物权，有效防止出让人在物权转让过程中的欺诈行为；（2）在登记作为对抗要件时，受让人可以凭借登记有效对抗善意第三人；（3）通过登记确认物权并公示物权信息后，任何人都可以放心地从登记权利人处受让物权。总之，不动产登记的主要作用在于通过确认物权来稳定物权关系，公示物权信息，进而保障不动产交易安全，达到为物权提供事先保护的目的。行政机关在不动产登记过程中，应当牢固树立服务意识和保护物权的意识，依法全心全意为物权人和物权登记申请人提供服务，落实对物权的事先保护。

第三，私人侵犯物权可能引发行政机关对侵权人的制裁。对侵权人的制裁实际上是对物权的间接保护，通过制裁侵权人可以防止侵权行为的再次发生。一般情况下，私人侵犯物权，产生的是私人之间的民事法律关系，物权人可以寻求行政机关或者法院的救济来排除私人的妨害或者弥补损失。但是，如果私人侵犯物权的行为同时违反了行政管理规范（事实上，这种侵权行为常常触及行政机关对经济和社会共同秩序的维护），那么行政机关出于保护公共利益的目的就应当对该侵权行为实施行政处罚。也就是说，私人的一个侵权行为，可能侵犯两种不同利益——物权和公共利益，引发两种不同性质的法律责任——民事法律责任和行政法律责任。例如，在尚不构成犯罪的盗窃案中，侵权人既要向物权人返还原物或者赔偿损失，又要接受行政机关的行政处罚。

第四，物权人对行政机关不履行保护物权的法定职责不服或者对行政机关保护物权的效果不满意时，可以申请行政复议或者提起行政诉讼，要求行政机关履行保护物权的法定职责或者赔偿损失。例如，1989 年的《行政诉讼法》第 11 条规定："人民法院受理公民、法人和其他组织对下列具体行政行为不服提起的诉讼……申请行政机关履行保护人身权、财产权的法定职责，行政机关拒绝履行或者不予答复的……"。